O LIVRO DA HISTÓRIA LGBTQIAPN+

O LIVRO DA HISTÓRIA LGBTQIAPN+

GLOBOLIVROS

DK LONDRES

EDITOR DE PROJETO DE ARTE
Anna Scully

EDITORES SENIORES
Camilla Hallinan, Laura Sandford

EDITORES
John Andrews, Alethea Doran, Joy Evatt,
Lydia Halliday, Scarlett O'Hara, James Smart,
Dorothy Stannard, Rachel Warren Chadd

ILUSTRAÇÕES
James Graham

PESQUISA DE IMAGENS
Sarah Hopper, Jo Walton

DESIGN DE CAPA
Stephanie Cheng Hui Tan

CHEFE DE DESENVOLVIMENTO DE DESIGN DE CAPA
Sophia MTT

EDITOR DE PRODUÇÃO
Robert Dunn

CONTROLE DE PRODUÇÃO SÊNIOR
Poppy David

EDITOR DE ARTE CHEFE
Anna Hall

EDITOR-CHEFE
Carine Tracanelli

DIRETOR EDITORIAL ASSOCIADO
Liz Wheeler

DIRETOR DE ARTE
Karen Self

DIRETOR DE DESIGN
Phil Ormerod

DIRETOR EDITORIAL
Jonathan Metcalf

GLOBO LIVROS

EDITOR RESPONSÁVEL
Guilherme Samora

ASSISTENTE EDITORIAL
Renan Castro

TRADUÇÃO
Ana Rodrigues

CONSULTORIA
Augusta da Silveira de Oliveira

PREPARAÇÃO DE TEXTO
Adriana Moreira Pedro

REVISÃO DE TEXTO
Francine de Oliveira

DIAGRAMAÇÃO
Equatorium Design

Publicado originalmente na Grã-Bretanha em 2023 por Dorling Kindersley Limited, One Embassy Gardens, 8 Viaduct Gardens, London, SW11 7BW.

Copyright © 2023, Dorling Kindersley Limited, parte da Penguin Random House

Copyright © 2023, Editora Globo S/A

Todos os direitos reservados. Nenhuma parte desta edição pode ser utilizada ou reproduzida – em qualquer meio ou forma, seja mecânico ou eletrônico, fotocópia, gravação etc. – nem apropriada ou estocada em sistema de banco de dados sem a expressa autorização da editora.

1ª edição, 2024 - 1ª reimpressão, 2024.
Impresso na COAN

www.dk.com

For the curious

CIP-BRASIL. CATALOGAÇÃO NA PUBLICAÇÃO
SINDICATO NACIONAL DOS EDITORES DE LIVROS, RJ

L761

    O livro da história LGBTQIAPN+ / editores John Andrews ... [et al.] ; ilustrações James Graham ; tradução Ana Rodrigues. - 1. ed. - Rio de Janeiro : Globo Livros, 2024.
    336 p.   (As grandes ideias e todos os tempos).

Tradução de: The LGBTQIAPN+ history book
Inclui índice
ISBN 978-65-5987-147-6

    1. Homossexualidade - História. 2. Lesbianidade - História. 4. Transexualidade - História. 5. Identidade de gênero - História. I. Andrews, John. II. Graham, James. III. Rodrigues, Ana. IV. Série.

24-88083
                          CDD: 306.76809
                          CDU: 316.7-055.3(09)

Meri Gleice Rodrigues de Souza - Bibliotecária - CRB-7/6439
30/01/2024   05/02/2024

Alguns textos deste livro contêm linguagem de natureza sexual explícita

COLABORADORES

PROF. MICHAEL BRONSKI, EDITOR-CONSULTOR

Michael Bronski (ele/dele), estudioso independente, jornalista e escritor, é ativo na liberação gay como organizador político, escritor, editor e teórico desde 1969. Ele é autor de vários livros premiados – mais recentemente A Queer History of the United States for Young People (2019). Bronski é professor da prática em ativismo e mídia nos estudos das mulheres, gênero e sexualidade na Universidade Harvard, Estados Unidos.

DR. KIT HEYAM, EDITOR-CONSULTOR

Kit Heyam (elu/ele) é um escritor e acadêmico especializado em literatura e história queer, além de instrutor de consciência trans e especialista em preservação de patrimônio queer. Elu é autor de The Reputation of Edward II, 1305-1697: A Literary Transformation of History (2020) e Before We Were Trans: A New History of Gender (2022).

PROF. VALERIE TRAUB, EDITORA-CONSULTORA

Valerie Traub (ela/dela) é uma eminente professora universitária de inglês e estudos das mulheres na Universidade de Michigan, Estados Unidos, onde ministra cursos sobre sexualidade, gênero e raça dos séculos xvi e xvii na literatura e cultura britânicas, e também sobre teoria queer e feminista. Entre seus muitos livros estão Thinking Sex with the Early Moderns (2015).

JON ASTBURY

Jon Astbury (elu/delu) é uma pessoa historiadora, curadora, editora e palestrante. Elu esteve entre as pessoas responsáveis pela curadoria de Out and About!, uma exposição dos arquivos lgbtqiapn+ do Bishopsgate Institute no Barbican, de Londres, em 2022. Astbury também contribuiu para The Architecture Book (2022) na série Grandes ideias simplesmente explicadas, da Dorling Kindersley.

HANNAH AYRES

Hannah Ayres (ela/dela) é uma pesquisadora de doutorado baseada no Departamento de Sociologia da Universidade de Warwick, no Reino Unido. Ela lecionou em módulos que discutem sexualidade, gênero, métodos de pesquisa, mídia, natureza humana e muito mais. Hannah também ajudou a produzir material de orientação sobre ensino inclusivo para estudantes trans e com diversidade de gênero na Universidade de Warwick.

NICK CHERRYMAN

Nick Cherryman (elu/delu) tem mestrado em gênero, sexualidade e cultura pela Universidade de Manchester e atualmente está fazendo doutorado em Estudos de Gênero. Sua abordagem multidisciplinar explora gênero, mídia, cultura e teoria feminista/queer. Nick se apresenta regularmente como artista drag sob o nome de Ibi Profane e seu Instagram, @IbiProfane, é bastante ativo.

ABIGAIL MITCHELL

Escritora, editora e historiadora cultural, Abigail Mitchell (ela/dela) é pesquisadora de pós-graduação na Universidade de Southampton, no Reino Unido, e estuda a história dos julgamentos das bruxas de Essex por meio das lentes da teoria queer. Ela editou ou contribuiu para vários títulos da Dorling Kindersley, incluindo O livro do feminismo (2019), O livro da história negra (2021) e Migrations (2022).

MELISSA MARTIN

Melissa Martin (ela/dela) atualmente cursa doutorado em Ciências Sociais na Universidade Cardiff, no Reino Unido. Seus interesses de pesquisa incluem sociologia da medicina, estudos sobre deficiência, teorias queer e crip, etnografia e pesquisa de ação participativa.

COLABORADORES ADICIONAIS

Alishia Alexander, prof. Howard Chiang, dr. Kashish Dua, dr. Beverley Duguid, dr. Michael Erdman, Joy Evatt, dra. Nicole Froio, dr. Samar Habib, prof. Dominic Janes, Mie Astrup Jensen, Kahu Kutia, Ugla Stefanía Kristjönudóttir Jónsdóttir, Yentl Love, Ailish McAlpine-Green, prof. Robert Mills, Cheryl Morgan, Adebayo Quadry-Adekanbi, prof. Carlos Rojas, prof. Cherene Sherrard-Johnson, prof. Gregory D. Smithers, prof. Ruth Vanita, dra. Stephanie Yingyi Wang, dr. Jonathan Ward.

SUMÁRIO

12 INTRODUÇÃO

PRIMEIRAS OBSERVAÇÕES

18 Quando heróis amam
As primeiras evidências de pessoas LGBTQIAPN+

20 "Não ponhas os meus ossos longe dos teus, ó Aquiles"
Gênero e sexualidade na Grécia antiga

24 Entre todas as mulheres, é você quem eu mais desejo
Safo de Lesbos

28 A paixão da manga cortada
Favoritos da dinastia Han da China

30 Toda mulher é um homem e todo homem é uma mulher
Gênero e sexualidade na Roma antiga

36 Quem faz o quê, onde, quando e por quê, quem sabe?
O *Kama Sutra*

38 O Senhor fez chover do céu fogo e enxofre sobre Sodoma e Gomorra
O começo da Igreja cristã

42 Esse tipo de amor se rebela contra a natureza
Sodomia e a Igreja católica medieval

46 Eu morro de amor por ele
Califado Abássida

48 Quero ser como a natureza me fez
Direitos intersexo

RENASCIMENTO E RETALIAÇÃO

58 Beleza infinita
Renascimento italiano

60 Mil conceitos maliciosos e palavras fortes
Homoerotismo e o Renascimento francês

62 Um rouxinol em meio à beleza
Gênero e sexualidade otomanos

64 O vício abominável será eliminado
A Inquisição espanhola

66 A culpa cristã ainda é muito forte
América Latina colonial

68 Cruel, indecente e absurdo
A criminalização da sodomia

72 Você me deixa em chamas
Pornografia

74 Minha alegria, minha soberana, minha amiga
Início da lesbianidade moderna

80 Menino amado
Poesia de amor entre homens

82 Meu funcionário achou que ambos eram mulheres
Crossdressers e "maridos do sexo feminino"

84 O grande espelho do amor entre homens
Amor entre homens no Japão do período Edo

SUBCULTURAS E NOTORIEDADE

90 Usando o meu próprio corpo como eu desejar
Molly Houses

92 Conversando com quem eu amo
Amizade erótica na América e na Europa

96 Fazer amor com quem é semelhante
Narrativas homossexuais na poesia urdu

98 Descobrindo a si mesma no seio das suas iguais
Safismo

99 Usando o uniforme masculino e empunhando a espada
Pessoas nascidas mulheres em combate

100 Ao contrário de afrontar a natureza, nós a obedecemos
França revolucionária

102 Eu amo, e amo apenas, o sexo frágil
Os diários de Anne Lister

104 Esse tumulto escandaloso
Transformando a sociedade otomana

106 Uma lei da natureza totalmente diferente
Definindo "homossexual" e "heterossexual"

108 Dizem que a alma é hijra
Hijras e o colonialismo britânico

110 Não em busca de homens, mas em busca de uma à outra
Belle Époque em Paris

112 Todos nascemos nus e o resto é drag
Drag

118 Duas senhoras, vivendo doce e devotadamente juntas
"Casamentos de Boston"

120 Ao mesmo tempo uma linda mulher e um homem potente
Não conformidade de gênero e restrições coloniais na África

122 O que aparece na natureza é natural
Primeiro reconhecimento da assexualidade

124 O amor que não ousa dizer seu nome
O julgamento de Oscar Wilde

126 Eu poderia me expressar melhor se me vestisse como um menino
Performances masculinas

127 *Bona to vada your dolly old eek!*
A linguagem secreta polari

SEXOLOGIA E IDENTIDADES SEXUAIS

132 Homossexualidade não é vício, nem degradação
Sexologia e psicanálise

134 Visões de transformação
Transgressão de gênero na China moderna

136 A natureza cometeu um erro que eu corrigi
As primeiras cirurgias de afirmação de gênero

142 Para mostrar o que significa ser gay
Filmes LGBTQIAPN+

146 Um lugar poderosamente queer
O primeiro bairro gay

148 Com certeza tão gay quanto negro
O Renascimento do Harlem e a Era do Jazz

152 Você é mais do que apenas nenhum dos dois, meu bem
Butch e *femme*

156 Nós que usamos o triângulo cor-de-rosa
Perseguição durante o Holocausto

162 **Sou uma realista e não uma escritora obscena**
O julgamento de Ismat Chughtai por obscenidade

163 **Não falamos de amor. Nossos rostos gritam a respeito**
A Geração Beat

164 **Não é uma ideia de tudo ou nada**
Relatório Kinsey sobre sexologia

166 **Foi uma caça às bruxas**
O terror lavanda (Lavender Scare)

168 **Um amor do nosso próprio tipo**
Rejeição de rótulos pelas escritoras mulheres

169 **Segura o picumã, mona!**
Pajubá brasileiro

170 **Gay é bom**
No caminho da liberação gay

178 **Democracia com repressão não é democracia**
Movimentos LGBTQIAPN+ latino-americanos

180 **Paródia queer**
Camp

182 **Rainhas que gritam**
A Revolta da Compton's Cafeteria

184 **Não é da competência da lei**
A descriminalização dos atos homossexuais

PROTESTO, ORGULHO E COALIZÃO

190 **Sou gay com orgulho**
A Revolta de Stonewall

196 **Igualmente válido, igualmente justificado, igualmente belo**
Direitos das pessoas trans

204 **Você não tem nada a perder além das suas inibições**
CAMP Austrália e o Mardi Gras de Sydney

206 **Feminismo é a teoria; lesbianidade é a prática**
Lesbianismo político

208 **Liberdade para se assumir, para praticar esportes**
Esportistas LGBTQIAPN+ se assumem

210 **Eu sou mais forte por todas as minhas identidades**
Feminismo lésbico negro

214 **Seja o que você quiser ser**
A propagação da cultura ballroom

216 **Um pequeno passo para a "generalidade"**
Pronomes e neopronomes

218 **Sexualidade autocontida**
O manifesto assexual

219 **Despatologização da homossexualidade**
Remoção da homossexualidade dos DSM

220 **A Tailândia tem três gêneros**
Kathoey na Tailândia

222 **A homossexualidade começa a falar em prol de si mesma**
História da sexualidade, de Michel Foucault

224 **Nossa sexualidade é de todas as cores**
A criação da bandeira do Orgulho

226 **Que aquela bala destrua toda porta de armário**
O assassinato de Harvey Milk

228 **Somos só mais uma família**
Parentalidade LGBTQIAPN+

232 **Lésbicas não são mulheres**
"O pensamento hétero"

233 **Heterossexualidade é uma instituição política**
Heterossexualidade compulsória

234 Fizemos isso pelo underground
O nascimento do punk queer

236 Juntos eu sou tudo o que eu sou
Gênero e sexualidade maori

238 Uma praga que teve permissão para acontecer
A epidemia de aids

242 Solidariedade na dificuldade
Lésbicas e gays apoiam os mineiros

244 Silêncio = Morte
Ativismo no combate à aids

246 As encruzilhadas do ser
Borderlands, de Anzaldúa

248 Preconceito legalizado
Seção 28

ÀS CLARAS

254 Esperamos pelo dia em que vamos poder erguer as nuvens
Ativismo LGBTQIAPN+ na Ásia

256 Estamos aqui! Somos queer! Acostume-se com isso
Reivindicando o termo "queer"

258 O espírito é o seu gênero
Pessoas "dois-espíritos" nativas norte-americanas

262 Uma identidade única, fluida
Bissexualidade

266 Ninguém tem um gênero determinado desde o início
Problemas de gênero, de Judith Butler

268 Sexualidade como um segredo
Epistemologia do armário, de Eve Kosofsky Sedgwick

270 Medo de um planeta queer
Heteronormatividade

272 Mentir para servir
"Não pergunte, não fale"

276 Molecas e esposas
Comunidades chinesas *lala*

278 Não foi Deus que me rejeitou
Muçulmanos LGBTQIAPN+

280 Não se trata de um quebra-cabeça com uma peça faltando
O espectro arromântico e assexual

284 Seu legado nos inspirou a apagar o ódio
O assassinato de Matthew Shepard

286 Não preciso de conserto
A terapia de conversão é proibida

288 O amor vence
Igualdade matrimonial

294 Gosto de vinho, não do rótulo
Pansexualidade

296 Uma psicologia queer do afeto
Teoria dos afetos

297 Aprendemos a ser quare, pretos e orgulhosos
Teoria queer da cor

298 Deficiência *é* queer, mais queer do que queer
Estudos sobre queer e deficiência

302 A violência do liberalismo
Homonacionalismo

304 Eu me vejo como a minha própria barriga de aluguel
Gravidez trans e atendimento à saúde reprodutiva

306 Precisamos do nosso oxigênio para respirar
Os desafios LGBTQIAPN+ na África moderna

308 Onde 49 vidas foram tiradas, 49 legados tiveram início
O ataque a tiros na Pulse

310 Seguro, justo e baseado na ciência
Suspensão das leis contra doação de sangue por gays e bissexuais

312 **OUTROS NOMES IMPORTANTES**

324 **GLOSSÁRIO**

327 **ÍNDICE**

335 **CRÉDITOS DAS CITAÇÕES**

336 **AGRADECIMENTOS**

INTRODU

ÇÃO

INTRODUÇÃO

As palavras que agora usamos para a comunidade LGBTQIAPN+ seriam tão estranhas para as pessoas do mundo antigo quanto o próprio conceito de comunidade LGBTQIAPN+. Os historiadores que buscam evidências de desejos homossexuais, variação de gênero ou experiências intersexuais as encontraram em muitos lugares – tanto na arte, na poesia e no drama quanto em diários, cartas e registros legais –, mas retratados de forma completamente diferente da vida LGBTQIAPN+ moderna. Como observou o historiador americano David Halperin, para a maioria das sociedades históricas não existia a ideia de uma divisão conceitual entre o heterossexual e o homossexual, o que torna problemático descrever pessoas do passado nesses termos.

Historiadores que estudam a experiência LGBTQIAPN+ se deparam com as mesmas questões: como figuras do passado entendiam gênero e sexualidade? Podemos e devemos dar a eles o rótulo moderno de LGBTQIAPN+, com base nas nossas interpretações das suas ações? Os historiadores também precisam apresentar as suas descobertas sob um certo ônus de prova. Como podemos ter certeza de que Alexandre, o Grande, e Heféstio não eram simplesmente amigos íntimos? Importa se as mulheres americanas do século XIX que viviam juntas nos "casamentos de Boston" tinham o que chamaríamos de sexo? A exigência de "provas" de atos sexuais excluiu algumas pessoas da história LGBTQIAPN+ – particularmente no que se refere a debates sobre a natureza erótica da "amizade romântica" feminina e na identificação da história da assexualidade. No entanto, estudiosos contemporâneos se inclinam na direção de uma ideia mais ampla "do que conta", como o termo *lesbian-like* ("como lésbica"), de Judith Bennett para descrever mulheres cujas relações primárias eram de umas com as outras.

O queer tem uma relação especialmente conturbada com as evidências. Historicamente, evidências queer têm sido usadas para penalizar e disciplinar desejos, relacionamentos e atos queer.
José Esteban Muñoz
Teórico cubano-americano
(1967-2013)

Desafios de arquivo

Estudar a história LGBTQIAPN+ vem com um desafio particular, que qualquer um que esteja pesquisando pessoas marginalizadas conhece. Arquivos tradicionais – coleções de museus, registros judiciais, arquivos de bibliotecas – podem apresentar uma imagem distorcida do passado, já que as histórias LGBTQIAPN+ costumam ser mencionadas apenas em relação a acusações, escândalos ou supostas anormalidades. Isso não é por acaso, já que ao longo do tempo esses arquivos institucionais tiveram curadoria de sociedades hostis à existência de pessoas LGBTQIAPN+. Antes do século XIX, muitas das evidências existentes foram criadas não pelas próprias pessoas LGBTQIAPN+, mas por pessoas que as condenavam – as obscurecendo. O historiador deve aprender a "ler a contrapelo", encontrar os silêncios no arquivo em que a possibilidade queer pode ser lida. Muitos historiadores LGBTQIAPN+ preferem chamar seu trabalho de "história queer", porque "queer" sugere um desafio ao status quo, uma ruptura da tradição e uma resistência a definições rígidas e identidades fixas.

O que é a história LGBTQIAPN+?

Vários países celebram o mês da História LGBTQIAPN+, incluindo o Reino

INTRODUÇÃO 13

Unido e a Hungria em fevereiro; Alemanha e Cuba em maio; os EUA, Canadá e Austrália em outubro; e, aqui no Brasil, em junho. Essas celebrações giram em torno da história recente dos movimentos pelos direitos LGBTQIAPN+ e destacam as figuras que marcaram o movimento. No entanto, o escopo da história LGBTQIAPN+ está muito além do que tais celebrações poderiam transmitir. É um projeto potencialmente infinito, cheio de caminhos intermináveis para exploração e interpretação. É importante ressaltar que não é uma história de progresso linear da intolerância à igualdade, não importa quanto essa afirmação possa ser politicamente útil. É crucial dizer que a história LGBTQIAPN+ não é única – são muitas histórias conflitantes e contrastantes que se sobrepõem e interagem.

Esse livro não é um catálogo de importantes histórias LGBTQIAPN+, mas um corte transversal ao longo do tempo e do espaço, que procura se afastar de falar sobre indivíduos marcantes para expor estruturas sociais e ideologias maiores. Ele inclui a teoria queer como parte da história LGBTQIAPN+ porque isso não apenas explica como passamos a entender a sexualidade e o gênero nos séculos XX e XXI, mas também garante uma base teórica para muito do ativismo político recente.

O anseio pela comunidade através do tempo é uma característica crítica da experiência histórica queer.
Heather Love
Teórica queer americana

História do transicionamento

Nenhum livro sobre pessoas LGBTQIAPN+ estaria completo sem as histórias de trans, intersexo e outras pessoas em não conformidade com o gênero. Podem ser histórias complicadas: relatos de crossdressing, de viver como outro gênero, de desvio de gênero e daqueles considerados entre os sexos ou de um terceiro gênero, geralmente estão ligados entre si e em situações de desejo pelo mesmo sexo. Para histórias anteriores, este livro descreve essa subversão de gênero como *transing gender* ("transar o gênero") para indicar como as pessoas agiam em relação às normas de gênero, em vez de dar a elas um rótulo. Tal como acontece com a história da sexualidade, pretendemos mudar a lente do transicionamento de identidades individuais para práticas sociais mais amplas. Há uma variação nessas práticas em todo o mundo, muitas das quais foram – e em alguns lugares ainda são – ameaçadas e perseguidas por forças religiosas ou políticas.

Mudando terminologias

Ao longo do tempo, usou-se várias palavras para descrever o que chamamos de experiências LGBTQIAPN+ – de sodomitas e safistas a *mollies*, tríbades, uranianos e berdaches. Esse livro também usa a linguagem moderna de homossexual, lésbica, trans, não binário, cisgênero e queer (em seus contextos acadêmicos ou quando é a identidade escolhida por uma pessoa). Descrevemos as pessoas trans como homens ou mulheres designados no nascimento e vivendo como homens/mulheres. Nosso uso desses termos reflete as diferenças da forma como concebemos gênero e sexualidade de pessoas do passado, mas busca também não obscurecer o que temos em comum.

Muitos que estudam essa história são eles próprios LGBTQIAPN+ . A busca pela história queer é, muitas vezes, uma busca por ancestralidade e legitimidade, uma necessidade de provar que as pessoas LGBTQIAPN+ sempre estiveram aqui. O que Carolyn Dinshaw chamou de "desejo queer por história" está no cerne deste projeto. ∎

PRIMEIR[OS] OBSERV[ATORIOS]
ANTES DE 1300 EC

AS AÇÕES

INTRODUÇÃO

Niankhkhnum e Khnumhotep, ambos aparentemente homens, são enterrados juntos como um casal.

C. 2400 AEC

Safo nasceu em Lesbos e sua poesia de amor torna o nome da ilha sinônimo de desejo de mulheres pelo mesmo sexo.

C. 630 AEC

Um processo judicial romano mostra que os *galli* castrados não são considerados nem homens nem mulheres.

77 AEC

C. 2000 AEC

O sumério **Epopeia de Gilgamesh** retrata uma relação homoerótica entre seu herói, Gilgamesh, e Enkidu.

336-323 AEC

Alexandre, o Grande governa o reino da Macedônia, com seu amado Heféstio atuando como seu general.

7-1 AEC

O imperador **Ai de Han** governa a China e esbanja presentes para o seu favorito, Dong Xian.

Qualquer tentativa de identificar a primeira lésbica, gay ou trans a viver seria malsucedida e pouco esclarecedora. Se considerarmos que a sexualidade e o gênero são, pelo menos de alguma forma, inatos, é lógico que os humanos sempre tiveram o potencial para desejos pelo mesmo sexo e quiseram expressar seu gênero de maneiras que não correspondiam ao sexo presumido. A compreensão que os primeiros humanos tinham sobre seu gênero e sexualidade estão completamente fora de nosso alcance – até mesmo descobertas arqueológicas de amantes aparentemente do mesmo sexo enterrados juntos, ou corpos "femininos" enterrados em poses "masculinas", são informações limitadas. Nosso interesse moderno em descobrir vestígios da existência LGBTQIAPN+ pode nos levar a caminhos a-históricos. Em 2021, por exemplo, as notícias descreveram a descoberta de restos mortais de mil anos na Finlândia como prova de ancestrais "não binários", sendo que o que os pesquisadores realmente encontraram foi um corpo com características intersexo.

Tipos de evidência

Alguns achados arqueológicos do mundo antigo sugeriram que existiam relacionamentos entre pessoas do mesmo sexo e que a sociedade talvez aceitasse esses relacionamentos. Um dos primeiros exemplos são os antigos "supervisores dos manicuros" egípcios Niankhkhnum e Khnumhotep, enterrados juntos por volta de 2400 AEC e retratados como um casal em sua pintura tumular. Também temos exemplos de pares lendários da mitologia, que foram retratados como parceiros homoeróticos ou mesmo inequivocamente como amantes – como Enkidu e Gilgamesh da *Epopeia de Gilgamesh* e os antigos heróis gregos da *Ilíada*, Aquiles e Pátroclo.

Alguns dos exemplos mais famosos de homoerotismo no mundo antigo vêm de registros judiciais de governantes do sexo masculino, para quem parece ter sido aceitável ter relacionamentos com favoritos do mesmo sexo. Isso é particularmente verdadeiro para os imperadores Han da China (206 AEC–220 EC), mas os registros do tribunal também mencionam o califa abássida al-Amin (c. 809-813), que preferia a companhia de homens escravizados à de mulheres. Poesia e tratados antigos são outra fonte importante de evidências, desde os poemas da poeta grega Safo até o manual sexual indiano, o *Kama Sutra*,

PRIMEIRAS OBSERVAÇÕES

A Carta do apóstolo Paulo aos romanos condena as relações sexuais homoeróticas como antinaturais.

Antínoo, amado pelo imperador romano Adriano, se afoga no Nilo; Adriano cria um culto dedicado à sua beleza.

O latim "**sodomia**" é usado pela primeira vez pelo teólogo francês Incmaro de Reims, descrevendo atos "não naturais".

57 EC **130 EC** **860 EC**

C. 100-C. 200 EC **786-809 EC** **1277**

O **Kama Sutra** é escrito na Índia, apresentando atos sexuais entre parceiros do mesmo sexo.

O **califa abássida al-Rashid** governa de Bagdá; seu poeta da corte, Abu Nuwas, é conhecido por seus poemas homoeróticos.

A primeira execução por sodomia registrada na Europa Ocidental ocorre em Basel (agora Suíça).

---

que descreve atos sexuais entre casais homossexuais masculinos e femininos, além de laços semelhantes ao casamento entre parceiros masculinos, chamados *parasparaparigraham*.

Essas antigas parcerias, apesar de parecerem o que hoje classificaríamos como homossexuais, eram vistas de maneira diferente. Na Grécia antiga, esperava-se que os casais de homens fossem formados por um homem mais velho e um mais jovem, este com um papel sexual passivo. Da mesma forma, na Roma antiga, se fazia uma distinção entre o parceiro ativo e que fazia a penetração e o homem passivo ou receptivo. O primeiro era aceitável, já o último era considerado vergonhoso.

Compreendendo o gênero
As sociedades antigas exploravam o gênero de várias maneiras. Parte da sua própria terminologia parece transmitir a ideia de cruzar linhas de gênero ou existir fora de um sistema binário – como nos trabalhadores "homens-mulheres" do templo da deusa suméria Inana (que poderia, de acordo com os hinos, mudar um gênero por outro), a "mulher-menino" do antigo Egito e a "terceira natureza" do *Kama Sutra*. Essas descrições parecem se concentrar na expressão de gênero vivida, e não na genitália.

Por outro lado, os antigos também tinham muito a dizer sobre os órgãos sexuais. Tanto na Grécia antiga quanto na Roma antiga foram construídas estátuas para o deus/deusa intersexual Hermafroditos, e Roma em particular estava familiarizada com as ideias de mudança de sexo. Os médicos romanos escreveram sobre o que hoje chamaríamos de "condições intersexuais"; padres chamados *galli* eram castrados e viviam como mulheres; e o imperador Nero supostamente contratou um cirurgião para operar sua nova esposa Sabina, designada como homem ao nascer.

Perseguição religiosa
O cristianismo teve um efeito de longo alcance nas atitudes em relação ao que se considerava pecado sexual. No século I AEC, a carta do apóstolo Paulo aos romanos condenou a luxúria homoerótica e, por volta do século IV, pensadores cristãos começaram a caracterizar a queda de Sodoma e Gomorra como resultado do comportamento homossexual. No século V, a Igreja começou a condenar o sexo fora do casamento e, no século XII, as relações entre pessoas do mesmo sexo eram denunciadas como crime contra a natureza nos reinos cristãos. No início do século XIII, esse crime era punível com a morte. ■

QUANDO HERÓIS AMAM

AS PRIMEIRAS EVIDÊNCIAS DE PESSOAS LGBTQIAPN+ (C. 2400 AEC)

EM CONTEXTO

FOCO
Desafios arquivados

ANTES
c.2600 AEC Ur-Nanse, mestre músico de Mari, antiga Suméria, é retratado com seios, usando um manto com franjas.

DEPOIS
700 AEC A *Ilíada*, o antigo épico grego que inclui a história de Aquiles e Pátroclo, foi escrita por Homero, um poeta tradicionalmente conhecido.

c.400 AEC O historiador grego Ctésias escreve *Pérsica*, que coloca a culpa da queda do Império Neoassírio na "efeminação" do rei Sardanápalo (Assurbanípal).

1849 A *Epopeia de Gilgamesh* é encontrada na biblioteca de Assurbanípal em Nínive.

1964 Em Saqqara, no Egito, é descoberta a tumba de Niankhkhnum e Khnumhotep.

As evidências de **relacionamentos e comportamentos das pessoas** no início da história estão abertas a muitas interpretações diferentes.

Os historiadores tendem a exigir um **padrão mais alto de prova para a história** LGBTQIAPN+ do que para a história do comportamento heterossexual e da experiência cisgênero.

Até recentemente, a possibilidade de **relações homossexuais e de transgressão de gênero** na antiguidade **nem sequer era cogitada**.

Olhando novamente para **as evidências arqueológicas e escritas**, é possível interpretá-las como evidências de **comportamento homossexual e inconformidade de gênero**.

É difícil saber o que os povos antigos pensavam sobre questões como gênero e sexualidade a partir das evidências limitadas disponíveis. Os historiadores tiveram que basear sua compreensão nesses esparsos achados arqueológicos.

No século XV, quando os europeus começaram a colonizar grandes partes do mundo, descobriram que muitas culturas tinham flexibilidade em relação à sexualidade e ao gênero. É provável que esse comportamento tenha existido por séculos, embora isso seja difícil de provar sem registros escritos.

Uniões heroicas

Há muitas histórias antigas sobre

PRIMEIRAS OBSERVAÇÕES 19

Veja também: Gênero e sexualidade na Grécia antiga 20-23 ▪ Gênero e sexualidade na Roma antiga 30-35 ▪ Poesia de amor entre homens 80-81 ▪ Definindo "homossexual" e "heterossexual" 106-07

Niankhkhnum e Khnumhotep se abraçam nesta pintura de parede em sua tumba em Saqqara. Uma imagem como essa normalmente só apareceria no túmulo de um casal.

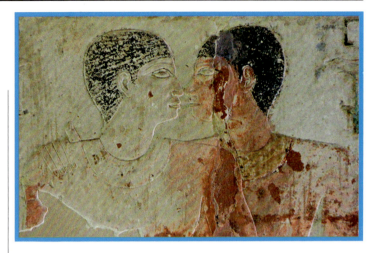

homens que eram amigos íntimos e demonstravam grande afeição um pelo outro, como Gilgamesh e Enkidu, heróis lendários da suméria *Epopeia de Gilgamesh*; os antigos guerreiros gregos Aquiles e Pátroclo, da *Ilíada* de Homero; e David e Jonathan da *Bíblia* hebraica. No entanto, nenhuma dessas histórias menciona a natureza exata do relacionamento dos homens.

Evidências mais específicas dizem respeito a Niankhkhnum e Khnumhotep, dois antigos egípcios enterrados juntos em Saqqara por volta de 2400 AEC. Os dois homens eram "supervisores de manicuros" do rei e são retratados em um abraço íntimo. Muitos historiadores acreditam que eles tiveram um relacionamento romântico; muitos outros acreditam que eram irmãos.

Entendimentos de gênero

Mesmo quando existem fontes escritas, a tradução pode ser problemática. O *Segundo Livro dos Reis* na Bíblia conta como o rei Josias expulsou "prostitutos" do templo da deusa Asherah. Estes podem ter sido sacerdotes transfemininos como os *galli* romanos nos templos de Cibele. No entanto, os tradutores cristãos talvez tenham buscado retratar todas as outras religiões como obcecadas por sexo e provavelmente tinham pouco conhecimento sobre a fluidez de gênero. A palavra hebraica *qedešah* foi traduzida como "trabalhadora do sexo", mas isso agora é contestado; talvez se referisse a homens cisgênero sem função sexual no culto.

As *Máximas de Ptaotep* é um guia de etiqueta para homens egípcios de cerca de 1991 AEC. A publicação aconselha os leitores a evitarem se relacionar com um menino afeminado. Uma tradução literal do texto egípcio é "mulher-menino". Termos semelhantes aparecem no trabalho da princesa suméria e Alta Sacerdotisa da Lua, Enheduana. Ela descreve a deusa Inana como tendo o poder de transformar homens em mulheres e vice-versa. Não podemos ter certeza do que ela quer dizer, mas temos evidências de que os trabalhadores do templo de Inana, os *gala*, trabalhavam como cantores e falavam um dialeto geralmente reservado às mulheres. Nos arquivos do Museu Britânico de Londres existe um fragmento de uma estátua de um *gala* de c. 2000 AEC. Sua inscrição diz "Silimabzuta, o homem-mulher de Inana".

O idioma inca, quechua, tem um termo semelhante, *quariwarmi*, que se traduz como "homens-mulheres". Não sabemos se descreve gênero, sexualidade ou ambos. Mas todas essas culturas reconheceram que algumas pessoas existiam fora das "normas" de gênero. ∎

A ele amarás como uma esposa, por ele te excitarás, Ele, forte, sempre a ti salvará.
Epopeia de Gilgamesh
A mãe de Gilgamesh interpretando os sonhos do filho sobre Enkidu

Transformar o homem em mulher e a mulher em homem são seus, Inana.
Enheduanna
"Passionate Inanna"

NÃO PONHAS OS MEUS OSSOS LONGE DOS TEUS, Ó AQUILES

GÊNERO E SEXUALIDADE NA GRÉCIA ANTIGA (C. 800-30 AEC)

EM CONTEXTO

FOCO
Primeiras evidências

ANTES
c. 2000 AEC A *Epopeia de Gilgamesh*, uma obra suméria, descreve uma amizade homoerótica entre Gilgamesh e o homem selvagem Enkidu.

DEPOIS
Século I EC A Taça Warren, um recipiente de prata romano produzido no Mediterrâneo oriental, retrata dois casais do mesmo sexo.

Século V EC Cartas de comunidades monásticas no Egito citam preocupações sobre mulheres com "desejo físico" por outras mulheres.

1973 Dois esqueletos masculinos de c. 800 AEC, e deitados em um abraço íntimo, são encontrados no Irã.

A primeira obra literária pré-clássica da Grécia antiga foi a *Ilíada* de Homero, escrita por volta de 800 AEC. A principal em relação nesse conto é entre os lendários guerreiros Aquiles e Pátroclo.

Cinco séculos depois, sob Alexandre, o Grande, o território grego incluía o Egito moderno, o Oriente Médio, a Pérsia (atual Irã) e o Himalaia. Após sua morte, em 323 AEC., o império se dividiu em quatro reinos helenísticos. Os reinos mantiveram a influência grega no mundo antigo por séculos, mesmo após a conquista romana. Foram os gregos antigos que primeiro definiram "democracia", no período clássico (510-323 AEC.), embora isso se estendesse apenas aos cidadãos do sexo masculino – mulheres e pessoas escravizadas não

PRIMEIRAS OBSERVAÇÕES 21

Veja também: As primeiras evidências de pessoas LGBTQIAPN+ 18-19 ▪ Safo de Lesbos 24-27 ▪ Gênero e sexualidade na Roma antiga 30-35 ▪ Direitos intersexuais 48-53 ▪ Narrativas homossexuais na poesia urdu 96-97

Relações pederastas na Grécia antiga

Homem mais jovem
Conhecidos como os *eromenos* ("os amados"). Parceiro passivo no relacionamento.

Homem mais velho
Conhecidos como os *erastes* ("o amante"). Parceiro ativo no relacionamento.

---

podiam participar da vida cívica. Havia muitos escravizados de muitas raças e etnias na época, em lares gregos e trabalhando para o Estado. Em casa, pessoas escravizadas de qualquer gênero eram vistas como parceiras sexuais aceitáveis para os homens que as escravizavam.

Desejo pré-clássico

As evidências da aceitabilidade de relacionamentos homossexuais entre mulheres não escravizadas e também homens não escravizados incluem uma série de odes escritas pelo poeta Álcman no século VII AEC. Interpretados por coros de jovens solteiras em Esparta, os poemas celebram a beleza e o fascínio erótico de suas companheiras e de mulheres mais velhas, sugerindo que o desejo homoerótico feminino era amplamente reconhecido. Isso é reforçado por uma imagem em uma placa de Thera, Grécia (c. 500 AEC), na qual duas mulheres trocam guirlandas, enquanto uma toca o queixo da outra (uma "carícia no queixo") – representações comuns de desejo usadas tanto para casais do mesmo sexo quanto para casais de sexos diferentes.

Safo (c. 630-c. 570 AEC), que escrevia poesia sobre o desejo entre mulheres, era conhecida em toda a Grécia antiga. No século III AEC, o poeta helenístico Nóssis reconhece Afrodite como sua deusa padroeira e Safo como sua inspiração.

Por volta do século VI AEC, os adeptos do culto a Orfeu, famoso poeta e músico da mitologia grega, popularizaram o amor erótico entre homens em todo o mundo grego. O culto idealizou uma vida após a morte cheia de interações homossociais e homoeróticas para seus seguidores masculinos. Afrescos em tumbas em todo o mundo grego parecem apoiar essa crença, com pinturas da "Tumba do Mergulhador" em Paestum, Itália, retratando casais do mesmo sexo em uma variedade de poses íntimas. Os casais seguiam a prática da pederastia – termo derivado do grego *paides* (crianças) e *eros* (amor) – com um homem mais velho (e de barba) e o outro mais jovem (e sem barba).

O conceito de pederastia é um aspecto complexo e controverso da vida cívica grega. As fontes geralmente concordam que um relacionamento pederástico acontecia entre um homem adulto, conhecido como *erastes*, e um jovem, conhecido como *eromenos*. O relacionamento era visto como auxiliar na transição social do jovem para homem e cidadão, como o professor e seu aluno. A literatura grega antiga sugere que um jovem pode ser desejado como um *eromenos* desde o início da puberdade, semelhante à idade em que as meninas eram consideradas adequadas para o casamento. Algumas fontes afirmam que, quando desenvolviam uma barba cheia, os jovens eram considerados velhos demais para serem sexualmente atraentes para outros homens, sendo a idade mais desejável dezesseis anos.

Identidades sexuais

Na Grécia clássica, a ideia moderna de identidades sexuais fixas como "gay" ou "hétero" não existia. As pessoas podem ter considerado um »

Nada é mais doce do que o desejo. Todas as outras delícias são secundárias. Da minha boca eu cuspo até mel.
Nóssis
Fragmento de um poema

GÊNERO E SEXUALIDADE NA GRÉCIA ANTIGA

ato como sendo de um sexo ou de outro,, mas os indivíduos não foram identificados em relação a esses atos, mesmo que sua preferência fosse clara. Esperava-se que os homens se casassem e tivessem filhos, mas fora do casamento havia pouca discriminação entre sexo com mulheres ou com meninos. Os homens mantinham a respeitabilidade desde que fossem participantes "ativos" (penetradores), independentemente de com quem fizessem sexo. Um homem que assumisse o papel passivo (sendo penetrado) era considerado "feminino" e ridicularizado.

Nos poucos textos gregos que temos sobre sexo entre mulheres, a desaprovação masculina decorre de as mulheres serem "participantes ativas" durante a relação sexual. Isso transgredia normas e papéis de gênero, pois as mulheres eram consideradas passivas nas relações.

Aquiles e Pátroclo
Na vida social masculina, os relacionamentos muitas vezes não apresentavam uma separação real entre a intimidade platônica (uma amizade que não envolve sexo) e a intimidade erótica. Embora o texto original da *Ilíada* de Homero não torne explícita a natureza do vínculo compartilhado entre os guerreiros Aquiles e Pátroclo, o profundo afeto entre os dois levou os filósofos antigos a suporem que compartilhavam um relacionamento sexual.

Em um fragmento sobrevivente de *Myrmidons*, que faz parte de uma trilogia de peças sobre Aquiles escrita pelo dramaturgo Ésquilo (c. 525-c. 456 AEC), Aquiles lamentou a morte de Pátroclo refletindo sobre a "doce relação de coxas" que os dois compartilharam. Os filósofos da época debatiam não se os dois eram sexualmente íntimos, mas qual o papel no relacionamento pederástico cada um dos personagens desempenhava – *eromenos* ou *erastes*.

Platão sobre a sexualidade
Platão (c. 428-347 AEC) escreve, em seu *Simpósio* (*O banquete*), uma coleção de discursos sobre a natureza do amor feito em reuniões regadas à álcool, que Aquiles e Pátroclo eram amantes, mas debatem os papéis que assumiram – *eromenos* ou *erastes*. Ele passa a discutir a relação entre o ateniense Pausânias e seu amante, o poeta Agathon. Embora tivessem vivido originalmente um relacionamento pederástico, os dois continuaram amantes mesmo depois que Agathon atingiu a maturidade. Essa prática também aparece na obra de Aristóteles (384-322 AEC), filósofo e aluno de Platão, na qual afirmou que, se um menino tiver um caráter e

Uma estátua de mármore do deus/deusa Hermafroditos exibe seios e um pênis, parte de um antigo culto grego em que havia muitas estátuas semelhantes, algumas também com barba.

Retratado com barba, Pátroclo é o *erastes* de seu jovem *eromenos*, Aquiles, nessa imagem em um recipiente de bebida do século 5. Aquiles é retratado cuidando do ferimento de Pátroclo.

também uma aparência agradáveis, um casal pode continuar o relacionamento. No *Simpósio* de Platão, o dramaturgo cômico grego Aristófanes explica as preferências sexuais com uma alegoria na qual os humanos eram originalmente compostos de duas cabeças, quatro braços, quatro pernas e dois conjuntos de órgãos genitais. Esses eram macho-macho, macho-fêmea ou fêmea-fêmea. Temendo seu poder, Zeus, rei dos deuses, os partiu ao meio. Os humanos têm procurado por sua outra metade original desde então, levando a diferentes preferências sexuais.

Nas *Leis* de Platão, no entanto, o

Sim, por Ganimedes de belas madeixas, ó Zeus no céu, tu também amaste.
Calímaco
Poeta grego, século III AEC

autor critica as relações sexuais entre pessoas do mesmo sexo por priorizarem o prazer, e contradizerem a ordem natural em que o sexo acontece para procriação.

Contos mitológicos

As histórias que os antigos gregos contavam sobre deuses e deusas demonstram consciência da atração por pessoas do mesmo sexo. Na verdade, todas as principais divindades masculinas – a não ser Ares, deus da guerra – são retratadas com amantes do sexo masculino em vários mitos. Uma das histórias mais famosas é de Zeus e Ganimedes, um príncipe troiano. Zeus ficou tão apaixonado que apareceu na forma de águia e voou com Ganimedes até o Monte Olimpo, para que o príncipe pudesse estar ao seu lado para sempre como copeiro. Ele permanece visível nas estrelas, representado pela constelação de Ganimedes e pelo signo de Aquário.

Histórias de relacionamentos românticos entre mulheres são menos comuns, mas a sedução da ninfa Calisto por Zeus foi interpretada na literatura clássica e helenística como evidência das inclinações sáficas de Calisto. Quando seus avanços foram recusados, Zeus se disfarçou como Ártemis, e então Calisto se tornou íntima dela/dele. Relações românticas e sexuais entre heróis militares também aparecem nos contos do Batalhão Sagrado de Tebas, uma lendária unidade militar do século IV AEC. A unidade era formada por 150 casais de homens e recebia o crédito de vitórias contra as forças muito maiores de Esparta. Embora os relatórios talvez não sejam precisos, as relações entre os soldados eram conhecidas e podem ter sido encorajadas para se forjar lealdade, tornando a existência do Batalhão Sagrado mais plausível.

Inconformidade de gênero

A mitologia grega também explorou a ideia de identidade de gênero. Estátuas de Afrodite de Chipre sugerem a existência de um culto a uma "Afrodite de barba", ou Afroditos, em que a deusa é representada com seios, pênis e, às vezes, barba. No Período Clássico, as representações de Hermafroditos eram populares; hoje elas seriam identificadas como intersexo.

O deus Dionísio também foi a base de um culto – dizia-se que fora criado como uma menina; também é descrito como "feminino" e que vestia "roupas de mulher", em uma demonstração de inconformidade de gênero precoce.

... inflamar a alma, o coração, o fígado, o espírito de Gorgônia... com amor e carinho por Sophia.
Fragmento de um feitiço helenístico

Pedidos aos deuses

Em 30 AEC, o Egito helenístico caiu sob o domínio romano, mas sua cultura grega perdurou. Arqueólogos descobriram amuletos mágicos do século II EC destinados a influenciar relacionamentos românticos, incluindo parceiros do mesmo sexo. Escrito em chumbo ou papiro, os feitiços nomeiam uma divindade, muitas vezes uma deusa, e o efeito que deve ter sobre a vítima. Feitiços para atrair parceiros do mesmo sexo incluem um fragmento encomendado por um homem chamado Serapiakos, no qual ele pede que o coração e a alma de um homem chamado Ammoneios queimem por ele. ∎

Alexandre e Heféstio

Alexandre, o Grande, abraça Heféstio e o beija nesta tapeçaria do século XVII exposta no Palácio de Hampton Court, no Reino Unido.

Alexandre, o Grande (356-323 AEC.), era o governante do antigo reino grego da Macedônia – um dos maiores impérios da história. Historiadores se dividem sobre a natureza de seu relacionamento com o amigo Heféstio, embora a intimidade entre os dois fique clara em fontes antigas. De acordo com o historiador Arriano (c. 86-160 EC), eles colocaram guirlandas no suposto túmulo de Aquiles e Pátroclo, simbolizando seu relacionamento romântico, e Alexandre disse à rainha persa Sisigambis que "(Heféstio) também é Alexandre". Uma carta atribuída ao filósofo Diógenes (c. 404-323 AEC) acusa Alexandre de ser "preso pelas coxas de Heféstio". Quando Heféstio morre, Alexandre chora por dias sobre o corpo do seu amado e apaga a chama sagrada persa, um ato geralmente reservado para a morte do rei.

ENTRE TODAS AS MULHERES, É VOCÊ QUEM EU MAIS DESEJO

SAFO DE LESBOS (C. 630–570 AEC)

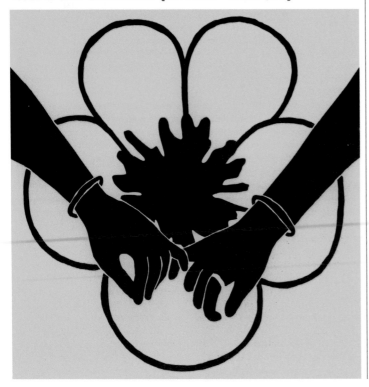

EM CONTEXTO

FOCO
O legado de Safo

ANTES
Século XXIII AEC A sacerdotisa suméria Enheduanna escreve odes à deusa Inana, chamando a si mesma de "noiva" de Inana.

DEPOIS
Décadas de 1650 a 1660 Katherine Philips – a "Safo inglesa" – celebra o amor e a amizade feminina.

Séculos XVII a XIX Os termos "sáfico" e "lésbica" são cada vez mais usados em relação a mulheres que desejam outras mulheres.

1840 Caroline Norton escreve "The Picture of Sappho", no qual Safo anseia por um homem.

2004 Descoberta de papiros que acrescentam novos versos ao poema "Titônio", de Safo, e quase o completam.

A maioria das obras compostas por Safo de Lesbos – uma das poetas líricas mais célebres da Grécia antiga – está perdida para nós. Acredita-se que a Biblioteca de Alexandria, no Egito, continha nove volumes de seu trabalho, mas menos de mil linhas sobreviveram, principalmente em fragmentos. As razões para a perda podem incluir um incêndio causado por forças romanas sitiadas na cidade em 48 AEC.; destruição pela Igreja cristã após o século IV EC, devido às imagens eróticas da poesia; e a decadência natural do papiro em que foi escrita.

Embora apenas um poema completo permaneça – a "Ode a Afrodite" de 28 versos, dirigido à

PRIMEIRAS OBSERVAÇÕES   25

Veja também: Gênero e sexualidade na Grécia antiga 20-23 ▪ Início da lesbianidade moderna 74-79 ▪ Narrativas homossexuais na poesia urdu 96-97 ▪ Safismo 98 ▪ Os diários de Anne Lister 102-03

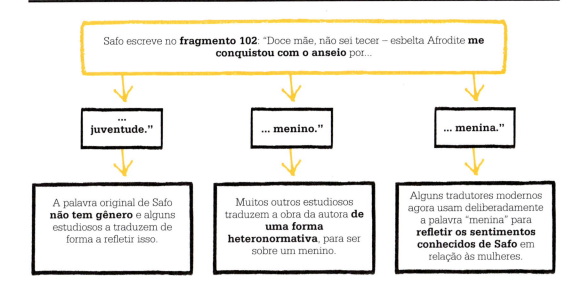

deusa grega do amor e da beleza – o nome de Safo sobreviveu e se tornou sinônimo de amor entre mulheres. O legado de Safo reside não apenas em suas obras poéticas, mas também em sua posição como ícone para lésbicas em todo o mundo.

Origens lésbicas

O termo "lésbica" é derivado de Lesbos – uma ilha perto da costa oeste da atual Turquia – e é o adjetivo usado para descrever seus habitantes. No entanto, a etimologia da palavra como descrição da sexualidade é complicada. O antigo verbo grego *lesbiazein* significava "contaminar" – ou, mais precisamente, "agir como uma mulher de Lesbos". De acordo com o estudioso holandês Erasmus (c. 1466-1536), as mulheres daquela ilha eram conhecidas pela licenciosidade sexual e, em particular, por praticarem sexo oral – uma "lésbica" era, portanto, alguém que se envolvia

nesse ato. Embora o nome de Safo esteja agora intimamente associado à lesbianidade, muitos estudiosos considerariam anacrônico aplicar esse rótulo à poeta – "sáfica" e "lésbica" não eram usados como termos para mulheres que amavam mulheres até pelo menos o século XVII. Durante a vida de Safo, a sexualidade e a identidade sexual não eram vistas em termos de gênero; em vez de pensar nas pessoas como

Alguém vai se lembrar de nós, eu digo; mesmo em outro tempo.
Safo
Fragmento 147

"homossexuais" ou "heterossexuais" (ambos termos do século XIX), havia maior preocupação em saber se uma pessoa – masculina ou feminina – assumia um papel mais sexualmente ativo ou passivo ao se envolver em atos sexuais.

Versos sáficos

O trabalho de Safo é conhecido por sua celebração da beleza feminina e por suas declarações de amor a outras mulheres. Em uma série de fragmentos, ela faz odes a uma amante chamada Átide, que havia amado muito tempo antes. Já no fragmento 16, Safo anseia por ver sua ex-amante Anactória – "seu passo adorável, seu olhar brilhante e seu rosto".

Poucos homens reais são mencionados pelo nome nos textos de Safo – a maioria das figuras masculinas são mitológicas. Em contraste, ela cita pelo primeiro nome catorze mulheres, algumas das quais parecem ter sido realmente residentes »

SAFO DE LESBOS

Eros, o derretedor de membros, (agora novamente) me incita – criatura doce e amarga e incontrolável que se infiltra.
Safo
Fragment 130

Safo abraça a colega poeta Erina (à esquerda) em um jardim em Lesbos, em uma pintura de Simeon Solomon – cujo trabalho investigou tanto a homossexualidade masculina quanto a lesbianidade.

de Lesbos. A própria Safo não é a única mulher em Lesbos a experimentar desejos pelo mesmo sexo. No fragmento 213, ela descreve Archeanassa e Gorgo, ambas mulheres, como "companheiras de parelha" (esposas).

Os versos de Safo foram celebrados enquanto ela ainda estava viva, depois passaram a fazer parte de uma coleção ateniense (por volta do século v AEC) e, mais tarde, de uma coleção alexandrina (no século III ou II AEC), já que a capital egípcia construiu um repositório para literatura grega. Safo foi celebrada por Platão, que a descreveu como "Safo, a adorável", em referência à sua poesia. Desde pelo menos o século v AEC, imagens de Safo apareciam em vasos, muitas vezes com ela segurando uma lira – em uma representação tradicional de um poeta. Ela também se tornou uma personagem popular para dramaturgos gregos, com pelo menos cinco comédias escritas sobre ela no século IV AEC. Nessas obras, no entanto, Safo era frequentemente satirizada por ter um interesse sexual excessivo por homens.

Um legado em mudança

A reputação de Safo na antiguidade é tão diversa que alguns estudiosos acreditam que havia duas mulheres com esse nome em Lesbos. Enquanto Safo, a poeta, era celebrada, alguns escritores também contaram sobre

Safo de Lesbos

Nascida em uma família aristocrática em Mitilene, na ilha grega de Lesbos, por volta de 630 AEC., Safo se tornou uma célebre poeta lírica – alguém que cantava versos acompanhados por uma lira (um instrumento semelhante a uma harpa). Existem alusões antigas a Safo ter um marido, embora ele nunca seja mencionado. Um nome aparece no século X EC, no Suda, um léxico bizantino – uma espécie de enciclopédia –, mas apenas como uma piada obscena. Ele o chama de "Kerkylas que veio de Andros", que se traduz como "Senhor Pênis, vindo da ilha de Andros". Muitos historiadores também acreditam que Safo era mãe. No fragmento 132, ela menciona uma menina chamada Cleïs (tido também como o nome da mãe de Safo), que é descrita com uma palavra grega que pode significar "filha", "criança" ou "escrava". A data e a causa da morte de Safo são incertas. O dramaturgo grego do século IV AEC, Menandro, provavelmente criou a lenda de que ela morreu por suicídio, pulando da Rocha Branca de Leukas por causa de seu amor não correspondido pelo mitológico barqueiro Phaon.

uma Safo que era uma *hetaira* (uma cortesã), associando-a à depravação sexual. Ao longo do milênio seguinte, a representação de Safo variou muito em cada período. As diversas vertentes biográficas incluíam seu suicídio devido ao amor não correspondido por um homem, sua prostituição heterossexual e sua lesbianidade. No século I AEC, o poeta romano Ovídio uniu essas diferentes vertentes quando incluiu Safo em suas *Heroides* – poemas em forma de carta sobre mulheres (principalmente lendárias) rejeitadas pelos homens que amavam. O poema "Sappho to Phaon" descreve os sentimentos de Safo em relação às mulheres e também aos homens. Na carta, ela abre mão do seu amor anterior por mulheres quando conhece e se apaixona por Phaon, um barqueiro mítico que recebeu juventude e beleza da deusa Afrodite.

Durante o início do período medieval na Europa, a popularidade de Safo diminuiu, mas o Renascimento levou a um interesse renovado por seu trabalho, com Safo sendo celebrada como uma talentosa poeta. A escritora francesa Christine de Pizan louva sua sabedoria e graça no livro feminista *Le livre de la cité des dames*, publicado em 1405. Ela também foi identificada como uma "tríbade" – o nome romano para uma lésbica – nos comentários latinos do século XV sobre as edições venezianas de *Heroides*. Essa associação com sexo entre mulheres foi gradualmente suprimida à medida que as traduções vernaculares começaram a substituir os textos latinos e gregos.

A imagem de Safo continuou a mudar para se adequar aos costumes políticos e intelectuais. No século XVIII, ela foi descrita como uma mulher heterossexual, cujo "abraço" de seus desejos sexuais provou sua queda. Ao mesmo tempo, os termos "sáfico" e "lésbica" eram usados para identificar e condenar o sexo entre mulheres. Durante o século XIX, alguns estudiosos clássicos europeus se opuseram à leitura homossexual de Safo, retratando-a em uma versão casta. O estudioso alemão Ulrich von Wilamowitz-Moellendorff imaginou Safo como uma professora de escola – cercada por alunas pelas quais ela sentia apenas uma afeição platônica. Ao mesmo tempo, muitas escritoras britânicas – entre elas Christina Rossetti, Felicia Hemans e Caroline Norton – encontraram inspiração em Safo, mas como uma mulher rejeitada por seu amante (homem).

Recuperando Safo

No final do século XIX, um crescente movimento "safista" começou a reverenciar a poeta lírica como uma amante de mulheres e a reivindicá-la como um modelo de desejo lésbico. Esse aspecto foi captado por artistas lésbicas no início do século XX, como Radclyffe Hall, que, em seu poema "Ode a Safo" chama Safo de "Lésbica imortal!". Safo foi reivindicada pelo movimento feminista do final dos

Fragmento do papiro 44 da poesia de Safo descreve o casamento das figuras mitológicas gregas Heitor e Andrômaca. Foi encontrado em um antigo depósito de lixo e publicado em 1914.

Amada lésbica! ousamos reivindicar
Por essa mesma união afetuosa com tua sorte;
No entanto, é suficiente se, quando sussurramos teu nome,
Tua alma mal nos escute e não nos esqueça.
Radclyffe Hall
"Ode a Safo", 1908

anos 1960 e 1970, e estudiosos começaram a revisitar seu trabalho por meio de novas perspectivas. Mais e mais acadêmicas feministas rejeitaram o mito do século XIX de Safo como uma professora pura, e poetas e escritoras lésbicas feministas, como a americana Rita Mae Brown e a romancista britânica Jeanette Winterson, a citaram em seu próprio trabalho como modelo, tanto como lésbica quanto como poeta.

Novos fragmentos de papiro do trabalho de Safo ainda estão sendo descobertos. No entanto, a opinião permanece dividida sobre a proveniência dos fragmentos mais recentes – como o "Poema dos Irmãos", publicado em 2014.

O interesse por Safo e seu trabalho permanece alto tanto nos círculos acadêmicos quanto no LGBTQIAPN+, e "sáfico" tornou-se um termo popular para mulheres e pessoas não binárias e trans que se sentem atraídas por mulheres. A bandeira do orgulho sáfico tem listras rosa na parte superior e inferior e uma violeta no centro – a flor representa Safo, que, no fragmento 94, descreve sua ex-amante lésbica com "coroas de violetas e rosas". ■

A PAIXÃO DA MANGA CORTADA
FAVORITOS DA DINASTIA HAN DA CHINA (206 AEC.-220 EC)

EM CONTEXTO

FOCO
Favoritos do mesmo sexo dos imperiais

ANTES
Século IV AEC. Alexandre, o Grande, e o nobre Heféstio emulam os heróis gregos (e amantes) Aquiles e Pátroclo.

DEPOIS
1307-1312 EC Eduardo II da Inglaterra perde o apoio de seus nobres depois de favorecer Piers Gaveston, considerado seu amante.

c.1579-1625 James VI da Escócia e I da Inglaterra tem relações com três de seus cortesãos.

1624-63 Ana Njinga de Ndongo e Matamba (agora Angola) governa como rei, usa roupas masculinas e mantém um harém de esposas.

c.1644-62 Cristina da Suécia usa roupas masculinas e tem um relacionamento íntimo com uma condessa.

Imperador Ai da dinastia Han está **apaixonado pelo seu favorito**, Dong Xian.

Um dia, **o imperador acorda** e descobre Dong Xian ainda **dormindo em cima da manga dele**.

Em vez de perturbar Dong Xian quando precisa sair, o imperador Ai **manda cortar a manga da sua roupa**.

A "manga cortada" se torna um **símbolo de devoção** e, mais tarde, um termo para descrever o amor homossexual na China.

Um dos eufemismos mais antigos da China para a homossexualidade, a "paixão da manga cortada", remonta à dinastia Han de 206 AEC.-220 EC. Essa foi considerada a idade de ouro da China antiga e, por meio do desenvolvimento do serviço público chinês e da Rota da Seda, lançou as bases para o crescimento cultural e econômico das dinastias posteriores. A história da paixão da manga cortada remonta ao reinado do imperador Ai de Han (ou Aidi), que ascendeu ao trono imperial no ano 7 EC., aos vinte anos de idade.

De acordo com o *Hanshu* ("Livro de Han"), Aidi tinha um favorito chamado Dong Xian, a quem ele amava. Dong Xian tinha dezenove anos, era oficial da corte e casado com uma mulher quando conheceu o imperador, mas nada disso foi considerado obstáculo. A família de Dong logo se mudou para o palácio imperial em Chang'an (atual Xi'an) para viver ao lado de Aidi e da esposa. Aidi ordenou que novos

PRIMEIRAS OBSERVAÇÕES   29

Veja também: Homoerotismo e o Renascimento francês 60-61 ▪ Transgressão de gênero na China moderna 134-135 ▪ Ativismo LGBTQIAPN+ na Ásia 254-55 ▪ Comunidades chinesas *lala* 276-77

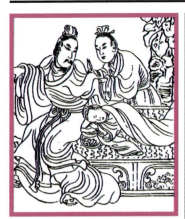

Nesta ilustração de 1651, do artista chinês Chen Hongshou, Aidi tem a manga cortada para evitar acordar seu amante, Dong Xian.

aposentos luxuosos fossem construídos para o seu amado e cobriu-o de presentes caros.

De acordo com o Hanshu, Aidi acordou um dia e encontrou Dong dormindo em cima da manga de sua roupa e decidiu cortá-la em vez de retirá-la. Após esse sinal de grande devoção, se tornou moda para os homens da corte usarem manga cortada.

Dong e Aidi

Aidi favoreceu Dong ao promovê-lo a comandante das forças armadas, uma das posições mais poderosas do regime imperial. O imperador também deu títulos à família de Dong. Quando ficou gravemente doente, o moribundo Aidi até tentou nomear Dong como seu herdeiro, mas essa atitude foi vista como um abuso de seu poder imperial.

Os conselheiros de Aidi e a Grande Imperatriz viúva Wang (mãe do predecessor de Aidi) conspiraram para instalar o sobrinho dela, Wang Mang, e usurpar o trono, iniciando a curta dinastia Xin (9-23 EC). Dong Xian e a esposa se suicidaram, não se sabe se a pedido do novo regime ou por medo dele.

Tradição Han

Aidi não foi o único imperador Han a ter um favorito masculino. A posição era comum o suficiente para que vários fossem registrados pelo historiador de Han, Sima Qian, em um capítulo do *Shiji* ("Registros do Grande Historiador"), por suas habilidades e realizações. De acordo com Sima Qian, o imperador Gaozu (c. 202-195 AEC.), o primeiro governante Han, favorecia um "menino" chamado Ji, enquanto o imperador Hui (c. 195-188 AEC.) tinha um favorito chamado Hong. Ji e Hong foram incluídos na crônica por sua boa aparência e pela forma como outros homens da corte tentavam imitar seu modo de vestir.

O imperador Wen (c. 180-157 AEC.) tinha três favoritos. Dois eram eunucos – Zhao Tan, que era hábil em observar as estrelas, e Beigong Bozi, "um homem digno e afetuoso" –, enquanto o terceiro, Deng Tong, era um barqueiro que havia aparecido para o imperador em sonho. O imperador procurou o homem, encontrou-o e mostrou seu interesse; em troca, Deng Tong supostamente cuidou do governante quando ele esteve doente, sugando o pus de seus ferimentos.

Aidi foi o último imperador Han ocidental, mas a dinastia não terminou com seu reinado. Após o interregno de Xin, a capital Han se mudou de Chang'an para Luoyang sob o Han oriental (25-220 EC.). Os favoritos se tornaram menos proeminentes sob a dinastia Tang e deixaram de ser registrados após o fim da dinastia Song no século XIII, em parte devido às influências religiosas do Ocidente. ▪

Meninos... vestidos como oficiais... estavam constantemente no quarto do imperador.
Sima Qian
Historiador chinês (c. 145-87 AEC),
descrevendo os favoritos do imperador Hui

O pêssego mordido

O eufemismo do "pêssego mordido", também usado na China , é uma história ainda mais antiga do que a da manga cortada. De acordo com um conto admonitório do filósofo e estadista Han Fei, Mizi Xia era um belo e amado cortesão do duque Ling de Wey (c. 534-492 AEC.). Um dia, enquanto passeava pelo jardim, ele mordeu um pêssego e, como achou a fruta deliciosa, ofereceu o resto ao duque. Na época, o duque viu isso como um gesto de amor, mas depois que se apaixonou por Mizi Xia, passou a ver o presente do pêssego meio comido como um insulto. Quer Mizi Xia tenha existido ou não, seu nome mais tarde se tornou sinônimo de beleza masculina, e o pêssego mordido se tornou uma alusão ao amor homossexual.

TODA MULHER É UM HOMEM E TODO HOMEM É UMA MULHER

GÊNERO E SEXUALIDADE NA ROMA ANTIGA (C. 240 AEC–476 EC)

GÊNERO E SEXUALIDADE NA ROMA ANTIGA

EM CONTEXTO

FOCO
Aceitação das diferenças sexuais

ANTES
Séculos IV e V AEC. Na Grécia antiga, a pederastia – relações íntimas entre homens e meninos adolescentes – se desenvolve como parte da educação dos rapazes.

DEPOIS
Séculos XV e XVI A redescoberta do mundo clássico durante o Renascimento leva a uma maior consciência das relações homossexuais. A *Ilíada*, o antigo épico grego que inclui a história de Aquiles e Pátroclo, foi escrita por Homero.

1969 Federico Fellini faz *Satyricon* – baseado em uma obra de mesmo nome do autor romano Petronius –, que apresenta abertamente a atração masculina pelo mesmo sexo.

2018 Em Londres, os bustos de Adriano e Antinous fazem parte da coleção "Desejo, amor, identidade: trilha de histórias LGBTQ" do Museu Britânico.

Juventius, beijar seus olhos é doce como mel. Não ficarei satisfeito com trinta milhões de beijos.
Catulo

Cidadãos romanos do sexo masculino têm **total poder** sobre suas esposas, filhos e sobre as pessoas que escravizam.

↓

Os homens exibem poder **penetrando os outros** – tanto homens quanto mulheres – durante o sexo.

↓   ↓

Penetrar alguém **mostra dominação**.   Ser penetrado é um **ato de submissão**.

↓   ↓

Um homem poderoso penetra, mas nunca deve ser penetrado.

A Roma antiga era uma sociedade extremamente patriarcal, em que o cidadão do sexo masculino controlava a esposa, aqueles que escravizava e sua família em todos os assuntos domésticos, incluindo amor e sexo. No entanto, os romanos não desaprovavam as relações entre pessoas do mesmo sexo ou de gêneros diferentes. Registros escritos da vida romana aparecem pela primeira vez por volta de 240 AEC. Eles fornecem muitas evidências – de confiabilidade variada – para a diversidade em questões de sexualidade e gênero. No decorrer da longa história de Roma, as atitudes mudaram significativamente à medida que a sociedade evoluiu e absorveu influências de seu império multicultural.

Domínio fálico

Os romanos reconheciam a antiga reverência grega pelo amor entre os homens, mas sua abordagem era menos espiritual e mais hedonista. Um elemento vital da ideologia romana era o poder do pênis. A penetração sexual era um exercício de dominação. Embora moderação e autocontrole na maioria das ações, inclusive sexo, fossem consideradas virtudes, muitos romanos privilegiados não seguiam esse caminho. Quanto mais pessoas penetrava, mais poderoso era o homem.

E quem ele penetrava importava. Esperava-se que um homem romano fizesse sexo com a esposa e gerasse filhos. Ele também poderia fazer o que quisesse com aqueles que escravizava. Mas o sexo com penetração com outro

Pingentes fálicos de bronze eram usados pelos romanos para afastar os maus espíritos. O falo simbolizava poder, potência e prosperidade.

PRIMEIRAS OBSERVAÇÕES 33

Veja também: Grécia antiga 20-23 ▪ Safo de Lesbos 24-27 ▪ Renascimento italiano 58-59 ▪ Definindo "homossexual" e "heterossexual" 106-07

A Taça Warren, agora no Museu Britânico, recebeu o nome de um colecionador americano que a comprou em 1911. Edward Perry Warren era conhecido como um defensor do antigo ideal grego de amor entre os homens.

cidadão romano do sexo masculino era um assunto diferente. Ser penetrado era considerado vergonhoso para aquele homem. Apesar do rebaixamento social, os documentos romanos falam de sexo entre homens, sugerindo que alguns romanos buscavam e desfrutavam da penetração. Os romanos tendiam a presumir que tais homens eram afeminados e usavam muitas palavras para descrevê-los. Um *mollis* era um "homem mole"; um *pathicus* era alguém facilmente dominado pelos outros; e um *cinaedus* (originalmente uma espécie de dançarino grego) era abertamente afeminado. Os homens romanos costumavam usar *cinaedus* como um insulto, e nenhum romano admitia ser um.

Tolerância a relacionamentos entre pessoas do mesmo sexo

Grafites na cidade romana de Pompeia e afrescos encontrados em seus bordéis e banhos fornecem evidências da popularidade de várias práticas homossexuais. Um exemplo é a poesia erótica romana, particularmente a obra de Catulo (c. 84-c. 54 AEC) ao seu amante, Lesbia, além de outros que envolvem um jovem chamado Juventius, com quem ele parecia igualmente ansioso para fazer sexo. Uma das representações mais conhecidas de sexo entre homens do Império Romano é a Taça Warren, um recipiente de prata feito entre 15 AEC e 15 EC. De um lado, é decorado com um velho de barba penetrando um rapaz. Do lado oposto, um jovem imberbe penetra um menino. Sexo entre homens mais velhos e mais jovens – idealizado no relacionamento grego antigo, em que se tratava as partes envolvidas como *erastes* e *eromenos* – era tolerado, e alguns romanos ricos, incluindo imperadores, eram conhecidos por escravizar meninos castrados antes da puberdade para manter a sua aparência jovem.

A maior parte dos imperadores romanos mantinha relações homossexuais. O historiador romano Suetônio (69-c. 122 EC) afirmou que, dos primeiros doze imperadores, apenas Cláudio (10 AEC-54 EC) fazia sexo exclusivamente com mulheres. Dizia-se que o 14º imperador, Adriano (76-138 EC), não tinha interesse em mulheres, incluindo na sua própria esposa, Vibia Sabina.

Transformações de gênero

Os romanos estavam abertos à possibilidade de mudar de sexo e cientes de características biológicas – conhecidas na época como "hermafroditismo" e hoje como intersexo – que não se encaixavam na ideia binária de "masculino" e "feminino". O mais proeminente "hermafrodita" na história romana foi Favorino (c. 85-155 EC), um filósofo e orador, e um dos favoritos de Adriano. »

Adriano e Antínoo

Filho de um senador romano, Adriano se tornou um aliado de confiança do imperador Trajano (53-117 EC) e se casou com sua sobrinha-neta, Vibia Sabina. Trajano não tinha filhos e Adriano foi adotado como herdeiro imperial – possivelmente por instigação da esposa de Trajano, Pompeia Plotina. Adriano admirava a cultura grega, incluindo o costume de um homem mais velho e um homem mais jovem formarem um relacionamento próximo, muitas vezes sexual. Ele se sentia particularmente atraído por um de seus pajens, Antínoo – um menino nascido em 110 EC na Bitínia, atual noroeste da Turquia. À medida que Antínoo envelhece, o relacionamento desabrocha. Em 130 EC, enquanto a família imperial viajava pelo Egito, Antínoo se afogou no Nilo. Adriano ficou com o coração partido e deificou seu jovem amante. Cerca de 28 templos em todo o império foram dedicados ao deus Antínoo – parte de um culto que durou mais de duzentos anos.

Após a morte de Antínoo, Adriano ordenou que fossem feitas milhares de estátuas e bustos de seu amante e exibidos em todo o império. Esse busto data de 130-138 EC.

GÊNERO E SEXUALIDADE NA ROMA ANTIGA

Um afresco erótico de uma casa de banhos de Pompeia inclui um trio de dois homens e uma mulher, com um homem penetrando o outro. À direita, duas mulheres se tocam intimamente.

Registros contemporâneos sugerem que, embora tivesse características masculinas ao nascer, ele nunca passou pela puberdade e, ao longo de sua vida, sua pele permaneceu lisa e a voz continuou aguda.

Galeno (129-c. 216 EC) acreditava – como Aristóteles – que uma mulher era um homem que não havia se desenvolvido totalmente no útero e poderia se desenvolver ainda mais após o nascimento. Era sugerido que, na puberdade, os órgãos sexuais de uma menina poderiam se estender para fora de seu corpo, transformando-a em um menino. O estudioso romano Plínio, o Velho (23-79 EC) e o autor grego do século II EC Flégon de Trales, escreveram sobre essas transformações. A ciência moderna sugere que o que Plínio e Flégon registraram foram provavelmente casos do traço intersexo conhecido hoje como deficiência de 5-alfa-redutase. As pessoas com essa característica não desenvolvem pênis e testículos até a puberdade e geralmente têm o sexo feminino atribuído no nascimento.

Os romanos também reconheciam que o gênero podia mudar de masculino para feminino. Isso foi mais notavelmente incorporado nos *galli* – um culto sacerdotal baseado na deusa Cibele. No século III AEC, com as forças cartaginesas de Aníbal ocupando o solo italiano, os romanos buscaram a ajuda de Cibele, a deusa padroeira de Eneias, seu lendário ancestral troiano. Uma missão diplomática foi enviada à casa original de Cibele, em Frígia (atual Turquia), e voltou com uma estátua sagrada, representando a deusa. Cibele estava acompanhada por seus seguidores, os *galli*, que passavam por rituais de castração e depois viviam como mulheres. De acordo com o historiador judeu Filon de Alexandria (c. 20 AEC-c. 50 EC), os *galli* escolheram esse caminho porque queriam se tornar mulheres, embora alguns possam ter se sentido pressionados a fazê-lo, talvez pela pobreza.

Registros de um processo judicial de 77 AEC revelam que um *galli* chamado Genucius não tinha permissão para herdar dinheiro do testamento de um amigo porque os *galli* não eram vistos nem como homens nem como mulheres. Sua castração – uma afronta à masculinidade romana – significava que eles nunca poderiam desfrutar dos direitos de um cidadão romano, mas o processo judicial mostra que a existência de mais de dois gêneros era aceita na lei romana. Embora os *galli* fossem vistos com repulsa pela maioria dos homens romanos, incluindo os satíricos Marcial (c. 38-c. 103 EC) e Juvenal (c. 55-c. 127 EC), a adoração a Cibele continuou por todo o Império Romano até que Roma adotou o cristianismo no século IV EC. O imperador Cláudio tornou o festival da primavera de Cibele uma parte oficial do calendário religioso romano, e o dia em que os novos *galli* eram castrados (24 de março) passou a ser feriado.

Governantes romanos e gênero

O cruzamento de gênero era exibido abertamente na casa imperial. Os imperadores Calígula (12-41 EC) e Nero (37-68 EC) eram conhecidos pelo hábito do crossdressing. Quando a amada esposa de Nero, Popeia Sabina, morreu no parto, seus cortesãos lhe ofereceram um substituto – o jovem Esporo,

"[Os *galli*] dizem que não são homens... eles querem se passar por mulheres."
Firmicus Maternus
Polemista cristão romano sobre religiões pagãs, c. 348 EC.

PRIMEIRAS OBSERVAÇÕES

rebatizado de Sabina por Nero. Sabina, embora designada como homem ao nascer, era extremamente feminina. Nero deu criadas à nova esposa, além de roupas, joias e até uma nobre para lhe ensinar boas maneiras. Suetônio – que reconhecidamente não era a fonte mais confiável – afirmou que Nero ofereceu uma recompensa a qualquer cirurgião que pudesse fazer dela uma mulher completa. Suetônio usou a palavra latina *transfigurare* – o primeiro uso conhecido do prefixo "trans" em conexão com a cirurgia de gênero.

Os historiadores romanos contaram uma história semelhante, embora não confiável, sobre Heliogábalo, imperador em 218 EC, aos catorze anos, assassinado quatro anos depois. Alegava-se que ele adorava crossdressing, flertava com os guardas e se casou com um homem famoso por seu pênis enorme. Depilava obsessivamente os pelos do corpo e supostamente ofereceu uma recompensa a qualquer cirurgião que lhe desse uma vagina. É difícil saber a verdade, pois as fontes romanas foram escritas após a morte dele e podem ter sido uma tentativa de "justificar" seu assassinato.

Histórias incompletas

Há poucas evidências em fontes romanas de pessoas designadas como

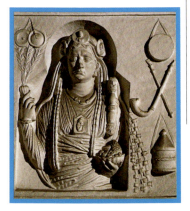

Mulheres se transformando em homens não é uma história sem valor.
Plínio, o Velho
História Natural, 77 EC

mulheres ao nascer que adotam um certo grau de masculinidade. O satírico Lucian de Samosata (120-c. 180 EC) escreveu sobre uma pessoa chamada Megillos, que vivia como homem e tinha uma esposa, mas aparentemente foi designada como mulher ao nascer. Megillos é fictício, mas Flégon de Trales registrou possíveis evidências daqueles que seriam chamados de homens trans hoje em seu livro *On Marvels*. Duas histórias descrevem homens que deram à luz. Essas pessoas provavelmente foram designadas como mulheres no nascimento, mas aceitas como homens.

Os cemitérios romanos renderam algumas evidências arqueológicas de pessoas que seriam classificadas como trans hoje. Em 2002, uma escavação no Reino Unido revelou um esqueleto do século IV EC que parecia masculino, mas foi enterrado com joias associadas a sacerdotes *galli*. Uma escavação de 1979, encontrou um túmulo que parecia ser de uma mulher, mas em 2016, o teste de DNA do esqueleto revelou cromossomos XY (a combinação que geralmente determina a masculinidade), apesar de sua forma estar mais próxima da feminina.

O problema com tais achados é que a vida dessas pessoas é desconhecida.

Um relevo funerário do século II EC mostra um *galli* vestido e adornado como uma mulher romana e cercado por objetos relacionados ao culto da deusa Cibele.

Bens funerários podem ser enganosos, e determinar o sexo de um esqueleto não é simples. O túmulo na Harper Road poderia ter sido de um homem feminino, de uma mulher trans ou de uma pessoa intersexo. No entanto, enquanto casos individuais de fluidez sexual e de gênero em Roma são contestados, evidências sugerem que a sociedade romana era tão diversa quanto as modernas.

Os desejos secretos das mulheres

Embora suas histórias sejam bem menos documentadas, as mulheres na Roma antiga sem dúvida se envolviam em atos sexuais juntas. Os romanos tinham uma palavra para uma mulher que gostava de sexo com outra – *tribas* –, o que significava esfregar algo ou alguém. Essa palavra inspirou mais tarde o termo inglês "tríbade", usado a partir do século XVII para descrever uma mulher que amava mulheres.

Arqueólogos encontraram evidências de dildos romanos feitos de couro acolchoado. O poeta Martial escreveu um epigrama sobre uma mulher chamada Bassa, que ele afirmava ter esfregado e usado um vibrador com outras mulheres. Martial, e outros homens romanos que escreveram sobre sexo entre mulheres, viam tais atos como absurdos e degradantes. Não há registros do que as mulheres romanas pensavam. ∎

Nasci com um corpo inteiramente igual ao de todas as mulheres, mas tenho gostos e desejos de homem.
Megillos
Dialogues of the Courtesans

QUEM FAZ O QUÊ, ONDE, QUANDO E POR QUÊ, QUEM SABE?
O *KAMA SUTRA* (C. 100 EC-C. 200 EC)

EM CONTEXTO

FOCO
Visão hindu de atos homossexuais

ANTES
Século I aec.-século I ec. Os textos médicos sânscritos *Charaka Samhita* e *Sushruta Samhita* fornecem descrições de diferentes tipos de atos homossexuais e inconformidade de gênero.

DEPOIS
c. século XIII *Jayamangala*, um comentário sânscrito sobre o *Kama Sutra* escrito por Yashodhara Indrapada, reconhece o desejo pelo mesmo sexo, embora seja descrito em termos depreciativos.

c. século XIV Uma versão em sânscrito do texto épico hindu *Padma Purana* e alguns manuscritos do bengali *Krittivasa Ramayana* descrevem duas viúvas que, com a ajuda de um padre, fazem amor e têm um filho.

O primeiro tratado sobre o prazer dos atos sexuais, o *Kama Sutra*, é um antigo texto hindu concentrado no *Kama*, que significa "amor" ou "desejo". *Sutra* é traduzido como "fio" ou "manual" e se aplica a um texto no qual é tecido um fio de ensinamentos.

No hinduísmo, há quatro objetivos principais na vida e o *Kama* é um deles, além de ser o nome do deus do desejo – uma figura semelhante a Eros no panteão dos antigos deuses gregos.

Artes íntimas

O *Kama Sutra* é dividido em sete partes e 36 capítulos. Ele encoraja um hábil aproveitamento da vida e começa afirmando que todos devem estudar o livro, incluindo rapazes, moças, cortesãos e cortesãs. O livro lista 64 artes que todos devem cultivar, incluindo dança, leitura, escrita, desenho, manejo de instrumentos musicais, culinária, arranjos de flores, artes marciais, conhecimento de poesia e ginástica.

Versões resumidas do *Kama Sutra* geralmente destacam sua segunda parte, que cobre 64 posições de relações sexuais heterossexuais e outros tipos de intimidade, incluindo beijos, mordidas e tapas de amor,

Uma escultura erótica no complexo do templo hindu de Khajuraho em Madhya Pradesh, na Índia, retrata três mulheres intimamente envolvidas com um homem, mas também entre si.

cutucadas e arranhões. Os capítulos seguintes cobrem outras áreas de intimidade, incluindo ideias para uma moça cortejar um homem e instruções para um marido sobre como ganhar a confiança da esposa recente – como, por exemplo, não tendo relações sexuais nas primeiras três noites para, em vez disso, conversar com ela e acariciá-la aos poucos. Há também capítulos sobre como tratar profissionais do sexo.

A "terceira natureza"

O capítulo nove do *Kama Sutra* diz respeito à "terceira natureza" (às

PRIMEIRAS OBSERVAÇÕES   37

Veja também: Gênero e sexualidade na Grécia antiga 20-23 ▪ Gênero e sexualidade na Roma antiga 30-35 ▪ Narrativas homossexuais na poesia urdu 96-97

vezes mal traduzida como "terceiro sexo"), ou homens que desejam homens. Esses homens podem ter aparência feminina (o que foi muitas vezes traduzido erroneamente no passado como "eunucos") ou masculina. Homens de aparência feminina podem facilmente encontrar amantes do sexo masculino, mas o texto sugere que os de aparência masculina podem encontrar parceiros trabalhando como massagistas ou cabeleireiros. Esse conselho é seguido por uma descrição gráfica de como flertar e se aproximar de um cliente, estimular o pênis de oito maneiras e fazer sexo oral, um ato comparado a chupar uma manga.

O texto destaca que os homens que não são classificados como "terceira natureza" podem fazer sexo oral com jovens criados ou atores. Dois homens que são amigos e confiam um no outro podem se aceitar mutuamente, e são designados com o termo *parasparaparigraham*. *Paraspara* significa "mútuo", enquanto *parigraha* tem várias interpretações, incluindo "pegar", "aceitar" e "agarrar", que podem estar relacionadas à relação sexual. O indologista francês Alain Daniélou (1907-94) traduziu como "casar". Usado em todo o texto, *parasparaparigraham* é empregado com mais frequência

(A atividade homossexual) deve ser praticada e apreciada por si só, como uma das artes.
Kama Sutra

Há também cidadãos de terceira natureza, às vezes extremamente apegados uns aos outros... que se casam.
Kama Sutra

para indicar um vínculo matrimonial contínuo ou uma união que está fora de um casamento totalmente santificado.

Sexo entre mulheres

A palavra *paraspara* também é usada no *Kama Sutra* para descrever o prazer sexual entre mulheres. O texto se refere brevemente a uma mulher obstinada (*svairini*) desempenhando o papel de um homem, possivelmente com outra mulher, e a mulheres usando os dedos umas nas outras ou fazendo uso de vegetais como vibradores.

Além de mencionar atividades homossexuais, como sexo anal e uso de dildos, o *Kama Sutra* trata o sexo oral como a principal forma de sexo entre homens e mulheres. Há também algumas menções passageiras ao comportamento bissexual. O texto afirma que alguns comentaristas desaprovam essas práticas homossexuais, mas observa que devem ser considerados fatores como tempo, lugar e diferentes inclinações.

A ampla aceitação no *Kama Sutra* das relações homossexuais como parte da experiência humana é resumida por sua conclusão: "Quem faz o quê, onde, quando e por quê, quem sabe?" ▪

Escrita do *Kama Sutra*

Escrito em sânscrito entre c. 100 EC e c. 200 EC, provavelmente na próspera cidade de Pataliputra (atual Patna em Bihar, nordeste da Índia), o *Kama Sutra* é tradicionalmente atribuído ao sábio Vatsyayana. Pouco se sabe sobre ele, embora uma declaração no final do *Kama Sutra* diga que o sábio escreveu o trabalho depois de estudar textos sobre *Kama* de estudiosos que tinham vindo antes dele. Entre esses estavam Auddalaki, Babhravya e Charayana – cujos textos não existem mais. Também se diz que ele permaneceu celibatário e em um estado de contemplação enquanto escrevia o *Kama Sutra*. A declaração ainda afirma que quem estuda o *Kama Sutra* e pratica *dharma* (dever e harmonia com o universo), *artha* (riqueza) e *kama* (desejo) superará os sentidos para alcançar *siddhi* (realização) e *moksha* (liberação). Já aqueles que usam o texto simplesmente para indulgência não alcançarão a realização.

Pinturas descobertas no Palácio Juna Mahal, Rajasthan, Índia, mostram técnicas sexuais e de cortejo descritas no *Kama Sutra*.

O SENHOR FEZ CHOVER DO CÉU FOGO E ENXOFRE SOBRE SODOMA E GOMORRA

O COMEÇO DA IGREJA CRISTÃ (SÉCULOS IV-VI EC)

EM CONTEXTO

FOCO
As primeiras visões cristãs das relações homossexuais

ANTES
Século V ou VI AEC. O livro bíblico do Gênesis toma sua forma final.

c. 57 EC O apóstolo de Jesus, Paulo, condena o homoerotismo masculino e feminino em sua Carta aos Romanos.

79 EC Uma erupção vulcânica destrói Pompeia, no sul da Itália. A arte erótica encontrada posteriormente nas ruínas atesta as práticas homossexuais no Império Romano.

DEPOIS
Século XI A Igreja descreve como "sodomia" todos os atos sexuais não reprodutivos.

Século XIII Autoridades seculares na Europa começam a criminalizar a sodomia.

Os primeiros escritores cristãos usaram várias passagens da Bíblia para condenar o comportamento homoerótico. A história da destruição de Sodoma no Livro do Gênesis – um desastre que alguns acreditam ter sido uma punição por relações homossexuais entre os habitantes da cidade – era essencial para eles. Essa interpretação contribuiu para leituras homofóbicas da narrativa, mas o próprio texto bíblico é impreciso sobre a natureza dos atos que levaram à queda de Sodoma.

Pecados de Sodoma
Gênesis 19 conta como dois anjos chegaram a Sodoma para investigar

PRIMEIRAS OBSERVAÇÕES   39

Veja também: Gênero e sexualidade na Roma antiga 30-35 ▪ Sodomia e a Igreja católica medieval 42-45 ▪ A Inquisição espanhola 64-65 ▪ Amizade erótica na América e na Europa 92-95 ▪ O julgamento de Oscar Wilde 124-25

Inicialmente, os teólogos judeus e cristãos primitivos sugerem que a história da destruição de Sodoma é **uma mensagem sobre o pecado da inospitalidade**, em vez do homoerotismo.

Escrituras hebraicas e cristãs também incluem **proibições** de **relações homoeróticas** masculinas e ocasionalmente femininas.

Pecados de Sodoma são **identificados como homoerotismo** por alguns dos primeiros padres da Igreja.

Mas a *Bíblia* também mostra **celebrações de amor intenso entre pessoas do mesmo sexo** que foram fonte de inspiração para cristãos mais recentes em busca de **precedentes históricos** para paixão homoerótica.

---

os pecados da cidade. O patriarca Ló se ofereceu para acomodá-los em sua casa na cidade, mas antes que a família de Ló fosse dormir, os habitantes de Sodoma cercaram a casa e pediram a Ló que levasse seus hóspedes para fora "para que os conheçamos" (Gênesis 19:5). Ló priorizou o bem-estar dos seus hóspedes e ofereceu as duas filhas no lugar. Ameaçado com violência, ele e a família foram escoltados para fora da cidade pelos anjos. Mais tarde, Sodoma e a cidade vizinha de Gomorra, que também foi considerada pecaminosa, foram aniquiladas quando Deus fez chover "enxofre e fogo" – uma expressão bíblica que simboliza a ira divina – como punição pelos erros dos seus cidadãos.

O significado do desejo da turba sodomita de "conhecer" os hóspedes de Ló atraiu muita especulação. Embora a palavra hebraica traduzida como "conhecer" possa ter conotações sexuais nas escrituras, muitos comentaristas modernos, em um retorno às primeiras leituras judaicas da história de Sodoma, concordam que a maldade da cidade não dizia respeito ao homoerotismo, mas sim aos pecados de falta de hospitalidade e estupro.

Evidências de apoio

A interpretação moderna da passagem do Gênesis é reforçada por comparações com uma narrativa bíblica que descreve o estupro da concubina de um levita. Em Livro dos Juízes 19 é contado como um membro da tribo hebraica de Levi, sua concubina e seu servo buscaram hospedagem em Gibeá e um velho da cidade se ofereceu para abrigar o grupo. Mas os habitantes de Gibeá bateram à porta do velho e lhe pediram que levasse o levita até eles para que pudessem "conhecê-lo". O velho recusou o pedido, ofereceu a própria filha e a concubina do levita como alternativas e implorou para que não cometessem aquele crime "antinatural" com seu convidado. A concubina foi entregue aos homens, que abusaram dela a noite toda e a deixaram morta na porta do velho.

Quando se lê tanto a história do Gênesis quanto a do Livro dos Juízes, duas semelhanças saltam aos olhos. Em primeiro lugar, ambos podem ser lidos como uma lição sobre hospitalidade: os contos narram infrações da obrigação do anfitrião para com o viajante. Em segundo lugar, cada história gira em torno da violência sexual ou do seu uso como ameaça, como meio de exercer poder sobre estranhos. Afinal, se os sodomitas tivessem aceitado a oferta de Ló de entregar as filhas a eles em vez dos anjos, as meninas teriam sido estupradas. E em Livro dos Juízes, uma das mulheres oferecidas à turba acaba sendo estuprada e morta.

Em ambos os casos, os »

Essa representação do século XIII do colapso de Sodoma mostra Ló e as filhas fugindo. A esposa de Ló ignora o aviso dos anjos para não olhar para a cidade e é transformada em uma estátua de sal.

habitantes das cidades eram culpados não de homoerotismo, mas de inospitalidade, um pecado manifestado respectivamente em atos de tentativa ou estupro. Consequentemente, a mensagem principal que o judaísmo tirou de Gênesis 19 foi a preocupação de que os estranhos fossem tratados com justiça e sem hostilidade.

Vingança e apocalipse

Em outras partes das escrituras hebraicas, a destruição de Sodoma às vezes é citada como um exemplo de vingança divina repentina. No entanto, essas referências não diziam respeito especificamente à cópula ou ao desejo entre pessoas do mesmo sexo. Os profetas Isaías, Jeremias e Ezequiel compararam os pecados de Sodoma e Gomorra com os pecados de Judá ou Jerusalém, mas não fizeram nenhuma referência explícita à atividade sexual nesse contexto.

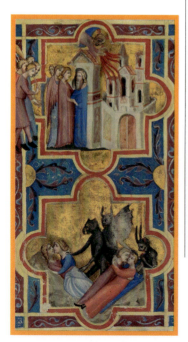

Fugir da queima de Sodoma é recusar os fogos ilícitos da carne.
Gregório, o Grande

As escrituras cristãs contêm apenas uma referência direta à imoralidade sexual como causa da queda de Sodoma e Gomorra, numa curta epístola atribuída ao apóstolo Judas. O Livro do Apocalipse, que conclui a *Bíblia* cristã canônica e foi escrito pelo apóstolo João, o Divino, no século I d.C., também faz uma referência passageira a Sodoma. Ali, o destino da cidade que arde em fogo é interpretado como uma prefiguração tanto do incêndio da Babilônia, como parte do apocalipse global no fim dos tempos, quanto dos tormentos ardentes dos condenados no inferno após o julgamento final de Deus. Mas nenhuma dessas referências representa explicitamente o homoerotismo como alvo da ira divina.

Outras proibições

Separado da história de Sodoma, o livro hebraico do Levítico inclui duas passagens que parecem proibir atos homossexuais. Uma condena os homens que "se deitam com homem como se fosse mulher" como uma "abominação" (Levítico 18:22), enquanto a outra anuncia que os homens culpados desse crime "certamente morrerão" (Levítico 20:13). Embora pareça não haver conexão direta entre as leis levíticas e os pecados de Sodoma, essas proibições judaicas chegaram a inspirar legislações que tornavam a sodomia uma ofensa capital nos estados cristãos medievais.

O apóstolo de Cristo, Paulo, referiu-se em seus escritos bíblicos aos que abandonaram o "uso natural" por se envolverem em atos homoeróticos. A Carta de Paulo aos Romanos tem desfrutado de destaque particular entre os teólogos cristãos como pretexto para condenar o comportamento erótico entre pessoas do mesmo sexo. Também contribuiu para uma maior conscientização entre os primeiros cristãos sobre o homoerotismo feminino e masculino.

Homoerotismo

Durante o primeiro milênio do cristianismo, muitos escritores tentaram dar sentido às referências bíblicas ao homoerotismo e à história de Sodoma. Mas inicialmente não havia consenso entre os cristãos sobre a natureza dos pecados de Sodoma, que foram identificados como inospitalidade, orgulho, gula, autoindulgência e carnalidade.

No entanto, acabou por predominar uma interpretação homofóbica, na qual Sodoma sintetizava a afronta a Deus da luxúria homoerótica desenfreada. Essa leitura surgiu pela primeira vez nos séculos IV e V EC, nos escritos dos "Pais da Igreja", como João Crisóstomo e Agostinho de Hipona, que estabeleceram os fundamentos doutrinários do cristianismo.

No século VI, outro Pai da Igreja, Gregório Magno, que eventualmente se tornou papa, descreveu os sodomitas bíblicos como sendo possuídos por pensamentos "depravados" e prazeres "perversos". A linguagem de Gregório foi usada para se referir especificamente aos

Uma imagem de uma *Bíblia* do século XIV mostra Deus fazendo chover fogo após o ataque dos sodomitas e demônios que se regozijavam com casais do mesmo sexo se abraçando.

PRIMEIRAS OBSERVAÇÕES   41

> A alma de Jônatas se ligou com a alma de Davi; e Jônatas o amou como à sua própria alma.
> **1 Samuel 18:1**

desejos homossexuais e suas observações provaram ser influentes. Ele incluiu a narrativa de Sodoma dentro de seus ensinamentos mais amplos sobre *luxuria*, um termo latino que corresponde aproximadamente à palavra em português "luxúria". Definida pelos primeiros cristãos como um pecado de desejo intenso e desordenado que distrai a humanidade do amor de Deus, a luxúria foi identificada por Gregório como um dos sete pecados capitais.

Laços de amor

As primeiras leituras cristãs da Bíblia que interpretavam a condenação de Sodoma como desencadeada por expressões de desejo e luxúria pelo mesmo sexo não eram inevitáveis. Junto com as leis e narrativas inspiradas por essas interpretações, as escrituras hebraicas também incluíam celebrações de amor, intimidade e amizade apaixonada entre casais do mesmo sexo.

O mais significativo deles foi o relato, no Livro de Samuel, sobre a estreita relação entre Jônatas e Davi. Jônatas era filho de Saul, rei de Israel, enquanto Davi era seu potencial rival pelo trono. O texto bíblico descreve como, depois de lutarem juntos contra os filisteus, formaram uma aliança de amor, chegando a ponto de Jônatas dar suas roupas e sua armadura a Davi porque "o amava como à sua própria alma" (1 Samuel 18: 1). Quando Jônatas foi morto em batalha, Davi lamentou a perda de seu "irmão", cujo amor era "mais maravilhoso do que o amor das mulheres" (2 Samuel 1:26).

Enquanto os primeiros cristãos geralmente interpretavam tais declarações em termos platônicos, como expressões de apego apaixonado não necessariamente erótico pelo mesmo sexo, os leitores da Bíblia a partir do século XVI procuraram destacar as dimensões homoeróticas desses relacionamentos. Em seu julgamento por atentado ao pudor em 1895, Oscar Wilde citou Jônatas e Davi como um exemplo positivo do "amor que não ousa falar seu nome" – uma forma pura e nobre de afeto entre dois homens.

Assim, apesar de as passagens bíblicas desempenharem um papel fundamental nas primeiras condenações cristãs ao homoerotismo, também garantiram valor à busca por antepassados queer nos séculos posteriores. ∎

O amor intenso entre Jônatas e Davi é capturado nesta obra de 1642 do artista holandês Rembrandt. Davi chora nos braços de Jônatas antes de fugir da ira de Saul.

Rute e Noemi são mostradas se abraçando nesta pintura a óleo de 1856 do artista holandês Ary Scheffer, sugerindo um romance entre elas.

Rute e Noemi

O Livro de Rute descreve como Noemi, que vivia com o marido na terra de Moabe, decide voltar para casa após a morte do marido e dos filhos. Ela envia suas duas noras, Rute e Orfa, que sobreviveram a seus esposos – os filhos de Noemi –, para suas mães, a fim de que encontrem novos maridos. Enquanto Orfa volta para casa, Rute fica para trás, prometendo nunca deixar Noemi: "Aonde quer que tu fores irei eu" (Rute 1:16). A promessa de Rute a Noemi às vezes era celebrada pelos primeiros cristãos como um arquétipo de amor virtuoso e companheirismo feminino.

Embora o texto bíblico não indique explicitamente um interesse romântico entre as duas, representações artísticas do episódio em séculos posteriores às vezes mostram Rute tocando ou abraçando ternamente a sogra. Como a história descreve um relacionamento amoroso e um compromisso vitalício entre as mulheres, as palavras de Rute aparecem em algumas cerimônias de casamento entre mulheres.

ESSE TIPO DE AMOR SE REBELA CONTRA A NATUREZA

SODOMIA E A IGREJA CATÓLICA MEDIEVAL (SÉCULO V-1500)

EM CONTEXTO

FOCO
Perseguição sob as leis da sodomia

ANTES
240 AEC-400 EC. O sexo entre homens mais velhos e mais jovens fazia parte da sociedade na Roma antiga.

Século IV Teólogos cristãos interpretam o relato bíblico da destruição de Sodoma como punição pela luxúria homoerótica.

DEPOIS
1533 A Lei da Sodomia, punível com a morte, é introduzida pelo Henrique VIII da Inglaterra.

1540-1700 A Inquisição espanhola, criada para erradicar a heresia, persegue a sodomia. Perpetradores com mais de 25 anos são condenados à morte.

1967 O Reino Unido legaliza atos consensuais entre pessoas do mesmo sexo.

Desde pelo menos o século V EC, a Igreja Católica Romana considerou formas de atividade sexual diferentes daquelas relacionadas à procriação dentro do casamento como "antinaturais" ou "inomináveis". Conhecidos como "sodomia" desde o século XI – embora muitas vezes recebam eufemismos –, esses atos incluíam relações homossexuais entre homens, ou às vezes mulheres, e qualquer ato sexual que não tivesse potencial para reprodução.

Os poetas medievais descreviam a sodomia como antinatural. O poema latino anônimo do século XII, *"Quam pravus est mos"* ("Um costume perverso"), acusa os homens

PRIMEIRAS OBSERVAÇÕES

Veja também: Gênero e sexualidade na Roma antiga 30-35 ▪ O começo da Igreja cristã 38-41 ▪ A Inquisição espanhola 64-65 ▪ A criminalização da sodomia 68-71

que preferem meninos e não meninas de praticarem um tipo de amor que "se rebela contra a natureza", pois até os animais selvagens, diz ele, evitam "carícias do mal".

Para reforçar a binariedade de gênero entre aqueles que hoje se identificam como lésbicas ou homens trans, os autores às vezes citavam interpretações do mito de Iphis e Ianthe, nas *Metamorfoses* do poeta romano Ovídio. Iphis nasce mulher, mas é criada como homem, e é transformada pela deusa Ísis em homem para se casar com Ianthe. Uma versão em um poema francês do século XIV, por sua vez, retrata uma mulher depravada em trajes masculinos usando um "membro artificial" para fazer sexo com sua amante. O autor condena o comportamento como sendo "contra a lei e contra a natureza".

Categorizando atos sexuais

Era reconhecidamente difícil categorizar atos sexuais específicos como "pecados contra a natureza". Um tratado de 860 EC do teólogo francês Hincmar de Reims inclui o primeiro uso registrado da palavra latina *sodomia* (derivada da cidade de Sodoma, punida na Bíblia hebraica – Gênesis 18:20–21 – por "pecar") em relação a atos considerados antinaturais. A partir do século XI, a sodomia poderia ser usada de forma mais restrita para se referir a atos sexuais entre homens, ou especificamente à relação anal. Por volta de 1050, o monge italiano Peter Damian escreve seu "Livro de Gomorra", uma carta destinada a persuadir o Papa a impedir a propagação da sodomia, que alegava talvez justificadamente ser comum entre o clero. Damian incluiu quatro atos sexuais na categoria de sodomia: masturbação, masturbação mútua, relação sexual entre as coxas e relação sexual anal.

Punições

A classificação das relações entre pessoas do mesmo sexo como antinaturais foi reforçada durante o sacramento da confissão e pelos tribunais eclesiásticos e seculares. Sacerdotes criaram livros determinando a penitência apropriada para pecados específicos. »

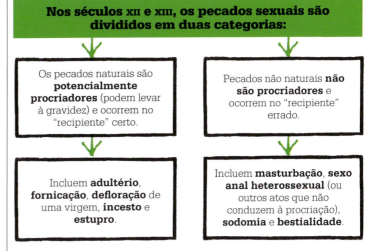

Nos séculos XII e XIII, os pecados sexuais são divididos em duas categorias:

Os pecados naturais são **potencialmente procriadores** (podem levar à gravidez) e ocorrem no "recipiente" certo.

↓

Incluem **adultério, fornicação, defloração** de uma virgem, **incesto** e **estupro**.

Pecados não naturais **não são procriadores** e ocorrem no "recipiente" errado.

↓

Incluem **masturbação, sexo anal heterossexual** (ou outros atos que não conduzem à procriação), **sodomia** e **bestialidade**.

Uma escultura do século XII, na Catedral de Girona, na Espanha, mostra demônios sodomizando dois homens enquanto outros pecadores são cozidos em um caldeirão – uma forma de alerta.

SODOMIA E A IGREJA CATÓLICA MEDIEVAL

Livros penitenciais também foram criados para mulheres religiosas. Até as mulheres eremitas eram consideradas vulneráveis à tentação. Aelred de Rievaulx, um monge inglês do século XII, escreveu um tratado a sua irmã espiritual, uma reclusa, no qual dizia que a convivência com um homem não era o único perigo para a sua castidade, pois aquele "pecado abominável" que inflama uma mulher com paixão por uma mulher "encontra condenação mais implacável do que qualquer outro crime".

Pessoas que atualmente seriam chamadas de intersexo também foram alertadas sobre os perigos da inversão de papéis sexuais. Peter Cantor, um teólogo francês do século XIII, exortou os "hermafroditas" a aderirem a um único papel sexual por toda a vida ou, caso fossem incapazes, a se comprometerem com o celibato vitalício.

Abuso oculto

Acusações eufemísticas do "pecado impróprio para ser nomeado" podem ter sido uma forma de desviar a atenção do abuso do clero contra meninos e rapazes sob seus cuidados. Em 1440, uma inspeção em casas religiosas pelo bispo de Lincoln, no leste da Inglaterra, revelou o caso de um cônego, John Alforde, encontrado deitado com "jovens seculares" no dormitório no monastério de Markby.

Punições aconselhadas no penitencial atribuído a Teodoro de Cantuária, c.700 EC.

Pecado	Punição
Uma mulher fornicando com outra mulher.	Penitência por três anos.
Um homem fornicando com uma virgem.	Jejum por quatro anos.
Um homem fornicando com a esposa de outro homem.	Jejum por quatro anos (dois vagando em sofrimento, mais dois anos jejuando por períodos de quarenta dias e três dias por semana).
Um homem fornicando com um homem afeminado ou com outro homem ou com um animal.	Jejum por dez anos.
Assassinato.	Penitência por sete a dez anos.
Um homem afeminado fornicando com outro homem afeminado.	Penitência por dez anos; se não intencional, jejuar por quatro anos, se habitual, jejuar por quinze anos.
Um homem fornicando com sua mãe, irmã, filha ou irmão.	Jejum por doze anos (quinze se for com irmão).
Quem ejacula somente na boca.	"O pior mal": arrepender-se até a morte.

Outro cônego de Leicester, cujos sócios incluíam dois participantes do coro, foi acusado de praticar "aquele vício sodomítico condenável e odioso". Os casos de sodomia nem sempre eram consensuais, como mostrou o depoimento do padre italiano Donato Piermaria Bocco. Ele estuprou meninos impunemente até ser levado ao tribunal, em 1507, revelando a brutalidade e a amplitude dos crimes.

Uma crônica ilustrada retrata a fogueira onde foram queimados Richard Puller von Hohenburg e Anton Mätzler em Zurique, na Suíça, em 1482.

Condenação à morte

Inicialmente punida nas fileiras do clero, a sodomia foi cada vez mais tratada como crime e, à medida que a Idade Média se aproximava do fim, era perseguida com mais vigor pelas autoridades seculares do que pela Igreja. A execução mais antiga documentada por "vício sodomítico" na Europa Ocidental foi em Basel em 1277. No que hoje é o sul da Alemanha e a Suíça de língua alemã, homens acusados de atos sexuais com outros homens eram "hereges", já que esse desvio sexual era associado ao paganismo. Em 1482, as autoridades de Zurique ordenaram

PRIMEIRAS OBSERVAÇÕES **45**

que Richard Puller von Hohenburg e seu servo Anton Mätzler fossem queimados na fogueira, embora a confissão de Puller tenha dele tenha sido sob tortura. Ele se recusou a repeti-la antes da execução.

Pessoas acusadas de inconformidade de gênero em uma relação sexual também foram condenadas. Em 1477, na Alemanha, Katherina Hetzeldorfer foi julgada e depois afogada por viver como "marido" de uma mulher. O registro inclui uma descrição detalhada do "instrumento" parecido com um vibrador que a acusada supostamente havia usado para satisfazer sua "vontade viril" com a parceira.

Na Inglaterra, não há registros de execuções por "sodomia" até depois da Reforma, quando o rei Henrique VIII rompeu com a Igreja católica para formar a Igreja da Inglaterra. A Lei da Sodomia de 1533 transferiu a responsabilidade de punir a sodomia dos tribunais eclesiásticos para o Estado. A sodomia permaneceu punível com a morte até 1861, mas as últimas execuções ocorreram em 1837.

Uniões entre pessoas do mesmo sexo

Apesar das pesadas penalidades e da censura, as pessoas muitas vezes encontravam oportunidades para formar parcerias íntimas do mesmo sexo, ou pelo menos reconhecer a possibilidade. Rituais celebrando o amor entre homens como um modo de parentesco voluntário não eram incomuns na Europa medieval. Diferente do casamento, mas com um pouco de sua linguagem, a irmandade "casada" ou "jurada" foi imortalizada na literatura da corte.

Um popular romance francês do século XII, *Amys e Amylion*, conta a história de dois jovens nobres idênticos, sem parentesco biológico, que juram fidelidade eterna, "no bem, na dor, na palavra e na ação". Por mais que se

> Uma mulher que adota caminhos diabólicos e desempenha um papel masculino na união com outra mulher é muito vil.
> **Hildegarda de Bingen**
> Abadessa, poeta e compositora alemã (1098-1179)

casem com mulheres e um deles tenha filhos, a narrativa termina com Amylion sendo curado da lepra pelo sangue dos filhos de Amys. Os dois vivem juntos pelo resto de seus dias, morrem no mesmo dia e compartilham um túmulo.

Essas histórias combinavam com celebrações religiosas de amizade idealizada. Aelred de Rievaulx, que alertou as mulheres reclusas sobre ameaças à sua castidade, também escreveu um tratado sobre "amizade espiritual" em que desenvolvia uma fórmula para a intimidade entre pessoas do mesmo sexo. Distinguindo entre o amor terreno, carnal e o que ele chamou de "amor sublime", Aelred considerou aceitável que os homens expressassem sua profundidade de sentimento por outros homens usando linguagem apaixonada e até erótica, desde que não chegasse à expressão física.

Até que ponto essas expressões de amor fornecem evidências de comportamento homossexual é uma questão que merece debate. No entanto, esses exemplos mostram que, apesar das muitas vozes condenando a sodomia como pecado e crime, as pessoas na época medievais às vezes conseguiam expressar seus relacionamentos em termos profundamente românticos. ■

A efígie do túmulo compartilhado de sir William Neville e sir John Clanvowe os retrata de frente um para o outro, os escudos sobrepostos.

União na morte

As uniões amorosas entre pessoas do mesmo sexo eram ocasionalmente celebradas publicamente em monumentos funerários. Alguns pares masculinos – e mais raramente femininos – optaram por ser enterrados em sepulturas compartilhadas. Pouco se sabe sobre as formas de intimidade por trás dessas decisões, mas os monumentos mostram a profundidade do sentimento. Em 1391, dois cavaleiros ingleses, sir William Neville, do Castelo de Nottingham, e sir John Clanvowe, um poeta, morreram com poucos dias de diferença em Gálata, perto de Constantinopla (atual Istambul). Os dois, que lutaram juntos na Guerra dos Cem Anos, foram enterrados também juntos em uma igreja próxima. A efígie de mármore os mostra com seus respectivos brasões "empalados" – uma fusão que sugere um abraço e comumente usada para retratar uniões conjugais. Uma crônica da época registra que Neville morreu de "dor inconsolável" após a perda de Clanvowe, "por quem seu amor não era menor do que por si mesmo".

EU MORRO DE AMOR POR ELE

CALIFADO ABÁSSIDA (750-1258 AEC.)

EM CONTEXTO

FOCO
Desejo em relação ao mesmo sexo e Islã

ANTES
610 ec O Profeta Muhammad recebe suas primeiras revelações de Deus, que mais tarde são registradas no *Alcorão*.

632 Muhammad morre, depois de ter convertido a maior parte da Península Arábica ao Islã.

632 A dinastia Rashidun sucede o Profeta e se expande para o Norte, Oeste e Leste.

661 Os omíadas assumem o califado em crescimento de sua capital, Damasco. Eles são destronados pelos abássidas em 750.

DEPOIS
1258 Os mongóis saqueiam Bagdá e destroem a Casa da Sabedoria.

1261 O Califado Abássida é restabelecido no Cairo, com uma função puramente religiosa, pelos mamelucos.

De seus grandes palácios de Bagdá, os abássidas lideraram uma Era de Ouro islâmica, lutando contra rivais como os bizantinos e seljúcidas e promovendo o aprendizado e a cultura. Evidências de relações entre pessoas do mesmo sexo podem ser encontradas na vida dos califas (governantes) e nos escritos de seus estudiosos e poetas.

O quarto califa abássida, al-Hadi (c. 785-786), cujo curto reinado terminou com sua morte aos 22 anos, desconfiou que duas de suas concubinas eram amantes. Depois de confirmar suas suspeitas colocando um servo para espioná-las, al-Hadi aparentemente decapitou as mulheres.

Al-Hadi foi sucedido por Harun al-Rashid (c. 786-809), que criou a Bayt al-Hikma (Casa da Sabedoria), uma extraordinária instituição de ensino que reuniu alguns dos maiores estudiosos do mundo e promoveu o florescimento das artes, das ciências e da literatura.

Al-Rashid era mais tolerante com atos homossexuais, e um dos poetas de sua brilhante corte, Abu Nuwas, escreveu algumas das melhores poesias homoeróticas de toda a literatura árabe. De acordo com um conto da coleção de histórias *As Mil e Uma Noites*, al-Rashid certa vez o descobriu fazendo sexo com rapazes. Abu Nuwas cumprimentou o califa com uma insolência bêbada, enfurecendo-o, mas al-Rashid acabou perdoando o poeta e recompensando-o por sua inteligência.

O Califado Abássida (750-1258) foi um império cosmopolita que se estendia do Iraque ao norte da África e à Ásia Central. Seu comércio chegou até a Grã-Bretanha e o Japão, e os abássidas lideraram o mundo em astronomia, cartografia, medicina e matemática.

LEGENDA
O califado, c. 850.

PRIMEIRAS OBSERVAÇÕES 47

Veja também: Gênero e sexualidade na Grécia antiga 20-23 ▪ Favoritos da dinastia Han da China 28-29 ▪ O começo da Igreja cristã 38-41 ▪ Gênero e sexualidade otomanos 62-63 ▪ Muçulmanos LGBTQIAPN+ 278-79

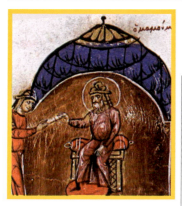

Os favoritos de al-Amin

O filho de al-Rashid, al-Amin (c. 809-813), passava seu tempo na companhia íntima de homens escravizados, negligenciando a esposa e as concubinas. Ele ficou tão distraído que sua mãe, Zubaida, começou a vestir meninas escravizadas com roupas masculinas e cortar seus cabelos curtos. Seus esforços valeram a pena, e quando al-Amin começou a ser visto com aquelas acompanhantes, surgiu uma moda entre as mulheres na corte de usarem cabelo curto e se vestirem com roupas masculinas.

O reinado de al-Amin durou pouco. Uma luta pelo poder levou a rebeliões e depois à guerra civil, e ele foi deposto pelo meio-irmão, al-Ma'mun (c. 813-833). Os relatos sugerem que o califa passou os últimos momentos antes de sua derrota jogando xadrez com seu eunuco e amante, Kauthar. Al-Amin foi executado, mas não há evidências de

Dois homens se abraçam em um manuscrito ilustrado da coleção de histórias de al-Hariri de Basra, Maqamat (*As Assembleias*). Embora pareça haver uma intimidade, não há indicação de que seu abraço tenha sido sexual.

Al-Ma'mun manda um enviado ao imperador bizantino Teófilo. Os dois compartilharam uma bolsa de estudos, mas guerrearam na Anatólia e na Sicília.

que sua sexualidade tenha contribuído para o conflito – na verdade, dizia-se que um dos conselheiros de al-Ma'mun, o juiz-chefe Yahya ibn Aktham, favorecia os homens.

Al-Ma'mun, o racionalista

Al-Ma'mun seguia uma escola de pensamento islâmica racionalista, conhecida como al-Um'tazila. Seu incentivo a Bayt al-Hikma levou a avanços importantes em áreas como geologia, filosofia, astronomia e medicina.

As opiniões de al-Ma'mun o colocavam contra muitos estudiosos tradicionais que acreditavam que os textos sagrados deveriam ser a única fonte de conhecimento. Ele criou uma *mihna* (inquisição religiosa), que baniu ideias conservadoras que sugeriam que o *Alcorão*, o livro sagrado do Islã, representava a verdade eterna e "incriada". Al-Ma'mun desencorajava interpretações como a de Ahmad ibn Hanbal, um proeminente jurista e

> "Kauthar é minha religião, meu cosmos, minha enfermidade e meu médico."
> **Al-Amin**
> sobre seu eunuco favorito, Kauthar

colecionador de *hadiths* (ditos do Profeta) que afirmava que tanto o "fazedor quanto o feito" em um ato sexual entre homens deveriam ser mortos. Em vez disso, sob seu governo, estudiosos como al-Jaheth se sentiram livres para escrever tratados exaltando os benefícios sexuais de homens escravizados ou descrevendo o comportamento homossexual no mundo animal.

Um legado de franqueza

A franqueza intelectual de al-Ma'mun e sua abordagem relativamente tolerante em relação à sexualidade influenciaram as atitudes abássidas nos séculos que se seguiram. Obras de literatura que documentam o período, como *As Mil e Uma Noites*, revelam abordagens não moralistas de gênero e variação sexual. Na coleção de poesia do século X de Abu al-Faraj al-Isfahani, *Kitab alAghani* (*O Livro das Canções*), um dos poemas conta a história de uma renomada cantora da corte, chamada Bathal, que cantava que não havia nada mais delicioso do que sexo com outra mulher. A escuta de al-Ma'mun discordou, afirmando que a relação heterossexual era melhor, mas depois pediu que a cantora continuasse com sua performance. ▪

QUERO SER COMO A NATUREZA ME FEZ

DIREITOS INTERSEXO (1296)

DIREITOS INTERSEXO

EM CONTEXTO

FOCO
Corpos e identidades intersexo

ANTES
Século I AEC. Diodorus Siculus descreve uma "cirurgia corretiva" em Callo de Epidauro, uma pessoa interesexo.

440 EC. Santo Agostinho descreve os hermafroditas como monstros, mas criados por Deus.

DEPOIS
1917 Richard Goldschmidt cunha o termo "intersexo" para descrever uma série de características corporais.

2003 o 26 26 de outubro se torna o primeiro Dia de Conscientização Intersexo, para chamar a atenção para vozes e direitos intersexo.

2015 Malta se torna o primeiro país a proibir intervenções médicas não consensuais em crianças intersexo.

O s direitos das pessoas intersexo – indivíduos com variações em suas características sexuais, incluindo gônadas, órgãos genitais e cromossomos, que não se enquadram na ideia binária de "masculino" e "feminino" – têm desafiado médicos e legisladores desde a antiguidade. Embora a existência de pessoas intersexo seja amplamente reconhecida, a maioria das sociedades, ansiosas para satisfazer as demandas culturais e legais, obrigou-as a adotar uma identidade feminina ou masculina e aderir a ela por toda a vida.

Um afresco romano de Cápua no século III EC. retrata Hermafrodito, que nasceu de Hermes e Afrodite e mais tarde se fundiu com a ninfa apaixonada Salmacis em um único corpo.

No século XIII, cirurgiões italianos e franceses desenvolveram manuais ilustrados para padronizar a forma "adequada" do corpo e, assim, ajudar os médicos a decidirem o grau em que uma pessoa era masculina ou feminina. Em *Chirurgia Magna*, publicada em 1296, o cirurgião italiano Lanfranco da Milano recomendava a cirurgia corretiva da genitália atípica, para devolver os corpos à sua "forma natural". Ele defendia a cauterização da vagina de pessoas intersexo consideradas masculinas e a amputação da "carne adicional" naquelas consideradas femininas. Isso marcou um ponto de virada no tratamento de pessoas intersexo.

Precedentes antigos

Os primeiros debates registrados sobre a natureza e o status das pessoas intersexo datam da Grécia antiga. Originalmente conhecidos como hermafroditas (após o mito de Hermafrodito, que tinha características sexuais masculinas e femininas), os bebês intersexo eram frequentemente vistos como maus presságios e às vezes sacrificados. Ao mesmo tempo, grandes mentes tentaram explicar sua existência. O médico Hipócrates (460-370 AEC.) teria teorizado que os hermafroditas existiam no centro de um espectro masculino-feminino. Em *O banquete* (c. 385-370 AEC.), o filósofo Platão, no espírito da criação poética de mitos para explicar a fluidez do gênero e da atração sexual, sugere que havia três sexos originais – masculino (*andros*), feminino (*gune*), andrógino (*androgynos*). Seu aluno, Aristóteles, levantou a hipótese de que os hermafroditas se formavam quando gêmeos de sexos diferentes não conseguiam se desenvolver separadamente e suas genitálias se fundiam. Ele alegava que não existiria um hermafrodita "verdadeiro". Em Roma, no século II EC., o cirurgião grego Galeno apoiava a ideia de Hipócrates de um continuum sexual, mas afirmava que os genitais femininos eram genitais masculinos invertidos.

Atitudes e expectativas

Ao longo de grande parte do mundo antigo, esperava-se que as pessoas nascidas com variações intersexuais se ajustassem a um sexo, estabelecendo um precedente que persistiu até o século XX. Na China antiga, por exemplo, esperava-se que todos expressassem o gênero (através do nome, roupas e relações familiares e sexuais) que se alinhasse com seus atributos sexuais masculinos ou

... nem menino perfeito, nem moça perfeita; nenhum e ambos parecem ser.
Ovídio
Poeta romano (43 AEC-17 EC)

PRIMEIRAS OBSERVAÇÕES 51

Veja também: Grécia antiga 20-23 ▪ Roma antiga 30-35 ▪ Hijras e o colonialismo britânico 108-09 ▪ Direitos das pessoas trans 196-203 ▪ Kathoey na Tailândia 220-21 ▪ Pessoas "dois-espíritos" nativas norte-americanas 258-61

> Sou tanto homem quanto mulher.
> **Thomas(ine)**

femininos. Qualquer pessoa suspeita de violar as normas de gênero era denunciada às autoridades e forçada a obedecer. Algumas civilizações diferiam dessa norma – a Índia, por exemplo, reconhecia um terceiro gênero, chamado *hijra*, desde os tempos antigos.

As religiões abraâmicas (judaísmo, cristianismo e islamismo) mantiveram uma perspectiva obstinadamente binária, até por causa de suas muitas leis baseadas em gênero. O judaísmo exigia que as pessoas que eram externamente *androgynos* (intersexo) se alinhassem com os homens, e *tumtum* (pessoas com genitália indiscernível) seguissem as leis para homens e mulheres.

A Igreja medieval afirmava que Deus criou o homem e a mulher com o único propósito de procriar, o que era supostamente ameaçado pela genitália que não se encaixava na ideia binária de gênero. Para evitar a sodomia (atos sexuais não procriadores), esperava-se que os hermafroditas escolhessem uma identidade masculina ou feminina de acordo com suas características sexuais predominantes.

O Islã também reconhecia uma série de categorias sexuais, mas as leis islâmicas precisavam diferenciar entre homens e mulheres para fins de herança, rituais religiosos e muitos aspectos da vida diária. Os júris muçulmanos atribuíam um "sexo provisório" a qualquer um que não se apresentasse de forma feminina ou masculina.

Submetidos a escrutínio

As causas do hermafroditismo apresentadas por Hipócrates e Aristóteles continuaram a ser debatidas na Europa até o século XVII, mas decidir o sexo "correto" continuou a ser a principal preocupação dos

Um exame físico forçado do intersexual inglês Thomas(ine) Hall, que trabalhava nas colônias americanas na década de 1620, determinou que ele era "tanto homem quanto mulher".

médicos. Eles, junto com as parteiras, eram frequentemente chamados para examinar corpos atípicos em julgamentos. Os tribunais exigiam que os profissionais observassem a aparência externa do corpo, realizassem exames físicos e avaliassem a "masculinidade" ou "feminilidade" dos órgãos sexuais em resposta a estímulos sensoriais. O juiz acabaria declarando a pessoa como homem ou mulher, uma decisão que poderia afetar seu sustento, e determinava se eles haviam praticado sodomia ao se envolverem em atos não condizentes com aquele sexo. Se houvessem praticado, eram geralmente condenados à morte.

No entanto, as pessoas intersexuais às vezes eram isentas de acusações de sodomia. Em 1629, »

Herculine Barbin

Nascida no sudoeste da França em 1838, Herculine Barbin foi criada como menina, mas desenvolveu características masculinas durante a puberdade. Adulta, tornou-se diretora de escola e se apaixonou por uma professora, mas o caso acabou quando os médicos descobriram que Herculine tinha uma pequena vagina, um pequeno pênis e testículos dentro de seu corpo. Após um breve processo para decidir seu sexo, que descreveu como uma "inquisição absurda", foi reclassificada como homem, e se viu pobre e deprimida. Suicidou-se em 1868, aos 29 anos, deixando memórias escritas ao lado da cama. No século XX, Michel Foucault redescobriu seus escritos e publicou-os com comentários em seu livro de 1978, *Herculine Barbin*. Em 2005, em homenagem à história de Barbin, Joëlle-Circé Laramée estabeleceu o Intersex Day of Remembrance ou Dia da Solidariedade Intersexual em 8 de novembro, aniversário de Barbin, para trazer à luz problemas enfrentados por pessoas intersexuais.

DIREITOS INTERSEXO

Leis baseadas em **ensinamentos religiosos** insistem em uma **binariedade de gênero**.

Os indivíduos são **designados masculinos ou femininos**, dependendo de suas características.

Pessoas intersexo que não se encaixam nessa binariedade **são vistas como um problema**.

Na Idade Média, as pessoas intersexo **eram obrigadas a escolher um sexo** e **mantê-lo por toda a vida** para evitar acusações de sodomia.

Na era moderna, **a prática médica para pessoas intersexo** é baseada na manutenção das **categorias de sexo masculino e feminino**.

Ativistas intersexo buscam o direito à **autonomia corporal** e o **fim das intervenções médicas não consensuais** na infância.

Thomas(ine) Hall, que servia no exército inglês nas colônias americanas, foi convocado pelo tribunal para confirmar sua verdadeira identidade. Hall, que havia mudado de identidade ao longo da vida, proclamou: "Sou tanto homem como mulher", o que o tribunal concordou ser o caso após examinar Hall. Na França, em 1601, Marie (Marin) "le Marcis" foi acusada de sodomia após assumir uma identidade masculina e se casar com uma mulher. Marin foi condenada à morte pela prática de crossdressing, sodomia e outros crimes depois que os médicos a declararam mulher. No entanto, um médico chamado Jacques Duval examinou o corpo de Marin, apelou da sentença e convenceu o tribunal de que Marin era hermafrodita.

Arte e medicina

A curiosidade sobre o corpo humano se espalhou com a popularização de textos médicos, como *Des Monstres et Prodiges*, de 1573, de Ambroise Paré. O corpo intersexo, tema popular na arte da Grécia e Roma antigas, reapareceu na arte renascentista, como objeto de curiosidade e estímulo erótico. A *Metamorfose de Hermafrodita e Salmacis* (c. 1520), do pintor Jan Gossart, retrata Hermafrodito como um jovem resistindo ao abraço da ninfa Salmacis, enquanto ao fundo as duas figuras são mostradas unidas em um único corpo. *O Hermafrodito Adormecido*, uma estátua romana em tamanho real, foi ressuscitada no século XVII pelo artista italiano Gian Lorenzo Bernini – que acrescentou um colchão e travesseiro de mármore. Ela é surpreendentemente gráfica, combinando uma representação sensual de um corpo com quadris curvilíneos, seios e um falo.

Quando o hermafroditismo foi retratado em livros de arte e medicina, as pessoas tiveram dificuldade de entendê-lo. Elas se perguntavam como os hermafroditas deveriam ser categorizados. Em 1628, o juiz inglês Edward Coke emitiu tratados legais que reconheciam a existência de hermafroditas, mas exigiam que vivessem suas vidas de acordo com um papel de gênero.

Intervenções cirúrgicas

A partir do século XVIII, as teorias sobre pessoas intersexo se centravam nas gônadas (ovários e testículos). Cientistas e médicos argumentavam que o sexo "verdadeiro" era determinado apenas pela presença de tecido ovariano ou testicular no corpo, e que um hermafrodita "verdadeiro" tinha ambos os tecidos gonadais. Eles argumentavam que as características secundárias que se desenvolviam na puberdade provavam com segurança o sexo. Isso incluía aumento de pelos corporais, construção muscular e voz

Somos desmarcados geneticamente, abortados seletivamente, tratados de forma pré-natal.
Mauro Cabral Grinspan
Ativista intersexual e trans argentino

PRIMEIRAS OBSERVAÇÕES

mais profunda para os homens; e seios, quadris mais largos e ciclos menstruais para as mulheres. O gênero – como alguém aparentava, se comportava e acreditava ser – também era considerado.

Em meados do século XX, o dr. John Money fundou a primeira Clínica de Identidade de Gênero do mundo, nos EUA. Sob sua orientação, os cirurgiões começaram a "corrigir" os corpos para que se encaixassem na binariedade de sexo e gênero. A cirurgia costumava ser realizada em bebês intersexo com consentimento dos pais. Os médicos faziam um pênis ou uma vagina e, em seguida, instruíam os pais a criarem o bebê de acordo com o sexo escolhido, e a ocultar o diagnóstico e o tratamento que o filho havia recebido. A abordagem se mostrou problemática. Era frequente ocorrerem danos em longo prazo, e as crianças às vezes cresciam se identificando de maneira diferente do sexo designado.

Ação assertiva

No final do século XX, pessoas intersexo em todo o mundo começaram a desafiar a sociedade. Formaram grupos de apoio, organizaram conferências e publicaram boletins para exigir autonomia corporal, aceitação, reconhecimento legal, acesso à informação, atendimento médico adequado e proteção.

Em 1996, Morgan Holmes e Max Beck lideraram um protesto histórico do lado de fora de uma conferência médica em Boston, para denunciar cirurgias infantis não consensuais. A manifestação "Hermafroditas com Atitude" obteve um grande impacto no reconhecimento intersexo, levando a uma mudança nos protocolos médicos,

Pidgeon Pagonis, em frente ao Hospital Infantil Lurie de Chicago, em 2018, pede o fim da cirurgia genital desnecessária em bebês intersexuais. Em 2020, o hospital encerrou a maior parte delas.

proteção aos direitos humanos e leis que proíbem cirurgias em menores de quinze anos em muitos países.

As pessoas intersexo se identificam em um continuum, variando de intersexo a homem, mulher, não binário, transgênero e muitas outras identidades. Pessoas com corpos intersexo às vezes usam descritores que abrangem tanto intersexo quanto trans, como o genérico "dois-espíritos" em comunidades indígenas americanas. Da mesma forma, algumas pessoas intersexo não se identificam como parte da comunidade LGBTQIAPN+.

Apesar dos avanços, crianças e adultos intersexo ainda são estigmatizados. A fim de proteger as pessoas com características ou status intersexo, ativistas continuam a lutar por assistência médica, aconselhamento e suporte. Eles exigem igualdade de acesso aos serviços públicos e o fim da discriminação em todas as áreas, incluindo trabalho, educação e esportes. Para atingir esses objetivos, é essencial que os formuladores de políticas consultem os afetados ao desenvolver pesquisas e legislações que tenham impacto em seus direitos. ∎

O direito de ser X

Em 2002, aos 48 anos, o ativista australiano Alexander (Alex) MacFarlane solicitou um novo passaporte que reconhecesse sua identidade intersexo. Quando o Departamento de Relações Exteriores e Comércio da Austrália alegou que seu sistema de computador só permitiria registrar pessoas como homens ou mulheres, MacFarlane argumentou que isso incorreria no risco de eles cometerem fraude. Depois de meses de pressão, o departamento concordou em incluir uma opção "X" nos passaportes para australianos cuja certidão de nascimento registrasse seu sexo como indeterminado, como fez MacFarlane (acredita-se que foi também o primeiro australiano a receber esse tipo de certidão de nascimento). Em 2003, MacFarlane se tornou a primeira pessoa na Austrália – e talvez no mundo – a ter "X" como marcador de gênero impresso em seu passaporte.

RENASC
E
RETALIA
1300-1699

IMENTO

ÇÃO

INTRODUÇÃO

A peste bubônica mata um terço da população da Europa; alguns a veem como uma punição de Deus por transgressões.

1347-51

A imprensa de Gutenberg estimula a impressão de livros na Europa, o que logo alimenta a disseminação de informações de fontes clássicas e contemporâneas sobre questões LGBTQIAPN+.

ANOS 1450

A Inquisição processa mais de oitocentos homens por sodomia na Espanha e mais de quinhentos em Portugal.

1530-1630

1432

Os agentes da noite são estabelecidos em Florença para reprimir atos homossexuais entre homens.

1492

Cristóvão Colombo chega às Américas, iniciando uma nova era de invasão global, na qual os colonizadores europeus perseguem os povos indígenas e punem atos não heterossexuais.

1533

A Lei da Sodomia de Henrique VIII criminaliza a sodomia na Inglaterra. O rei usa a lei para acusar monges de imoralidade sexual e para confiscar bens de mosteiros.

A tipificação da sodomia como crime e a inclusão dos atos sexuais entre pessoas do mesmo sexo – preocupação da Igreja cristã desde o século IV EC – se intensificaram na Europa na Idade Média, desencadeando perseguições sistemáticas. A partir do século XIII, processar a sodomia se tornou não apenas da competência da Igreja, mas também uma questão de direito civil. A criminalização de atos homossexuais – principalmente entre homens – foi codificada em leis como a Lei da Sodomia de 1533. Elas tiveram efeitos de longo alcance conforme as principais potências europeias invadiam e colonizavam outras partes do mundo.

Acusações e perseguições andavam de mãos dadas em campanhas ardentes para erradicar o vício sodomítico. Na Itália renascentista, os "agentes da noite", em Florença, prenderam e julgaram dois terços das pessoas do sexo masculino da cidade por sodomia entre 1459 e 1502, e de 1530 a 1630 mais de oitocentos homens foram processados pelo mesmo motivo pela Inquisição espanhola. A mão pesada da lei não apenas reprimia as relações entre os homens. Tanto as relações entre mulheres do mesmo sexo quanto a variação de gênero poderiam ser punidas pelas leis de sodomia – como no caso de Eleno/a de Céspedes, um homem aparentemente intersexo na Espanha que, depois de se casar com uma mulher, foi acusado em 1588 de sodomia feminina, bruxaria e bigamia, e de zombar do sacramento do casamento.

Possibilidades impressas

Apesar da perseguição generalizada, os séculos XIV-XVII não podem ser simplesmente categorizados como uma época de desejos ocultos e proibidos. A partir do século XV, a chegada da imprensa permitiu a ampla divulgação dos textos; consequentemente, a imprensa levou a pornografia às massas, com descrições francas, obscenas e excitantes de todos os tipos de atos sexuais – entre eles, os atos homossexuais. O século XVII viu uma série de obras eróticas, escritas por homens, que se passavam em conventos e retratavam atos homossexuais entre freiras, simultaneamente zombando da Igreja e tentando excitar os leitores.

A partir do século XVI, um número crescente de obras sobre o desejo de uma mulher por outra passou a ser de autoria das próprias mulheres. A poeta escocesa Mary Maitland escreveu sobre o desejo de se casar com outra mulher em seu "Poema 49", de 1586, e outras como Katherine Philips e Anne

RENASCIMENTO E RETALIAÇÃO

Ao descrever Istambul, o burocrata e escritor otomano Latifi destaca sua indústria impulsionadora do sexo e os homens sedutores que trabalham com o sexo.

ANOS 1570

A Colônia Merrymount, na Nova Inglaterra, é atacada por alguns puritanos por suas práticas liberais, incluindo tolerância a atos homossexuais.

1627

Um dramático processo judicial em Londres acaba com o casamento do crossdresser designado mulher James Howard e Arabella Hunt.

1682

O poema "To the Fair Clorinda" da escritora inglesa Aphra Behn contém referências claras ao desejo pelo mesmo sexo.

1688

1586

Mary Maitland escreve seu "Poema 49", pelo qual é considerada a primeira poeta lésbica nomeada desde Safo.

ANOS 1660

As memórias do seigneur de Brantôme descrevem a alegada licenciosidade sexual e as brincadeiras de gênero na antiga corte francesa.

1687

The Great Mirror of Male Love contém uma série de histórias sobre o fenômeno do "amor de menino" no Japão do período Edo.

---

de Rohan seguiram o exemplo no século XVII, escrevendo apaixonadamente sobre outras mulheres. Ao mesmo tempo em que essas poetas exploravam seus desejos pelo mesmo sexo, médicos publicavam tratados que tentavam explicar tais desejos como um problema médico. Algumas mulheres sofreram exames humilhantes por médicos e parteiras com a intenção de descobrir "anormalidades" genitais.

Meninos bonitos

Seguindo o precedente da Grécia e Roma antigas, os homens celebravam a beleza masculina – e especificamente a beleza dos jovens – na poesia e nas artes, desde a estátua de Davi de Michelangelo em Florença até o amado "menino bonito" de Richard Barnfield e o "belo rapaz" de Shakespeare. A prática de um homem mais velho ter um parceiro mais jovem não se limitava à Europa cristã. No Império Otomano, os poetas escreveram sobre os *gulamlar*, meninos imberbes que entretinham homens com barba; e durante o período Edo do Japão, um guerreiro mais velho aceitava um jovem como seu aprendiz e amante.

Supressão colonial

A partir de 1492, as potências europeias começaram a colonizar outros continentes. Escritores de viagens que procuravam descrever o que viam como comportamentos pagãos e incivilizados retratavam os povos das Américas e do Oriente como sexualmente transgressores: o estudioso andaluz Leo Africanus descreveu "bruxas" norte-africanas que seduziam outras mulheres, e escritores franceses escreveram sobre paixões entre mulheres no Império Otomano.

Embora sua caracterização por europeus fosse influenciada pelo preconceito, é verdade que as sociedades não cristãs tinham abordagens marcadamente diferentes de gênero e sexualidade. Entre os povos indígenas das Américas, por exemplo, muitas sociedades pareciam não ter problemas com relacionamentos entre pessoas do mesmo sexo e tinham termos em seus idiomas para variação de gênero, como o crossdresser *xochihua* dos Nahus.

As atitudes indígenas não foram compreendidas pelos colonizadores, que descaracterizavam e perseguiam qualquer variação de gênero ou relações homossexuais. Os invasores puniam o que consideravam atos antinaturais e pecaminosos, mas usavam práticas sexuais e crenças indígenas para justificar atos brutais e chacinas. ■

BELEZA INFINITA
RENASCIMENTO ITALIANO (SÉCULOS XIV A XVI)

EM CONTEXTO

FOCO
Sexualidade do homem do Renascimento

ANTES
Século V AEC. Na Grécia antiga, a pederastia – relação entre um homem mais velho e um mais jovem – se torna um costume estabelecido.

1360 A *Ilíada* de Homero, sobre o amor entre Aquiles e Pátroclo, é traduzida para o latim por Leôncio Pilatos.

DEPOIS
1623 Na primeira edição dos poemas de Michelangelo, muitos pronomes referentes ao assunto do desejo são alterados de masculino para feminino, e restaurados em uma tradução para o inglês em 1878.

1890 O Código Penal Zanardelli é adotado na Itália e descriminaliza atos homossexuais.

2016 A Itália reconhece as uniões civis entre pessoas do mesmo sexo.

O Renascimento italiano foi uma era de renascimento cultural – celebrado em particular por sua arte e arquitetura – abrangendo os séculos XIV a XVI. A Itália naquela época também era conhecida pela prática generalizada de sodomia. Conforme a Igreja católica, a sodomia era qualquer comportamento sexual "antinatural", mas geralmente se referia ao sexo entre homens.

Florença conquistou a reputação de berço do Renascimento e a capital da sodomia. De acordo com registros de 1459 a 1502, cerca de dois terços dos homens em Florença foram processados pela cidade-estado por sodomia aos quarenta anos de idade. Entre eles estavam algumas das figuras mais célebres do período, incluindo Leonardo da Vinci e o pintor Sandro Botticelli.

A prática da sodomia se tornou uma das questões políticas e morais mais turbulentas da Itália renascentista. A partir de 1325, era um crime passível de punição severa, incluindo castração ou morte.

Relações de poder

Apesar de sua prevalência, a sodomia era aceitável nessa época apenas quando se limitava a uma dinâmica de poder estrita, entre um parceiro "ativo", geralmente com mais de dezenove anos, e um menino ou rapaz "passivo" mais jovem. Essa dinâmica era considerada vital para a expressão da masculinidade. Um papel ativo, independentemente do gênero do participante passivo, confirmava a virilidade de um homem. Um papel passivo conferia feminilidade e até desonra – embora aceito como uma fase da juventude e pudesse ser

O pintor Giovanni Antonio Bazzi, visto aqui em seu autorretrato (1508), era conhecido como "Il Sodoma" ("o sodomita") porque amava os jovens. Ele se referia a si mesmo assim com orgulho.

RENASCIMENTO E RETALIAÇÃO

Veja também: Gênero e sexualidade na Grécia antiga 20-23 ▪ Gênero e sexualidade na Roma antiga 30-35 ▪ O começo da Igreja cristã 38-41 ▪ Sodomia e a Igreja católica medieval 42-45

redimido ao atingir a maioridade. Não havia conceito de homossexualidade como identidade, e as relações sexuais entre dois homens mais velhos eram muito menos comuns ou aceitáveis. Também não era incomum que os homens se relacionassem com homens por um curto tempo e depois se casassem com uma mulher.

Esse tipo de relacionamento entre um homem mais velho e um homem mais jovem poderia ser interpretado como pederastia – um conceito da Grécia antiga, em que um vínculo socialmente reconhecido e educacional seria estabelecido entre os dois. No entanto, embora a cultura renascentista apresentasse uma renovação do interesse pelo pensamento clássico, seria um erro supor que isso levou a sodomia a ser aceita na sociedade renascentista. A produção cultural da época idealizava a beleza masculina, mas isso não significava que o sexo entre homens fosse tolerado.

Em vez disso, a redescoberta do pensamento clássico garantia um meio pelo qual homens poderiam explorar e transmitir desejos pelo mesmo sexo. As obras de arte relatavam desejos-tabu em códigos visuais comumente compreendidos. Famoso por sua estátua de David em 1504, símbolo da juventude e da beleza, Michelangelo mais tarde expressou seu amor pelo jovem Tommaso dei Cavalieri por meio de desenhos, poemas e cartas. Um de seus presentes para dei Cavalieri foi o desenho *O estupro de Ganimedes*, sobre um mito grego no qual Zeus se apaixona e sequestra um menino, fazendo dele seu amante e copeiro.

O Renascimento também viu novas traduções latinas das obras de Platão, assim como tentativas de harmonizar suas ideias de transcendência espiritual com o pensamento cristão. Nos textos platônicos, as interpretações do amor entre os homens variavam. Normalmente, os laços estreitos entre homens eram considerados uma forma transcendental de amor, superior ao amor lascivo reservado às mulheres. Mas na sociedade renascentista italiana, em que o amor físico entre os homens era tão comum, apresentar o amor de um homem por outro como um meio de proximidade com Deus provou ser controverso.

Perseguindo a sodomia

Na Florença do século XV, a "extirpação" da sodomia se tornou símbolo de uma campanha contra todos os males. O aumento dos pedidos de repressão por parte da Igreja e das autoridades levou à formação em 1432 dos Ufficiali di Notte ("agentes da noite") – um tribunal especial, composto por seis homens, eleito anualmente, encarregado de encontrar e condenar sodomitas. Este tribunal funcionou até 1502, e recebia denúncias anônimas que as pessoas eram encorajadas a colocar em caixas de correio para esse fim. Tabernas e outros locais de encontro para sodomitas foram fechados, e até mesmo debates sobre sodomia poderiam levantar suspeitas.

Estima-se que 17 mil homens foram incriminados pelos "agentes da noite". O fato de apenas 3 mil terem sido condenados talvez reflita o papel socialmente ambíguo e ambivalente das relações sexuais entre homens no Renascimento. ∎

Acusações criminais por sodomia no Renascimento em Florença

A população masculina de Florença nas últimas quatro décadas do século XV era em torno de 20 mil.

Durante esse tempo, uma média de quatrocentos homens por ano eram acusados de sodomia.

Uma média de 55-60 homens por ano eram condenados por sodomia.

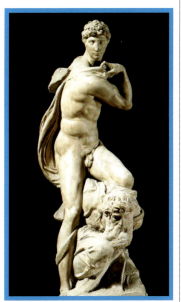

Diz-se que a estátua de Michelangelo, *O gênio da vitória* (c. 1534), foi inspirada em Tommaso dei Cavalieri, 40 anos mais jovem que ele.

MIL CONCEITOS MALICIOSOS E PALAVRAS FORTES
HOMOEROTISMO E O RENASCIMENTO FRANCÊS (SÉCULOS XV-XVII)

De acordo com a **filosofia neoplatônica**, o **amor não romântico e não sexual entre os homens** é a única forma de **amor verdadeiro e transcendental**.

Filósofos franceses do século XV **tentam ajustar a filosofia neoplatônica** com os entendimentos cristãos tradicionais do **amor entre um homem e uma mulher.**

Isso cria complexidades e contradições que permitem o desenvolvimento de uma cultura de relativa **experimentação em torno da sexualidade e do gênero**.

EM CONTEXTO

FOCO
Homoerotismo e jogo de gênero na corte

ANTES
1451 O casamento do rei francês Louis XI e Charlotte de Savoy marca o início do envolvimento francês na Itália, que eventualmente leva a uma invasão em 1494.

1462 O estudioso italiano Marsilio Ficino funda um grupo conhecido como Academia Platônica, que se torna central para a reinterpretação da filosofia neoplatônica do período.

DEPOIS
Anos 1660 Philippe I, irmão do rei Luís XIV, na década de 1660, tem amantes homens e usa roupas femininas na corte.

1791 Durante a Revolução Francesa, o primeiro Código Penal, informado pelo pensamento iluminista e não pela religião, não condena explicitamente atos homossexuais.

D o final do século XV até a Revolução Francesa, a reputação sexual da França passou do conservadorismo a relativa liberdade e experimentação. Embora a Igreja católica tenha definido historicamente o que era considerado sexualmente aceitável, a influência do Renascimento italiano trouxe consigo a introdução da filosofia neoplatônica, reformulando as considerações sobre sexo e amor nas esferas intelectual e pública. Filósofos franceses se questionavam em relação a como conciliar os entendimentos clássicos da sexualidade com o cristianismo. A apresentação do neoplatonismo do amor homossocial masculino como a forma mais elevada e espiritual de amor verdadeiro deixou muitos desconfortáveis, assim como as frequentes alusões à atração pelo mesmo sexo. O que se seguiu foi uma tentativa de reformular uma filosofia que havia sido criada em grande parte sem as mulheres em mente, tratando-as como objetos dignos de desejo, e não como sedutoras que

RENASCIMENTO E RETALIAÇÃO

Veja também: Gênero e sexualidade na Grécia antiga 20-23 ▪ Renascimento italiano 58-59 ▪ Início da lesbianidade moderna 74-79 ▪ França revolucionária 100-01

Um retrato do século XVII de Henrique III, cujo estilo feminino alimentou rumores sobre sua sexualidade. Seus oponentes sugeriam que ele praticava sodomia.

enredavam os homens com a chamada "falsa beleza". Também foram feitos esforços para categorizar desejos "bons" e "maus".

A reputação de ambiguidade sexual da corte real foi percebida como cada vez mais prejudicial ao reino. Esperava-se que tanto a corte quanto o monarca fossem símbolos das virtudes masculinas de poder, potência, agressividade, emanando ideias de desejo pelo sexo oposto.

As intrigas de Brantôme

As façanhas sexuais de Francisco I (c. 1515-1547) foram assunto de muitas fofocas da corte, extensivamente registradas pelo soldado e viajante Pierre de Bourdeille, seigneur de Brantôme. Os escritos de Brantôme, publicados pela primeira vez no século XVII e mais tarde em 1924 como *The Lives of Fair and Gallant Ladies*, oferecem vislumbres da vida na corte, e poucas das pessoas mencionadas são poupadas da associação com

algum tipo de sexo ilícito. Brantôme conta como os nobres da corte eram pressionados a ter amantes. A vida das mulheres da corte fazia parte de uma rede fechada à qual Brantôme tinha pouco acesso; independentemente disso, ele especulou alegremente sobre seus relacionamentos homossexuais e espalhou rumores sobre o rei.

Gênero, política e poder

O reinado de Henrique III, de 1574 a 1589, se tornou um foco para o jogo da masculinidade e dos laços sociais entre os homens. Henrique não conseguiu produzir um herdeiro e era visto como dependente demais do conselho da mãe italiana, Catarina de Médici. Sua aparente falta de interesse pela guerra ou pelos esportes e sua atração pelas festas o deram a fama de passivo, fraco e efeminado. Muitos associavam essas características com a sodomia, seus medos atiçados pela maneira como Henrique se comportava no tribunal. Ele era conhecido pela prática do crossdressing, com roupas femininas, maquiagem e pelas relações intensas que mantinha com seus *mignons* ("queridinhos" ou "delicados") – homens que emulavam seu estilo afeminado. Não se sabe se esses relacionamentos eram sexuais, mas os oponentes de Henrique espalharam rumores sobre sua sodomia.

Em 1589, sem mais herdeiros, o reinado da Casa de Valois chegou ao fim. Depois de ser suplantada pela Casa de Bourbon, foram feitas tentativas para recuperar o controle da reputação sexual da corte e da imagem do rei, especialmente por Henrique IV, conhecido por suas muitas amantes. Mas até a Revolução Francesa, a corte continuou a ser um local de subversão sexual e de gênero, com vários graus de escândalo. ■

A crossdressing Mademoiselle Chevalier d'Eon em uma partida de esgrima em 1787. Diplomata, espião e soldado, d'Éon viveu como homem durante a primeira metade de sua vida e depois como mulher.

UM ROUXINOL EM MEIO À BELEZA
GÊNERO E SEXUALIDADE OTOMANOS (SÉCULOS XV E XVIII)

EM CONTEXTO

FOCO
Desejo homossexual

ANTES
1170-1200 O poeta persa Nizāmī Ganjavī escreve seu *Khamsah* – cinco poemas que tiveram um grande impacto na poesia de amor turca otomana mais recente.

1258-73 Jalal al-Din Rumı, místico sufi e poeta persa, dita os versos que formam seu *Masnavi* – uma grande influência para os poetas otomanos subsequentes.

c. 1300 Osman I funda o Império Otomano no noroeste da Anatólia, atual Turquia.

1453 O sultão Mehmet II captura Constantinopla e a torna a capital otomana com um novo nome local – Istambul.

DEPOIS
1839 O Edito de Gülhane marca o início do Tanzimat, um período de reformas que começa a estigmatizar atos homossexuais.

No auge da poesia clássica otomana, entre os séculos XV e XVIII, o desejo pelo mesmo sexo era um dos elementos da paleta de prazeres de um homem adulto, em vez de apenas uma identidade fixa. A literatura desse período inclui exemplos de amor e desejo de autores masculinos por homens mais jovens (os "amados"), juntamente com seu desejo por mulheres. Como não há relatos legais ou autobiográficos substanciais sobre o homoerotismo na época, a prosa e a poesia são a maior evidência das afeições dos homens otomanos por meninos e outros homens. O idioma turco otomano não possui gênero gramatical, então o gênero dos objetos de afeto dos poetas pode ser ambíguo, mas outras pistas deixam claro que essas musas eram meninos imberbes e mulheres adolescentes e adultas. Essa poesia veio de uma longa tradição nas literaturas islâmicas e emprestou ou adaptou alegorias da poesia árabe e persa.

Embora os ditames legais islâmicos proibissem a relação sexual entre dois homens, havia uma clara distinção entre amor e sexo. Expressar sentimentos de amizade, proximidade e amor um pelo outro não era ilícito. As

Identidades turcas otomanas e papéis de gênero

Homens barbados (*erkekler*)	Homens adultos a quem é permitido o amor tanto de mulheres quanto de homens imberbes.
Mulheres (*zenler, kadýnlar, nisvan*)	Pessoas designadas como mulheres no nascimento, a quem é permitido o amor e o desejo de homens barbados e imberbes.
Homens imberbes (*gulamlar*)	Homens jovens – geralmente escravizados, servos ou súditos – a quem é permitido o amor de mulheres e homens barbados.
Gulampareler	Homens barbados que amam jovens imberbes.
Zenpareler	Homens barbados que amam mulheres e meninas.
Köçekler	Dançarinos designados como homens no nascimento que adotam roupas e comportamentos femininos em suas apresentações.

RENASCIMENTO E RETALIAÇÃO

Veja também: Califado Abássida 46-47 ▪ Poesia de amor entre homens 80-81 ▪ Narrativas homossexuais na poesia urdu 96-97 ▪ Transformando a sociedade otomana 104-05 ▪ Muçulmanos LGBTQIAPN+ 278-79

emoções masculinas descritas às vezes encapsulam ideias de fidelidade, piedade e lealdade política e aparecem em obras sobre misticismo religioso ou conduta cortês apropriada. Em outras ocasiões, havia referência explícita ao prazer físico.

Um amplo espectro de sabores

Apesar das restrições legais aos atos sexuais entre homens e ao consumo de álcool, havia uma forte indústria do sexo nas vinícolas de Istambul, onde homens jovens – muitas vezes dançarinos – vendiam seus serviços para homens mais velhos. Latifi, um burocrata, poeta e cronista otomano do século XVI, escreveu: "Provocando, sorrindo e proferindo palavras doces, nisso, os homens que se prostituem superam as mulheres".

Para os otomanos dessa época, o sexo era apenas um dos muitos impulsos físicos, mentais e emocionais. Manuais sobre sexo e atos sexuais não eram incomuns, e pinturas otomanas confirmam o interesse nas relações sexuais entre homens. Alguns textos explícitos demonstram que os papéis sexuais, especialmente a penetração, e os relacionamentos muitas vezes espelhavam códigos estabelecidos de idade, hierarquia, classe e diferenças étnicas ou religiosas, mas esses códigos não eram fixos. Às vezes, os homens desempenhavam novos papéis como bem entendessem, ou à medida que envelheciam ou avançavam socialmente.

A poesia de amor de homens adultos destaca suas vidas eróticas,

Um homem barbado conversa com um jovem imberbe em uma ilustração de uma obra do poeta otomano Bâkî do século XVI, cujos temas incluíam o amor.

mas oculta experiências e emoções de mulheres e pessoas que desafiavam a binariedade de gênero. Textos escritos abertamente por uma mulher para uma mulher são escassos nas fontes históricas. O que se encontra são raras menções, por homens, de mulheres que amaram e cobiçaram outras mulheres, ou de dançarinas, beldades e profissionais do sexo que combinavam papéis masculinos e femininos. Essa evidência contrasta com os relatos da Europa Ocidental – provavelmente exagerados – de amor e sexo generalizado entre mulheres nas terras otomanas.

Contestação

A tolerância e o encorajamento do amor entre os homens não passaram incontestes. Ocasionalmente, aqueles que procuravam restringi-lo ou eliminá-lo com base em sua percepção de imoralidade prevaleciam. No entanto, fossem quais fossem suas reivindicações e sucessos, o desejo pelo mesmo sexo permaneceu na vida do Império Otomano. ■

Uma imagem do século XVII de Atai do *Hamse* (*Quinteto*) retrata um grupo de homens barbados seduzindo um jovem imberbe (canto inferior esquerdo).

O VÍCIO ABOMINÁVEL SERÁ ELIMINADO
A INQUISIÇÃO ESPANHOLA (1478)

EM CONTEXTO

FOCO
Perseguição por sodomia

ANTES
506 O Código Visigótico impõe a pena de morte aos condenados por sodomia.

1138 Portugal se torna independente da Espanha, mas mantém punições severas para sodomia, incluindo a morte.

1184 A primeira Inquisição é estabelecida em Languedoc, França, principalmente para reprimir a disseminação da heresia cátara.

DEPOIS
1821 A Inquisição portuguesa é abolida após a Revolução Liberal de 1820.

1834 A Inquisição espanhola é abolida, seis anos após a última execução.

1979 A Espanha descriminaliza atos homossexuais, após uma época de punições sob o ditador Francisco Franco.

A começar pela França, no século XII, a Igreja católica estabeleceu uma série de investigações duras e leis intrusivas para perseguir violações da lei canônica e ações de indivíduos que eram vistas como heresia ou apostasia.

A Inquisição logo se espalhou pela Europa e pelas Américas. Sua manifestação mais infame foi a Inquisição espanhola, estimulada em 1478 pelo rei Fernando II e pela rainha Isabel da Espanha. Estima-se que essa Inquisição tenha acusado cerca de 150 mil pessoas, tendo executado entre três e cinco mil delas, até ser abolida no século XIX.

A Inquisição espanhola surgiu durante os anos finais da Reconquista de Espanha e Portugal, uma campanha para reconquistar áreas da Península Ibérica governadas por muçulmanos, que levou à violenta expulsão ou execução de muçulmanos e judeus. Para ajudar nessa campanha, a Inquisição se concentrou nos que eram conhecidos como "cristãos-novos" – que foram forçados a se converter, mas eram suspeitos de praticar suas crenças originais em segredo.

Perseguindo a sodomia
Os Tribunais da Inquisição logo começaram a se dedicar a coibir as supostas violações da ordem social também por parte dos "cristãos antigos", incluindo práticas sexuais consideradas "não naturais", como a sodomia.

A sodomia era usada como um termo genérico para atos que

O estandarte da Inquisição espanhola aparece nessa gravura de 1722. A Inquisição era independente da Igreja e prestava contas à Coroa espanhola.

RENASCIMENTO E RETALIAÇÃO

Veja também: Sodomia e a Igreja católica medieval 42-45 ▪ Renascimento italiano 58-59 ▪ América Latina colonial 66-67 ▪ A criminalização da sodomia 68-71

Uma vítima da Inquisição espanhola é forçada a usar um chapéu cônico em ato de humilhação pública conhecido como auto de fé. Isso pode preceder sua execução, queimado na fogueira depois.

incluíam sexo com dildos, visões e interações eróticas com figuras diabólicas, de modo que incluía atos sexuais entre pessoas do sexo oposto e do mesmo sexo. A sodomia era geralmente considerada fora da jurisdição das forças inquisitoriais. Em alguns casos, a Inquisição achava perigoso deixar o povo ciente de que esses "vícios" existiam. Uma exceção notável é a Inquisição em Aragão, que expôs mais de oitocentos casos de sodomia entre 1570 e 1630.

Um caso bem conhecido da Inquisição em Toledo é o de Eleno/a de Céspedes, um ex-escravizado que os historiadores acreditam ser o que nós agora chamamos de intersexo ou trans. Designado como mulher ao nascer, Céspedes foi preso em 1588 por sodomia com uma mulher. Seu caso foi considerado um exemplo de bruxaria e passado à Inquisição. Testemunhas afirmaram que Céspedes era homem, mas os médicos legistas declararam que era uma mulher. Para evitar decidir sobre tais complexidades, a Inquisição acusou Céspedes de bigamia por não documentar a morte de seu ex-marido antes de se casar novamente.

Colonização do novo mundo

A colonização das Américas pela Espanha e Portugal levou a encontros com novas religiões e atitudes em relação à sexualidade que foram percebidas como ameaças à Igreja. Por mais que muitos indígenas tenham sido punidos pela lei civil, a Inquisição manteve o foco naqueles que já havia perseguido na Europa, como os judeus portugueses.

A Inquisição colonial da Espanha foi formalmente estabelecida em 1571 na Cidade do México, capital de seus vastos novos territórios americanos. Os casos julgados dão um vislumbre do desejo pelo mesmo sexo no país, embora a sodomia ainda fosse julgada apenas pela lei civil. ∎

Cartas de amor

A Inquisição contava com um clima de medo e com a total cooperação dos cidadãos para relatarem o comportamento herético, mas às vezes se mostrava difícil reunir evidências fortes o bastante para fazer uma acusação. Em Portugal, em 1664, o músico e fabricante de instrumentos Manuel Viegas passou ao vigário de Silves uma coleção de cartas de amor explícitas que recebera de Francisco Correa Netto, sacristão da Sé de Silves. Viegas havia decidido se casar com uma mulher chamada Maria Nunes e abandonar o ex-amante ciumento. O vigário prontamente entregou as cartas à Inquisição de Évora, que iniciou uma investigação. Apesar das cartas e alegações de várias pessoas de que Correa Netto era um "sodomita", a incapacidade de obter provas de penetração anal e o cuidado nas palavras usadas nas cartas fizeram com que ele nunca fosse preso ou julgado. Cinco cartas de Correa Netto a Viegas foram preservadas. São as mais antigas cartas homoeróticas sobreviventes.

Amante e Prenda Minha: se o meu sentido não descansa uma hora, nem de noite nem de dia, sem estar representando tua companhia e tuas doces palavras...
Francisco Correa Netto
Carta a Manuel Viegas, 1664

A CULPA CRISTÃ AINDA É MUITO FORTE
AMÉRICA LATINA COLONIAL (SÉCULOS XVI-XIX)

EM CONTEXTO

FOCO
Supressão de gêneros e sexualidades indígenas

ANTES
1451 O papa Nicolau V permite que a Inquisição Papal acuse criminalmente a sodomia.

1478 A Inquisição espanhola é estabelecida – e julgará mais de oitocentas pessoas por sodomia entre 1570 e 1630.

1492 Patrocinado pela Espanha, Cristóvão Colombo aporta nas Bahamas e começa a colonização do Novo Mundo.

DEPOIS
1883 A corrida do ouro na Terra do Fogo, no Chile, leva ao genocídio Selk'nam e ao deslocamento e morte de muitos outros povos indígenas.

Anos 1980 O vírus HIV/aids se espalha nas comunidades homossexuais latino-americanas; alguns setores conservadores e religiosos afirmam que reflete a "intervenção divina".

No início do século XVI, Espanha e Portugal dividiram o "Novo Mundo" das Américas em domínios sobre os quais cada um tinha controle. Estabelecido em 1535, o vice-reino da Nova Espanha incluía o que hoje é o México, a América Central, as áreas do norte da América do Sul, o Caribe e partes do sudoeste e centro dos Estados Unidos. Esse vice-reino teve fim em 1821, após as guerras mexicanas pela independência. A colonização portuguesa do Brasil começou em 1500 e terminou no início do século XIX. A busca por terras e recursos foi o principal motor dessa expansão agressiva, mas também o desejo de impor o cristianismo e as ideias europeias de aceitabilidade social, cultural e moral às suas numerosas populações indígenas.

Diretrizes morais europeias
À medida que estabeleceram novas hierarquias políticas, os conquistadores reforçaram os conceitos de sexualidade e gênero "normais" e usaram isso para justificar a subjugação, a alteração e o massacre de muitas populações indígenas. A sodomia, o "pecado nefasto" e outros atos e identidades não heteronormativos foram

Espanha e Portugal **dominam os povos indígenas** do Novo Mundo por meio da **escravidão**, da **guerra** e de **doenças**.

A dominação inclui a **imposição de valores europeus** que promovem a **heterossexualidade**.

Práticas indígenas **não heterossexuais** e **gêneros não normativos** são **considerados pecaminosos** e, por consequência, **brutalmente reprimidos**.

RENASCIMENTO E RETALIAÇÃO

Veja também: As primeiras evidências de pessoas LGBTQIAPN+ 18-19 ▪ Sodomia e a Igreja católica medieval 42-45 ▪ Direitos intersexuais 48-53 ▪ A criminalização da sodomia 68-71 ▪ Pessoas "dois-espíritos" nativas norte-americanas 258-61

Acusados de sodomia, panamenhos foram jogados aos cães do conquistador Vasco Núñez de Balboa – retratado aqui pelo artista protestante Theodor de Bry.

condenados como *contra natura* ("contra a natureza").

Assassinatos em massa de populações indígenas tiveram como uma de suas consequências que aquilo que se sabe sobre suas práticas e atitudes sexuais virem quase inteiramente de fontes europeias, geralmente em relação a casos criminais. A moralidade cristã influenciou esses escritos e os termos usados, mas ainda há evidências da variedade de identidades encontradas pelos colonizadores.

Sexualidades fluidas

No século XVI, Bernardino de Sahagún publicou uma obra etnográfica chamada *O códice florentino*, escrita com o envolvimento dos Nahuas, povo indígena que ocupava o que hoje é o centro do México. A obra inclui traduções de termos Nahuatl, como *xochihua* ("portador de flores") – uma figura andrógina e crossdresser – e *patlache*, traduzido tanto como "mulheres que fazem sexo com mulheres" quanto como "hermafroditas". As palavras *cuino* ou *puto* foram usadas para designar um sodomita passivo.

Centenas de comunidades indígenas podem ter incluído pessoas de gêneros não normativos. Os *berdache*, conhecidos como pessoas "dois-espíritos", adotavam a vestimenta e a posição social do sexo oposto. Entre os Machu que viviam no que hoje é a Argentina e o Chile, os colonizadores encontraram os *machi weye* – curandeiros e líderes religiosos que desafiavam a ideia de uma binariedade de gênero e navegavam entre identidades masculinas e femininas, ou fora delas. Diziam que *machi weye* havia feito um "pacto com o diabo". Das culturas zapotecas de Oaxaca, no México, também há relatos de *muxhe* – indivíduos designados como homens que se vestiam e assumiam papéis femininos.

Os registros contemporâneos fazem referência a relações entre homens indígenas, mas também entre mulheres. A vida no templo no México era descrita como envolvendo casos entre homens mais velhos e mais jovens. Lordes no Equador e no Peru também teriam mantido meninos adolescentes para fins sexuais.

"Justificando" a perseguição

Durante o debate de Valladolid de 1550 a 1551 – o primeiro debate moral europeu a discutir os direitos dos povos indígenas da América Latina –, as autoridades "justificaram" sua conquista brutal pelas práticas indígenas de crossdressing e sodomia. Os colonizadores pensavam que a sodomia se espalharia a menos que fosse extirpada por meio da escravidão e da morte. Aspectos desse tipo de pensamento alimentam preconceitos até hoje. ∎

Para os zapotecas, existem quatro gêneros: mulher, homem, lésbica e *muxhe*.
Elvis Guerra
Poeta zapoteca mexicano e muxhe

CRUEL, INDECENTE E ABSURDO

A CRIMINALIZAÇÃO DA SODOMIA (1533)

EM CONTEXTO

FOCO
As primeiras leis modernas contra a sodomia

ANTES
Século XI Endossando as proibições do Antigo Testamento, o Papa Leão XI rotula os atos homossexuais de "vício execrável".

1290 Fleta, um tratado escrito em latim, criminaliza a sodomia na lei inglesa como ofensa contra Deus, punível com a morte nos tribunais eclesiásticos.

DEPOIS
Anos 1930 Alemanha, Espanha e Portugal reforçam as leis que criminalizam atos homossexuais. A URSS volta a criminalizá-los.

1967 Atos homossexuais são descriminalizados na Inglaterra e no País de Gales, mas apenas muito mais tarde na Escócia e na Irlanda do Norte.

2003 Uma decisão histórica no caso Lawrence *versus* Texas descriminaliza efetivamente atos homossexuais nos EUA.

De cerca de 1450 a 1800, a criminalização de atos homossexuais (sob o termo "sodomia") aumentou na Europa. Na Inglaterra, em 1533, um ano antes de Henrique VIII romper com a Igreja católica romana, a sodomia se tornou uma ofensa civil sob a Lei da Sodomia – anteriormente ela estava sob a lei eclesiástica católica. Na época, a sodomia era definida como sexo anal com penetração e emissão de sêmen, e ocorria não apenas no sexo entre homens, mas também no sexo entre homens e mulheres, bem

RENASCIMENTO E RETALIAÇÃO

Veja também: Sodomia e a Igreja católica medieval 42-45 ▪ A Inquisição espanhola 64-65 ▪ A descriminalização dos atos homossexuais 184-85

A perseguição de Henrique VIII a monges por sodomia – para encher os cofres reais – era conhecida e satirizada, como nessa ilustração de 1850.

como na bestialidade. No entanto, os homens eram geralmente o alvo. A partir do século XIII, a Igreja havia decretado que as autoridades civis também poderiam acusar criminalmente a sodomia, que passou a ser punida com a morte.

Motivos políticos

Depois que Henrique VIII rompeu com a Igreja católica, a Lei da Sodomia se provou conveniente para lidar com suas crescentes dívidas. Desacreditar os mosteiros acusando os monges de imoralidade sexual lhe permitiu ficar com a riqueza deles. Acusações de masturbação, chamadas de "poluição voluntária", foram suficientes para fechar mosteiros.

Maria I, filha de Henrique VIII, que o sucedeu em 1553, restaurou o catolicismo e revogou a Lei da Sodomia, preferindo que o ato fosse julgado pelos tribunais eclesiásticos. Sua sucessora, a rainha protestante Elizabeth I, promulgou novamente a lei em 1564, mas pouco se sabe sobre o número de processos nos séculos XVI e XVII. Um caso notório foi o de Mervyn Touchet, segundo conde de Castlehaven, condenado por estupro e sodomia e decapitado em 1631.

Retrocesso moral

Quando Guilherme III e Maria II ascenderam ao trono em 1689, as atitudes públicas contra o liberalismo do período anterior da Restauração (1660-1685) haviam mudado. A Sociedade para a Reforma dos Costumes, fundada em 1691, estava entre os vários grupos que visavam reprimir o que consideravam atividades imorais e "indecentes" e tinha como alvo bordéis, trabalho sexual e atos homossexuais. A Sociedade foi especialmente ativa na década de 1720, com uma série de ataques às *"Molly Houses"* (locais de encontro entre pessoas do mesmo sexo), e suas acusações levaram a um aumento acentuado de prisões por sodomia e "tentativa de sodomia".

Pelo menos dez homens foram enforcados por sodomia na Inglaterra »

O julgamento de Mervyn Touchet

Em 1631, Mervyn Touchet, segundo conde de Castlehaven, foi a julgamento pelo estupro da esposa e por duas acusações de sodomia – dos conselheiros de Carlos I –, pelo filho mais velho e herdeiro do conde, James. O conde foi condenado por ambos os crimes, sentenciado à morte e decapitado – o único parlamentar inglês a ser executado por um crime não político. Em seu julgamento, o conde afirmou que, como seu servo Giles Broadway havia participado da sodomia, não poderia ser chamada para testemunhar contra ele. Mas o Conselho Privado decidiu que um participante de um crime poderia ser uma testemunha legal até ser condenado, pois a sodomia "raramente ou nunca seria descoberta". A decisão estabeleceu um precedente legal e levou a muitos outros processos ao longo dos séculos. Para impor a pena de morte, no entanto, os tribunais ingleses exigiam prova de penetração; se as provas fossem incompletas, era imposta uma sentença menor.

Mervyn Touchet, nascido em 1593, era deputado e juiz de paz. Ele afirmou que sua esposa e filho haviam conspirado contra ele.

A CRIMINALIZAÇÃO DA SODOMIA

Motivações para criminalizar a sodomia

Supremacia papal
Ao perseguir os "sodomitas", a Igreja católica marcou sua autoridade moral na Europa e fortaleceu seu poder.

Pretexto para saquear
Henrique VIII usou sua Lei da Sodomia para acusar monges católicos de sodomia, confiscar seus bens e destruir sua autoridade.

Medo religioso
Os puritanos da Nova Inglaterra, temendo a vingança divina por pecados "antinaturais", fizeram da sodomia uma ofensa capital.

Ignorância deliberada
Os conquistadores europeus católicos nas Américas interpretaram mal e demonizaram os costumes e as práticas indígenas.

---

no século XVIII, e o pelourinho, uma punição mais frequente, poderia resultar em morte, já que as multidões eram hostis e brutais. As duas últimas execuções britânicas por sodomia foram as de James Pratt e John Smith em Londres, em 1835. O estatuto elizabetano permaneceu inalterado até 1861, quando a pena máxima de morte foi reduzida para prisão perpétua. Finalmente, em 1967, atos homossexuais foram descriminalizados na Inglaterra e no País de Gales, seguindo recomendações do Comitê Wolfenden feitas dez anos antes.

Inquisições continentais

A partir da Idade Média, as condenações e execuções por sodomia eram muito mais comuns na Europa continental do que na Inglaterra. A acusação de sodomia foi uma das muitas ferramentas usadas por líderes religiosos e monarcas para estabelecer sua autoridade e perseguir minorias. Depois que a peste bubônica varreu a Europa em meados do século XIV, os "sodomitas" estavam entre os culpados, pois os padres pregavam que Deus punia os pecados com a peste.

Seguindo o exemplo da Inquisição Papal em 1451, as inquisições espanhola e portuguesa perseguiam a sodomia como uma das heresias que contrariavam a fé cristã. A Inquisição espanhola acusou mais de oitocentos homens entre 1570 e 1630, e pelo menos 150 deles foram queimados na fogueira. A Inquisição portuguesa criminalizou cerca de quinhentos casos no mesmo período.

A "liberdade" da França

Na França e em outros lugares, conforme o protestantismo se espalhava durante o século XVI, tanto católicos quanto protestantes usaram acusações de sodomia e outros "crimes" sexuais para desacreditar seus rivais religiosos. Na cidade de Ghent, na recém-calvinista Flandres, cinco monges católicos acusados de sodomia foram queimados na fogueira em 1578 e outros três foram açoitados. Na França, a sodomia era uma ofensa capital, perseguida pela monarquia desde o final da Idade Média, mas os aristocratas eram frequentemente poupados da execução e não eram expostos publicamente – em vez disso, eram exilados ou se negava a eles o apoio real. Plebeus acusados de sodomia muitas vezes não tinham direito a julgamento e com frequência morriam na fogueira. Jean Diot e Bruno Lenoir foram as últimas vítimas francesas, executados em Paris, em 1750.

Em 1789, no início da Revolução Francesa que derrubou a monarquia, o Artigo 4 da Declaração dos Direitos do Homem definia liberdade como o direito de "fazer qualquer coisa que não prejudique ninguém". Dois anos depois, todas as leis sobre sodomia foram revogadas, mas o povo continuou a criticar o desejo pelo mesmo sexo, associando-o à criminalidade, e a polícia frequentemente perseguia homens que preferiam relacionamentos homossexuais.

"Civilizando" os nativos

A partir do século XVI, Espanha, Portugal, Inglaterra e França foram explorando e conquistando nações nas Américas, na África e no Pacífico. As

---

A própria menção desse vício detestável é chocante para a natureza humana e abala a alma até mesmo dos grandes pecadores ...
Argus Centoculi (pseudônimo)
Old England, ou The Broadbottom Journal, 2 de junho de 1750

RENASCIMENTO E RETALIAÇÃO

Manifestantes em Mumbai, em 2008, pedem a remoção do Artigo 377 do Código Penal indiano. O artigo que criminaliza atos sexuais "contra a ordem da natureza" foi reformulado em 2018.

colônias foram estabelecidas e os povos indígenas colocados à força sob o domínio ocidental. Conforme os missionários católicos chegavam, os "nativos" viam a moralidade europeia lhes ser imposta. Na América Central e do Sul, os invasores espanhóis encontraram povos indígenas cujas culturas celebravam o que os espanhóis percebiam como inversão de gênero; eles rotularam esses indivíduos de *bardajes* ("sodomitas passivos") e os perseguiram. Mais tarde, exploradores franceses na América do Norte usaram o termo *bardaches* ou *berdaches* para esses povos – em 1990, os indígenas adotariam o termo "dois-espíritos".

Os caraíbas do Caribe e os maias do México e da América Central – os primeiros grupos que os invasores espanhóis encontraram – pareciam aceitar e aprovar as relações entre o mesmo sexo. Os invasores e seus padres cristãos, no entanto, não tiveram qualquer interesse em compreender as instituições nativas ou o elemento espiritual das tradições que usavam a sexualidade homossexual e o crossdressing. Consideravam tais práticas "diabólicas" e as reprimiam.

Controlando os colonos

Os emigrantes na América do Norte, como os peregrinos puritanos que se estabeleceram na Nova Inglaterra, impuseram um rígido código moral em suas próprias comunidades cristãs, que enfatizavam as relações entre os sexos opostos apenas dentro do casamento, para promover a procriação e criar famílias estáveis. Os crimes de sodomia e bestialidade levavam à pena de morte, embora fosse difícil aplicá-la, pois eram necessárias duas testemunhas.

Um rebelde notável foi Thomas Morton, que confraternizou com os povos indígenas locais e estabeleceu uma comunidade liberal chamada Merrymount perto do que hoje virem Boston. Em 1627, sua decisão de erguer um mastro de 24 metros – visto como um flagrante símbolo fálico – e de organizar um festival enfureceu alguns puritanos. Eles acusaram a comunidade de realizar orgias pagãs regadas a álcool, atacaram e ocuparam a cidade e fizeram com que Morton fosse deportado para Londres. Em 1776, quando as colônias americanas declararam independência, a sodomia era um crime capital em grande parte da América do Norte e assim foi até o século XIX, embora a pena de morte raramente fosse executada.

Impacto duradouro

No final do século XVI, os rígidos preceitos católicos da Espanha, incluindo a demonização da sodomia, eram aplicados em todo o seu império do Novo Mundo. Esses preceitos tiveram consequências no México, no Caribe e na América Central e do Sul, onde as relações entre pessoas do mesmo sexo ainda são estigmatizadas.

A descriminalização precoce da sodomia na França trouxe um relaxamento das leis em muitas de suas colônias, mas algumas nações da África Ocidental, como Camarões e Senegal, mantêm versões das leis. A Lei da Sodomia da Inglaterra e suas sucessoras também provaram ser um meio duradouro de perseguição. Em 1860, o Código Penal indiano, elaborado "para inculcar a moralidade europeia nas massas resistentes", como explica a Human Rights Watch, estabeleceu um padrão de legislação para as colônias britânicas na Ásia e na África que muitas nações independentes ainda mantêm. ∎

Relações homossexuais entre mulheres

A Lei da Sodomia de 1533 não visava explicitamente aos homens, mas a sodomia era amplamente percebida como um ato de penetração masculina envolvendo sêmen. No início do século XVII, o juiz inglês Edward Coke escreveu que as mulheres só poderiam ser culpadas de sodomia se tivessem relações sexuais com uma "besta bruta". Entre 1655-1665, no entanto, os puritanos de New Haven, na América do Norte, tornaram o sexo entre mulheres punível com a morte. No continente europeu, países como França, Espanha, Itália, Alemanha e Suíça em vários momentos equipararam os atos sexuais entre mulheres à sodomia masculina e os tornaram crimes capitais. Na Espanha do século XVI, Antonio Gómez declarou que se as relações homossexuais entre mulheres ocorressem usando um instrumento penetrante, ambas deveriam ser queimadas. No entanto, há pouca evidência histórica de processos contra mulheres.

VOCÊ ME DEIXA EM CHAMAS
PORNOGRAFIA (1534)

Os **materiais pornográficos,** no início do período moderno, mostram cada vez mais **relações homossexuais entre mulheres**...

... para **excitar**;

... para **seduzir, chocar** e **provocar**;

...e para fazer declarações **filosóficas, satíricas** e **políticas.**

EM CONTEXTO

FOCO
Conteúdo erótico homossexual

ANTES
Século XI Marbodius de Rennes escreve poesia lírica erótica sobre seus interesses amorosos femininos e masculinos.

DEPOIS
1748 *Memórias de uma mulher de prazer* (ou *Fanny Hill*), do autor britânico John Cleland, é considerado o primeiro romance pornográfico inglês.

1769 O estudo do autor francês Rétif de La Bretonne sobre o trabalho sexual, *Le Pornographe*, populariza o termo "pornografia".

Anos 1860 Escavações em Pompeia revelam pinturas eróticas em casas pompeianas, incluindo imagens de homens jovens.

1872 Sheridan Le Fanu publica a novela gótica *Carmilla*, sobre uma jovem que é vítima de uma vampira.

Após a invenção da imprensa, por volta de 1440, material sexualmente explícito, antes estritamente privado, pôde ser produzido em quantidade para um público europeu crescente. Se antes a pornografia era apenas para os ricos e alfabetizados, no século XVIII passa a circular em todas as classes, muitas vezes ilustrada por imagens explícitas. Para os analfabetos, essas imagens também circulavam por conta própria. Destinado a um público masculino, o material variava de prosa, peças de teatro e poesia a panfletos satíricos com ilustrações obscenas que zombavam de estabelecimentos, especialmente da Igreja.

O libertino italiano Pietro Aretino escreveu muitas cartas ousadas e peças satíricas, incluindo seus *Ragionamenti* (*Diálogos*) de 1534 – um dos primeiros exemplos conhecidos de textos pornográficos no início da Europa moderna. Os *Ragionamenti* mostram discussões francas entre duas profissionais do sexo sobre masturbação, dildos, sexo vaginal e anal, sexo em grupo e sexo entre homens e entre mulheres.

Sexo entre mulheres
Vários escritores franceses do final do século XVIII retrataram o sexo entre mulheres, às vezes por motivos satíricos ou políticos. Panfletos antimonarquistas, por exemplo, mostravam a rainha Maria Antonieta em poses pornográficas com outras mulheres. Rumores de seus

RENASCIMENTO E RETALIAÇÃO

Veja também: Homoerotismo e o Renascimento francês 60-61 ▪ A criminalização da sodomia 68-71 ▪ Início da lesbianidade moderna 74-79 ▪ Amizade erótica na América e na Europa 92-95 ▪ França revolucionária 100-01

Ah, Lud! Como você me aperta em seus braços; não vê que estou nua sob o meu hábito?
Vênus no claustro
Irmã Agnès em resposta às tentativas da Irmã Angélique de seduzi-la

relacionamentos sáficos eram abundantes durante a turbulência revolucionária que levou à sua execução em 1793.

Contos pornográficos de sexo entre mulheres com frequência usavam o clichê de uma mulher mais velha experiente ensinando uma mulher mais jovem "inocente" a respeito do sexo, geralmente envolvendo a mulher mais jovem em atos físicos. A obra *Aloisiae Sigeae Toletanae Satyra Sotadica de Arcanis Amoris et Veneris*, do escritor francês Nicolas Chorier, foi escrita em latim e publicada sob um pseudônimo em 1660. Traduzido para o francês, e posteriormente para o inglês como *The School of Women*, o romance erótico mostra Tullia (26 anos) orientando sua jovem prima Octavia (quinze anos), em práticas sexuais. Ficções eróticas desse tipo costumavam ser ambientadas em conventos, zombando da Igreja. *Venus in the Claustro* [*Vênus no claustro*], ou *The Nun in her Smock* [*A freira em seu hábito*], publicado em 1683 sob o pseudônimo Abbé du Prat, mas atribuído ao escritor francês Jean Barrin, conta a história da Irmã Angélique (dezenove anos) e da Irmã Agnès (dezesseis anos). Em uma série de diálogos, a mais velha orienta a mais nova sobre temas como sexo entre mulheres, voyeurismo, sexo oral, orgias, sexo entre homens e incesto.

La Religieuse [*A Freira*], do filósofo iluminista Denis Diderot, uma obra anticlerical que critica as instituições religiosas, foi publicada na França em 1796. Seu foco é a tentativa de uma jovem freira de escapar da vida no convento e da madre superiora que busca um relacionamento lésbico com ela.

O uso erótico de relacionamentos homossexuais femininos para um olhar masculino perdurou como um clichê pornográfico. No entanto, em *Passions Between Women* (1994), a escritora irlandesa-canadense Emma Donoghue afirma que em muitos desses primeiros textos as mulheres mostravam uma força clara e seu prazer erótico era afirmado. ▪

La Religieuse, de Diderot, detalha os relacionamentos da jovem Irmã Suzanne com três madres superioras – uma que faz amizade com ela, outra que a persegue e uma terceira que não consegue seduzi-la.

Pietro Aretino

Nascido em 1492 em Arezzo, na Itália, Pietro Aretino era filho de um humilde sapateiro. Alegando ser filho de um nobre, ele se estabeleceu como pintor da elite em Perugia antes de se mudar para Roma em 1517. Aretino era um habilidoso autor de poesia, de peças e de prosa satírica. Ele fazia uso de seus talentos literários para redigir ataques contundentes a seus contemporâneos poderosos, satirizando os ricos e famosos. A sátira mordaz de Aretino fazia grande sucesso e ele ficou rico com os presentes que a nobreza lhe enviava para persuadi-lo a não criticá-los. Em 1524, no entanto, Aretino publicou *Sonetti lussuriosi* [*Sonetos obscenos*] para acompanhar algumas ilustrações gráficas, e isso, junto com sua reputação lasciva de amante prolífico de homens e mulheres, provaram ser um passo longe demais. Forçado a deixar Roma, Aretino se mudou para Veneza, onde passou o resto da vida. Um dos amigos de Aretino era o artista Ticiano (1488/90-1576), que pintou vários retratos dele. Aretino morreu em 1556, supostamente sufocado quando não conseguiu parar de rir.

MINHA ALEGRIA, MINHA SOBERANA, MINHA AMIGA!
INÍCIO DA LESBIANIDADE MODERNA (1586-1688)

76 INÍCIO DA LESBIANIDADE MODERNA

EM CONTEXTO

FOCO
Desejo lésbico na literatura

ANTES
c.1440 Em Mainz, na Alemanha, Johannes Gutenberg instala a primeira prensa da Europa.

1516 O poema épico do italiano Ludovico Ariosto, *Orlando furioso*, fala do amor entre uma princesa e uma mulher crossdresser.

1534-36 *Ragionamenti* – diálogos pornográficos de Pietro Aretino – retratam sexo explícito entre mulheres.

DEPOIS
Século XVIII A poeta grega Safo de Lesbos cada vez mais é considerada um modelo de lesbianidade.

1878 "Love Stronger than Death", da britânica Mary F. Robinson, descreve a separação da poeta de sua amante na morte.

Todas as tochas olímpicas, iluminadas em seu curso, não são ornamentos mais belos do que os olhos de minha bela amada.
Anne de Rohan

No final dos séculos XVI e XVII, **as obras impressas circulam em número crescente.**

Tratados anatômicos, relatos de viagens, poesia, peças teatrais e pornografia abordam o tema do **amor erótico entre mulheres**.

Ideias clássicas de sexualidade, incluindo sexo e amor entre mulheres, são **cada vez mais compartilhadas**.

A expressão do sexo entre mulheres **atinge um público mais amplo**.

A partir de meados do século XVI na Europa, a disponibilidade de obras impressas começou a aumentar dramaticamente, conforme sua venda e distribuição passaram de gráficas para livreiros e editoras comerciais. Essa indústria incipiente ganhou fôlego ao longo do século XVII, à medida que os textos latinos e gregos deram lugar ao vernáculo, as taxas de alfabetização aumentaram e surgiram coleções acessíveis de informações científicas, médicas e outras – como almanaques e enciclopédias.

Entre o crescente volume de trabalhos impressos estavam novos relatos do amor erótico das mulheres e do desejo por outras mulheres. Embora essas obras acolhessem os entendimentos clássicos gregos e romanos do sexo lésbico redescobertos durante o Renascimento, elas também adicionaram visões contemporâneas e definições mais específicas que começaram a separar o sexo entre mulheres de outros "pecados contra a natureza".

A literatura e a arte que lidavam com os desejos femininos continuaram a ser produzidas por homens para homens, mas algumas mulheres encontraram uma maneira, principalmente por meio da poesia, de expressar suas próprias experiências de intimidade com outras mulheres. A descoberta de um poema escrito em 1586 por Mary Maitland, uma escocesa colecionadora de poesia, faz dela a primeira poeta lésbica conhecida desde Safo. No século seguinte, Mary Maitland recebeu a companhia de outras autoras, como Anne de Rohan, da França; Katherine Philips, do País de Gales; e Aphra Behn, da Inglaterra.

O ponto de vista masculino

O fato de as mulheres eventualmente desejarem uma intimidade erótica de forma "não natural" com outras mulheres representava um enigma para os homens. De acordo com as visões teológicas e médicas da época, as mulheres eram mais governadas por suas paixões do que homens, cujas noções centradas no falo sobre o que constituía "sexo" os levavam a ver os atos eróticos entre mulheres como impossíveis ou uma imitação de comportamentos masculinos. Em *A Discourse of Marriage and Wiving*, de 1615, o clérigo inglês Alexander Niccholes perguntou sarcasticamente: "Que conforto feminino uma mulher pode encontrar, na cama de outras

RENASCIMENTO E RETALIAÇÃO

Veja também: Safo de Lesbos 24-27 ▪ Gênero e sexualidade na Roma antiga 30-35 ▪ Renascimento italiano 58-59 ▪ Amizade erótica na América e na Europa 92-95 ▪ Safismo 98 ▪ Os diários de Anne Lister 102-03

mulheres?". A resposta implícita era "nenhum", e assim os homens tentavam encontrar uma causa para tais desejos dentro do corpo feminino.

Autores da área médica e juristas se concentravam no clitóris, que, quando considerado muito grande, estimulava as mulheres a "abusarem" de seus órgãos genitais por meio de fricção ou penetração. Tanto na cultura popular quanto nos círculos oficiais foi debatido se tais mulheres seriam "hermafroditas" (pessoas que hoje seriam conhecidas como intersexo), se teriam experimentado milagrosamente uma mudança de sexo ou se estariam se vestindo e vivendo "fraudulentamente" como homens (homens trans de hoje). Mulheres com diferenças anatômicas que chamavam a atenção das autoridades foram submetidas a exames intrusivos por médicos e parteiras para descobrir seu sexo "verdadeiro".

Em 1671, a parteira Jane Sharp publicou *The Midwives Book* [*O livro das parteiras*] – o primeiro manual de obstetrícia escrito por uma inglesa. Ela também vê o sexo entre mulheres como uma imitação do sexo entre um homem e uma mulher, e afirma que se trata de uma prática comum em terras estrangeiras: "... algumas mulheres obscenas tentaram usá-lo [o clitóris] como os homens usam o deles [o pênis]. Nas Índias e no Egito elas são frequentes, mas nunca ouvi falar de uma nesse país".

Histórias de comportamentos "questionáveis" de mulheres não europeias ocupavam grande espaço na imaginação popular, alimentadas pelos relatos de viajantes do sexo masculino. Ao descrever os esforços das "bruxas" norte-africanas para atrair outras mulheres com suas carícias, o diplomata andaluz e estudioso Leo Africanus (c. 1485-c. 1554) chamou-as de "vício abominável" e resultado de possessão demoníaca. O geógrafo francês Nicolas de Nicolay (1517-83) relatou como no *hamman* otomano, ou nos banhos públicos, as mulheres "às vezes se apaixonam tão fervorosamente uma pela outra... [que] as manuseiam e apalpam em todos os lugares a seu bel-prazer". O comerciante francês Jean-Baptiste

Gravuras eróticas impressas, como essa obra italiana que mostra uma jovem despindo uma mulher mais velha, se tornaram famosas no século XVI.

Tavernier (1605-89) também invocou a "restrição involuntária" do serralho ou harém do sultão otomano, que encorajava as mulheres turcas a seguirem "o exemplo perverso dos homens" que praticavam a sodomia. »

O teatro do crossdressing

A partir da década de 1580, muitas peças – embora menos explícitas do que outras fontes escritas – retratavam o amor entre mulheres, por meio do crossdressing feminino. Isso se tornou uma convenção do teatro renascentista italiano, seguindo as tradições de crossdressing dos antigos dramas gregos e romanos. Peças em palcos públicos frequentemente retratavam uma personagem feminina com desejo por uma mulher que, passando-se por homem, prendia a atenção dos espectadores. Embora as peças em sua maior parte terminassem com a revelação do sexo "verdadeiro" e com um casamento heterossexual, atendiam a um público ávido por cenas homoeróticas. Também eram populares as adaptações dos contos de Ovídio sobre a ninfa Calisto – engravidada por Júpiter enquanto disfarçada de Diana – e de Iphis e Ianthe – em que Iphis, uma menina criada como menino, tem seu sexo mudado pela deusa Ísis, e então pode se casar com Ianthe, a moça que ela ama.

Em *As You Like It* (1599), o dramaturgo inglês William Shakespeare retratou de forma leve o desejo de Célia por sua amiga Rosalinda, vestida de pastor.

INÍCIO DA LESBIANIDADE MODERNA

> Teu corpo é um paraíso natural,
> Em cujo cerne, não adubado, reside todo o prazer,
> Nem precisa de perfeição;
> por que você deveria então admitir a lavoura de um homem duro e rude?
> **John Donne**

Rotulando e nomeando

Vários termos foram usados – por homens – para denominar mulheres que praticavam sexo com outras mulheres. Assim como "sodomita" e "hermafrodita", condenações vagas como "pecado ou vício ilegal", "abusa do próprio corpo" ou "faz papel de homem" foram usadas por escritores em tom desaprovador. Uma frase menos crítica – *donna con donna* ("mulher com mulher") – apareceu em *Lives of Fair and Gallant Ladies*, escrito em 1665-6 pelo soldado, historiador e viajante francês Pierre de Bourdeille, senhor de Brantôme. Sua descrição das supostas experiências sexuais de "damas ilustres" na corte francesa – o relato mais completo e cheio de intrigas da lesbianidade durante esse período – faz uso de todas as explicações masculinas da época.

Brantôme sugere que uma nobre italiana importou o *donna con donna* para a França e argumenta que a prática de *frigarelle* (um termo para esfregar) por uma mulher pode ser causada por uma simples inclinação, por sua anatomia ou pelas circunstâncias – como estar segregada em um convento ou *seraglio*. Em última análise, ele sustenta que esse tipo de sexo é falso e que se trata "meramente do aprendizado para o negócio importante com os homens". A atitude tolerante, mas desdenhosa, de Brantôme ecoava a da pornografia italiana e francesa do século XVII, que descrevia encontros sexuais explícitos entre mulheres como excitantes, mas insignificantes.

Quando escritores rotulavam mulheres que amam mulheres, usavam palavras pejorativas. A mais comum era "tríbade" – de *tribas*, em latim, para alguém que se esfregava em alguém. Em 1566, o estudioso e gráfico francês Henri Estienne fez uma distinção entre uma mulher que havia "simulado" o papel de marido com um vibrador – ato pelo qual foi queimada viva – e os atos "sórdidos" de "tríbades nos tempos antigos". Em 1600, o termo "tríbade" era associado a mulheres clássicas e contemporâneas por toda a Europa.

Leo Africanus usou o termo "fricatrice" (do latim *fricare*, esfregar) para descrever as "bruxas" do norte da África. Na entrada "clitóris" do seu tratado de anatomia de meados do século XVII, o cirurgião dinamarquês Thomas Bartholin chamou as mulheres que amam mulheres de "confricatrices" ou "rubsters" (borrachas), pelo fato de "se esfregarem" umas às outras.

A influência de Safo

Quando Nicolas de Nicolay buscou um ponto de comparação para as mulheres turcas no *hamman*, invocou o nome da antiga poeta grega Safo de Lesbos. Àquela altura, os fragmentos poéticos de Safo, incluindo poemas de amor tanto para mulheres quanto para homens, começavam a aparecer em obras impressas, sendo considerada um exemplo da poesia lírica grega.

O poeta inglês John Donne se apropriou da figura de Safo em "Sappho

Ninfas se abraçam em "guerra de beijos" na pintura do artista flamengo Anthony van Dyck, *Mirtillo Crowning Amarilis* (1632). Cenas pastorais de sociedades femininas no passado clássico, envolvidas em atos eróticos, eram populares.

RENASCIMENTO E RETALIAÇÃO

> Será que o poderoso Júpiter
> me concederia a fortuna
> De ter tua parte Brutus
> E metamorfoseando
> nossa forma,
> Meu sexo em sua vontade
> se converteria...
> **Marie Maitland**

to Philaenis" (1633). Nesse lamento assombroso, Safo reclama que seu fogo poético foi extinto porque seu desejo por poesia foi substituído por seu desejo por Filenis. Obcecada pelo corpo de Filenis e por sua semelhança com o dela, Safo afirma que sua amada é a "melhor obra" da natureza, com a qual sua poesia jamais poderia se comparar. O poema nega as atrações do sexo com homens e celebra os prazeres de dois corpos femininos.

O olhar feminino

Além da voz masculina solidária de Donne, havia escritoras que abordavam o amor entre mulheres por experiência pessoal. No "Poema 49", sem título, de Mary Maitland, a poeta contempla a perfeição de sua amada e se declara arrebatada por seu afeto mútuo. Compara o amor das duas com famosos casais compostos por um homem e uma mulher, como Brutus e Portia; com pares de homens como Aquiles e Pátroclo, seguindo o ideal clássico da intimidade masculina; e com as figuras bíblicas de Rute e sua sogra Noemi.

Anne de Rohan, membro de uma família nobre da Bretanha, escreveu poemas e cartas que se dirigiam às mulheres em termos apaixonados. Seu poema *Sur une dame nome Aimée*, de 1617, não deixava dúvidas de que o objeto de seu amor era uma mulher. Katherine Philips, que escreveu na Grã-Bretanha de meados do século XVII, dirigiu numerosos poemas de amor a "amigas". Vários transmitem seu ciúme, raiva ou tristeza em relação às mulheres que a traíram ou abandonaram. Mais frequentemente, porém, Philips celebra a "amizade" feminina apaixonada. Ela enfatiza que o afeto das mulheres é baseado em suas semelhanças – as qualidades de mutualidade, reciprocidade, simpatia e igualdade – e afirma que o amor pelas mulheres é uma experiência espiritual, uma "união sagrada" de uma alma em dois corpos, elevando-as acima do mundo sectário dos homens e da política.

Embora bem conhecida nos círculos literários, Philips, assim como Maitland e Rohan, escreveu sobre seus desejos em particular e em termos velados. Mas em 1688, a primeira escritora profissional da Inglaterra Aphra Behn publicou um poema abertamente lésbico, "To the Fair Clorinda", que deu o tom para a exploração mais direta da intimidade entre mulheres no século seguinte. A religião continuou a condenar o sexo entre mulheres, e a lei e a sociedade geralmente o ignoravam, mas a palavra impressa deu às lésbicas uma nova liberdade para expressar seus desejos e identidade. ■

> Nenhuma alegria do noivo
> nem do conquistador da coroa
> Pode ser comparada à minha:
> Eles têm apenas pedaços
> desta terra,
> Eu tenho todo o mundo em ti.
> **Katherine Philips**

Katherine Philips

Nascida em Londres em 1632, Katherine Philips era filha de um comerciante de tecidos inglês. Quando o pai morreu, ela se mudou para o País de Gales e se casou aos dezesseis anos com James Philips, um parlamentar galês, com quem Katherine passou a maior parte de sua vida. Pertencente a um círculo literário muito unido conhecido como "sociedade da amizade", Philips assumiu o nome de "Orinda", compartilhando poemas de amor com suas duas amigas mais próximas, Anne Owen e Mary Aubrey, "Lucasia" e "Rosania". Em um esforço para manter a intimidade com as duas depois que elas se casaram, Philips escreveu que "geralmente podemos encarar o casamento de uma amiga como o funeral de uma amizade". Embora Philips tivesse a intenção de que seu trabalho circulasse apenas em particular, uma edição não autorizada de sua poesia foi publicada em janeiro de 1664. Ela morreu três meses depois, de varíola.

Obras principais

1664 "Friendship's Mistery"
1664 "To My Excellent Lucasia, on Our Friendship"

MENINO AMADO
POESIA DE AMOR ENTRE HOMENS
(FIM DO SÉCULO XVI A FIM DO SÉCULO XVII)

EM CONTEXTO

FOCO
Expressões líricas de amor entre homens

ANTES
1532 Na Itália renascentista, Michelangelo conhece o nobre Tommaso del Cavalieri, e o dedica trinta poemas de amor.

1553 Na Inglaterra, a aprovação da Lei da Sodomia torna o sexo entre homens um crime capital.

1579 Em uma nota publicada em *The Shepheardes Calender*, o poeta Edmund Spenser nega que o amor descrito em sua écloga de janeiro seja "carnalidade proibida e ilegal".

DEPOIS
1749 *Satan's Harvest Home*, publicado anonimamente em Londres, denuncia efeminação e sodomia.

1850 O poema "In Memoriam", de Alfred Lord Tennyson, usa a linguagem do parentesco homoerótico para lamentar a morte do amigo do autor, Arthur Henry Hallam.

Na Inglaterra do final do século XVI, durante o reinado de Elizabeth I, a redescoberta da literatura clássica que se espalhou da Itália renascentista pela Europa provocou uma onda de poesia que descrevia o amor entre homens. Os escritores ingleses se basearam em precedentes clássicos, como romances entre deuses e mortais, idealizações gregas e romanas da amizade masculina e as *Éclogas* do poeta romano Virgílio (37 a.C.). Em 1594, o poeta Richard Barnfield publicou *The Affectionate Shepherd*, imitando a segunda écloga de Virgílio para retratar o desejo do orador, Daphnis, por um "menino honesto que tinha meu coração emaranhado ao dele". Ele foi o primeiro elizabetano a explorar esses temas em versos publicados. Sua franqueza homoerótica era inédita na Inglaterra: "Se é pecado amar um rapaz adorável, Oh, então pecador eu sou".

Barnfield nomeou o menino Ganimedes – o belo jovem raptado por um Zeus lascivo na mitologia grega –, enfatizando o desejo masculino implícito. As imagens explícitas, embora expressas em simbolismo pastoral, não passariam despercebidas a pessoas com educação clássica. No início da Europa moderna, "Ganimedes" também era usado como um termo para "um homem que é penetrado por outros homens".

Ó Deus, para que eu pudesse receber minha gratificação,
Meus lábios eram mel e tua boca uma abelha!
Então você deve chupar minha doce e bela flor,
Que agora está madura e cheia de bagas de mel...
Richard Barnfield
The Affectionate Shepherd, **1594**

Marlowe e Shakespeare

Na peça *Eduardo II*, publicada em 1594, o dramaturgo, poeta e espião Christopher Marlowe explorou a paixão do rei por Piers Gaveston, que custou ao monarca seu trono e sua vida. Marlowe também escreveu versos homoeróticos – seu poema narrativo *Hero e Leandro* (1598) discorre sobre o apelo do "amoroso Leandro, belo e jovem", a quem o

RENASCIMENTO E RETALIAÇÃO 81

Veja também: Gênero e sexualidade na Grécia antiga 20-23 ▪ Safo de Lesbos 24-27 ▪ Renascimento italiano 58-59 ▪ A criminalização da sodomia 68-71 ▪ Amor entre homens no Japão do período Edo 84-85 ▪ Narrativas homossexuais na poesia urdu 96-97

Christopher Marlowe levou uma vida errática, interrompida quando foi morto a facadas aos 29 anos. Seus inimigos o acusavam de blasfêmia e sodomia.

"deus vigoroso" Netuno tenta seduzir, confundindo-o com Ganimedes. O narrador do poema aparece enamorado da forma física de Leandro: "em sua aparência estava tudo o que os homens desejam".

Publicados pela primeira vez em 1609, como uma série, os 154 sonetos do poeta e dramaturgo William Shakespeare promovem a amizade masculina, aclamam a beleza masculina e dissecam a dor das vicissitudes do amor, entre outros temas. Os primeiros 126 sonetos são dirigidos a alguém, descrito como um "belo jovem", com quem Shakespeare aparentava ter uma relação apaixonada. Ele afirmou que sua poesia em louvor a seu amado amigo tornaria seu amor imortal: "Meu amor viverá sempre jovem em meus versos". Embora não haja evidências de que esses sonetos dirigidos ao chamado "belo jovem" tenham ofendido os leitores quando apareceram pela primeira vez, o editor John Benson rebatizou alguns deles e, em outros, alterou os pronomes de "ele" para "ela" em uma antologia de 1640.

Pela evidência emocional dos sonetos de Shakespeare, ele seria hoje considerado bissexual. No Soneto 42, por exemplo, seu amado amigo aparentemente fez sexo com a amante do poeta. O poeta se consola com a lógica capciosa, extraída dos ideais clássicos, de que, como "meu amigo e eu somos um", ela "ama só a mim".

O estilo explícito de Rochester

No final do século XVII, durante os anos dissolutos da Restauração que se seguiram ao domínio puritano de Cromwell, John Wilmot, conde de Rochester, escreveu versos francos e às vezes grosseiros descrevendo encontros sexuais com homens e mulheres. "Como sinto falta da minha meretriz, possuo a minha página" diz uma linha de seu poema "Song. The Debauchee". O satírico talentoso e sagaz morreu de sífilis em 1680, aos 33 anos. Nas décadas seguintes, com a disseminação das *Molly Houses*, as relações entre homens se tornaram mais difundidas e abertas, e a censura pública a essas relações se tornou cada vez mais severa. ■

Tens a face de mulher pintada pelas mãos da Natureza, Senhor e dona de minha paixão;
William Shakespeare
Soneto 20

George Villiers foi pintado pelo artista flamengo Paul Rubens em 1625. O retrato captura a elegância e a ousadia que atraíram James I.

Relacionamentos próximos

Nas eras isabelina e jacobina, a pequena nobreza às vezes usava termos de parentesco ao escrever sobre relacionamentos íntimos, possivelmente sexuais, com outros homens. Shakespeare tem um interesse paternal em seu "belo jovem" no Soneto 37: "Como ao pai já decrépito deleita / Ver ativo o seu filho em juventude, / Meu ser inválido, que o azar espreita, / só se consola em ver tuas virtudes". James I estava apaixonado por seu favorito, George Villiers, e fez dele primeiro visconde, depois marquês e, finalmente, 1º duque de Buckingham. Suas muitas cartas para Villiers são cheias de afeto, humor e alusões codificadas. Uma carta do rei para Villiers em 1623 termina com: "Deus te abençoe, meu doce filho e esposa, e permita que você seja sempre um consolo para seu querido pai e marido". Villiers estava tão seguro da afeição do rei que retribuiu com intimidade semelhante, chamando o rei de seu "pai", "mestre" e "criador", e a si mesmo de "filho", "servo", "escravizado" e "cão".

MEU FUNCIONÁRIO ACHOU QUE AMBOS ERAM MULHERES

CROSSDRESSERS E "MARIDOS DO SEXO FEMININO" (SÉCULOS XVII E XVIII)

EM CONTEXTO

FOCO
Transicionamento

ANTES

Século VIII Christian St. Marinos, o Monge, é designado como mulher ao nascer, mas decide viver como homem.

1431 A recusa de Joana d'Arc de renunciar às roupas de soldado dá ao tribunal motivos para executá-la por heresia.

DEPOIS

1838 Ann Hants, esposa do pedreiro Henry Stoake, pede o divórcio e revela que seu marido era nascido mulher.

1865 Quando o cirurgião do exército britânico James Barry morre em Londres, descobre-se que havia sido designado como mulher ao nascer.

1877 Samuel M. Pollard, que é nascido mulher, se casa com Marancy Hughes em Nevada, e mais tarde afirma ter se vestido de homem para conseguir uma vida melhor.

É possível encontrar casos de crossdressing e "maridos do sexo feminino" ("female husbands") em diversos registros judiciais, jornais, textos, panfletos e peças teatrais dos séculos XVII e XVIII na Grã-Bretanha, América do Norte e Europa. Nessas fontes se encontram "indivíduos a quem foi atribuído o sexo feminino no nascimento" que escolheram se vestir e agir como homens (às vezes permanentemente) para conseguir acesso aos benefícios legais, sociais e econômicos geralmente reservados aos homens. Alguns desses indivíduos também escolheram ter relações sexuais e/ou se casarem com mulheres.

Jen Manion, uma pessoa norte-americana, não binária, e especialista em história social e cultural usa o termo "transing" (transando) para indicar esses comportamentos, que transcendiam a binariedade de gênero na época. Eles não podem ser tão facilmente entendidos usando os rótulos de identidade de hoje, mas ainda são reconhecíveis como uma parte socialmente transgressora da história LGBTQIAPN+.

O poder das esposas

Às vezes, casos de "maridos do sexo feminino" vinham à tona quando uma

Muito antes de as pessoas serem identificadas como trans ou lésbicas, havia os "female husbands" e as mulheres que os amavam. "Female husbands"... foram verdadeiros pioneiros queer.

Jen Manion
Female Husbands: A Trans History, 2020

esposa denunciava o marido por farsa ou "hermafroditismo". Isso muitas vezes acontecia porque a esposa desconhecia o sexo do marido e se sentia enganada, ou porque o relacionamento havia azedado e a mulher queria um divórcio que lhe fosse favorável. No entanto, uma boa parte desses casamentos – muito maior do que os que foram publicamente expostos – pode muito bem ter prosperado fora do olhar curioso da sociedade.

A maioria dos casos relatados de "maridos do sexo feminino" estava entre as classes trabalhadoras, mas há alguns relatos das classes altas, como o de James Howard e Arabella Hunt, em

RENASCIMENTO E RETALIAÇÃO

Veja também: Drag 112-17 ▪ "Casamentos de Boston" 118-19 ▪ Não conformidade de gênero e restrições coloniais na África 120-21 ▪ Performances masculinas 126

---

que ambos os parceiros eram nobres. Howard adotou um nome masculino ao cortejar Hunt, dois ou três meses antes de o casal se casar em Londres em 1680. Naquela época, Howard ainda era legalmente casado com um homem. Seis meses depois, quando o marido de Howard morreu, Arabella Hunt pediu a anulação do casamento, citando o "duplo gênero" de Howard. Um júri de parteiras examinou Howard e declarou que era "uma mulher perfeita em todas as suas partes", e o casamento entre Howard e Hunt foi declarado nulo em 1682. Howard morreu logo após o caso, e Hunt se tornou uma renomada tocadora de alaúde.

Casamentos múltiplos

Em 1746, Charles Hamilton se casou com Mary Price. Designada como mulher ao nascer, Hamilton começou a fazer crossdressing aos 14 anos e aprendeu com médicos como se tornar um vendedor itinerante de remédios e de conselhos. Price era sobrinha da senhoria de Hamilton. Quase dois meses após o casamento, Price denunciou o marido como mulher.

No julgamento, o tribunal teve dificuldade em decidir como incriminar Hamilton, acusado de fraude, mas processado sob a Lei de Vadiagem de 1744 e açoitado publicamente. Jornais revelaram que Price era a 14ª "esposa" de Hamilton. Logo após o processo judicial, o relato ficcional de Henry Fielding – *The Female Husband* – popularizou o uso do termo.

Caso encerrado

Embora os tribunais geralmente decidam que as esposas foram enganadas, nem sempre foi assim. Quando Mary Parlor levou o marido, Samuel Bundy, ao tribunal em Londres, em 1759, sob pressão dos vizinhos, descobriu-se que ela sabia que Bundy nascera mulher – Parlor não foi ao julgamento e Bundy foi absolvido. ∎

O "female husband" Charles Hamilton é mostrado sendo açoitado neste cartoon, em 1813, quando foi publicado o relato sensacionalista de Henry Fielding sobre o processo judicial de 1746.

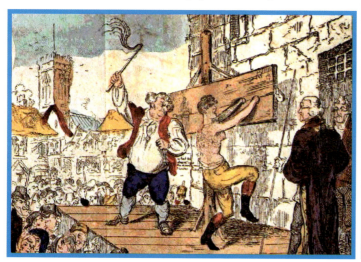

Catalina/Antonio de Erauso

Nascida em 1585 ou 1592, na Espanha, Catalina de Erauso entrou no noviciado, mas deixou o convento aos 15 anos. Depois de passar a usar roupas masculinas e assumir o nome de Antonio, Erauso viajou pela Espanha, partiu de navio para o Novo Mundo, e seguiu uma carreira conturbada ao redor da América do Sul. As memórias de Erauso empregam pronomes femininos para sua vida como mulher e pronomes masculinos para a vida como homem. E descrevem muitos relacionamentos com mulheres, muitas vezes calculados para conseguir presentes e dotes. Erauso serviu como soldado no Peru, no Chile e na Bolívia, cometeu vários crimes e matou muitas pessoas. Na Bolívia, escapou de uma sentença de morte ao confessar a um bispo que era uma "mulher", virgem e freira, criada em um convento. Enviado de volta à Espanha, recebeu uma pensão de Filipe IV por anos de serviço militar. Uma dispensa do papa Urbano VIII permitiu que continuasse a se vestir com roupas masculinas. Quando retornou ao Novo Mundo, em 1630, virou tropeiro no México e morreu em 1650.

O GRANDE ESPELHO DO AMOR ENTRE HOMENS

AMOR ENTRE HOMENS NO JAPÃO DO PERÍODO EDO (1687)

EM CONTEXTO

FOCO
O amor masculino livremente expresso na literatura e na vida

ANTES
794-1185 A primeira evidência documentada do desejo entre homens em mosteiros budistas surge no período Heian do Japão.

1192 Começa o período Kamakura, e os samurais substituem os governos da corte. O amor masculino pode ter sido lugar-comum nas vidas dos guerreiros.

DEPOIS
1872 A sodomia é criminalizada no Japão no início da era Meiji; é revogada em 1880 sob uma versão do Código Napoleônico de 1804, e permite relações homossexuais em particular.

2010 A Assembleia Metropolitana de Tóquio aprova um projeto de lei que proíbe a venda de publicações sexualmente estimulantes para menores de dezoito anos.

N enhuma época na história do Japão está mais intimamente associada às relações homem-homem – especificamente a prática do "amor de menino" entre um homem mais velho e um adolescente – do que o período Edo, ou Tokugawa. O período, que se estende de 1603 a 1867, foi um tempo de paz, prosperidade e expressão cultural sob o sistema feudal do xogunato Tokugawa. Foi precedido pelas guerras civis quase constantes do Período Sengoku e sucedido por restrições muito maiores às relações homossexuais durante a modernização e ocidentalização do Japão nos anos da Restauração Meiji. Durante o período Edo, os centros urbanos do Japão, particularmente a capital Edo (atual Tóquio), tornaram-se conhecidos por seus vibrantes distritos de entretenimento que atendiam a uma classe média em expansão e em busca de prazer.

Na literatura e na vida

O estilo de vida emergente, descrito como *Ukiyo* ou "mundo flutuante", foi bem documentado na literatura e na arte. Histórias e representações de amor e atos sexuais entre homens mais velhos e aqueles conhecidos como *wakashū* ("jovens") foram amplamente divulgados. Um dos autores mais proeminentes desse gênero foi Ihara Saikaku, que publicou *Nanshoku Okagami* [*O grande espelho do amor entre homens*] em 1687. Essa coleção de histórias homoeróticas não apenas promovia o amor entre homens mais velhos e mais jovens, como também chegou ao ponto de criticar o amor entre mulheres como "loucura" e uma fonte de perigo.

Em outra história da época, *Denbu Monogatari* [*Um conto de Boor*], escrita anonimamente entre 1636 e 1643, os personagens debatem os méritos relativos do amor de menino e do amor de mulher. Por mais que o amor de

Tentei refletir neste grande espelho todas as variadas manifestações do amor masculino.
O grande espelho do amor entre homens
Introdução

RENASCIMENTO E RETALIAÇÃO 85

Veja também: Favoritos da dinastia Han da China 28-29 ▪ Poesia de amor entre homens 80-81 ▪ Transgressão de gênero na China moderna 134-35 ▪ Kathoey na Tailândia 220-21 ▪ Ativismo LGBTQIAPN+ na Ásia 254-55 ▪ Comunidades chinesas *lala* 276-77

mulher vença, eles admitem que o amor de menino é "bem compatível" com a aristocracia.

Fontes contemporâneas usavam dois termos para descrever romances entre homens – *nanshoku*, que significa "cores masculinas" (já que o caractere japonês para cor também pode significar "luxúria"), e *wakashudō* ("caminho da juventude"), é abreviado para *shudō*. Acredita-se que *nanshoku*, palavra de origem chinesa, tenha sido introduzida no Japão por monges budistas que estudaram na China. Nessas comunidades, a pederastia entre monges mais velhos e acólitos mais jovens era comum e justificado teologicamente como educativa e romântica.

Na classe dominante

A classe samurai governante, que recebia treinamento budista, assimilou o conceito de amor masculino. Seguindo a prática do *wakashudō*, um guerreiro experiente tomava um menino mais novo como aprendiz e amante, o que era formalizado por um "contrato de fraternidade" que durava até a cerimônia de maioridade (*genpuku*). Até a Restauração Meiji, a percepção da idade não era definida, e há evidências de *wakashū* (menino mais jovem) variando de 7 a 30 anos.

Embora representações generalizadas de *shudō* sugiram uma celebração do desejo pelo mesmo sexo, o amor entre homens, como muitos aspectos da sociedade Edo, seguia um código social estrito e não era percebido como identidade sexual. Considerando que a homossexualidade é entendida como uma atração entre indivíduos do mesmo sexo, muito do apelo do *wakashū* decorre de sua diferença em relação aos homens mais velhos. Às vezes, eles eram interpretados como um terceiro gênero distinto.

Um jovem ator kabuki (à esquerda) se afasta de um pretendente mais velho nessa pintura do início do século XVIII do artista japonês Miyagawa Isshō.

Penteado de um *wakashū* mais jovem (menino adolescente)

Penteado de um *wakashū* mais velho com topete (*maegami*) cortado em "ângulo" (*kado*)

Penteado de um rapaz jovem (*yaro*)

Penteado de homem adulto

Penteado de uma mulher

Os *wakashū* no período Edo do Japão tinham a coroa de suas cabeças raspada e usavam topetes estilizados de maneiras diferentes para indicar seu status. Os homens adultos também tinham o topo da cabeça raspado, mas as mulheres não.

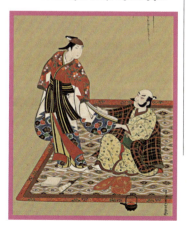

Na sociedade Edo mais ampla

O *shudō* logo se espalhou das classes altas para a sociedade urbana de Edo, em sua vida noturna, por meio dos profissionais do sexo e das danças dramáticas do teatro kabuki. O vestido e o penteado de um *wakashū* – um quimono com mangas esvoaçantes e cabeça parcialmente raspada com topetes laterais – eram considerados eróticos e adotados por profissionais do sexo para seduzir.

Tudo mudou a partir de 1868, sob o domínio do imperador Meiji. À medida que o Japão se abria para o Ocidente, suas estruturas legais e visões de sexualidade, gênero e relacionamentos mudaram. A prática do "amor de menino" não foi apagada de imediato, mas se tornou cada vez mais objeto de desprezo e condenação. ■

SUBCUL
E NOTOR
1700-1899

TURAS
IEDADE

INTRODUÇÃO

As **Molly Houses** – clubes privados onde os homens podem socializar – estão em seu apogeu na cidade de Londres.

ANOS 1720

O soldado holandês **Maggiel van Handtwerpen** é denunciado por ter nascido mulher e condenado a doze anos de trabalhos forçados.

1769

A proprietária de terras britânica **Anne Lister** começa um diário – ela escreve sobre seus relacionamentos românticos e sexuais com mulheres.

1806

Os dançarinos amab chamados *köçekler*, que se apresentam como mulheres, são proibidos no Império Otomano.

1857

1723-1810

Na Índia, o poeta urdu **Mir Taqi Mir**, mestre do *ghazal*, escreve com frequência sobre o amor erótico entre homens.

1789

A **Revolução Francesa** desencadeia a criação de panfletos celebrando atos homossexuais e condenando as leis da sodomia.

ANOS 1820

No sul da África, **Shaka Zulu** permite atos homossexuais entre homens em seu grande e bem administrado exército.

Embora os séculos XVIII e XIX sejam frequentemente considerados períodos de progresso – já que abarcam o Iluminismo e a Revolução Industrial –, a história contada pelos historiadores LGBTQIAPN+ é mais complexa. As autoridades continuaram a acusar criminalmente o comportamento homossexual no período, e alguns consideram que foi na era vitoriana do século XIX que a homofobia como a entendemos hoje se iniciou. Sem dúvida, houve progresso na compreensão da existência de gênero e variação sexual – que chamou a atenção dos médicos do século XIX que estavam criando o campo da sexologia –, mas tanto no Ocidente quanto no Oriente também houve inversões. No Império Otomano, o Tanzimat ("Reordenar") do século XIX viu os otomanos abraçarem os valores ocidentais – incluindo a aversão ocidental por qualquer coisa que não estivesse de acordo com as normas heterossexuais e cisgênero. Na parte da África colonizada pelos britânicos, práticas e crenças centenárias foram suprimidas em favor do ensino de conceitos britânicos de desvio sexual e intolerância. Na Índia, as leis britânicas proibiram atos sexuais entre pessoas do mesmo sexo e expressões de variação de gênero.

Comunidade em desenvolvimento

O período foi particularmente notável pelo desenvolvimento de comunidades de pessoas afins, fossem elas mulheres reunidas para celebrar (e imitar) a antiga poeta Safo ou crossdressers que se reuniam nas *Molly Houses* de Londres. Essas reuniões tinham potencial para provocar a ira das autoridades – e isso realmente acontecia, como foi visto na invasão dos bailes drag de William Dorsey Swann na década de 1880 nos EUA –, mas as comunidades sobreviveram, mesmo quando forçadas a ficar nas sombras.

As cenas LGBTQIAPN+ nascentes representadas por essas comunidades não eram apenas lugares de encontro, mas também fundamentais para as subculturas LGBTQIAPN+. Essas subculturas tinham suas próprias tendências e seus próprios códigos secretos – como fica evidente pela criação da linguagem de polari, desenvolvida no final do século XIX como uma forma de os gays se comunicarem com liberdade. Bailes drag, casas de shows e salões femininos são claramente precursores do tipo de comunidade experimentada nos clubes gays ou lésbicos modernos.

SUBCULTURAS E NOTORIEDADE

Karl Maria Kertbeny usa publicamente os termos "homossexual" e "heterossexual" em uma carta a um ministro prussiano.

William Dorsey Swann, a "Rainha Drag" negra americana, apresenta bailes drag em Washington, DC.

Emma Trosse usa o termo *sinnlichkeitslose* ("sem sensualidade") para descrever aqueles que hoje chamaríamos de assexuados.

1868 — **ANOS 1880** — **1890**

1860 — **1871-1914** — **1886** — **1895**

O Código Penal britânico na Índia proíbe atos homossexuais e pune *hijras* por sua não conformidade de gênero.

Durante a *belle époque* na França, Paris é conhecida por sua florescente cena cultural boêmia queer.

The Bostonians, um romance do americano Henry James, descreve um "casamento de Boston" – um relacionamento entre duas mulheres financeiramente independentes que viviam juntas.

Oscar Wilde é condenado por "atentado ao pudor" e condenado a dois anos de trabalhos forçados por atos sexuais com homens.

Eles também são precursores dos grupos ativistas modernos que se mobilizaram pelos direitos LGBTQIAPN+. É o caso das *Anandrynes*, um grupo de mulheres homossexuais que se conheceram na França no século XVIII e colocaram seu nome em panfletos políticos revolucionários que pediam tolerância.

Amor na página

Embora os locais de encontro costumassem permanecer nas sombras, os textos desse período traziam à tona as experiências LGBTQIAPN+. Alguns eram privados e só foram descobertos muitos anos depois – incluindo os diários de Anne Lister, os "Manuscritos do Mar Morto" das descobertas da história lésbica – mas outros existiam abertamente. Muitos dos panfletos LGBTQIAPN+ durante a Revolução Francesa eram explícitos em suas descrições das alegrias das relações homossexuais, assim como os autores indianos de *chaptinamas*, poemas eróticos sobre o amor entre mulheres – embora escritos por homens.

Representações menos obscenas de interações homossexuais também foram publicadas por sexólogos como Karl Heinrich Ulrichs, Karl Maria Kertbeny e Emma Trosse, cuja literatura científica categorizou e explicou a "homossexualidade" – e no caso de Trosse, a assexualidade – como um fenômeno natural. O rótulo científico de "homossexual" carregava pouco do estigma de termos como "sodomita", mas muitos registros da vida LGBTQIAPN+ na época adotavam uma postura mais negativa. O julgamento sensacionalista de Oscar Wilde no Reino Unido em 1895, por exemplo, provocou um pânico moral, forçando muitos homens a manterem sua sexualidade em segredo.

Transição de gênero

Os séculos XVIII e XIX fornecem exemplos abrangentes de pessoas que transicionam de gênero. Algumas são conhecidas por nós porque foram observadas em sociedades onde o domínio imperial pretendia reprimi-las, como os *yan dauda* do povo Hausa na Nigéria. Outros – como muitos nascidos mulheres que lutaram como homens em conflitos armados por diversos motivos, mas foram descobertos e punidos – são conhecidos por processos criminais. O caso do soldado holandês Maggiel van Handtwerpen é apenas um desses exemplos. Embora as pessoas que transicionaram de gênero tenham feito isso por motivos diversos, algumas veem seu legado tanto nas comunidades trans quanto na cena drag se tornarem muito importantes para a cultura LGBTQIAPN+ moderna. ■

USANDO O MEU PRÓPRIO CORPO COMO EU DESEJAR
MOLLY HOUSES (SÉCULO XVIII)

EM CONTEXTO

FOCO
Subculturas LGBTQIAPN+

ANTES
1533 Na Inglaterra, a Lei da Sodomia torna o sexo anal entre homens punível com a morte.

1688 A Revolução Gloriosa – a derrubada do rei James II da Inglaterra por Guilherme III e Mary II – inaugura atitudes morais mais rígidas.

DEPOIS
1835 Os dois últimos homens são executados por sodomia na Inglaterra. A sentença de morte por sodomia é revogada em 1861.

1880 Acontece em Manchester o primeiro baile de crossdressing reconhecido.

1912 É inaugurado o primeiro clube gay de Londres, *The Cave of the Golden Calf*.

1967 É aprovada no Reino Unido a Lei de Ofensas Sexuais. Descriminaliza-se o sexo privado entre homens acima de 21 anos.

Em 1690, foi formada a "Society for the Reformation of Manners" ("Sociedade para reforma dos costumes") em Tower Hamlets, em Londres. Esse grupo de ação foi criado com o objetivo de reprimir bordéis, prostituição de rua, palavrões e outros comportamentos considerados imorais. Entre os alvos da Sociedade estavam os "*mollies*" – homens e pessoas de gênero diversificado que faziam parte das subculturas LGBTQIAPN+ da época.

Espaços seguros
Mollies se encontravam nas *Molly Houses* (Casas Molly), o equivalente embrionário dos modernos bares gays e clubes de sexo. Eram encontradas em tabernas, cafés ou casas particulares, e muitas vezes dirigidos por mulheres, algumas conhecidas como "mães". Registros legais documentam cerca de 30 locais em Londres, mas também há evidências de *Molly Houses* em outras grandes cidades do país.

Naquela época, o sexo entre homens era ilegal e ser pego em flagrante de sodomia era punível com a morte. As *Molly Houses* ofereciam privacidade e um lugar onde as pessoas podiam socializar, encontrar parceiros ou realizar fantasias de

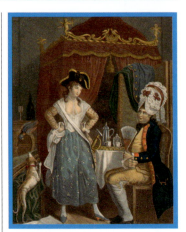

As "*Molly Houses*" eram lugares seguros para praticar crossdressing e dramatizações, aqui satirizadas em *A Morning Frolic, or the Transmutation of the Sexes*, uma gravura britânica de c. 1780.

gênero por meio do crossdressing. As *Molly Houses* surgiram em Londres por volta de 1700 e continuaram até cerca de 1830, embora seu apogeu tenha sido na década de 1720.

Determinada a acabar com eles, a "Sociedade para reforma dos costumes" reuniu informações sobre suas atividades, muitas vezes sob disfarce; usou os serviços de policiais (conhecidos como "pegadores de

SUBCULTURAS E NOTORIEDADE   91

Veja também: A criminalização da sodomia 68-71 ▪ Drag 112-17 ▪ O julgamento de Oscar Wilde 124-25 ▪ O primeiro bairro gay 146-47 ▪ A propagação da cultura ballroom 214-15

Elementos da subcultura *Molly House*

- Adoção de **nomes e títulos tradicionalmente femininos**, como Princesa Seraphina.
- **Transitar** por áreas públicas em busca de um **parceiro sexual**.
- **Representar** papéis tradicionalmente femininos por meio de crossdressing e **ridicularização de rituais**, como cenas de parto.
- **"Casamento"** – um eufemismo para **atividades sexuais com um parceiro do mesmo sexo**, embora isso às vezes se estendesse à representação de **cerimônias de casamento**.

---

ladrões") para fazer batidas; e levantou dinheiro para processar *mollies* no tribunal. Registros oficiais e reportagens de jornais fornecem evidências detalhadas de uma subcultura oculta.

Cultura em desenvolvimento

A próspera subcultura das *Molly Houses* é um dos primeiros exemplos de como o comércio moldou as comunidades LGBTQIAPN+, com espaços criados para encontros, gastar dinheiro e socializar. Muitos comportamentos vistos nas *Molly Houses* têm paralelos com a cultura LGBTQIAPN+ moderna. Frequentadores usavam nomes e pronomes femininos, roupas femininas ou imitavam o que era percebido como atividades femininas, os *masquerades* crossdressers, que surgiriam no século XIX – e ajudaram a moldar o moderno *drag ball*.

As batidas policiais acabaram forçando as pessoas que se identificavam como *mollies* à clandestinidade, com acusações criminais contra atividades homossexuais no século XIX envolvendo encontros individuais ou extorsão. ■

[Os *mollies*] imitavam todas as pequenas vaidades que o costume associava ao sexo feminino.
Edward Ward
The London Clubs, 1709

O caso da Princesa Seraphina

Em 1732, a "Princesa Seraphina", uma crossdresser de Covent Garden, em Londres, processou um homem chamado Tom Gordon por agredi-la e roubá-la. Seraphina, uma criada de cavalheiros, açougueira e mensageira de *mollies*, teve que processar Gordon usando seu nome de batismo, John Cooper.

Durante o julgamento, se descobriu que a reclamante era conhecida por todos os vizinhos como Princesa Seraphina – alguns vizinhos nunca a conheceram por outro nome. Seraphina costumava pegar roupas emprestadas das vizinhas, ir a bailes e se relacionar com homens. Há também evidências de que trabalhava como enfermeira. O julgamento terminou com Gordon absolvido. Não há registros de que Seraphina tenha sido processada pelo comportamento revelado no julgamento.

CONVERSANDO COM QUEM EU AMO

AMIZADE ERÓTICA NA AMÉRICA E NA EUROPA (SÉCULOS XVIII E XIX)

EM CONTEXTO

FOCO
Relacionamentos íntimos entre mulheres

ANTES
c.630-570 AEC A poeta Safo, nascida na ilha grega de Lesbos, escreve sobre o amor e o desejo entre mulheres. As palavras "sáfica" e "lésbica" são derivadas do seu nome e local de nascimento.

DEPOIS
1897 O médico Henry Havelock Ellis usa o termo "invertida" para mulheres que desejam outras mulheres.

1921 O Reino Unido vota contra a lei para tornar a lesbianidade ilegal, para evitar chamar a atenção para a prática.

Anos 1970-80 As lésbicas políticas incitam todas as mulheres, independentemente de sua orientação sexual, a excluir os homens de suas vidas.

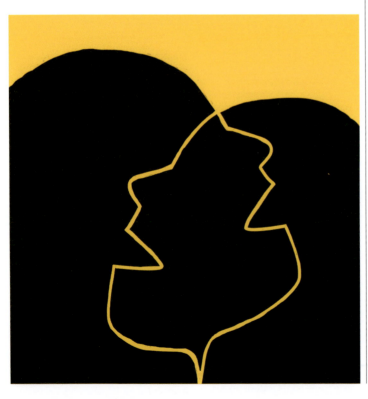

A evidência de amizade erótica e romântica entre mulheres antes do século XX é mais forte na Europa e na América, onde as mulheres de classe média e alta não apenas passavam dias e semanas seguidas na companhia uma da outra, mas também tinham tempo livre e acesso à educação o bastante para escrever cartas e manter diários. Apesar da necessidade de discrição, sobreviveram informações materiais que revelam laços íntimos e profundos entre mulheres.

A divisão de gênero

Conforme o comércio se expandia e os países se industrializavam, a partir do século XVIII, homens e

SUBCULTURAS E NOTORIEDADE 93

Veja também: Safo de Lesbos 24-27 ▪ Crossdressers e "maridos do sexo feminino" 82-83 ▪ Safismo 98 ▪ Os diários de Anne Lister 102-03 ▪ "Casamentos de Boston" 118-19 ▪ Rejeição de rótulos pelas escritoras mulheres 168 ▪ Lesbianismo político 206-07

A industrialização e o crescimento do comércio levam a **papéis sociais das classes média e alta fortemente divididos por gênero**.

Os homens ocupam a **esfera pública do trabalho e da política**; as mulheres permanecem confinadas à **esfera privada** centrada no **lar**.

As mulheres precisam contar umas com as outras, e se tornam **almas gêmeas**, compartilhando **interesses, apoio, companheirismo** e, muitas vezes, uma **sensação e reconhecimento da opressão por parte dos homens**.

As mulheres formam vínculos românticos umas com as outras.

mulheres de classe média e alta na América e na Europa começaram a viver vidas muito separadas. Os homens muitas vezes estavam longe, lutando em alguma guerra, fazendo comércio ou construindo nações, enquanto as mulheres ficavam em casa, cuidando da família. Mesmo quando os maridos estavam em casa, homens e mulheres raramente socializavam, e passavam pouco tempo juntos. Para muitos homens e mulheres, o casamento não era celebrado por amor ou estímulo intelectual, mas por ganho monetário, segurança e procriação.

O Iluminismo, um movimento intelectual do século XVIII que promoveu princípios de igualdade e individualismo, acabou por aumentar o abismo entre os sexos. Os ideais igualitários eram aplicados principalmente aos homens, que eram vistos como mais independentes e racionais do que as mulheres. Apesar do melhor acesso à educação, as mulheres costumavam ser vistas como emocional e intelectualmente inferiores.

Laços estreitos

Incentivadas a socializar entre si, as mulheres muitas vezes formavam laços estreitos. Faziam compras e tomavam chá, apoiavam familiares e amigos que não estavam bem, ofereciam ajuda umas às outras durante a gravidez e o parto e passavam longos períodos juntas, muitas vezes dormindo na mesma cama.

Quando estavam separadas, as mulheres escreviam umas para as outras, muitas vezes compartilhando seus pensamentos e sentimentos mais íntimos. Elas demonstravam seu afeto se fazendo presentes uma para a outra e dando às filhas nomes de determinadas amigas em particular. Nos internatos, era comum as meninas mais velhas "adotarem" as mais novas, que as chamavam de "mãe" – muitas vezes formando conexões para toda a vida.

Poucas mulheres podiam se dar ao luxo de viver de forma independente, e sua família e círculo social as pressionavam imensamente para se casarem. Depois de casada, era muito difícil para uma mulher deixar o marido. Qualquer dinheiro ou propriedade que uma mulher possuísse passava a ser do esposo após o casamento, e os filhos permaneciam sob a custódia dele se ela o deixasse.

Isso não significa que as mulheres nunca estabeleceram lares juntas. As da classe trabalhadora às vezes formavam relacionamentos de apoio mútuo com outras, mas os baixos salários geralmente tornavam isso inviável a longo prazo. Há também exemplos de indivíduos atribuídos ao sexo feminino no nascimento, crossdressers, que se casavam com mulheres, mas esse era um caminho »

Sabe, até o senhor aparecer, acredito que ela me amava quase como as moças amam seus amantes. Eu sei que a amava assim. Não se espante por eu não conseguir suportar sequer olhar para o senhor.
Mary Hallock
Escitora americana (1847-1938)

As damas de Llangollen

Lady Eleanor Butler e Sarah Ponsonby formaram uma conexão tão forte que decidiram fugir juntas. As duas irlandesas de classe alta se conheceram em 1768, quando Eleanor, então com 29 anos, se tornou professora de Sarah, de treze anos. Em 1778, a primeira fuga das duas foi frustrada por suas famílias, mas uma segunda tentativa foi bem-sucedida. Viviam com pensões modestas e pequenos estipêndios das famílias, que acabaram se resignando, e conseguiram comprar um chalé em Llangollen Vale, no País de Gales. Os muitos visitantes do chalé incluíam o duque de Wellington, o poeta William Wordsworth e – em 1822 – a diarista Anne Lister. A união foi amplamente aceita, talvez porque não fosse vista como sexual. Algumas mulheres admiravam o casal por evitar os deveres sexuais do casamento, e alguns homens as viam como espiritualmente puras por causa da sua "virgindade". Leonor morreu em 1829 e Sarah em 1831.

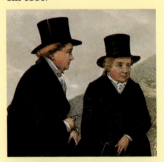

Lady Eleanor Butler (à esquerda) e Sarah Ponsonby aventaram a possibilidade de processar uma revista em 1791, que sugeriu que o relacionamento das duas era sexual.

difícil de seguir. Era muito mais fácil levar uma vida sexualmente independente para mulheres que tinham privilégios de classe, renda e educação, como lady Eleanor Butler e Sarah Ponsonby, conhecidas como "As damas de Llangollen", que viveram juntas por mais de cinquenta anos.

Cartas e diários

Era comum que as mulheres se envolvessem em contatos físicos próximos, geralmente na forma de segurar as mãos, acariciar, abraçar, beijar e, às vezes, acariciar os seios, mas restaram poucas menções de contato genital em seus escritos. As cartas, diários, poesia e ficção de mulheres mostram principalmente uma forte conexão emocional, expressa em exortações de "anseio" e desejos sinceros de estar na presença de outra mulher.

A poeta americana do século XIX, Emily Dickinson, teve vários relacionamentos íntimos com mulheres, inclusive com a cunhada e ex-colega de escola Susan Huntington Gilbert e sua colega poeta Catherine Scott Turner (também conhecida como Kate Anthon). Essas três mulheres afirmavam que se amavam muito e que queriam viver e morrer juntas. Elas declaravam que podiam ser elas mesmas uma ao lado da outra e serem considerados seres humanos completos de maneiras que os homens jamais compreenderiam.

Os homens raramente se sentiam ameaçados pela amizade íntima feminina, porque tinham uma confiança inabalável em sua superioridade sexual e no vínculo entre um homem e uma mulher. A intimidade física entre pessoas do mesmo sexo costumava ser vista como algo que acontecia no mundo não ocidental ou apenas entre profissionais do sexo.

As mulheres eram cautelosas

A poeta Emily Dickinson (possivelmente à esquerda) nunca se casou, mas escreveu poemas inspirados por seus relacionamentos femininos, inclusive com Catherine Scott Turner (à direita).

quando se tratava de revelar desejos sexuais umas às outras e, muitas vezes, escreviam em código e usando metáforas, alertando-se para esconderem ou queimarem as cartas. No início do século XIX, a proprietária de terras britânica Anne Lister registrou seus relacionamentos com mulheres, que incluíam práticas sexuais, em diários codificados. Mas a maioria das mulheres que escrevia sobre um relacionamento com outra mulher falava sobre a união de duas almas e a construção de uma vida juntas.

A maior parte dos registros escritos de amizades românticas ou eróticas

> Eu não quero que ninguém me beije agora. Recusei o sr. Games esta manhã. Nenhum beijo é como o seu.
> **Addie Brown**
> Carta para Rebecca Primus, 1859

SUBCULTURAS E NOTORIEDADE

Uma gravura satírica de c. 1820 retrata as inglesas lady Strachan e lady Warwick sendo espionadas por seus maridos. O relacionamento das mulheres era visto como mais do que amizade.

faculdades masculinas, antes desaprovada, foi repentinamente encorajada a fim de reduzir o desejo entre mulheres, e a ficção popular produzida por *pashes* diminuiu.

Desafio direto

Conforme as mulheres se tornavam mais independentes, especialmente após a Primeira Guerra Mundial (1914-8), os relacionamentos íntimos entre elas passaram a ser temidos como um desafio direto à heterossexualidade e ao poder patriarcal. Sufragistas em campanha pelo direito de voto das mulheres tiravam força de amizades femininas próximas, assim como muitas feministas fizeram na década de 1970. As lésbicas políticas avançaram quando defenderam a lesbianidade como uma escolha política em vez de uma identidade sexual – um novo foco nas relações entre mulheres como oposição a relacionamentos desiguais entre homens e mulheres. ■

vem de mulheres brancas, com acesso à educação e de classe alta, mas há evidências de amizades românticas ou eróticas entre mulheres negras, como as americanas Addie Brown e Rebecca Primus, em Connecticut, EUA, (versalete) cujo relacionamento durou de 1859 a 1869. Rebecca guardou um grande número de cartas, agora em posse da Sociedade Histórica de Connecticut, que demonstram sentimentos profundos entre ela e Addie, assim como as muitas dificuldades do relacionamento das duas, que teriam sido altamente presentes na comunidade negra de Hartford. Embora o relacionamento pareça ter tido o apoio das famílias – Addie chegou a ser levada para morar com a família de Rebecca por algum tempo –, ambas acabaram se casando com homens e sua intimidade se perdeu.

Pashes e smashes

Na segunda metade do século XIX, os relacionamentos entre mulheres eram mais propensos a serem rotulados como lesbianismo e tratados como uma doença ou pecado. Nos EUA, as alunas das faculdades exclusivas para mulheres da Nova Inglaterra – que eram conhecidas por "*pashes*", "*smashes*" ou "*crushs*" umas das outras – começaram a causar preocupação na década de 1880. Essas ligações eram toleradas havia muito tempo e geraram todo um gênero de ficção popular, porque as relações das jovens cultas geralmente não eram vistas como sexuais, mas em 1882, membros da Associação de Ex-alunas denunciaram os danos causados pelas *pashes*. Elas expuseram o "hábito extraordinário que (as moças) têm de se apaixonar violentamente umas pelas outras, sofrendo todas as dores do apego não correspondido" como "vícios do corpo e da imaginação".

O livro de Henry Havelock Ellis, *Studies in the Psychology of Sex, Volume 2, Sexual Inversion* (1900), tem uma longa seção sobre as amizades entre estudantes do sexo feminino, incluindo um apêndice detalhando suas evidências. Conforme as autoridades questionavam a inocência das *pashes*, as escolas começaram a fiscalizar esses relacionamentos. A interação com as

Em uma extremidade do continuum está a heterossexualidade comprometida, na outra, a homossexualidade intransigente; entre os dois polos, uma ampla latitude de emoções e sensações sexuais.
Carroll Smith-Rosenberg
Historiadora estadunidense (1936-)

FAZER AMOR COM QUEM É SEMELHANTE

NARRATIVAS HOMOSSEXUAIS NA POESIA URDU (SÉCULO XVIII-1858)

EM CONTEXTO

FOCO
Amor erótico homossexual

ANTES
c.1253-1325 Amir Khusro escreve poesia de amor místico Hindavi para seu professor sufi.

c.1590 Sarmad escreve poesia de amor persa sobre seu amado, um homem hindu chamado Abhai Chand.

DEPOIS
1861 A Inglaterra institui leis antissodomia na Índia.

1927 *Chocolate*, uma coleção de contos hindi sobre o desejo entre homens, de Pandey Bechan Sharma, é denunciada, iniciando o primeiro debate público sobre a homossexualidade.

1942 A escritora urdu Ismat Chughtai escreve uma história sobre lesbianidade, chamada *Lihaaf*. Ela é processada por obscenidade.

2018 A lei antissodomia é anulada pela Suprema Corte da Índia.

A poesia urdu usa uma convenção, importada da poesia persa, de classificar tanto o amante quanto o amado como masculino. Na poesia mística, o amado é interpretado como Deus ou como testemunha do amor a Deus. Na poesia dos séculos XVIII e XIX, no entanto, o amado é muitas vezes um homem humano, que usa um chapéu, empina pipas e beija o amante narrador.

Os principais poetas do norte da Índia, como Mir Taqi Mir, e os menores, como Najmuddin Shah Mubarak (pseudônimo de Abru), escreviam rotineiramente sobre o amor erótico entre homens. Enquanto o gênero conhecido como *ghazal* geralmente consiste em dísticos independentes, muitos *ghazals* também contam uma história. Um exemplo é o famoso poeta indiano Qalandar Bakhsh Jur'at (pseudônimo Jur'at), no qual um homem lamenta a partida de seu amante, um soldado.

Os romances narrativos, conhecidos como *masnavi*, contam histórias de amor entre homens e mulheres, e também entre dois homens, muitas vezes com uma dimensão mística. Um homem é geralmente (mas nem sempre) mais velho que seu parceiro, seja homem ou mulher. O poema narrativo curto de

Essa miniatura indiana de 1750, *Duas damas se abraçando em um Jharoka* (uma janela ou sacada de pedra), retrata o amor erótico entre duas mulheres.

Abru, "Conselho para um amado", é único porque o orador masculino aconselha um jovem sobre como se transformar em um amado que muitos homens desejarão e explica como encontrar um parceiro masculino de longo prazo. O poema, ambientado em Delhi, é realista, não místico, e termina com uma oração para que os leitores também encontrem o amor.

Amor entre mulheres

Na cidade de Lucknow, no norte da Índia, começou por volta de 1780 o desenvolvimento notável de uma variação da poesia chamada *rekhti*, na

SUBCULTURAS E NOTORIEDADE

Veja também: Safo de Lesbos 24-27 ▪ O *Kama Sutra* 36-37 ▪ Poesia de amor entre homens 80-81 ▪ O julgamento de Ismat Chughtai por obscenidade 162

Amiga, que noite deliciosa nós passamos. Minhas mãos se dedicaram a você ontem à noite.
Ahmed Ali Nisbat
Poeta da corte de Nawab de Awadh (c. 1814-27)

qual o narrador é uma mulher. Esses poemas falam sobre a vida das mulheres e atividades cotidianas, como fazer compras, piqueniques e encontrar amigos e vizinhos. Esse tipo de poesia foi escrito no século XVII, na língua urdu, mas foi no século XVIII que começou a se concentrar não na esposa, na maternidade ou nos amantes masculinos, mas quase inteiramente nas amigas e amantes mulheres.

Os poetas, em sua maioria homens muçulmanos, escreviam nos mesmos registros (romântico, humorístico, melancólico) sobre o amor entre homens e mulheres, entre dois homens (com um narrador masculino) e entre duas mulheres (com um narrador feminino). O sexo entre mulheres foi denominado *chapti* (apego) e um poema narrativo sobre isso é chamado de *chaptinama*. Poetas *rekhti* famosos e populares, incluindo Jur'at, Rangin Saadat Yaar Khan (pseudônimo Rangin), Insha Allah Khan (pseudônimo Insha) e Nazir Akbarabadi escreveram *chaptinamas*. Insha e Rangin também

escreveram muitos *ghazals* sobre o amor entre mulheres. A companheira íntima ou amante de uma mulher era chamada de *dogana* (duplo).

Rangin descreve rituais que as mulheres realizavam para formar casais e "se casarem entre suas companheiras". Esses casais eram *ilaichi* (cardamomo) ou *zanakhi* (osso do peito) uma da outra, com base nos rituais que realizavam.

Supressão da poesia

Após a derrota da Primeira Guerra da Independência da Índia, iniciada em 1857, o domínio britânico de pleno direito foi estabelecido em 1858. Estudiosos da literatura urdu, influenciados pelas normas vitorianas puritanas, classificaram como obscenas as poesias eróticas não místicas e sobre o desejo pelo mesmo sexo e elas foram tiradas de circulação. A poesia urdu em tradução foi extirpada e censurada para se concentrar no amor entre homem e mulher. ■

Cortesãs, como a mulher retratada nessa aquarela indiana do século XVIII, *Cortesã em uma janela*, teriam sido a inspiração para a poesia de Rangin.

Línguas e poesia

O idioma urdu se desenvolveu no noroeste da Índia no século XII e foi uma acomodação linguística após a conquista muçulmana. Foi inicialmente denominado hindi, o idioma da Índia, distinto do persa, a língua dos reinos governados pelos muçulmanos. O urdu está intimamente relacionado ao hindi, que evoluiu no século VII, e ambos têm a mesma estrutura gramatical. O urdu coloquial não é diferente do hindi coloquial e é facilmente compreendido hoje. Poesias de amor em sânscrito, tâmil e na maioria das outras línguas indianas geralmente têm uma mulher apaixonada por um deus ou por um homem com dimensões místicas. Escrito principalmente por homens, o *rekhti* faz o narrador feminino seguir tradições, mas substituir seu amante por uma mulher. Após a criminalização das relações homossexuais pelos governantes britânicos em 1861, a poesia sobre o amor entre homens foi perdida. O *rekhti* praticamente desapareceu, mas desde 2001 foram redescobertos exemplos de poetas famosos, preservados nos arquivos, e então impressos e traduzidos.

Que outro prazer pode ser comparado ao prazer desse atrito?
Jur'at
Parte de um *chaptinama*

DESCOBRINDO A SI MESMA NO SEIO DAS SUAS IGUAIS
SAFISMO (SÉCULOS XVIII E XIX)

EM CONTEXTO

FOCO
Textos literários sáficos

ANTES
1645 O poeta inglês Edmund Waller expressa desconforto sobre as relações entre mulheres no poema "On the Friendship Betwixt Two Ladies".

1634 Crossdressing e safismo são temas centrais na peça *Iphis et Iante*, do escritor francês Isaac de Benserade.

DEPOIS
1923 Nos EUA, *On a Grey Thread*, da poeta Elsa Gidlow, é o primeiro livro de versos abertamente lésbicos a ser publicado na América do Norte.

1928 É publicado *Orlando: uma biografia*, da escritora britânica Virginia Woolf; no final do século XX, o texto é reivindicado como lésbico e trans.

1928 *O poço da solidão*, da autora britânica Radclyffe Hall, é publicado e logo banido por seus temas lésbicos.

O safismo, termo usado para as relações homossexuais entre mulheres, se tornou mais visível, principalmente em textos literários, nos séculos XVIII e XIX. A França era o centro do discurso sáfico, embora também aparecesse na Europa Ocidental e na América do Norte.

Descrever a intimidade entre mulheres era um desafio para sociedades dominadas por homens e heteronormativas. Autores que descreviam amizades femininas eróticas articulavam corajosamente uma realidade publicamente obscurecida e vilipendiada.

Escritos progressivos
Esses textos foram escritos principalmente por mulheres ricas como a poeta britânica Mary F. Robinson, cujos livros *A Handful of Honeysuckle* (1878) e *An Italian Garden* (1886) incluem versos sáficos. Ela também escreveu muitas cartas à colega Vernon Lee (Violet Page), "cujo amor é até o meu ar de vida". Mas as safistas aristocráticas também eram alvo de propaganda política – a rainha francesa Maria Antonieta, executada por revolucionários em 1793, era retratada como lésbica em folhetos e panfletos satíricos.

Também há evidências de relacionamentos sáficos entre mulheres pobres, em espaços exclusivamente femininos, como fábricas, bordéis, prisões e aposentos de empregados. ■

Duas atrizes interpretam uma peça de Natalie Barney em c. 1906. Inspirada por safistas anteriores, Barney viveu e escreveu abertamente como lésbica e teve muitos casos amorosos.

Veja também: Safo de Lesbos 24-27 ■ Amizade erótica 92-95 ■ Os diários de Anne Lister 102-03 ■ "Casamentos de Boston" 118-19 ■ Rejeição de rótulos pelas escritoras mulheres 168

SUBCULTURAS E NOTORIEDADE

USANDO O UNIFORME MASCULINO E EMPUNHANDO A ESPADA
PESSOAS NASCIDAS MULHERES EM COMBATE (1769)

EM CONTEXTO

FOCO
Transgressão de gênero no exército

ANTES
1623 O "tenente freira" espanhol Antonio de Erauso revela que nasceu mulher para evitar a execução, após ser preso no Peru.

DEPOIS
1816-59 James Barry serve no exército britânico. Somente quando ele morre em 1865 fica claro que tinha sido designada como mulher ao nascer.

1862 Albert D.J. Cashier, um dos pelo menos 250 nascidos mulheres que lutaram como homens na Guerra Civil Americana, ingressa no Exército da União aos 18 anos e vive o resto da vida como homem.

1911 Depois que as forças otomanas mataram seus irmãos, Tringe Smajli, filha de um líder de clã albanês, vive como um homem por razões de segurança e luta como um na Batalha de Deçiq.

Há inúmeros exemplos históricos de indivíduos designados como mulheres no nascimento que se juntaram ao exército se apresentando como homens. Essas pessoas eram chamadas de "mulheres disfarçadas" ou crossdressers. Mas o fato de muitos indivíduos continuarem a viver como homens após a guerra significa que, para alguns, ingressar no exército como homem também foi uma narrativa de transição e uma maneira de começar de novo, uma identidade que hoje chamaríamos de homem trans ou pessoa transmasculina.

Homens em julgamento

Nunca saberemos o número real de pessoas designadas como mulher ao nascer que lutaram em guerras como homens. Mas alguns tiveram o fato revelado e registrado, e o soldado holandês Maggiel van Handtwerpen é um dos exemplos mais bem documentados.

Van Handtwerpen se alistou pela primeira vez em 1746 como Johannes van Ant e, dois anos depois, se casou com Johanna Martina Kramers, filha de um sargento. Depois que sua identidade foi revelada, em 1751, Van Ant foi exilado das cidades de caserna por estar em um casamento ilegal. Em 1762, ele se casou com Cornelia Swartsenberg, uma mulher grávida que depois o registrou como pai na certidão de nascimento da criança. Van Ant serviu no exército novamente, desta vez como Maggiel van Handtwerpen, até que um ex-colega o reconheceu em 1769. Ele foi julgado antes de ser açoitado, condenado a doze anos de trabalhos forçados e exilado da Holanda. ■

[Eu sou] por natureza e caráter, um homem, mas na aparência, uma mulher... A Mãe Natureza me tratou com tão pouca compaixão.
Maggiel van Handtwerpen, 1769

Veja também: Crossdressers e "maridos do sexo feminino" 82-83 ▪ Performances masculinas 126 ▪ Direitos das pessoas trans 196-203 ▪ "Não pergunte, não fale" 272-75

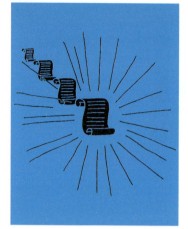

AO CONTRÁRIO DE AFRONTAR A NATUREZA, NÓS A OBEDECEMOS
FRANÇA REVOLUCIONÁRIA (DÉCADAS DE 1780-1790)

EM CONTEXTO

FOCO
Leis revolucionárias

ANTES
1750 O casal Jean Diot e Bruno Lenoir é executado depois que um guarda pega os dois fazendo sexo – eles são as últimas pessoas na França executadas por relações homossexuais.

Anos 1770 Chevalier d'Éon, soldado, espião e escritor francês, se torna objeto de debate na Inglaterra e na França; ele se veste alternadamente como homem e mulher.

DEPOIS
1940 Nazistas invadem a França – os homossexuais são perseguidos e enviados para campos de concentração.

1942 O governo de Vichy, na França, altera a idade de consentimento de 21 anos para relações sexuais entre pessoas do mesmo sexo, em comparação com 15 anos para casais de sexo diferente. As idades não são igualadas até 1982.

O Código Penal francês de 1791 é frequentemente celebrado por legalizar atos homossexuais no que parece ser um movimento à frente de seu tempo. O novo código foi implementado pela Assembleia Nacional Constituinte, um órgão revolucionário que ocupou o poder entre julho de 1789 e setembro de 1791. No entanto, o código não mencionava explicitamente as relações sexuais entre pessoas do mesmo sexo, simplesmente não incluía nenhuma lei que proibisse o ato entre adultos de comum acordo.

Essa mudança, embora muito importante legal e culturalmente, não foi resultado de nenhum apoio público específico à homossexualidade ou de qualquer convicção entre os legisladores de que ela agora era aceitável. Em vez disso, as leis contra atos homossexuais foram suspensas porque estavam enraizadas na religião e em suas doutrinas de pecado. A Assembleia foi influenciada pelos pensadores do Iluminismo, que criticavam profundamente a religião, acreditando que ela se opunha à ciência e à razão. Muitos pensadores do Iluminismo abominavam abertamente a homossexualidade: o escritor francês Voltaire escreveu em 1764 que era uma abominação, embora mais tarde defendesse a descriminalização dos atos homossexuais.

Françoise Raucourt era chefe das "mulheres sem homens". Em 1789, ela foi presa como monarquista e condenada à prisão, onde conheceu sua companheira de vida, Henriette Simonnot-Ponty.

SUBCULTURAS E NOTORIEDADE 101

Veja também: Sodomia e a Igreja católica medieval 42-45 ▪ Homoerotismo e o Renascimento francês 60-61 ▪ A criminalização da sodomia 68-71 ▪ A descriminalização dos atos homossexuais 184-85

Uma ilustração de "Les Petits Bougres au Manège", que defendia as relações sexuais entre pessoas do mesmo sexo com base na liberdade individual.

Literatura lasciva

A eclosão da revolução em 1789 – que levou à derrubada da monarquia três anos depois – coincidiu com a eclosão de livretos cheios de orgulho e muitas vezes explícitos sobre relações homossexuais, com descrições provocativas dos atos. Um dos primeiros panfletos notáveis desse tipo foi a "Confissão de Mademoiselle Sapho" (1784). Publicado pelo escritor Mathieu-François Pidansat de Mairobert, ele conta a história de uma jovem que é ensinada por uma mulher mais velha a ter relações sexuais com ela. Como era típico da época, a professora é chamada de "tríbade" (do grego antigo *tribo*, "esfregar") e é descrita como tendo o que hoje chamaríamos de órgãos genitais intersexuais, com os quais ela pode penetrar sua jovem protegida.

Havia panfletos semelhantes celebrando relacionamentos entre homens, incluindo "Les Petits Bougres au Manège" (1793-4), no qual o autor anônimo ridiculariza os genitais desagradáveis das mulheres de Paris e afirma que ele e seus colegas são levados a fazer sexo um com o outro por causa da infestação de doenças nas profissionais do sexo da cidade. O autor também destaca particularmente que os corpos dos homens são sua propriedade – uma ideia revolucionária – sugerindo que se o corpo de um homem é sua propriedade, ele deve ser livre para fazer o que quiser com aquele corpo.

A ideologia política por trás desses panfletos fica ainda mais evidente em "Les enfants de Sodom à l'Assemblée Nationale" (1790), escrito pelo Marquês de Villette. Ele assume a forma de um apelo à Assembleia Nacional para se livrar das leis contra a sodomia. Os historiadores, no entanto, concluíram de forma geral que tais panfletos – que foram desaprovados pelas autoridades – tiveram pouco ou nenhum papel na legalização de 1791.

A polícia e o Código Penal

A remoção das leis contra a sodomia não mudou a percepção pública da homossexualidade – e também não impediu a polícia de perseguir a comunidade LGBTQIAPN+ da França. O trabalho do historiador britânico Julian Jackson sobre os diários de três chefes de polícia parisienses mostrou que eles simplesmente passaram a recorrer a outras leis, como as leis contra indecência pública, para continuar a punir o comportamento homossexual. O chefe de polícia Louis Canler descreveu a falta de leis antissodomia no novo código como uma "lacuna a se preencher". Ainda assim, o novo código significava que casais do mesmo sexo poderiam ficar juntos, com menos medo de perseguição legal, desde que fizessem isso de forma privada. ▪

O prazer é a única realidade; adquirir o máximo dele que eu puder é meu único objetivo.
"Les Petits Bougres au Manège"

As *Anandrynes*

A "Confissão de Mlle Sapho" contém um suposto discurso de Françoise Raucourt, uma atriz, às *Anandrynes*, que foi repetido em vários outros livretos como "Anandria ou Confessions de Mlle Sapho" (1789). Outro discurso de Raucourt está supostamente contido em "Liberdade, ou Mlle Raucourt para toda a seita *Anandryne* reunida no foyer da Comédie-Française", de 1791.

As *Anandrynes* – cujo nome significa "mulheres sem homens" – eram uma verdadeira sociedade sáfica, fundada em 1770 e liderada por Raucourt nas décadas de 1780 e 1790. A associação do grupo era tão exclusiva que as novas recrutas eram despidas antes que os membros decidissem se poderiam ingressar. Raucourt era frequentemente descrita por seus contemporâneos – em tabloides e publicações de fofocas – como uma sacerdotisa do Templo de Lesbos.

EU AMO, E AMO APENAS, O SEXO FRÁGIL
OS DIÁRIOS DE ANNE LISTER (1806-40)

EM CONTEXTO

FOCO
Relacionamento homossexual

ANTES
1680 Arabella Hunt e o crossdresser nascido mulher James Howard se casam em Londres, e Howard assina o registro como sua persona masculina.

1746 Henry Fielding publica *The Female Husband* – um relato sensacionalista de Charles Hamilton, que se casou com Mary Price no mesmo ano.

DEPOIS
1885 A Lei de Emenda à Lei Criminal fortalece a legislação britânica contra o sexo entre homens. Um esforço em 1921 para garantir que essa lei abrangesse o sexo "entre mulheres" falhou.

1928 É publicado *O poço da solidão*, romance lésbico de Radclyffe Hal. Os tribunais britânicos o consideraram obsceno, e o livro foi proibido no Reino Unido até 1959.

Anne Lister era uma mulher rica e independente e sua família era dona de Shibden Hall, em Yorkshire, no Reino Unido. Desde os quinze anos até sua morte, Lister escreveu diários que descreviam em detalhes seus relacionamentos íntimos com mulheres. Seus diários foram revelados na íntegra na década de 1980 e tiveram um impacto profundo na história das mulheres e da sexualidade.

Os escritos de Lister chegaram a quase quatro milhões de palavras. O conteúdo incluiu temas cotidianos, como eventos do dia a dia e vida de negócios, que garantem uma visão ampla da vida de uma mulher da nobreza do século XIX. Mas um sexto dos diários era dedicado à vida privada de Lister. Sua primeira entrada no diário, em 11 de agosto de 1806, começa documentando seu relacionamento com seu primeiro amor, a colega de escola Eliza Raine.

O fato de os diários íntimos de Lister terem sobrevivido é incomum, pois contêm relatos detalhados de seus relacionamentos sexuais e poderiam facilmente ter sido destruídos por ela

Lister criou um código secreto para escrever explicitamente sobre seus pensamentos mais íntimos. Sua "criptografia" usa uma mistura de números, símbolos matemáticos e letras gregas.

SUBCULTURAS E NOTORIEDADE 103

Veja também: Amizade erótica na América e na Europa 92-95 ▪ Crossdressers e "maridos do sexo feminino" 82-83 ▪ "Casamentos de Boston" 118-19 ▪ *Butch* e *femme* 152-55 ▪ Rejeição de rótulos pelas escritoras mulheres 168

> Conheço meu próprio coração e entendo meus semelhantes. Mas sou diferente de qualquer pessoa que já conheci. Atrevo-me a dizer que não sou igual a ninguém no mundo.
>
> **Anne Lister**
> 20 de agosto de 1823

ou em vários momentos após sua morte. Em 1808, Lister começou a usar um código secreto – sua "criptografia" – para escrever sobre seus pensamentos e experiências particulares. A maior parte desse texto codificado é sobre amor e sexo.

Meio século após a morte de Lister, seus diários foram descobertos por um parente, John Lister, escondidos atrás de painéis em Shibden Hall. Uma noite, John e seu amigo Arthur Burrell começaram a decifrar as letras criptografadas de Anne e descobriram o conteúdo sexual que ela revelava. Burrell recomendou a John que queimasse os diários, mas ele resolveu devolvê-los ao esconderijo.

Após a morte de John em 1933, o prédio passou para o Conselho Municipal de Halifax e os diários foram encontrados e arquivados, com o acesso a seções codificadas estritamente controlado. Então, em 1983, a historiadora Helena Whitbread, pediu para ver as cartas de Lister e foi informada sobre os diários e incumbida de decifrar o código. Ela passou cinco anos decodificando o material e o publicou como *I Know My Own Heart* (1988) e *No Priest But Love* (1993); republicados em dois volumes como *The Secret Diaries of Miss Anne Lister* (2010 e 2020).

Amor e compromisso

A posição de Anne Lister como membro da nobreza rural deu a ela uma vantagem social considerável, e facilitava – apesar das intrigas e zombarias – relacionamentos com mulheres. Após seu caso com Eliza Raine, Lister se relacionou com Isabella Norcliffe, que em 1814 apresentou Lister a Mariana Belcombe. As duas começaram um caso de amor que continuou durante o casamento posterior de Mariana com Charles Lawton. A última parceira de Lister foi Ann Walker – uma herdeira e, portanto, sua igual social, que viveu com ela a partir de 1834. Naquele ano, as duas trocaram alianças na Igreja da Santíssima Trindade em York. ∎

"Gentleman Jack" era como Lister era conhecida pelos locais que conviveram com ela. A série de TV com esse nome retrata a relação entre Lister (à direita, interpretada por Suranne Jones) e Ann Walker (interpretada por Sophie Rundle).

Anne Lister

Nascida em Halifax, Yorkshire, em 1791, Anne Lister frequentou internatos na juventude e, aos 24 anos, se mudou para morar com os tios em Shibden Hall. Orgulhosa de sua família e de seu lar ancestral, que data de cerca de 1420, ela se tornou a única proprietária de Shibden Hall após a morte da tia, em 1836. Lister era muito culta, e tinha paixão pela história da Grécia antiga e pela literatura clássica. Como membro da elite fundiária, suas opiniões sociais eram conservadoras, embora rejeitasse a ideia do casamento heterossexual.

A extensão dos bens de Lister incluía propriedades na cidade e participações em vários setores, como ferrovias e mineração. Entre outras vantagens, sua riqueza lhe permitiu saciar sua paixão por viagens. Ela viajava com frequência pela Grã-Bretanha, Irlanda e Europa e adorava caminhadas e alpinismo. Em 1839, Lister e Ann Walker partiram em uma viagem para a Rússia. Em 1840, no sopé das montanhas do Cáucaso, Lister ficou febril devido a uma picada de inseto. Ela morreu seis semanas depois, aos 49 anos.

ESSE TUMULTO ESCANDALOSO
TRANSFORMANDO A SOCIEDADE OTOMANA (SÉCULO XIX)

EM CONTEXTO

FOCO
Influência da heteronormatividade ocidental

ANTES
1599 Em *A mesa das iguarias*, Mustafa Ali fala de "víboras da luxúria" de classe baixa corrompendo os servos do palácio.

1627 Um conto de *Nev'izade Atayí's Heft nan* [*Sete histórias*] destaca o amor entre dois jovens muçulmanos otomanos e os cristãos que os escravizam.

DEPOIS
1923 Mustafa Kemal Atatürk se torna presidente da nova República Turca, após a 1ª Guerra destruir o domínio otomano.

1991 A estrela pop turca Zeki Müren, que "brinca" com as normas de gênero, é nomeada Artista Estatal.

2003 É realizada em Istambul a primeira Parada do Orgulho, para cem mil pessoas em 2013, mas é banido em 2015.

À medida que seu **poder diminui**, o Império Otomano se torna conhecido como "o **homem doente da Europa**".

Seus governantes se esforçam para **reformar e controlar** todos os aspectos da sociedade, incluindo a **moralidade pública**.

Embora a atividade homossexual **permaneça tecnicamente legal**, a sociedade otomana gradualmente se torna mais **conservadora e heteronormativa**.

O século XIX foi um período de imensas mudanças no Império Otomano. E teve um efeito profundo na expressão e aceitação do desejo e do gênero homossexual nas comunidades otomanas, abrindo novas divisões que permanecem até os dias atuais.

Abalada por derrotas militares contantes e por perdas territoriais, a elite otomana do século XIX procurou preservar o poder e o prestígio do império emulando seus rivais europeus. O resultado foi um período conhecido como Tanzimat ("Reordenação") em meados do século. Foi marcado por um novo ethos enfatizando a igualdade dos cidadãos, independentemente de raça, religião, idioma, gênero ou classe social.

Também reinventou o cenário de gênero anterior, composto por mulheres, jovens imberbes e homens adultos, como um dos binários – homens e mulheres, adultos e crianças.

Dissimulando normas mais antigas

As elites otomanas buscaram inspiração nos modelos políticos, econômicos, jurídicos e artísticos da Europa Ocidental. Com um certo embaraço óbvio, tentaram dissimular a aceitação tradicional do desejo pelo mesmo sexo e a fluidez de gênero que antes caracterizavam a sua sociedade. Britânicos, franceses e outros viajantes muitas vezes expressavam repulsa ou descrença ao escrever sobre o homoerotismo e a inconformidade de

SUBCULTURAS E NOTORIEDADE 105

Veja também: Gênero e sexualidade otomanos 62-63 ▪ Definindo "homossexual" e "heterossexual" 106-07 ▪ Hijras e o colonialismo britânico 108-09 ▪ Drag 112-17 ▪ Muçulmanos LGBTQIAPN+ 278-79

---

gênero que observavam na sociedade otomana e entre os povos não turcos do império. À medida que essas práticas passavam à clandestinidade, os intelectuais otomanos ocasionalmente expressavam sua aprovação ao desaparecimento de tais comportamentos da vida pública, percebendo isso como evidência da crescente modernidade de sua nação.

As obras literárias da Europa Ocidental foram cada vez mais traduzidas para o turco otomano, enquanto a tradição literária indígena que descrevia o desejo homossexual entre os homens diminuía aos poucos. Da mesma forma, manuais de medicina franceses, alemães e ingleses em turco otomano introduziram teorias médicas heteronormativas nas comunidades científicas do império. Essas teorias criaram uma base supostamente objetiva para a eliminação gradual da aceitação do desejo pelo mesmo sexo e da diversidade de gênero da vida pública.

Em meados do século XIX, o governo impôs duas mudanças legais de profunda importância. Uma delas foi a proibição de 1857 dos *köçekler*,

O sultão Abdülmecit, aqui em uma imagem de *Hadikatü'l-müluk* [Jardim dos Reis], uma história da dinastia otomana, aplicou as reformas Tanzimat desde o início de seu reinado (1839-61).

jovens dançarinos que se apresentavam em trajes femininos, o que levou ao seu desaparecimento gradual dos espaços públicos. A outra mudança, finalizada em 1859, foi um novo código legal, válido junto com a lei islâmica, que estabelecia idade, consentimento e moralidade pública como os pilares da intervenção do Estado nas atividades sexuais dos cidadãos. Atos homossexuais não foram explicitamente proibidos e, portanto, permaneciam tecnicamente legais, mas a lei era vaga o bastante para garantir amplo espaço para medidas opressivas a critério do estado.

Conservadorismo insidioso

Em vez de mudanças rápidas ou decisivas, o século XIX levou a um período de fluxo e transição na história do desejo pelo mesmo sexo e da diversidade de gênero no Império

Otomano. Independentemente do impacto que causaram assim que foram estabelecidas, as novas leis criaram uma base sólida para as mudanças sísmicas do século seguinte. Conforme o conservadorismo do final do século XIX dava lugar ao nacionalismo do século XX, rapidamente se firmavam abordagens mais rígidas sobre sexualidade e gênero. ▪

Köçekler se apresentam para um sultão otomano e sua corte em uma imagem do século XVI, evidência de sua aceitação e popularidade na época.

Köçekler

Uma característica fundamental da vida da cidade otomana eram os dançarinos designados como homens no nascimento, com trajes e comportamentos femininos no palco. Conhecidos como *köçekler* (plural de *köçek*), eles se apresentavam para o público masculino ou misto em Istambul, e outros lugares. Os *köçekler* vieram do vasto Império Grego, judeu, cigano, armênio ou de outras comunidades não muçulmanas, e refletiam a interseção de etnia, religião e gênero nesse grupo social singular e celebrado. Os jovens eram recrutados (às vezes à força) ainda imberbes, e muitos mantinham um bom desempenho além da puberdade. Alguns se envolveram em trabalho sexual com homens ou se casaram com mulheres e formaram famílias. Vários admiradores do sexo masculino escreveram biografias de *köçekler* que também descrevem seu impacto na sociedade. Apesar de várias proibições – por causa de brigas quando os espectadores disputavam a atenção dos *köçekler* – os shows seguiram até o final do século XIX.

UMA LEI DA NATUREZA TOTALMENTE DIFERENTE

DEFININDO "HOMOSSEXUAL" E "HETEROSSEXUAL" (1869)

EM CONTEXTO

FOCO
Identidades sexuais

ANTES
1852 O médico alemão Johann Ludwig Casper argumenta que alguns "sodomitas" têm uma atração biológica inata pelo mesmo sexo.

1864 Karl Heinrich Ulrichs publica seu primeiro panfleto, *Vindex: Estudos Sociais e Legais sobre o Amor Viril*.

DEPOIS
1879 Ulrichs publica seu último panfleto e se muda para a Itália depois de anos sendo ridicularizado como homossexual na Alemanha.

1886 Richard von Krafft-Ebing escreve *Psychopathia sexualis*, estabelecendo a visão médica da homossexualidade.

1880 O biólogo alemão Gustav Jäger apresenta alguns dos trabalhos de Karl Maria Kertbeny sobre homossexualidade em *Discovery of the Soul*.

As primeiras leis da Igreja **proíbem a atividade sexual entre pessoas do mesmo sexo**. A Lei da Sodomia, de 1533, de Henrique VIII, registra então essa proibição na **lei secular**.

A **linguagem** comumente usada para descrever o **comportamento homossexual** é depreciativa, **enquadrando-o como um pecado**.

Karl Maria Kertbeny afirma que atos sexuais consensuais **não devem estar sujeitos à lei criminal** e que os desejos pelo mesmo sexo são **psicológica e emocionalmente inatos**.

Kertbeny cunha o termo "homossexual" para criar uma linguagem neutra e acrítica para descrever os atos afetivos e sexuais entre pessoas do mesmo sexo.

O pano de fundo para a criação dos termos "homossexual" e "heterossexual" é complexo. A Guerra Austro-Prussiana de 1866 foi disputada separadamente, com a vitória prussiana resultando na exclusão da Áustria da Alemanha. Seguiram-se grandes mudanças políticas, com a Áustria-Hungria e a Confederação da Alemanha do Norte revisitando e revisando seus códigos legais.

Em 1859, o ex-tenente prussiano Karl Ernst von Zastrow foi preso sob suspeita de estuprar e assassinar dois meninos. Isso foi prejudicial para a discussão sobre relacionamentos entre adultos do mesmo sexo na Alemanha. Embora um relatório de 1869 do Conselho de Assuntos

SUBCULTURAS E NOTORIEDADE 107

Veja também: A criminalização da sodomia 68-71 ▪ Sexologia e psicanálise 132-33 ▪ Relatório Kinsey sobre sexologia 164-65 ▪ A descriminalização dos atos homossexuais 184-85 ▪ Remoção da homossexualidade das DSM 219

Médicos da Prússia se colocasse contra a inclusão de um estatuto antissodomia, o Parágrafo 175, que criminaliza o sexo entre homens, é introduzido na lei alemã em 1871. Muitos outros países tinham versões seculares da antiga lei religiosa. Em 1969, o sexo entre homens foi descriminalizado na Alemanha, e o Parágrafo 175 foi revogado em 1994.

Em defesa da emancipação

O escritor húngaro Karl Maria Kertbeny é a primeira pessoa a usar os termos "homossexual" e "heterossexual", em uma carta de 1868 ao advogado alemão Karl Heinrich Ulrichs. "Homossexual" foi usado para se referir a atos eróticos praticados por indivíduos do mesmo sexo, e "heterossexual" para atos eróticos entre homens e mulheres. Kertbeny então usou o termo "homossexual" publicamente em 1869 em duas cartas abertas ao Ministro da Justiça da Prússia, nas quais solicitou que a sodomia fosse descriminalizada no Código Penal da Confederação da Alemanha do Norte.

Uma caricatura política de 1907 do artista alemão Willibald Krain zomba do Parágrafo 175, sugerindo que muitos dos grandes escritores da Alemanha o estão violando.

Esse retrato de Karl Maria Kertbeny é de cerca de 1865. Em seus primeiros anos, Kertbeny testemunhou dois suicídios de homossexuais, o que pode tê-lo motivado a se tornar um ativista, embora tenha optado por escrever anonimamente.

O trabalho de Kertbeny, assim como o de Ulrichs e outros, contribuiu para a medicalização da atração pelo mesmo sexo. Ele alegou que a homossexualidade era natural e inata e, portanto, exigia proteção sob a lei e a religião. Infelizmente, seu argumento fez com que essa identidade fosse vista como uma doença ou defeito. Isso pode ser encontrado hoje na "terapia de conversão", que vê a orientação sexual e a identidade de gênero como "condições" que podem ser "curadas" ou "suprimidas".

A teoria "uranista" de Ulrichs

De acordo com Ulrichs, alguém com uma natureza feminina presa no corpo de um homem era um "uranista" (derivada da palavra Urano, um deus grego que era retratado como pai e mãe) e assim representava um terceiro sexo. Essa teoria foi impopular durante a vida de Ulrichs. Ele foi forçado a renunciar ao seu cargo legal em 1857 devido a rumores sobre sua sexualidade, e foi preso duas vezes em 1867, antes de ser banido de sua terra natal. ▪

> Ele não consegue agir de forma diferente. Ele não escolheu essa orientação de amor. E ele também não é capaz de eliminá-la.
> **Karl Heinrich Ulrichs**

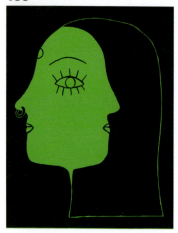

DIZEM QUE A ALMA É HIJRA
HIJRAS E O COLONIALISMO BRITÂNICO (1871)

EM CONTEXTO

FOCO
Leis coloniais contra as comunidades LGBTQIAPN+

ANTES
c.400 AEC-c.200 AEC As comunidades hijra são citadas no *Kama Sutra*.

1858 O governo britânico assume o controle direto da Companhia das Índias Orientais, até então a cargo da Índia, e introduz uma nova legislação.

DEPOIS
1947 A Índia conquista a independência, mas mantém as leis coloniais que regem gênero e sexualidade.

2010 A. Revathi publica *A verdade sobre mim*. Acredita-se que seja a primeira autobiografia publicada de uma pessoa hijra.

2013 O Cartão Aadhaar da Índia – identificação exigida para quase todos os serviços essenciais – introduz uma opção "transgênero" em seu formulário de registro.

Hijra é um nome para uma comunidade de pessoas em não conformidade de gênero, concentrada principalmente no norte da Índia, mas também em outras partes da própria Índia, do Paquistão e de Bangladesh. Outros termos regionais semelhantes incluem *kinnar* no norte da Índia, *khwaja sira* no Paquistão e *aravani* no estado de Tamil Nadu, no sul da Índia.

Algumas hijras nascem intersexuais e muitas passam por um ritual de castração chamado *nirvaan*, embora outras não. O próprio termo às vezes é controverso, pois tem sido usado como um nome depreciativo que concentra a identidade de gênero nos órgãos genitais, mas hoje muitas hijras reivindicam o termo para si.

Criminalização

Há evidências na arte e na literatura de que as comunidades hijra existem no sul da Ásia há mais de dois mil anos. Durante o período Mogol dos séculos XVI a XIX, elas muitas vezes ocupavam papéis importantes na corte imperial, trabalhando como líderes espirituais e protetoras de haréns. No entanto, quando os britânicos colonizaram a Índia no século XIX, novas leis foram introduzidas para controlar muitas comunidades minoritárias. As hijras foram criminalizadas pela primeira vez na Seção 377 do Código Penal indiano de 1860, que também proibia o sexo oral e anal e qualquer atividade homossexual. A lei associava hijras e outras pessoas LGBTQIAPN+ com pedofilia e bestialidade.

Em 1871, a nova Lei das Tribos Criminosas visava ainda mais aos "eunucos", impedindo-os de usar roupas femininas, dançar em público ou morar com crianças. Isso se devia a alegações de que as hijras

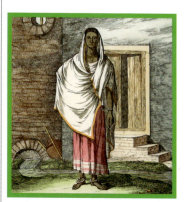

Essa gravura de uma pessoa hijra é de 1808. Só na década de 1850 as hijras foram vistas como um perigo para o domínio colonial britânico.

SUBCULTURAS E NOTORIEDADE

Veja também: O *Kama Sutra* 36-37 ▪ Direitos intersexuais 48-53 ▪ Narrativas homossexuais na poesia urdu 96-97 ▪ O julgamento de Ismat Chughtai por obscenidade 162 ▪ Direitos das pessoas trans 196-203 ▪ Ativismo LGBTQIAPN+ na Ásia 254-55

As hijras são frequentemente convidadas a dar bênçãos a bebês recém-nascidos e aos noivos em casamentos. Alguns acreditam que elas têm poderes especiais e garantem fertilidade e longa vida.

escravizavam e castravam crianças, apesar de não haver evidências de que essa era uma prática generalizada. Essas leis eram baseadas nos valores morais dominantes da Grã-Bretanha vitoriana, e declaravam que as hijras eram "contra a ordem da natureza" e com o objetivo explícito de erradicar totalmente a comunidade.

Legados da lei colonial

Parte da Lei das Tribos Criminosas foi revogada em 1911, mas ainda assim ela teve consequências duradouras na governança e na estigmatização da comunidade hijra. A Índia é independente do domínio colonial desde 1947, mas ainda hoje existem heranças coloniais para a posição legal das pessoas hijra.

Em 2014, um caso na Índia seguiu decisões anteriores do Paquistão e de Bangladesh ao reconhecer legalmente hijras como um terceiro gênero, e determinar que a comunidade deveria receber todos os direitos fundamentais garantidos pela constituição indiana. Foi uma decisão histórica que ofereceu esperança às comunidades hijra e foi seguida em 2018 pela decisão da Seção 377 da Suprema Corte como inconstitucional, descriminalizando a atividade sexual entre pessoas do mesmo sexo.

Embora essas decisões estabeleçam bases importantes, o ímpeto por trás delas ainda não se materializou como política. Um Projeto de Lei para Pessoas Transgênero, apresentado pela primeira vez em 2016, planejava incluir cotas para hijras na educação e em cargos públicos. O projeto de lei foi controverso e, quando foi aprovado em 2019, não havia cotas para hijras, nem qualquer mudança legal real em relação ao acesso a serviços essenciais. O projeto de lei final foi criticado por ativistas por ecoar a criminalização da era colonial de pessoas LGBTQIAPN+ na Índia por meio de categorização legal estrita baseada na genitália, em vez de na autoidentificação.

O futuro da comunidade

Acredita-se que haja até dois milhões de pessoas hijra na Índia hoje, embora não haja estatísticas oficiais. Foram traçados paralelos entre hijras e mulheres trans, pessoas não binárias e outras identidades LGBTQIAPN+. Algumas hijras adotam essa comparação, enquanto outras preferem pensar em si mesmas como um terceiro gênero distinto. A comunidade continua a ser estigmatizada, associada ao trabalho sexual e à mendicância, assim como à dança e à performance. Nos últimos anos, no entanto, houve mais representações positivas e oportunidades para as hijras contarem suas próprias histórias na literatura e na mídia. ▪

As escrituras hindus sempre falam do terceiro gênero.
Devdutt Pattanaik
Mitólogo indiano (1970-)

Não somos hipócritas. Vivemos nossa sexualidade abertamente, sendo verdadeiras com nossas almas e nossos corpos.
Laxmi Narayan Tripathi
Hijra ativista dos direitos e atriz de Bollywood (1979-)

NÃO EM BUSCA DE HOMENS, MAS EM BUSCA DE UMA À OUTRA
BELLE ÉPOQUE EM PARIS (1871-1914)

EM CONTEXTO

FOCO
Cultura queer boêmia

ANTES
1791 O novo Código Penal francês não inclui violação de questões "pessoais" e, portanto, descriminaliza atos sexuais entre pessoas do mesmo sexo.

1800 A proibição de mulheres usarem calças entra em vigor em Paris. A lei foi revogada em 2013.

DEPOIS
1928 É publicado *O poço da solidão*, de Radclyffe Hall – a personagem de Valérie Seymour é baseada na anfitriã parisiense de *salon* Natalie Clifford Barney.

1937 Abre as portas o Chez Moune, hoje o bar e boate lésbico mais antigo de Paris.

1971 As feministas lésbicas francesas rompem com a Frente Homossexual de Ação Revolucionária para estabelecer o grupo *Gouines Rouges* [Lésbicas Vermelhas].

O período na história da França desde o fim da guerra franco-prussiana em 1871 até a eclosão da Primeira Guerra Mundial em 1914 é conhecido como *belle époque* – a "bela época". Foi um período de prosperidade econômica, inovação tecnológica e de arte e cultura florescentes. Foi também uma época, na qual Paris se tornou um ponto de encontro para artistas, filósofos e qualquer pessoa atraída pela cena boêmia da cidade. As pessoas LGBTQIAPN+, em particular, viam a França como um refúgio das leis mais rígidas de suas próprias nações. O *demimonde* – um grupo que englobava mulheres à margem da sociedade, muitas vezes profissionais do sexo, e os homens de elite que usavam seus serviços – incluía muitas mulheres que preferiam a companhia feminina.

Subculturas safistas

As novas liberdades culturais não significavam que Paris estava livre de restrições sociais. Por exemplo, as mulheres na capital não podiam usar calças sem autorização, a menos que estivessem andando de bicicleta ou a cavalo. Essa lei patriarcal, destinada a afastar as mulheres das "profissões masculinas", tornava a escolha de usar roupas masculinas um movimento especialmente transgressor para as safistas parisienses – mulheres que amavam outras mulheres.

A lei não impediu que as mulheres parisienses adotassem a moda masculina. A pintora boêmia Louise Abbéma – conhecida por seu relacionamento de cinquenta anos com sua musa, a atriz Sarah Bernhardt – usava ternos masculinos e fumava

A escritora francesa Colette capturou o clima da sociedade da *belle époque* com seus romances provocativos, que lançam um intenso holofote sobre os papéis femininos tradicionais.

SUBCULTURAS E NOTORIEDADE 111

Veja também: Safo de Lesbos 24-27 ▪ *Molly Houses* 90-91 ▪ Safismo 98 ▪ França revolucionária 100-01 ▪ O primeiro bairro gay 146-47 ▪ *Butch* e *femme* 152-55

Mulheres da *belle époque* em encontros românticos em um salão de chá nesta ilustração de 1911, da revista *L'Assiette au Beurre*. Algumas usam a moda masculina da época.

Surgiram negócios e locais para atender às necessidades dessa população em desenvolvimento. Montmartre e Les Halles eram conhecidos por seus bares, cafés e casas de banho, enquanto o Carrossel do Louvre era um popular ponto de encontro ao ar livre. Membros da exclusiva sociedade *Les Rieuses* se reuniam mensalmente para jantares à luz de velas e outros prazeres. O bairro de Pigalle tinha dois cafés conhecidos – *La Brasserie du Hanneton*, de Mme Armande e *La Souris*, de Mme Palmyre –, onde mulheres ricas e pobres podiam se encontrar.

A evidência de uma subcultura sáfica pode ser vista na arte e na literatura da época. Toulouse Lautrec, por exemplo, pintou mulheres famosas no Moulin Rouge, incluindo a artista circense e dançarina Cha-U-Kao, que teve um relacionamento com uma mulher conhecida como Gabrielle, a Dançarina.

As mulheres também se reuniam em casas particulares para "*salons*" – reuniões de escritores, artistas e intelectuais. Uma característica da cultura francesa desde o século XVII, os *salons* agora serviam como eventos sociais para mulheres que procuravam parceiras com ideias semelhantes. A herdeira americana Natalie Clifford Barney, por exemplo, criou uma "Academia Feminina" informal para escritoras. Seu *salon* incluía muitos grandes escritores LGBTQIAPN+ da época, de colegas expatriadas como Gertrude Stein e Alice B. Toklas à Colette. ∎

charutos. Essa exibição patente de não conformidade de gênero e de preferências sexuais entre os ricos e famosos era vista apenas como outra forma de excentricidade.

Na época da *belle époque*, Paris já tinha fama pelo safismo. Em 1880, a historiadora francesa Nicole G. Albert descreveu Paris como a "Meca do safismo" e, em 1914, a cidade já ganhara o apelido de "Paris-Lesbos".

Minha homossexualidade não é um vício, não é deliberada e não prejudica ninguém.
Natalie Clifford Barney
Aventures de l'Esprit, 1929

O *salon* de Natalie Clifford Barney

Talvez o *salon* feminino mais famoso da *belle époque* de Paris tenha sido a *Académie des Femmes*, promovida por Natalie Clifford Barney (1876-1972), conhecida por seus convidados como "A amazona". Muitos dos *salons* de sexta-feira de Barney eram realizados em seu jardim, onde um "templo da amizade" em estilo grego formava o cenário para Barney e seu círculo apresentarem peças e danças em homenagem a Safo de Lesbos. Eram reuniões extravagantes, regadas a comida, ponche e uísque. Uma vez, todos os presentes assistiram a uma apresentação de dança com uma "Lady Godiva" nua chegando a cavalo. Descrita por alguns hoje como a "Rainha das Lésbicas" de Paris, Barney era famosa por seus romances. Ela inspirou uma série de obras literárias, incluindo *Idylle Saphique* (1901), de Liane de Pougy, que descreve a jovem Barney indo pedir em casamento uma bela cortesã francesa, ousadamente vestida como uma "página enviada por Safo".

Natalie Clifford Barney (à direita) com sua amante, Renée Vivien. Barney está vestida como Safo, como fazia em seus salões sáficos.

TODOS NASCEMOS NUS E O RESTO É DRAG

DRAG (ANOS 1880)

EM CONTEXTO

FOCO
Performance que subverte gênero

ANTES

1870 Crossdressers designados como homens ao nascer, conhecidas como Fanny e Stella são presas por usarem roupas femininas em público. Seu julgamento inclui o primeiro uso conhecido do termo "drag".

1880 Em Manchester, a polícia invade um "baile à fantasia" e prende 47 homens, muitos deles usando roupas femininas.

DEPOIS

2017 Acontece o primeiro baile drag do Líbano, "A sombra começa agora", em Beirute, uma cidade com uma cena drag ativa, apesar dos direitos LGBTQIAPN+ serem limitados na maior parte do Oriente Médio.

2022 A revista *Time* nomeia a temporada de 2016 de *RuPaul's Drag Race* como uma das "50 temporadas de reality shows mais influentes de todos os tempos".

... atraídos por belas sedas e cetins, cada um em trajes femininos completos, eles se deleitaram vestidos de mulheres.
The Washington Critic
Sobre um dos bailes drag de William Dorsey Swann, 1888

Drag é o ato de se vestir de uma forma subversiva de gênero para uma performance. A prática existe desde pelo menos o século VI AEC, quando os dramaturgos gregos escalavam homens para todos os papéis femininos. As mulheres eram vistas como inadequadas e inferiores para tais performances de alta arte. Da mesma forma, a partir da década de 1590, na Inglaterra, os homens atuavam como personagens femininas nas peças de William Shakespeare. Na ópera chinesa da dinastia Tang (618-907 EC), tanto mulheres quanto homens representavam o gênero oposto. A ópera italiana do século XVIII e início do século XIX colocava homens castrados (*castrati*) em papéis femininos e depois mulheres em roupas masculinas em papéis masculinos.

O crossdressing – que é simplesmente o ato de usar roupas que a sociedade determina que pertencem a outro gênero – pode se coincidir com drag, mas um não depende do outro. Hoje, a cultura drag pode envolver pessoas cis e trans de qualquer gênero e se afastou de apresentações explicitamente relacionadas ao gênero.

William Dorsey Swann

Nascido na escravidão em 1858, William Dorsey Swann cresceu em Maryland. Após a emancipação, trabalhou como garçom de hotel e zelador de faculdade. No início da década de 1880, Swann se mudou para Washington, DC, onde começou a organizar festas, ou "drags". Nesses eventos, um grupo, incluindo homens anteriormente escravizados, se vestia com "belas sedas e cetins". Os lugares das festas ficaram conhecidos como Casa de Swann. Swann chamava a si mesmo de "Rainha Drag" – o primeiro uso registrado da frase que mais tarde se tornaria "drag queen". Swann foi preso várias vezes, inclusive por se passar por mulher. Durante uma batida em um baile, em seu aniversário de trinta anos, ele brigou com a polícia – um dos primeiros atos registrados nos EUA de resistência à prisão de pessoas LGBTQIAPN+. Publicamente exposto, Swann desistiu de organizar os bailes, embora seu irmão Daniel continuasse fazendo fantasias para bailes drag até a década de 1950. Morreu em 1925.

Dois artistas negros posam como parceiros de dança no palco nesta fotografia de cerca de 1903. Os negros estadunidenses foram fundamentais nas origens da cultura drag moderna.

Festas e bailes

Na Grã-Bretanha do século XVIII, as festas de fantasias conhecidas como "*masquerades*" (mascaradas) eram realizadas em *Molly Houses*,

SUBCULTURAS E NOTORIEDADE 115

Veja também: Crossdressers e "maridos do sexo feminino" 82-83 ▪ *Molly Houses* 90-91 ▪ Performances masculinas 126 ▪ O Renascimento do Harlem e a Era do Jazz 148-51 ▪ *Camp* 180-181 ▪ A propagação da cultura ballroom 214-15

principalmente em Londres. Essas reuniões secretas eram frequentadas por uma variedade de pessoas, incluindo homens vestidos de mulher, que se misturavam com outros homens e usavam nomes como Primrose Mary, Lady Godiva e Black-eyed Leonora. Um frequentador regular dos *masquerades*, John Cooper – valete de um cavalheiro, também conhecido como Princesa Seraphina –, ganhou notoriedade em 1732, após um processo judicial em Old Bailey, em Londres.

Após a Guerra Civil Americana (1861-5), as festas drag privadas, ou bailes, ganharam espaço entre as comunidades negras recém-emancipadas. Nas décadas de 1880 e 1890, William Dorsey Swann organizou uma série de bailes em Washington, DC, onde os homens – a maioria ex-escravizados, como o próprio Swann – chegavam usando roupas femininas e dançavam com outros homens.

Comparecer a um dos bailes de Swann era arriscado e vários eventos terminavam em batidas policiais e prisões. Após uma invasão em 1896, Swann foi preso por dez meses por administrar uma "casa de desordem" – ou bordel. Ele pediu perdão ao presidente dos EUA, Grover Cleveland. O perdão foi negado, mas esse foi o primeiro exemplo nos EUA de um apelo legal para defender os direitos dos gays de se reunirem, sem ameaça de prisão. Swann se referia a si mesmo como "a rainha drag" e foi o primeiro a organizar os artistas do seu baile em uma "house" (casa) – um espaço seguro onde eles poderiam se reunir. Esse conceito foi adotado na década de 1970 por drag queens negras e latinas, em Nova York, que impulsionaram a criação de uma cultura de salão de dança construída em torno de "casas", que emulavam a estrutura de uma família escolhida.

Entretenimento popular

Os bailes drag de William Dorsey Swann eram eventos secretos, com a entrada permitida apenas com ingresso, mas o drag – na forma de imitadores femininos e masculinos – era popular no final do século XIX e início do século XX nos teatros de vaudeville estadunidenses e nos *music halls* da Grã-Bretanha. Esses locais públicos ofereciam entretenimento na forma de "shows de variedades", incluindo homens e mulheres que cantavam ou dançavam vestidos como o sexo oposto. Alguns, como Bert Errol e Vesta Tilley, e Julian Eltinge, conseguiram ter fama em ambos os lados do Atlântico. Também na Grã-Bretanha, damas da pantomima – personagens como Widow Twankey e Mother Goose, interpretadas por um homem – se tornaram conhecidas pelos frequentadores do teatro. A dama fantasiada com esmero é uma parte

As Rocky Twins eram drags norueguesas que se apresentavam em casas noturnas durante as décadas de 1920 e 1930 na Europa e nos EUA como parte do "Pansy Craze".

Coccinelle foi uma atriz, artista e ativista trans francesa que começou sua carreira como drag queen nos clubes parisienses Madame Arthur e Le Carousel na década de 1950.

popular das pantomimas de Natal da Grã-Bretanha atualmente.

Após a Primeira Guerra Mundial, os *music halls* e os teatros de vaudeville entraram em decadência, já que as pessoas passaram a optar pelo cinema. Artistas, incluindo Julian Eltinge, fizeram a transição para o cinema, mas a partir da década de 1920 o drag se tornou quadro nas boates que prosperavam nas cidades europeias e americanas. O drag também assumiu uma identidade mais abertamente LGBTQIAPN+, já que os clubes forneciam um espaço relativamente seguro para gays e para os que não se adequavam ao gênero que lhes fora atribuído no nascimento. Berlim, em especial, apoiou uma subcultura LGBTQIAPN+, com cerca de oitenta clubes gays em 1925, incluindo o Eldorado, famoso por suas apresentações drag e pelas festas dançantes.

Nos EUA, as leis de proibição de álcool (1920-33) levaram a bebida a ser consumida nos clubes *underground* »

DRAG

Linguagem drag	
Termo	**Significado**
Bar queen (rainha do bar)	Uma drag queen que ganha a vida trabalhando em bares.
Beat	Aplicar maquiagem perfeitamente.
Bio queen (rainha bio)	Uma mulher cis se apresentando como drag feminina.
Drag mother (mãe drag)	Alguém que atua como mentora de filhas drag, ajudando-as a desenvolver sua própria drag.
Fierce	Grande elogio, significa que alguém parece impecável.
Kiki	Quando dois ou mais artistas de drag se reúnem para uma festa, fofocam ou colocam o papo em dia.
Reading (Ler)	Insultar (ironica ou debochadamente) outros artistas. Um grupo de rainhas "lendo" umas às outras é conhecido como "biblioteca".
Real/ Realness (Real/Realidade)	Convincentemente perto de tudo o que o artista está tentando imitar.
Shade	Um insulto sutil e provocador – apontando as falhas de outra rainha.
Spilling the tea (Derramar o chá)	Compartilhar uma fofoca.

(*speakeasies*), onde pessoas LGBTQIAPN+ podiam se reunir, dançar e se apresentar. Em 1930, artistas drag se tornaram populares das boates – especialmente no Harlem –, no que ficou conhecido como "Pansy Craze". Algumas drag queens, como o abertamente gay Ray Bourbon e Jean Malin, alcançaram sucesso comercial, e Malin chegou a aparecer como mulher no filme de 1933 *Arizona to Broadway*.

Supressão e renascimento

A revogação da Lei Seca nos EUA, em 1933, marcou o fim da "Pansy Craze", já que as licenças de álcool foram emitidas apenas para locais "ordeiros", forçando muitos clubes underground a fechar. Nos filmes, entrou em vigor o Código de Produção de Cinema, também conhecido como Código Hays (1934) – um conjunto de regras estritas de censura elaborado por Will H. Hays –, proibindo sexo, drogas, homossexualidade e o aparecimento de drags em filmes. Também em Berlim, em 1933, boates gays foram fechadas e a repressão de drags aumentou quando o partido nazista assumiu o controle da Alemanha e perseguiu as pessoas LGBTQIAPN+. A repressão continuou durante a Segunda Guerra, embora nas forças armadas dos EUA e da Grã-Bretanha os shows drag tenham se tornado uma parte regular do entretenimento das tropas. Depois da guerra, o drag se tornou parte novamente de uma vibrante cena de boates gays em cidades como Nova York, Londres e Berlim. Em Paris, Madame Arthur estreou em 1946 como "o primeiro cabaré travesti de Paris". Junto com o clube Le Carrousel, o lugar recebeu artistas trans como Bambi e Coccinelle – que significa "joaninha" – ao longo da década de 1950.

No Reino Unido, a popularidade da televisão nas décadas de 1960 e 1970 levou artistas drag, como Danny La Rue e Dame Edna Everage, para a tela. Com fantasias elaboradas e glamour de estrela de cinema a uma atuação inspirada na tradição do music hall, La Rue se tornou uma das artistas mais bem pagas do Reino Unido e, em 1969, a primeira drag queen a aparecer em uma apresentação da Royal Variety.

Drag e identidade LGBTQIAPN+

Nos EUA, o drag se tornou parte da determinação LGBTQIAPN+ que surgiu na década de 1960 – embora não necessariamente bem-vinda por todos na comunidade gay. A drag queen Flawless Sabrina organizou concursos de beleza drag nos EUA durante a década de 1960, que virou um evento nacional anual – o Miss All-America Camp Beauty Pageant. O concurso foi registrado no documentário de 1968 *The Queen* [A rainha], que apresentava a drag queen

O drag king Spikey van Dykey no Austin International Drag Festival 2016. Spikey, também conhecido como Jamie Kalman, diz que drag kings não têm o mesmo reconhecimento que drag queens.

SUBCULTURAS E NOTORIEDADE

Crystal LaBeija, que se tornou uma figura essencial da cultura ballroom negra e latina de Nova York na década de 1970 e a *mãe da casa* de LaBeija.

Em 1979, foi formado em San Francisco o The Sisters of Perpetual Indulgence (Irmãs da Perpétua Indulgência) – grupo de ativistas drag. Desde então, elas se apresentam no estilo "genderfuck", em que exibem suas características masculinas, maquiagem extravagante e fantasias baseadas nos hábitos das freiras. O grupo tem representações no mundo todo, como uma organização de caridade e protesto que conscientiza pessoas "à margem", incluindo vítimas de aids e usuários de drogas LGBTQIAPN+.

Exposição mundial

Em 1985, a drag Lady Bunny organizou o Wigstock, um festival drag ao ar livre que se tornou um evento anual em Nova York. Um participante regular foi RuPaul, que nas duas décadas seguintes alcançou sucesso comercial como artista drag. Em 2009, estreou – como apresentador e juiz – um novo reality show, *RuPaul's Drag Race*. O programa, extremamente popular e com muitos *spin-offs* em todo o mundo, incluindo no Reino Unido, Austrália, Brasil e Tailândia, mudou a forma como o drag é visto e apresentou a milhões de pessoas a linguagem drag. Mas o programa tem sido criticado por ter um ponto de vista ultrapassado e limitado sobre o universo drag, e apresentar principalmente a drag normativa e feminina.

Alguns programas de TV romperam com esse formato, em particular a série americana *The Boulet Brothers' Dragula*, de 2016 que inclui todos os tipos de drag com forte foco no estilo drag de terror, em uma competição para coroar o próximo drag "monstro".

Uma drag queen se apresenta na Parada do Orgulho de 2020 em Taiwan, uma das maiores do leste da Ásia. A cidade tem uma cena drag florescente, centrada nos bares LGBTQIAPN+, em Ximending.

Ideias de gênero são questionadas por artistas como Cheddar Gorgeous e Juno Birch, no Reino Unido; Hungry, de Berlim; e o movimento de arte performática Tranimal, em meados dos anos 2000. Todos desafiam a estética feminina dominante do drag. ∎

RuPaul

Nascido em 1960 na Califórnia, RuPaul Andre Charles se mudou para Nova York, onde se tornou um conhecido dançarino e artista drag. O sucesso musical veio em 1993 com o lançamento de seu primeiro álbum, *Supermodel of the World*, que gerou o hit surpresa "Supermodel (You Better Work)". O álbum chegou ao segundo lugar na parada de músicas Dance Club dos EUA e vendeu 500 mil cópias, o que impulsionou sua carreira. Ao longo da década de 1990, RuPaul foi sendo notado – conseguiu papéis em vários filmes e trabalhou como modelo para a MAC Cosméticos. Em 1996, começou a apresentar seu próprio talk show na TV, *The RuPaul Show* – foi um dos primeiros gays assumidos a fazer isso – e um programa de rádio com sua amiga de longa data, a cantora, DJ e personalidade da mídia Michelle Visage. Desde 2009, é o apresentador – e produtor executivo – da série de TV *RuPaul's Drag Race*, vencedora de prêmios Emmy e Tony. Através do programa, ajudou pessoas ao redor do mundo a aceitar e admirar artistas drag.

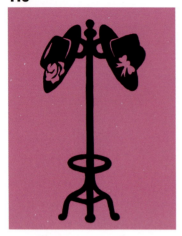

DUAS SENHORAS, VIVENDO DOCE E DEVOTADAMENTE JUNTAS
"CASAMENTOS DE BOSTON" (1886)

EM CONTEXTO

FOCO
Amor entre mulheres

ANTES
1849 O poeta americano Henry Wadsworth Longfellow publica sua novela *Kavanagh*, sobre um casal inspirado em Charlotte Cushman e Matilda Hays.

DEPOIS
1985 Lillian Faderman detalha os "casamentos de Boston" em seu livro *Surpassing the Love of Men*.

1993 Nos Estados Unidos, Esther D. Rothblum e Kathleen A. Brehony, argumentam que o termo "casamento de Boston" deveria ser reestabelecido para descrever relacionamentos românticos e não sexuais modernos entre mulheres.

2004 Acontece o primeiro casamento homossexual nos Estados Unidos, entre Tanya McCloskey e Marcia Kadish, em Cambridge, no estado de Massachusetts.

O romance de Henry James de 1886, *The Bostonians*, gira em torno da "questão das mulheres" – a tensão naquela época entre os papéis tradicionais de gênero e as ideias do crescente movimento sufragista feminino. No centro do romance está um relacionamento entre duas sufragistas, a rica Olive Chancellor e a jovem oradora Verena Tarrant. Olive "compra" o pai de Verena para que ele permita que a jovem se mude para a casa de Olive como sua protegida. As duas vivem sozinhas, até que a posição de Olive na vida de Verena é ameaçada pelo aparecimento de Basil Ransom, um sulista com visões tradicionais sobre o lugar da mulher, que começa a cortejar Verena. O romance termina com Verena deixando Olive e sua vida como sufragista para se casar com Basil.

O romance capturou um tipo particular de relacionamento entre mulheres no final do século XIX e, após sua publicação, tais relacionamentos entre mulheres americanas – vivendo juntas sem o apoio financeiro dos homens – eram chamados de "casamentos de Boston".

Parceiros privilegiados

Muitos dos exemplos mais conhecidos de "casamentos de Boston" vêm das classes altas e brancas da Nova Inglaterra, incluindo mulheres financeiramente independentes envolvidas com as artes ou com o movimento sufragista. A grande atriz Charlotte Cushman viveu em "casamentos de Boston" com várias mulheres ao longo de sua vida – embora tenha morrido em 1876, antes que o termo fosse inventado. A própria irmã de Henry James, Alice, uma diarista, viveu um "casamento de Boston" com Katharine Peabody Loring. Como observou a historiadora

Charlotte Cushman (à esquerda) e Matilda Hays, uma atriz americana e uma escritora crioulo-inglesa, viveram em um "casamento de Boston" por dez anos.

SUBCULTURAS E NOTORIEDADE

Veja também: Início da lesbianidade moderna 74-79 ▪ Amizade erótica na América e na Europa 92-95 ▪ Os diários de Anne Lister 102-03 ▪ Igualdade matrimonial 288-93

The Bostonians [Os bostonianos/ Um triângulo diferente] virou filme em 1984. O filme foi um sucesso internacional, com indicações a vários prêmios.

agora, alguns historiadores retratam os "casamentos de Boston" como assexuados. Outros estudiosos, como a historiadora americana Blanche Cook, argumentam que esses critérios sexuais não se aplicam a relacionamentos heterossexuais – eles presumem que pelo menos algumas mulheres envolvidas em "casamentos de Boston" eram estimuladas eroticamente e observam, também, a impossibilidade histórica de se saber "com certeza".

O que é certo é que os amigos e vizinhos desses pares normalmente não os condenavam, mas os tratavam como casais heterossexuais. Diários e cartas de mulheres que viviam "casamentos de Boston" também deixam claro que esses relacionamentos, motivados por uma mistura de amor e paixão, foram os principais e mais importantes nas suas vidas. ∎

*Você se lembra, querida
Há um ano, quando nos
entregamos uma à outra
Antes de você partir
No final daquele verão
agradável
Que passamos juntas à
beira-mar?*
Sarah Orne Jewett
Poema de aniversário para
Annie Fields

lésbica Lillian Faderman, essas relações eram especialmente prevalentes entre as acadêmicas. Faderman estimava que, no Wellesley College, em Massachusetts, apenas uma das 53 professoras que trabalhavam lá final do século XIX era casada com um homem; o resto vivia com outras mulheres. Um dos casamentos mais notáveis foi entre a poeta Katharine Lee Bates (autora do hino patriótico "America the Beautiful") e a economista Katharine Ellis Coman.

Um legado asséptico

Os debates sobre os "casamentos de Boston" geralmente tratam esses relacionamentos como amizades platônicas ou, no máximo, como relacionamentos românticos sem um componente sexual. Esses retratos podem ser fruto de um desejo vitoriano de categorizar os "casamentos de Boston" como amizades meramente românticas, em que as mulheres podem compartilhar camas, beijar e mostrar afeto casto umas às outras antes de se casar com homens. Mesmo

Sarah Orne Jewett e Annie Adams Fields

Um dos "casamentos de Boston" mais famosos no século XIX foi entre Sarah Orne Jewett e Annie Adams Fields. Fields, nascida em 1834, foi reformadora social, filantropa e escritora, conhecida pelo salão literário que ela e o marido – James T. Fields, editor do *The Atlantic* – estabeleceram em sua casa na Charles Street, em Boston. Após a morte de James em 1881, Jewett, uma escritora, fez uma visita de condolências e, segundo todos os relatos, passou a ser a parceira de Fields a partir daquele momento. Jewett, quinze anos mais jovem, passava o inverno na Charles Street, o verão na casa de férias delas em Manchester-by-the Sea e no resto do tempo morava na casa de Fields em South Berwick, no Maine. Também viajaram juntas para a Europa e o Caribe. Fields e Jewett socializavam com um grupo de outras mulheres que também viviam "casamentos de Boston". Embora a correspondência entre muitos casais tenha permanecido estritamente privada – ou tenha sido destruída – os escritos de Fields e Jewett sobreviveram, com uma imagem clara do profundo amor que uma sentia pela outra. Jewett também descreveu o relacionamento em seu romance *Deephaven*, de 1877 e, após a morte de Jewett por um derrame em 1909, publicou sua correspondência nas *Cartas de Sarah Orne Jewett* (1911). Mas essas cartas foram fortemente editadas, para remover mais informações pessoais, levando alguns biógrafos a classificarem erroneamente o relacionamento das duas como uma profunda amizade. Quando Fields morreu, em 1915, foi enterrada ao lado do marido.

AO MESMO TEMPO UMA LINDA MULHER E UM HOMEM POTENTE

NÃO CONFORMIDADE DE GÊNERO E RESTRIÇÕES COLONIAIS NA ÁFRICA (FIM DO SÉCULO XIX)

EM CONTEXTO

FOCO
Fluidez tradicional de gênero

ANTES
1624-63 Njinga Mbande governa o povo Mbundu do sudoeste da África. Os europeus relatam que ela se veste de homem e tem um harém de homens vestidos de mulher.

c. Anos 1820 Shaka, líder do Império Zulu no sul da África, permite sexo entre homens em seu poderoso exército, mas proíbe sexo com mulheres.

DEPOIS
Anos 1970 Area Scatter, crossdresser igbo de gênero queer, canta e toca kalimba no leste da Nigéria.

Anos 1980 Rotimi Fani-Kayode explora a sexualidade e a espiritualidade iorubá em retratos fotográficos de corpos gays negros.

2006 O casamento entre pessoas do mesmo sexo se torna legal sob a Lei da União Civil da África do Sul.

A colonização europeia da África avançou rapidamente no final do século XIX e início do século XX, aumentando de cerca de 10% em 1870 para quase 90% em 1914. Com ela veio o cristianismo ocidental e a imposição de novos códigos morais para excluir e criminalizar qualquer divergência da heterossexualidade.

As nações ocidentais geralmente viam os africanos cujos comportamentos diferiam dos seus como depravados e primitivos. Sem fazer nenhum esforço para preservar as práticas culturais africanas, a maioria das potências coloniais introduziu códigos penais que reforçavam as ideias europeias de modernidade "moral" e "civilizada". As novas leis com frequência abalavam os padrões locais de gênero, sexo e sexualidade.

Indefinição de gênero
Em diferentes áreas da Nigéria, mulheres oyo, iorubá, nnobi e igbo costumavam se casar com pessoas

As relações homossexuais eram comuns entre guerreiros, como os Zande, que lutaram contra as potências coloniais na África Central no século XIX.

SUBCULTURAS E NOTORIEDADE

Veja também: As primeiras evidências de pessoas LGBTQIAPN+ 18-19 ▪ Crossdressers e "maridos do sexo feminino" 82-83 ▪ Os desafios LGBTQIAPN+ na África moderna 306-07

Aquele que é fisicamente masculino pode vibrar energia feminina e vice-versa. É aí que está o verdadeiro gênero.
Malidoma Somé
Shaman do povo Dagaaba de Gana

do mesmo sexo em uniões que não eram necessariamente sexuais. Se uma das parceiras possuía terras e dava seu sobrenome aos filhos, às vezes eram culturalmente entendidas como homens. Essas ligações ainda existem, tradicionalmente entre mulheres que não podem ter filhos e as que podem, permitindo que uma mulher sem filhos tenha acesso aos da outra. As potências coloniais interpretaram mal essas relações.

No Lesoto, os relacionamentos *motsoalle* tradicionais são amizades próximas entre mulheres, às vezes sexuais, de longo prazo, que existem há muito tempo ao lado do casamento com o sexo oposto, mas se tornaram mais raras por conta da homofobia do século XX. Na Nigéria, *yan dauda*, do povo hauçá, são pessoas que se identificam como homens e há muito tempo se vestem, atuam e vivem de maneiras atribuídas às mulheres, mas agora com frequência se veem forçados a viver secretamente.

Rótulos desconhecidos

Introduzidos pelo colonialismo ocidental, termos como gay, lésbica e homossexual eram basicamente desconhecidos na cultura africana pré-colonial. O povo Dagaaba de Gana acredita tradicionalmente que o que determina o gênero é a energia feminina ou masculina, e não simplesmente a anatomia. Entre os mbuti da África Central, o gênero não é atribuído até depois da puberdade.

Crenças em divindades andróginas e intersexuais foram registradas entre mais de vinte povos em toda a África, e indicam ampla aceitação histórica do comportamento trans. Homens trans (*okule*) e mulheres trans (*agule*) do povo Lugbara ainda realizam cerimônias espirituais em partes de Uganda e da República Democrática do Congo. Os zulus da África Austral chamam seus xamãs trans de *insangoma*.

Ao impor seu conceito de gênero e sexualidade, a Europa estigmatizou muito do que era natural e fluido. As línguas europeias não conseguem captar os significados de algumas relações tradicionais, o que resulta em qualificativos oximorônicos, como "rapazes-esposas", "maridos do sexo feminino" e "filhas-homens".

Amnésia cultural

Um efeito devastador da colonização é que as leis europeias introduzidas para criminalizar identidades sexuais "depravadas" ainda existem em muitos países africanos. A demonização das práticas tradicionais africanas parece ter provocado uma amnésia cultural, de modo que as nações ignoram sua própria história e perpetuam a punição a pessoas queer, alegando que os conceitos LGTBQIAPN+ emanam da Europa.

Ainda assim, muitos começaram a reapresentar suas identidades sexuais de maneiras transgressoras que refletem suas tradições e os tempos pré-coloniais. Ao descentralizar os conceitos ocidentais de gênero, sexo e sexualidade, agora reivindicam seu próprio passado único. ▪

Èṣù

Um *òrìṣà* (orixá/divindade) complexo da religião Ifá do povo iorubá nigeriano, Èṣù (ou Exu), é o deus da encruzilhada e é supostamente capaz de trocar os próprios órgãos genitais como desejar, para surgir como homem ou mulher. Por causa dessa fluidez, a divindade se tornou um ícone queer, existindo na interseção de gêneros e desempenhando papel mediador. Embora o cristianismo ocidental e as potências coloniais do século XIX identificassem Èṣù como um demônio, o deus trapaceiro é essencialmente protetor e faz cumprir as leis naturais e divinas, mantendo um equilíbrio entre o bem e o mal. Também serve como emissário entre os reinos divino e terreno. Está entre as mais difundidas e cultuadas de todas as divindades, também presente na religião afro-caribenha Santería, no Vodu haitiano e no Candomblé, religião africana diaspórica que se desenvolveu no Brasil durante o século XIX.

Um cajado de dança de Èṣù (*ogo elegba*) do século XIX retrata o espírito como masculino-feminino. A figura masculina carrega uma flauta de ritual.

O QUE APARECE NA NATUREZA É NATURAL

PRIMEIRO RECONHECIMENTO DA ASSEXUALIDADE (ANOS 1890)

EM CONTEXTO

FOCO
Reconhecimento científico da assexualidade

ANTES
1886 Na Alemanha, Richard von Krafft-Ebing usa o termo "anestesia sexual" para se referir a pessoas assexuadas em seu *Psychopathia Sexualis*; o mesmo termo é usado por Magnus Hirschfeld em seu *Safo e Sócrates* de 1896.

DEPOIS
1994 O psicólogo canadense Anthony F. Bogaert sugere que 1% da população é assexual.

2002 A primeira proteção legal explícita do mundo para a assexualidade é aprovada na Lei de Não Discriminação de Orientação Sexual do estado de Nova York.

2004 A revista *New Scientist* dedica uma edição ao tema da assexualidade.

Considerado com frequência o primeiro trabalho a reconhecer a assexualidade como uma orientação sexual, *Ein Weib?, Psychologischbiographische Studie über eine Konträrpolitique*, da professora alemã Emma Trosse foi proibido em Leipzig quando o publicou anonimamente em 1897. Por causa do debate sobre sexualidade que propunha, o ensaio violou o Código Penal alemão como um "documento obsceno".

Ein Weib abordava o fenômeno dos *Sinnlichkeitslose*, aqueles sem sensualidade. Esse termo pode ser visto como um precursor do termo identitário moderno "assexual" e, ao contrário das referências anteriores, não buscou medicalizá-lo. Trosse via a falta de sensualidade como natural, e não como uma condição que necessitava de intervenção médica ou perseguição criminal. *Sinnlichkeitslose* incluía pessoas que não tinham interesses sexuais ou eróticos – e também nenhum desejo de qualquer tipo de intimidade com outras pessoas. Por causa disso, uma pessoa sem sensualidade pode descobrir que seu trabalho se tornou a paixão da sua vida – no caso de Trosse, uma vida dedicada à ciência lhe proporcionava a realização geralmente atribuída à parceria sexual. Trosse se identificava como *Sinnlichkeitslos*.

Instintos uranianos

Trosse posicionou seu trabalho como uma continuação de uma tradição de escritos sobre contrassexualidade – um termo abrangente para qualquer coisa que não fosse heterossexualidade. Ela assumiu o uso de Karl Heinrich Ulrichs do termo "urning", ou "uranismo", e

O dândi, um homem do século XIX conhecido por sua teatralidade e moda, já foi associado ao celibato e à aversão ao sexo, embora depois se tornasse uma aversão ao sexo com mulheres.

SUBCULTURAS E NOTORIEDADE 123

Veja também: Definindo "homossexual" e "heterossexual" 106–07 ▪ Sexologia e psicanálise 132–33 ▪ Relatório Kinsey sobre sexologia 164–65 ▪ *O manifesto assexual* 218 ▪ O espectro arromântico e assexual 280–83

Linha do tempo de termos para descrever a assexualidade

1869 Karl-Maria Kertbeny usa o termo **monossexual** para descrever pessoas que não fazem sexo, apenas se masturbam.

1886 O sexólogo alemão Richard von Krafft-Ebing classifica a "condição" de não sentir desejo sexual como **anestesia sexual**.

1922 A escritora americana "andrógina" Jennie June despreza os **"anafroditas"**, que não desejam sexualmente nem "adoram" mulheres.

1948 Alfred Kinsey, o sexólogo americano, inclui a **categoria X** em sua famosa Escala Kinsey, para aqueles que não sentem desejo sexual.

---

ampliou seu significado para aplicar não apenas a "pessoas externamente masculinas", mas também a mulheres e pessoas sem sensualidade. Ulrichs usou o termo para descrever homens homossexuais – que ele disse terem os sentimentos sensuais de uma mulher, ligando a sexualidade a algum gênero inato. Trosse sugere que *Sinnlichkeitslose* representa um terceiro sexo, pois não têm a sensualidade nem de homem nem de mulher.

Trosse falou de uma falta geral de sensualidade nos mesmos termos em que descreveu a falta de atração sensual de um uraniano por sua parceira heterossexual e descreveu os sentimentos de vergonha e repulsa que podem ser sentidos em relação ao sexo. Ela também afirmou que as mulheres não eram sensuais por natureza e que a sensualidade talvez não levasse ao amor, mas que o amor criava sentimentos sensuais – uma descrição que se encaixa no conceito moderno de demissexualidade.

De assensual a assexual

Embora não esteja claro exatamente quando ou como a linguagem da década de 1890 e o "sem sensualidade" de Trosse se transformaram em "assexual", este, sem dúvida, tem suas raízes no trabalho de Trosse e seus colegas sexólogos alemães. Em 1920, o Presbitério de Nova Orleans acusou o reverendo Carl Schlegel de disseminar doutrinas imorais. Os registros de sua investigação citam Schlegel como defensor das mesmas leis para "homossexuais, heterossexuais, bissexuais, assexuais" – prova de que, no início do século XX, "assexual" havia se tornado um termo conhecido do público. ∎

Emma Trosse

Nascida na Prússia (agora Alemanha), em 1863, Emma Trosse se tornaria a primeira mulher a escrever uma monografia científica sobre lesbianidade. Se tornou professora, e morou e trabalhou por muitos anos com a também professora do internato Hermine Dulsmann, no que alguns consideraram um relacionamento romântico. Nas décadas de 1880 e 1890, era talvez a única mulher com permissão para assistir a palestras de psicologia na Universidade Friedrich Wilhelm, em Berlim, e se notabilizou por seus escritos sobre a contrassexualidade. Depois que se casou com Georg Külz, um médico, em 1900, teve que desistir de lecionar devido às regras de celibato dos professores e trabalhava no sanatório do marido, escrevendo e pesquisando sobre diabetes. Trosse morreu em 1949.

Obras principais

1895 *Homosexuality in relation to marriage and the question of women's rights*
1897 *A Woman? Psychological biographical study of a contrary sexual*
1897 *Is free love immoral?*

O AMOR QUE NÃO OUSA DIZER SEU NOME
O JULGAMENTO DE OSCAR WILDE (1895)

EM CONTEXTO

FOCO
Atos homossexuais como crime

ANTES
1835 James Pratt e John Smith são os últimos executados por sodomia na Inglaterra.

1885 Em Nottingham, Thomas Swift, de dezenove anos, é a primeira pessoa condenada por "atentado violento ao pudor com outro homem", de acordo com a seção 11 da Emenda à Lei Criminal de 1885.

DEPOIS
1957 Na Grã-Bretanha, após uma investigação de três anos, o Comitê Wolfenden recomenda que "o comportamento homossexual consentido entre adultos em privado não deve mais ser considerado uma ofensa criminal".

2017 Oscar Wilde e cerca de 50 mil outros homens são perdoados postumamente por atos homossexuais.

Em 1861, a pena de morte por sodomia foi abolida na Inglaterra e no País de Gales, embora continuasse sendo uma ofensa grave. Além disso, a lei e o povo tinham pouco interesse na homossexualidade. No final do século XIX, no entanto, todos os aspectos da intimidade entre os homens se tornaram criminalizáveis.

Em 1870, o julgamento de Fanny e Stella – designados homens ao nascer e acusados sob seus nomes de nascimento, Frederick William Park e Ernest Boulton – garantiu ampla divulgação a uma subcultura homossexual de Londres. Fanny e Stella faziam parte de uma trupe teatral e usavam roupas femininas dentro e fora do palco. Foram acusados de corromper a decência pública e de cometer "o abominável crime de sodomia".

Fanny e Stella foram inocentadas, mas o julgamento alimentou o ardor homofóbico, fortalecido pela imprensa. Em 1885, o parlamentar britânico Henry Labouchere adicionou uma cláusula – conhecida como "Emenda Labouchere" – à Emenda à Lei Criminal, que ia além dos termos estabelecidos para introduzir a acusação ambígua de "atentado violento ao pudor" para qualquer atividade sexual entre homens. Essa mudança foi usada para condenar Oscar Wilde e milhares de outros homens nos setenta anos seguintes.

Fama e notoriedade

No início de 1895, o escritor anglo-irlandês Oscar Wilde – já estabelecido na cena literária londrina – estava surfando em uma onda de

Oscar Wilde e Alfred Douglas, retratados aqui em 1893, começaram seu *affair* em 1891, quando Douglas era estudante da Universidade de Oxford.

SUBCULTURAS E NOTORIEDADE

Veja também: A criminalização da sodomia 68-71 ▪ Poesia de amor entre homens 80-81 ▪ A descriminalização dos atos homossexuais 184-85

> Em seu poema "Dois amores", o amante de Oscar Wilde, Alfred Douglas, escreve sobre "**o amor que não ousa dizer seu nome**".

> Em seu julgamento, Wilde é questionado se o poema de Douglas se refere ao amor que é **"impróprio"** ou **"antinatural"**.

> Wilde descreve esse amor como uma **forma pura e nobre de afeição** que existe entre **um homem mais velho e um homem mais jovem**.

Oscar Wilde

Nascido em Dublin em 1854, Oscar O'Flahertie Wills Wilde estudou no Trinity College Dublin e em Oxford, onde ganhou o prêmio Newdigate pelo poema *Ravenna*. Sua primeira coleção de poesia foi publicada em 1881 e, no ano seguinte, viajou para os EUA em uma turnê de palestras por 150 cidades, promovendo-se como uma das principais luzes do movimento de arte estética, seguindo seu mantra de "Arte pela arte". Em 1884, Wilde se estabeleceu em Londres e se casou com Constance Lloyd, com quem teve dois filhos. Nos dez anos seguintes, escreveu prolificamente, incluindo poesia, jornalismo, contos, peças de teatro e seu único romance, *O retrato de Dorian Gray*. Após sua libertação de Reading Gaol em 1897, Wilde deixou o Reino Unido – separado de Constance e sem poder ver os filhos. Assim, ele se estabeleceu em Paris, onde morreu em 1900.

Obras principais

1891 *O retrato de Dorian Gray*
1895 *A importância de ser prudente*
1898 *A balada do cárcere de Reading*

popularidade, com duas peças de sucesso no West End de Londres – *A importância de ser prudente* e *Um marido ideal*. Como parte do movimento estético que promovia liberdades culturais e pessoais, Wilde também abraçou o "dandismo", e usava roupas extravagantes, como calças até os joelhos, jaquetas de veludo e blusa de babados. Rotulado como não masculino, aquilo contrariava os ideais vitorianos de masculinidade baseados na piedade religiosa, no dever e na sobriedade.

O artista esmagado

Wilde, que vivia relacionamentos homossexuais desde os trinta anos, estava envolvido com lorde Alfred Douglas, um poeta e jornalista dezesseis anos mais novo. O pai de Douglas, o marquês de Queensberry, deixou um cartão de visita no Albemarle Club de Londres, no qual chamava Wilde de "somdomita [sic] posudo". Ele decidiu processar Queensbury por difamação.

A defesa levou ao tribunal vários profissionais do sexo com quem Wilde tivera atividades sexuais. O fato de os homens serem jovens e da classe trabalhadora foi prejudicial para Wilde e o caso foi arquivado. Então, ele mesmo acabou sendo processado e condenado em 25 de maio, por atentado violento ao pudor, sentenciado a dois anos de trabalhos forçados e preso. O julgamento foi uma sensação, e alimentou os temores da sociedade sobre a homossexualidade como uma ameaça moral e física, forçando os gays a agirem com cautela ainda maior. ▪

Se a prisão e a desonra são meu destino, pense que meu amor por você e essa ideia, essa crença ainda mais divina, de que você me ama em troca, me sustentará...
Oscar Wilde
Carta ao lorde Alfred Douglas

EU PODERIA ME EXPRESSAR MELHOR SE ME VESTISSE COMO UM MENINO
PERFORMANCES MASCULINAS (ANOS 1890-1920)

EM CONTEXTO

FOCO
Performance de gênero fluido

ANTES
Século XVII Na França e na Itália, as mulheres desempenham papéis masculinos na *commedia dell'arte*, uma versão improvisada da comédia.

DEPOIS
1920 Vesta Tilley faz sua última apresentação no Coliseum Theatre, em Londres, cerca de 50 anos depois da primeira.

Anos 1920 A cantora de blues e crossdresser do Harlem, Gladys Bentley, alcança a fama.

1930 Marlene Dietrich choca Hollywood quando se veste de cartola e fraque e beija outra mulher no filme *Marrocos*.

Anos 1990 Performances masculinas (também conhecidos como "drag kings") começam a receber mais atenção. Nos EUA, é lançado o San Francisco Drag King Contest.

Durante o final do século XIX e início do século XX, a performance masculina era uma forma popular de entretenimento nos *music halls* britânicos, e sua popularidade chegou aos EUA. Muitos artistas nasceram como mulheres – alguns identificados como gêneros reconhecidos como trans e não binários hoje.

Charles (Annie) Hindle, um dos primeiros performers masculinos famosos, atuou nos EUA a partir de 1868, depois de emigrar do Reino Unido quando criança. Designado como mulher ao nascer, viveu grande parte da vida como homem e se relacionou com mulheres.

A mais famosa de todas foi Vesta Tilley, nome artístico de Matilda Alice Powles, que começou a atuar aos três anos de idade e logo sustentou toda a família com a renda de suas turnês na Grã-Bretanha e nos EUA. Foi a mulher que mais faturou no Reino Unido durante a década de 1890, e comandou campanhas militares para a Primeira Guerra como uma personagem.

A performance masculina envolvia canto e dança, com a comédia em primeiro plano, em *music halls* conhecidos por seu humor estridente e obsceno. Extremamente populares, esses artistas abriram caminho para muitos drag kings modernos. ∎

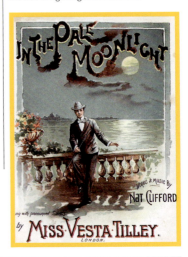

Partitura de *In the Pale Moonlight*, interpretado por Vesta Tilley. Ela criava personagens como "Burlington Bertie" e se vestia como um rapaz ao mesmo tempo em que zombava deles.

Veja também: Crossdressers e "maridos do sexo feminino" 82-83 ▪ Pessoas nascidas mulheres em combate 99 ▪ Drag 112-17 ▪ O Renascimento do Harlem e a Era do Jazz 148-51

SUBCULTURAS E NOTORIEDADE 127

BONA TO VADA YOUR DOLLY OLD EEK!
A LINGUAGEM SECRETA DE POLARI
(FIM DO SÉCULO XIX-ANOS1960)

EM CONTEXTO

FOCO
Subculturas e linguagens
LGBTQIAPN+

ANTES
1887 Descobre-se que os diários da lésbica britânica Anne Lister haviam sido escritos em forma de criptografia, usando letras, números e símbolos gregos.

1915 O jornalista britânico Alfred Barrett funda o *The Link*, um boletim informativo sobre corações solitários usando frases codificadas como "mente aberta" e "boêmio" para sinalizar a homossexualidade.

DEPOIS
2010 O Projeto de Literatura Oral Mundial da Universidade de Cambridge inclui o polari em uma lista de línguas ameaçadas de extinção, já que quase não é usada há trinta anos.

2016 Em seu último álbum, o músico britânico David Bowie incorpora termos em polari na música "Girl Loves Me".

Polari (do italiano *parlare*, "falar") era uma forma de jargão ou criptoleto – uma linguagem usada para enganar. No início do século XX, quando o sexo entre homens ainda era ilegal, a polari era usada na Grã-Bretanha e na Irlanda, principalmente por homens gays, para sinalizar sua sexualidade um ao outro e se comunicar sem medo de serem descobertos ou perseguidos.

A polari tem origem no século XIX, e se baseia na "língua franca do Mediterrâneo" – uma língua pídgin usada por marinheiros – e no parlyaree, uma gíria usada por viajantes baseada em romani. Era muito usada nas cidades portuárias, e chegou a Londres por meio de criminosos, comerciantes, profissionais do sexo e pessoas do teatro.

Em constante desenvolvimento, a polari adicionou palavras do iídiche, como "schnozzle" para nariz, e gírias rimadas cockney, como "hampsteads" (Hampstead Heath) para dentes. Também faz uso pesado da ironia.

Declínio em uso

A descriminalização parcial do sexo entre homens no Reino Unido em 1967 diminuiu a necessidade de um criptoleto entre as comunidades gays. Antes disso, a crescente exposição da polari na grande mídia nas décadas de 1950 e 1960 começou a minar seu valor – o comediante Kenneth Williams, por exemplo, ficou conhecido por seu uso simplificado da polari no rádio e na TV. As drag queens também começaram a incorporar a gíria em seus atos. No contexto do orgulho gay, alguns também viam a linguagem secreta como subproduto de uma era de repressão. ∎

A gente é forçado a fazer isso. (Polari) não é uma piadinha exagerada. É real.
Bette Bourne
ator britânico (1939-)

Veja também: *Molly Houses* 90-91 ▪ Os diários de Anne Lister 102-03 ▪ Drag 112-17 ▪ Pajubá brasileiro 169 ▪ *Camp* 180-81

SEXOLO
E IDENTI
SEXUAL
1900-1969

GIA
DADE

130 INTRODUÇÃO

A República de Weimar do pós-guerra da Alemanha é uma era de tolerância; Berlim se torna um epicentro LGBTQIAPN+.

Anders als die Andern [Diferente dos Outros], um filme mudo alemão, é a primeira representação na tela simpatizante de personagens gays.

"Prove It On Me Blues", da **cantora americana Gertrude "Ma" Rainey**, se torna um hino para as lésbicas com suas letras sobre o desejo sexual entre mulheres.

Em carta a uma mulher que lhe pediu para tratar seu filho, **o médico austríaco Sigmund Freud** argumenta que as pessoas não deveriam ter vergonha da homossexualidade.

 1918-33   **1919**   **1928**   **1935**

1919   **1928**   **1933**

Magnus Hirschfeld funda o Instituto para Ciência Sexual em Berlim, conhecido por suas cirurgias transgênero pioneiras.

É publicado *O poço da solidão*, da autora **britânica Radclyffe Hall**. Sua protagonista é interpretada tanto como lésbica *butch* quanto trans.

Os nazistas começam a perseguir homens que fazem sexo com homens – até 15 mil são enviados para campos de concentração em 1945.

A primeira metade do século XX foi um período tumultuado, de grande agitação social e política, caracterizado por duas guerras mundiais, movimentos de descolonização generalizados, lutas pelo sufrágio e a ascensão do comunismo por meio de revoluções. As pessoas LGBTQIAPN+ se viram envolvidas por essas mudanças, mas até recentemente seus papéis nesses eventos raramente eram explorados pelos historiadores. As histórias do início do século XX mostram uma comunidade florescente se revelando, enfrentando a opressão reacionária e lutando contra ela.

Brutalidade e opressão

O General Eisenhower descobriu, depois de tentar "desmascarar" os homossexuais no Exército dos EUA durante a Segunda Guerra Mundial, que o Corpo Feminino do Exército contava com o trabalho de lésbicas até mesmo nos escalões mais altos. Por mais que Eisenhower tenha deixado as lésbicas ficarem, seu impulso de erradicar as pessoas LGBTQIAPN+ era típico da época. O terror lavanda (Lavender Scare) de 1950, por exemplo, determinava que pessoas fossem identificadas e demitidas de cargos no serviço público dos EUA. As condenações aconteciam ainda em muitos países com leis contra a sodomia – muitas vezes usando provas recolhidas por vizinhos ou colegas – até ela ser descriminalizada. As leis de sodomia foram derrubadas em muitas nações ocidentais nas décadas de 1960 e 1970, embora seus legados tenham perdurado nas ex-colônias.

Nos lugares em que foram empregadas, forças policiais para identificar pessoas LGBTQIAPN+, os oficiais assumiram a tarefa com zelo violento. Na Alemanha nazista, a Gestapo procurava homens que faziam sexo com homens e os enviava para campos de concentração. A partir de 1964, as forças policiais brasileiras reprimiam a comunidade trans durante a ditadura militar do país. Na década de 1960, a polícia dos EUA invadia regularmente locais de encontro LGBTQIAPN+, como a Compton's Cafeteria em San Francisco e o bar gay The Stonewall Inn, em Nova York.

Conhecimento queer

Apesar dessas medidas opressivas, as pessoas não estavam dispostas a serem silenciadas. Diferentes facetas da identidade LGBTQIAPN+ foram exploradas e desenvolvidas durante esse período. A figura da lésbica *butch*, por exemplo, foi popularizada e moldada pela atmosfera progressista dos anos 1920. A partir de

SEXOLOGIA E IDENTIDADE SEXUAL

A Escala de Kinsey foi introduzida pela primeira vez no livro do biólogo americano Alfred Kinsey, *Sexual Behavior in the Human Male*.

1948

A transição médica de Christine Jorgensen é abordada em jornais nos Estados Unidos, tornando-a uma celebridade instantânea.

1952

"Notes on Camp", da escritora americana **Susan Sontag**, explora a natureza performática do *campness* e seus laços com a comunidade gay.

1964

A sodomia é descriminalizada na Inglaterra e no País de Gales; o resto do Reino Unido segue o exemplo em 1982.

1967

1946

É formado na Holanda o **Centro de Cultura e Lazer**, um dos primeiros grupos homófilos do mundo.

1950

O **"terror lavanda" ("Lavender Scare")** cuida para que funcionários públicos LGBTQIAPN+ nos Estados Unidos sejam demitidos devido a temores do governo de ligações com o comunismo.

1964

Uma linguagem secreta chamada **pajubá** se desenvolve na comunidade trans do Brasil para ajudar as pessoas a evitarem batidas policiais.

1966

Na **Compton's Cafeteria**, em São Francisco, pessoas trans e drag queens resistem ao assédio policial.

1919, o instituto do médico alemão Magnus Hirschfeld, em Berlim, avançou na pesquisa sexual e foi pioneiro em grandes cirurgias transgênero. Pacientes viajavam de outros países para a cidade, atraídos pela promessa de transformação. O instituto não era apenas um centro de pesquisa, mas também um local para pessoas LGBTQIAPN+ se reunirem e encontrarem apoio, o que fez dele uma trágica vítima da perseguição nazista.

Figuras que fizeram as primeiras cirurgias se tornaram ícones importantes para a comunidade trans – a ex-militar do Exército dos EUA, Christine Jorgensen, é um excelente exemplo, já que sua transição chegou aos jornais em 1952. Jorgensen ficou tão famosa que quando a mulher taiwanesa trans Xie Jianshun virou notícia por causa de sua própria transição, foi apelidada de "Christine chinesa". O status de celebridade dessas mulheres refletia um fascínio geral por pesquisas e procedimentos médicos. No entanto, outros pioneiros que passaram pela cirurgia, e não queriam que sua identidade trans fosse divulgada, muitas vezes se debatiam contra a exposição e o assédio da sociedade em geral, que não aprovava a transição.

Reação

Em meados do século XX, as pessoas LGBTQIAPN+ se mobilizaram para garantir seus direitos. O mais óbvio deles era se livrar de qualquer perseguição. Os ativistas "homófilos" batalhavam pela aceitação da sociedade cis e hétero, e buscavam políticas assimilacionistas. Campanhas homófilas dessexualizaram a vida LGBTQIAPN+ ao se concentrarem no romance em detrimento do erotismo, e enfatizaram a necessidade das pessoas serem discretas e "respeitáveis". Foram formados grupos nos EUA e na Europa pelo fim das leis de sodomia e aprovação do casamento entre pessoas do mesmo sexo.

Na década de 1960, no entanto, organizações começaram a adotar abordagens mais radicais. Inspirados pelos ativistas negros do movimento dos direitos civis, os grupos de libertação gay se voltaram para a ação direta, com campanhas políticas e marchas de protesto. Frank Kameny, um ativista demitido do Serviço de Mapas do Exército dos EUA por sua sexualidade, cunhou o slogan "Gay é bom". Isso representou uma grande mudança, para que a identidade LGBTQIAPN+ não fosse apenas tolerada, mas celebrada – e isso aconteceu, nas novas livrarias, bares e clubes sociais que surgiam. As comunidades em todo o mundo desenvolveram uma forte presença pública. ∎

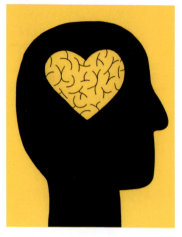

HOMOSSEXUALIDADE NÃO É VÍCIO, NEM DEGRADAÇÃO

SEXOLOGIA E PSICANÁLISE
(FINAL DO SÉCULO XIX-INÍCIO DO SÉCULO XX)

EM CONTEXTO

FOCO
Ciência e psicologia

ANTES
1869 Karl Maria Kertbeny cunha os termos "heterossexual" e "homossexual".

DEPOIS
1948 É publicado *Sexual Behavior in the Human Male*, de Alfred Kinsey, defendendo um espectro de atividade que vai desde heterossexual exclusivo até homossexual exclusivo.

1953 Kinsey segue seu primeiro relatório com *Sexual Behavior in the Human Female*.

1973 Nos EUA, a homossexualidade é removida do Manual Diagnóstico e Estatístico de Transtornos Mentais (DSM), onde aparecia como uma doença mental.

2019 A American Psychoanalytic Association (APsaA) pede desculpas por ter classificado a homossexualidade como transtorno mental.

O sexo fora do casamento estava sujeito a vários tratamentos legais e médicos no século XIX. Enquanto os tribunais se fixavam no ato sexual, os médicos e psicólogos se concentravam no indivíduo e na causa de seus desejos. Os desejos homossexuais receberam atenção especial.

A ciência da sexologia era mais avançada na Europa de língua alemã. O professor austro-alemão de psiquiatria Richard von Krafft-Ebing rejeitava a crença generalizada de que as anormalidades sexuais resultavam da degeneração cultural. Ele baseou seu trabalho no testemunho de casos individuais e os considerava variações sexuais e não exceções de uma norma, que era como eram vistos pelas pessoas em geral e por médicos especializados em comportamento sexual.

A *Psychopathia Sexualis* de Krafft-Ebing, de 1886, introduziu termos como "sadismo" e "homossexualidade" para descrever supostas perversões sexuais a um público mais amplo. Essas ideias também ganharam força no mundo de língua inglesa após a publicação de *Inversão Sexual*, em 1897, pelo sexólogo britânico Havelock Ellis, tendo como coautor John Addington Symonds.

Em 1905, o médico austríaco Sigmund Freud descreveu a homossexualidade como repulsiva. Nas três décadas seguintes, no entanto, o fundador da psicanálise mudou drasticamente seu ponto de

Foto da coleção de Richard von Krafft-Ebing, cujo famoso livro, destinado a médicos, foi escrito em parte em latim para desencorajar a leitura do povo de modo geral

SEXOLOGIA E IDENTIDADES SEXUAIS 133

Veja também: Definindo "homossexual" e "heterossexual" 106-07 ▪ Perseguição durante o Holocausto 156-61 ▪ Relatório Kinsey sobre sexologia 164-65 ▪ Remoção da homossexualidade das DSMs 219 ▪ Bissexualidade 262–65

A teoria freudiana da sexualidade

De acordo com **Freud**, a "perversidade" sexual é uma **fase de desenvolvimento normal** na infância.

⬇

Todos são **bissexuais**, ao menos de forma latente, e tanto os desejos **homossexuais quanto os heterossexuais** derivam dessa bissexualidade inata.

⬇

A "perversidade" sexual pode **persistir na vida adulta** se uma criança tiver **problemas de desenvolvimento**.

⬇

A neurose em pessoas heterossexuais geralmente é causada pelo **medo do desejo inconsciente pelo mesmo sexo**.

---

vista. Em 1935, ao escrever para uma americana que lhe pedira para tratar seu filho, ele afirmou que "a homossexualidade não é … nada de que se envergonhar". Cinco anos antes, Freud havia assinado uma petição pedindo a descriminalização do sexo entre homens – sua postura era ainda mais notável se for levado em consideração o fato de que sua obra estava sendo condenada pelos nazistas na Alemanha.

Uma característica universal
Embora radical, Freud não abordou a diversidade sexual do ponto de vista dos ativistas liberacionistas do final do século XX. Ele acreditava que o que chamava de "perversidade polimorfa" era uma característica universal da vida humana e uma fase esperada do desenvolvimento na infância que poderia, como resultado de certos problemas de desenvolvimento, persistir na vida adulta. Freud afirmava que todos eram bissexuais, ao menos de forma latente. Embora não achasse que as pessoas pudessem ser "curadas" da homossexualidade, acreditava que a terapia poderia capacitá-las a se reconectarem com os desejos heterossexuais reprimidos.

Freud também acreditava que o desejo inconsciente pelo mesmo sexo era um fator importante por trás do desenvolvimento de neuroses entre os heterossexuais. Uma gama de comportamentos poderia ser explicada por experiências traumáticas do passado e fantasias sexuais reprimidas.

Sexologia médica
As ideias de Freud – que se baseavam na sexologia médica anterior, mas divergiam dela – estabeleceram a sexualidade no centro da identidade do indivíduo moderno. As imagens sexuais – incluindo imagens fálicas, como seus amados charutos – eram vistas como um elemento-chave da interpretação dos sonhos, que se tornou uma importante ferramenta psicanalítica. Seus seguidores se tornaram extremamente influentes, mas nos Estados Unidos eles se concentraram cada vez mais em ver a complexidade sexual como evidência de doença mental, em vez de diversidade humana.

Essa visão foi contestada pelos relatórios Kinsey em 1948 e 1953 e por ativistas dos direitos de lésbicas e gays que rejeitavam a medicalização da homossexualidade. A psicanálise, no entanto, foi mais lenta do que muitas outras áreas da psicologia para acabar com sua visão de que as pessoas LGBTQIAPN+ precisavam de tratamento. ■

[A homossexualidade] não pode ser classificada como uma doença; consideramos que seja uma variação da função sexual causada por uma certa interrupção do desenvolvimento sexual.
Sigmund Freud
"Carta a uma mãe americana", 1935

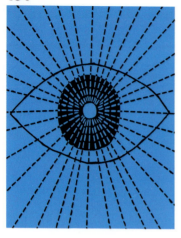

VISÕES DE TRANSFORMAÇÃO
TRANSGRESSÃO DE GÊNERO NA CHINA MODERNA (1912-ANOS1950)

A transgressão de gênero na China é evidente no **teatro tradicional**, no papel dos **eunucos** e no fascínio por pessoas em situação de **não conformidade de gênero**.

Os **desenvolvimentos científicos** lançam uma nova luz à transgressão de gênero, alimentando a ficção popular e reportagens de jornais sobre o assunto.

Os chineses começam a ver a cirurgia de afirmação de gênero como uma **opção médica viável** para pessoas que não concordam com o gênero que lhes foi determinado.

EM CONTEXTO

FOCO
Não conformidade de gênero

ANTES
1598 Li Shizhen publica o *Compêndio de Matéria Médica*, catalogando cinco tipos de não homens e cinco de não mulheres.

1740 É publicado postumamente *Histórias estranhas de um estúdio chinês*, de Pu Songling. A obra inclui uma história intitulada *Renyao* [*O prodígio humano*], na qual uma mulher é considerada um homem.

1768 Chen Duansheng começa a escrever *O conto da vida após a morte*, em vinte volumes, apresentando o tema da personificação masculina.

DEPOIS
2004 Taiwan apresenta a Lei de Educação de Equidade de Gênero.

2022 A China reduz o limite de idade para cirurgia de afirmação de gênero de 20 para 18 anos.

A transgressão dos limites de gênero tem uma longa história na cultura chinesa. Na China imperial, os atores nascidos homens desempenharam papéis femininos desde a dinastia Han (206 a.C.–219 d.C.), e nos séculos XVII e XVIII, durante a dinastia Qing, escritoras incorporaram contos de inconformidade de gênero para nascidas como mulheres em *tanci* (canções de dedilhar). A corte chinesa empregava eunucos (pessoas nascidas homens castradas) para servir o imperador e seus parentes. Com o tempo, alguns eunucos, como Wei Zhongxian (1568-1627) e Li Lianying (1848-1911), se tornaram poderosos, alcançando até cargos de Estado no caso de Wei Zhongxian. Entre as pessoas comuns, no entanto, os indivíduos que assumiram um papel de gênero diferente do atribuído no nascimento eram conhecidos como *renyao* – "monstros-humanos".

Há muito circulavam, entre os médicos chineses, histórias de metamorfose sexual e de bebês que hoje seriam chamados de intersexo, mas foi somente no século XIX que a medicina começou a explicar a inconformidade de gênero. Após as

SEXOLOGIA E IDENTIDADES SEXUAIS

Veja também: Favoritos da dinastia Han da China 28-29 ▪ Performances masculinas 126 ▪ As primeiras cirurgias de afirmação de gênero 136-41 ▪ Direitos das pessoas trans 196-203 ▪ Ativismo LGBTQIAPN+ na Ásia 254-55

Guerras do Ópio de 1839-42 e 1856-60, a influência ocidental na China se expandiu e o conhecimento da biomedicina ocidental se tornou mais difundido.

Mudando percepções

Depois que a China se tornou uma república em 1912, a compreensão científica do sexo e do gênero se acelerou com a endocrinologia – o estudo dos hormônios. Escritores chineses relataram experimentos de reversão de sexo em animais, que ocorreram na Europa, e localizaram a base do desenvolvimento sexual nas secreções endócrinas. Nas décadas de 1920 e 1930, os cientistas começaram a entender que a masculinidade e a feminilidade eram construções maleáveis que podiam ser alteradas pelos níveis de hormônios no corpo. Seguiu-se a isso, portanto, a conclusão

Os eunucos do palácio carregam a imperatriz viúva Cixi, governante da China de 1861 – quando seu filho de seis anos se tornou imperador – até sua morte em 1908.

de que todos eram constituídos "bissexualmente", e o sexo se tornou escalar em vez de absoluto.

Essas descobertas transformaram a maneira como os escritores descreviam eunucos, hermafroditas e *renyao* chineses. Embora os eunucos tivessem tradicionalmente retido uma identidade masculina distinta, à luz da ciência moderna eles foram reformulados como corpos feminizados.

Isso levou a um novo fascínio pela transgressão de gênero. Em 1934, o povo chinês ficou encantado com os relatos da mídia sobre Yao Jinping, pessoa nascida mulher que alegava ter se transformado em homem da noite para o dia. Depois de examinar Yao, médicos em Xangai descobriram que sua autoproclamada "redesignação de sexo" era uma farsa. Mesmo assim, a imprensa muitas vezes comparou Yao a Lili Elbe, uma das primeiras pessoas a receber cirurgia de afirmação de gênero na Europa. Antes de Yao, a maioria das pessoas na China via a "mudança de sexo" (da mesma forma que era entendida na sociedade chinesa da

> Nesse momento, aceito totalmente ser chamado de... transgênero... Espero aceitar essa minha identidade de forma que eu possa me afirmar com respeito próprio e confiança. Isso se chama orgulho transgênero.
> **Joanne Leung**
> Ativista transgênero, Hong Kong

época) possível apenas no contexto de animais ou pessoas intersexo. Depois de Yao, os chineses começaram a cogitar a ideia de que pessoas que não eram intersexo também poderiam querer "mudar de sexo". Discussões sobre a mutabilidade foram incorporadas à ficção, como o conto "Mudança de sexo" (1940) de Gu Junzhen.

Nova aceitação

Na década de 1950, a "mudança de sexo" se tornou uma possibilidade, embora remota, para indivíduos que esperavam alterar seu "sexo corporal". O caso de Xie Jianshun, que se submeteu à cirurgia em Taiwan no início dos anos 1950, aumentou particularmente a conscientização sobre a intervenção cirúrgica. O nome de Xie ganhou as manchetes, e os comentaristas a chamavam de "Christine chinesa", em uma referência a Christine Jorgensen, mulher trans americana que passou por cirurgia de afirmação de gênero na Europa e nos EUA em 1951-2. O caso de Xie Jianshun marcou o início da visibilidade trans nas comunidades de língua chinesa, em conformidade com o resto do mundo. ∎

A NATUREZA COMETEU UM ERRO QUE EU CORRIGI

AS PRIMEIRAS CIRURGIAS DE AFIRMAÇÃO DE GÊNERO (1917-31)

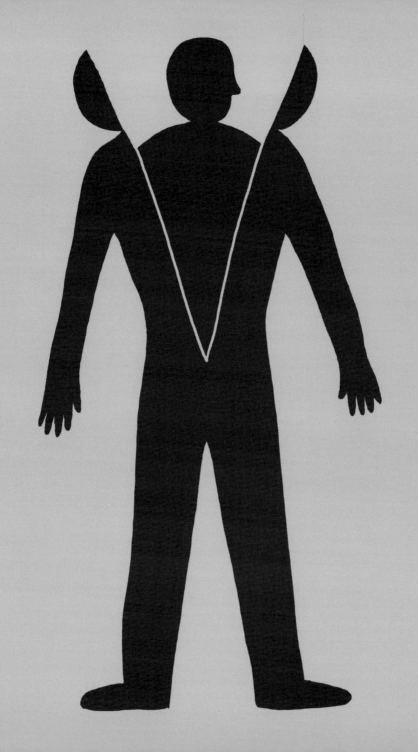

138 AS PRIMEIRAS CIRURGIAS DE AFIRMAÇÃO DE GÊNERO

EM CONTEXTO

FOCO
Cirurgias pioneiras

ANTES
1906 Karl M. Baer, homem intersexual, recebe uma cirurgia de "masculinização" em Berlim, na Alemanha.

DEPOIS
1935 O hormônio de crescimento testosterona é sintetizado quimicamente.

1936 O cirurgião russo Nikolaj Bogoraz introduz uma forma primitiva de faloplastia.

1938 Edward Charles Dodds cria o primeiro estrogênio sintético.

1946 Na Grã-Bretanha, Harold Gillies realiza a primeira faloplastia de afirmação de gênero.

1972 A Suécia se torna o primeiro país do mundo a oferecer tratamento gratuito de afirmação de gênero, na forma de terapia hormonal.

Principais tipos de cirurgia de afirmação de gênero

Cirurgias de "feminização"

Penectomia	Remoção do pênis
Orquiectomia	Remoção dos testículos
Vaginoplastia	Criação de uma vagina
Mamoplastia	Aumento do tórax
Cirurgia facial	Cirurgia para tornar o rosto mais "feminino"

Cirurgias de "masculinização"

Histerectomia	Remoção do útero
Ooforectomia	Remoção dos ovários
Faloplastia	Criação de um pênis
Mastectomia	Remoção dos seios
Cirurgia facial	Cirurgia para tornar o rosto mais "masculino"

As cirurgias de afirmação de gênero são procedimentos – desenvolvidos pela primeira vez no início do século XX – que alteram as características físicas de uma pessoa para que se assemelhem mais àquelas associadas ao gênero com que se identificam. As cirurgias são amplamente divididas em duas categorias: cirurgias de "feminização", que resultam em uma anatomia tipicamente considerada feminina; e cirurgias de "masculinização", que resultam em uma anatomia tipicamente considerada masculina. Antes que as cirurgias de afirmação de gênero estivessem disponíveis, as pessoas trans que procuravam ajuda médica eram submetidas às vezes a terapias de conversão forçadas, com a intenção de suprimir a afirmação de gênero. Muitas vezes também se presumia que essas pessoas estavam envolvidas com trabalho sexual ou outras atividades criminalizadas. Como resultado, algumas pessoas trans tentaram realizar suas próprias cirurgias, enquanto outras levaram vidas secretas, escondendo o gênero que lhes foi atribuído ao nascer.

Cirurgia precoce

Alguns historiadores afirmam que Alan L. Hart, médico americano, foi a primeira pessoa trans a receber a cirurgia de "masculinização". Designada como mulher ao nascer em 1890, Hart exibiu tendências "masculinas" desde a infância, se envolvendo em brincadeiras que a sociedade considerava como "de meninos", preferindo o trabalho agrícola a tarefas tradicionalmente "femininas" e escrevendo ensaios na escola sob o nome de "Robert". Hart estudou medicina na universidade e se graduou em 1917. No mesmo ano, persuadiu um colega médico, Joshua Allen Gilbert, a realizar uma histerectomia completa nele, argumentando que, como tinha uma "inversão anormal", precisava ser esterilizado. Após a operação, Hart começou a usar os pronomes ele/dele e mudou seu nome legal. Ele passou a ter uma carreira médica de sucesso como radiologista, sendo pioneiro em técnicas de raios X para detectar tuberculose.

A cirurgia de Hart é entendida pela maioria dos historiadores como a afirmação de uma identidade masculina, mas alguns contestaram isso, sugerindo que Hart era uma lésbica que adotou uma identidade masculina para buscar casos amorosos com mulheres. Eles apontam para um contexto histórico em que as relações sexuais eram compreendidas dentro de uma estrutura de casamento heterossexual tradicional, sugerindo que era mais viável para Hart se apresentar como homem do que como lésbica. Outros, no entanto, insistiram que Hart

SEXOLOGIA E IDENTIDADES SEXUAIS

Veja também: Direitos intersexuais 48-53 ▪ Direitos das pessoas trans 196-203 ▪ A terapia de conversão é proibida 286-87 ▪ Gravidez trans e atendimento à saúde reprodutiva 304-05

experimentou a vida como homem desde a infância e que sugerir o contrário desconsidera a existência de identidades trans.

Os debates sobre Hart resultaram em tensões dentro da comunidade LGBTQIAPN+, e diferentes grupos o reivindicavam como um dos primeiros ativistas. É improvável que se saiba como Hart realmente se identificava. Essa falta de afirmação pessoal do passado ilustra uma dificuldade em categorizar a identidade de figuras históricas.

Reconhecimento trans

Enquanto Hart passava pela cirurgia, o médico e sexólogo alemão Magnus Hirschfeld defendia os direitos de gays, trans e intersexuais. Ele fundou em Berlim, em 1919, o Institute for Sexual Science – primeiro instituto de sexologia do mundo –, que garantia atendimento médico e psicológico, aconselhamento, educação sexual e contracepção. O instituto se tornou um refúgio para milhares de pessoas LGBTQIAPN+, oferecendo apoio jurídico, tratamento de saúde e abrigo contra abusos.

No instituto, Hirschfeld aplicou sua teoria da "intermediação sexual", que afirmava que as pessoas não se

> A histerectomia foi realizada, seu cabelo foi cortado, uma roupa masculina completa foi garantida.
> **Joshua Allen Gilbert**
> sobre a afirmação de gênero de Alan L. Hart

> Logo chegará o dia em que a ciência vencerá o erro, a justiça vencerá a injustiça e o amor humano vencerá o ódio e a ignorância humanos.
> **Magnus Hirschfeld**

encaixam perfeitamente nas rígidas categorias de "homem" e "mulher", seja física ou psicologicamente. Ele propôs um sistema de muitos tipos diferentes de gênero e sexualidade entre "totalmente masculino" e "totalmente feminino" – sugerindo efetivamente um amplo espectro natural. No fim, calculou que havia mais de 40 milhões de variações na sexualidade humana.

Hirschfeld cunhou o termo "transvestite" como uma categoria para aqueles que habitual e voluntariamente usavam roupas do sexo oposto. Anteriormente, o crossdressing era pensado simplesmente como uma forma de homossexualidade, mas Hirschfeld percebeu que poderia se aplicar a outras pessoas que não eram homossexuais. Ele destacou como a roupa era fundamental para o bem-estar físico e psicológico dessas pessoas. Com essa premissa, desafiou a polícia alemã, que às vezes detinha crossdressers, multava-os e chegava a mantê-los presos por até seis semanas. Hirschfeld convenceu a polícia a reconhecer os "passes de crossdressers" – notas médicas que identificavam oficialmente uma pessoa como crossdresser, permitindo que evitassem a perseguição. »

Magnus Hirschfeld

Nascido em uma família judia na Prússia, em 1868, Magnus Hirschfeld se formou em medicina em 1892, então estabeleceu um consultório médico em Berlim. Ele fundou o Comitê Científico Humanitário em 1897, que visava defender os direitos dos homossexuais e revogar as leis que criminalizavam atos sexuais entre pessoas do mesmo sexo. Com o lema "chegar à justiça através da ciência", a organização teve cerca de setecentos membros em seu auge, em 25 cidades da Alemanha, Áustria e Holanda.

Em 1899, Hirschfeld publicou o *Yearbook of Intermediate Sexual Types*, o primeiro jornal de pesquisa do mundo dedicado à sexualidade. A publicação continuou até 1923, quando Hirschfeld – uma figura pública que era tanto judia quanto homossexual – se tornou alvo de ataques de direita. Ele deixou a Alemanha em 1932 e morreu em Nice, na França, em 1935.

Obras principais

1904 *Berlin's Third Sex*
1910 *The Transvestites*
1914 *Homosexuality of Men and Women*

140 AS PRIMEIRAS CIRURGIAS DE AFIRMAÇÃO DE GÊNERO

Lili Elbe frequentemente posava para a esposa, Gerda Wegener, como nesse retrato de 1925. Um tribunal dinamarquês dissolveu o casamento em 1930, após a cirurgia de afirmação de gênero de Elbe.

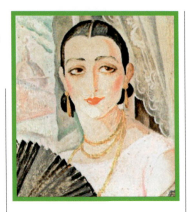

No entanto, Hirschfeld ficou insatisfeito com o termo "transvestite", pois passou a compreender cada vez mais a complexa psicologia interna que estava por trás da aparência externa de muitos pacientes. A princípio, ele descreveu o que observava como "travestismo total", mas finalmente cunhou o termo "transexual" em 1923, para aqueles que desejavam viver com um gênero diferente do que lhes foi atribuído ao nascer. Isso distinguiu as pessoas crossdressers daquelas que hoje seriam consideradas trans.

Transformações pioneiras

Na década de 1920, ciente da perigosa autocirurgia que alguns de seus pacientes levavam em conta, Hirschfeld começou a oferecer intervenções cirúrgicas em seu instituto. Indiscutivelmente, a mais notável das pacientes de Hirschfeld foi Dora Richter, uma das primeiras mulheres trans conhecidas a receber a cirurgia de "feminização". Richter foi designado como homem ao nascer, em 1891, e cresceu em uma fazenda nas montanhas Ore, onde hoje é a fronteira entre a Alemanha e a República Tcheca. Depois que começou a exibir tendências "femininas" e supostamente tentou remover o pênis com um torniquete aos seis anos de idade, a família a deixou viver como menina.

Já adulta, Richter viajou para Berlim, onde começou a trabalhar por temporada como garçom (homem) em hotéis, enquanto vivia como ela mesma pelo resto do ano. Não está claro como exatamente Richter chegou ao instituto, mas algumas fontes afirmam que ela foi entregue aos cuidados de Hirschfeld por um juiz solidário após uma prisão por crossdressing. Mais tarde, ela morou e trabalhou no instituto como empregada doméstica e começou a se submeter a cirurgias. A primeira, em 1922, foi uma orquiectomia – a retirada dos testículos. A mudança hormonal resultante reduziu o crescimento da barba de Richter e a forma do seu corpo se alterou, se tornando mais cheia com tecido mamário perceptível. Em 1931, Richter passou por uma penectomia – a remoção do pênis – e por uma vaginoplastia – a construção cirúrgica de uma vagina. Embora essas técnicas fossem rudimentares, o sucesso da cirurgia atraiu outras mulheres trans ao instituto.

Uma dessas mulheres era Lili Elbe, uma pintora, que mais tarde se tornou o tema do livro bastante ficcional de 2000, *A garota dinamarquesa*, e do longa-metragem de 2015 com o mesmo nome. Como viveu abertamente como mulher por pelo menos vinte anos, mas também como homem dentro do casamento, Lili desejava desesperadamente se afirmar como mulher. Ela foi submetida a uma orquiectomia no instituto em 1930 e fez mais três cirurgias na Clínica Feminina

Christine Jorgensen

Christine Jorgensen foi designada como homem ao nascer, em Nova York em 1926, e cresceu se sentindo "perdida entre os sexos". Foi convocada para o Exército dos EUA aos dezenove anos e estudou fotografia após sua dispensa em 1946. Depois de ler sobre tratamentos de afirmação de gênero na Europa, viajou para a Dinamarca em 1950 e conheceu o dr. Christian Hamburger, um médico especializado em hormônios. Ela passou por uma terapia hormonal e, em 1951, recebeu permissão para se submeter a uma série de cirurgias. Em dezembro de 1952, o *Daily News*, publicou uma reportagem de primeira página sobre Jorgensen sob o título "Antigo membro das forças armadas se torna beldade loira: operações transformam a juventude do Bronx". Em seu retorno aos EUA em 1953, Jorgensen se tornou uma celebridade. Sua atitude e seu encanto conquistaram o coração do povo e ela passou a ter um espetáculo em uma boate, apareceu na TV, no rádio e no palco e escreveu uma autobiografia que vendeu quase 450 mil cópias. Jorgensen morreu em 1989, mas segue um modelo para muitas pessoas trans hoje.

SEXOLOGIA E IDENTIDADES SEXUAIS

> Acho que nós [os médicos e eu] estamos lutando da maneira certa – para fazer o corpo se encaixar na alma, e não o contrário.
> **Christine Jorgensen**
> *A Personal Autobiography*, 1967

de Dresden durante um período de dezesseis meses. A primeira para transplantar um ovário para o abdômen, a segunda para remover o pênis e o escroto e a terceira para transplantar um útero e construir uma vagina. Essas cirurgias permitiram que Elba mudasse legalmente seu nome e sexo – ela recebeu um passaporte que a listava como mulher com o nome de Lili Ilse Elvenes.

Enfrentando as consequências

As pessoas que receberam as primeiras cirurgias, em sua maioria falaram bem de suas experiências. Alan L. Hart afirmou que estava mais feliz do que nunca após sua transição, confirmou sua intenção de viver como homem pelo resto da vida e declarou que não tinha "vergonha de nada". No entanto, o estigma em torno da identidade das primeiras pessoas a passarem pela cirurgia – e uma falta geral de compreensão das variações no gênero – também as tornavam vítimas de assédio frequente. Hart foi exposto publicamente por um ex-colega de classe que o conhecia

Um fabricante de faixas de contenção de seios se encaixa em um projetado para um cliente em Taiwan, em 2018. As faixas geralmente são o início do processo de "masculinização".

antes da transição, o que desencadeou um padrão de mudança de um lugar para outro para evitar ser exposto conforme avançava em sua carreira médica. As cirurgias também não eram isentas de riscos físicos. Pouco depois da cirurgia final de Lili Elbe, seu corpo rejeitou o útero transplantado, que infeccionou. Ela morreu de parada cardíaca associada à infecção em setembro de 1931.

A ascensão do nazismo na Alemanha dos anos 1930 levou à perseguição e ao exílio de muitos pacientes de Hirschfeld. Quando Hitler se tornou chanceler alemão em 1933, o partido nazista expurgou organizações e publicações LGBTQIAPN+ que considerava "não alemãs". Estudantes e soldados nazistas atacaram o instituto de Hirschfeld e queimaram publicamente seus arquivos.

Afirmação, não cura

O impacto das primeiras cirurgias de afirmação de gênero se estendeu para além da vida daqueles que se submeteram a elas para outras pessoas trans. Mais notavelmente, as cirurgias marcaram o início de uma mudança da medicina como uma "cura" para pessoas trans para uma forma de afirmação de gênero.

Outras cirurgias trouxeram novas técnicas, com rápidos avanços na cirurgia plástica durante e após a Segunda Guerra. Isso incluiu a faloplastia, que usa tecido enxertado para criar um pênis. Também houve

> Não consigo expressar como é notável finalmente amar quem eu sou o bastante para buscar meu eu autêntico.
> **Elliot Page**
> Ator americano, ao se assumir como transgênero, 2020

avanços em cuidados não cirúrgicos para pessoas trans, como terapias hormonais após avanços no isolamento e síntese de testosterona e estrogênio para uso comercial. Esses avanços abriram caminho para pessoas em todo o mundo receberem tratamentos, incluindo – na década de 1950 – Christine Jorgensen, a primeira pessoa nos EUA amplamente conhecida por sua cirurgia de afirmação de gênero.

Para muitas pessoas trans, a disponibilidade de cirurgias de afirmação de gênero lhes garantiu a possibilidade de viver em corpos que pareciam adequados para elas. Hoje, um número crescente de pessoas trans – incluindo algumas não binárias – passa por cirurgias extensas, e os avanços contínuos nas técnicas cirúrgicas permitem funções, sensações e aparência aprimoradas. Para algumas pessoas, no entanto, as cirurgias de afirmação de gênero reforçam a ideia de que o gênero é determinado por características físicas. Isso pode ser problemático para aqueles que não se encaixam perfeitamente no binário de gênero e particularmente para pessoas trans que não querem mudar seu corpo. As pessoas trans podem sofrer pressão social para se submeterem à cirurgia e, em 2022, mais de trinta nações ainda proíbem a mudança de gênero sem cirurgia. ■

PARA MOSTRAR O QUE SIGNIFICA SER GAY

FILMES LGBTQIAPN+ (1919)

EM CONTEXTO

FOCO
Cinema queer

ANTES
1894 Um curta-metragem feito no laboratório de Thomas Edison mostra dois homens dançando abraçados.

1895 No Reino Unido, a cobertura da mídia sobre o julgamento do escritor Oscar Wilde coloca as relações homossexuais no centro das atenções da sociedade.

DEPOIS
2017 *Moonlight* é o primeiro filme LGBTQIAPN+ a ganhar o Oscar de Melhor Filme.

2018 Daniela Vega se torna a primeira pessoa trans a apresentar um prêmio no Oscar.

2021 A animação infantil *A família Mitchell e a revolta das máquinas* mostra uma personagem principal LGBTQIAPN+, Kate.

Em 1910, milhões de pessoas assistiam a imagens em movimento – primeiro através de curtas-metragens e depois como longas-metragens. A princípio, os estúdios cinematográficos europeus, como Gaumont e Pathé, na França, dominaram a nova indústria, até que os cineastas foram atraídos pelo clima favorável e espaços abertos da Califórnia, nos Estados Unidos, estabelecendo uma base na vila de Hollywood, que abriu seu primeiro estúdio em 1911.

As pessoas LGBTQIAPN+ foram mostradas na tela desde o início, mas a forma como eram representadas variava de acordo com os níveis de censura e os estereótipos e

SEXOLOGIA E IDENTIDADES SEXUAIS 143

Veja também: Drag 112-17 ▪ O julgamento de Oscar Wilde 124-25 ▪ As primeiras cirurgias de afirmação de gênero 136-41 ▪ O primeiro bairro gay 146-47 ▪ A propagação da cultura ballroom 214-15

Anders als die Andern

Lançado em 1919, o filme mudo alemão *Diferente dos outros* foi a primeira representação positiva da homossexualidade no cinema. O diretor austríaco Richard Oswald também foi responsável pelo roteiro do filme, em parceria com Magnus Hirschfeld, um médico e sexólogo alemão que fundou o Instituto de Ciências Sexuais de Berlim e interpretava um médico no filme. O personagem principal, o violinista Paul Körner, se apaixona por um aluno, Kurt Sivers. Körner é chantageado por um ex-amante, que ameaça denunciá-lo como homossexual. O músico resiste ao seu acusador e os dois vão a tribunal. Körner é preso e – com sua reputação arruinada – se suicida. O filme foi originalmente intitulado *Parágrafo 175*, que se referia a uma lei alemã de 1871 que criminalizava o sexo entre homens. Após algum sucesso inicial, o filme foi atacado por grupos religiosos e de direita. Os nazistas acreditavam ter destruído todas as cópias em 1933, mas uma, descoberta em 1976, sobreviveu.

Manuela e sua professora Fräulein von Bernburg se beijam em um remake de 1958 de *Mädchen in Uniform*. O filme, dirigido por Leontine Sagan, foi o primeiro com elenco totalmente feminino.

preconceitos existentes. O drag – um ato de crossdressing realizado em salas musicais e teatros em cidades como Londres, Paris e Nova York – logo se transferiu para o cinema. Um filme mudo de 1914, *A Florida Enchantment*, envolveu não apenas o crossdressing, mas também a transformação de ambos os personagens principais no sexo oposto. Personagens masculinos crossdressers foram usados para efeito cômico, assim como a representação de alguns homens como "maricas" – se vestindo e se comportando de maneira efeminada, embora não explicitamente gays. No curta mudo de faroeste de 1912, *Algie, o mineiro*, por exemplo, Algie, com roupas extravagantes, mas teoricamente heterossexual, beija dois mineiros no rosto.

Além do riso

Conforme os longas-metragens se tornavam mais populares na década de 1920, os cineastas passaram a ter mais espaço para explorar temas LGBTQIAPN+. Uma cena de orgia no filme mudo *A homicida* de 1922, dirigido pelo americano Cecil B. DeMille, incluiu o primeiro beijo íntimo entre mulheres na tela. Em 1923, surgiram rumores de que o filme mudo americano *Salomé* – baseado na peça homônima de 1891 de Oscar Wilde tinha um elenco totalmente LGBTQIAPN+, incluindo a atriz principal bissexual Alla Nazimova. Quatro anos depois, *Asas* – vencedor do primeiro Oscar de Melhor Filme – mostrou o que é considerado o primeiro beijo gay masculino na tela, quando um piloto da Primeira Guerra Mundial se despede de um compatriota moribundo.

Foi na Alemanha, porém, que os filmes começaram a abordar temas LGBTQIAPN+ de forma mais aberta. O relaxamento da censura na República de Weimar (1919-33) e a demanda por entretenimento barato deram aos cineastas alemães liberdade para experimentar. Em 1919, *Diferente dos outros* foi o primeiro filme com personagens abertamente homossexuais. A paixão de um artista por seu modelo masculino foi o tema de *Mikaël* em 1924, enquanto provavelmente o primeiro »

O que você chama de pecado, eu chamo de grande espírito de amor.
Senhoritas em uniforme, 1931

Aluno e professor, interpretados por Fritz Schülz (à esquerda) e Conrad Veidt (à direita), se abraçam em uma cena de *Diferente dos outros*.

144 FILMES LGBTQIAPN+

> Eles estão aqui, são queer, acostume-se.
> **B. Ruby Rich**
> sobre novos "filmes queer"

personagem claramente lésbico apareceu em *A caixa de Pandora* em 1929. Um dos primeiros recursos sonoros alemães, *Senhoritas em uniforme*, lançado em 1931, foi o primeiro filme abertamente lésbico do cinema.

Censores e o gay oculto

No início dos anos 1930, os filmes americanos ainda retratavam homens gays como efeminados, ou "pansy" – uma palavra registrada pela primeira vez em 1929, ou a flor "amor-perfeito" em inglês. Ao mesmo tempo, duas atrizes bissexuais – Marlene Dietrich, da Alemanha, e Greta Garbo, da Suécia – levaram o desejo feminino para Hollywood. Em *Marrocos* (1930), Dietrich interpreta uma cantora de cabaré que beija uma fã na boca usando um smoking masculino. Em *Rainha Christina* (1933), Garbo, no papel da monarca sueca lésbica que dá título ao filme, faz o mesmo com uma dama de companhia.

Essas demonstrações tiveram um fim abrupto em 1934, quando foi estabelecido nos Estados Unidos o Código de Produção Cinematográfica – o Código Hays – que bania assuntos "pervertidos" como crossdressing e homossexualidade. A sexualidade de personagens homossexuais só poderia ser insinuada por meio de roupas e maneirismos. Esses personagens com frequência eram interpretados como vilões, como Joel Cairo em *O falcão maltês* (1941), e os assassinos Brandon e Phillip – interpretados por dois atores gays, John Dall e Farley Granger – em *Festim diabólico* (1948), do diretor britânico Alfred Hitchcock.

Forçando os limites

Apesar do Código Hays, surgiu nos Estados Unidos, nas décadas de 1940 e 1950, um movimento de vanguarda

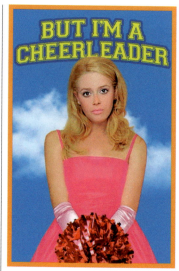

Na comédia americana de 1999, *Nunca fui santa*, Natasha Lyonne interpreta Megan Bloomfield, uma lésbica de dezessete anos, enviada pelos pais a um grupo de terapia de conversão.

de cineastas, criando pequenos trabalhos experimentais sobre assuntos LGBTQIAPN+. O cineasta gay Kenneth Anger produziu uma série de curtas homoeróticos, começando com *Fireworks*, em 1947. Outro gay americano, Gregory Markopoulos, também lidou com o desejo pelo mesmo sexo no curta-metragem silencioso de 1949, *Christmas U.S.A.*

O Código Hays foi oficialmente suspenso em 1968, mas naquela época o cinema convencional americano e europeu já havia começado a abordar questões de gays e lésbicas. No Reino Unido – seis anos antes da legalização dos "atos homossexuais" – *Meu passado me condena* (1961) tinha Dirk Bogarde no papel principal, como um

Hedwig – Rock, amor e traição (2001) é estrelado por John Cameron Mitchell como Hedwig, uma cantora que não se conforma com seu gênero. Ganhou o Prêmio do Público de Sundance em 2001.

O filme *Rafiki*, **de 2018**, dirigido por Wanuri Kahiu, acompanha o romance entre duas jovens quenianas, Kena e Ziki. Foi o primeiro filme lésbico do Quênia.

homem chantageado por um caso homossexual. Nos Estados Unidos, no mesmo ano, *Infâmia* incluiu um retrato simpático de Martha, uma professora lésbica. No entanto, ela se suicida no final, um dos muitos casos de assassinato de personagens queer nos primeiros filmes – clichê que ficou conhecido como "enterre seus gays".

Fora do armário

A década de 1970 viu uma ampliação da expressão LGBTQIAPN+ no cinema. Nos Estados Unidos, *The Boys in the Band* (1970) se concentrava totalmente em um grupo de personagens gays, enquanto o cinema *queer camp* foi trazido à luz pelo diretor gay John Waters em filmes como *Pink Flamingos* (1972) e *Problemas femininos* (1974), ambos estrelados pela drag queen Divine.

Nos anos 1980 e início dos anos 1990, um número crescente de filmes LGBTQIAPN+ entrou no *mainstream*, o circuito convencional de cinema, apresentando personagens queer mais completos. Em *Making Love* (1982), de Hollywood, foi feito um perfil positivo de um homem gay, seguido em 1985 por *Corações desertos* – um raro filme lésbico com final feliz. Os diretores britânicos também buscaram temas na história e na literatura: Derek Jarman retratou um rei do século XIV que tinha amantes do sexo masculino em *Eduardo II* (1991) e *Orlando*, de Sally Potter (1992), deu vida ao romance de gênero da escritora britânica Virginia Woolf.

Em 1992, B. Ruby Rich cunhou o termo "novo cinema queer" para descrever o florescimento de temas LGBTQIAPN+ no cinema e uma nova onda de cineastas gays independentes, como Cheryl Dunye, cujo primeiro longa, *The Watermelon Woman* (1996), investiga as experiências de uma jovem lésbica negra. Hollywood deu continuidade à tendência observada por Rich no século XXI, com lançamentos como *O segredo de Brokeback Mountain* (2005) – sobre o amor entre dois cowboys – e o drama de formação *Moonlight: Sob a luz do luar* (2016). Na Índia, filmes de Bollywood – como *Aligarh* (2015), a história de um professor universitário gay suspenso do cargo – também exploraram temas LGBTQIAPN+. ∎

Rosa von Praunheim

Nascida Holger Radtke em 1942 na Letônia ocupada pelos alemães, a diretora de cinema de vanguarda Rosa von Praunheim foi adotada e se mudou para Berlim Oriental e depois para Frankfurt. Depois de estudar arte, abraçou o cinema e adotou um novo nome – uma combinação do alemão para "rosa", se referindo ao triângulo rosa usado por homossexuais em campos de concentração, e à área de Frankfurt (Praunheim), onde cresceu. Von Praunheim dirigiu seu primeiro filme em 1967. Seu longa-metragem de 1971, *It Is Not the Homosexual Who Is Perverse, But the Society in Which He Lives*, fez dele uma figura de proa LGBTQIAPN+ e levou à formação de mais de cinquenta grupos de direitos gays na Alemanha Ocidental. O longa-metragem de 1986, *A Virus Knows No Morals*, foi um dos primeiros a abordar a crise da aids, e ele seguiu em 1990 com três documentários – *The AIDS Trilogy*, filmado em Nova York e Berlim, que atacou o que ele viu como a hipocrisia e a apatia em torno da epidemia de aids. Von Praunheim continuou a fazer filmes sobre gays, lésbicas e trans no século XXI.

UM LUGAR PODEROSAMENTE QUEER

O PRIMEIRO BAIRRO GAY (ANOS 1920)

EM CONTEXTO

FOCO
Espaços LGBTQIAPN+

ANTES
Século XVIII Em Londres e outras cidades britânicas, os homens se encontram em locais conhecidos como *Molly Houses* para uma série de atividades, desde conversas a crossdressing e atos sexuais.

1885 É inaugurado em Cannes, na França, o Zanzibar, considerado o primeiro bar gay do mundo. Ele permanece em funcionamento por 125 anos.

1904 O sexólogo alemão Magnus Hirschfeld publica *Berlin's Third Sex*, um estudo etnográfico que inclui os locais e detalhes de muitos pontos de encontro LGBTQIAPN+ de Berlim.

DEPOIS
2021 Jeremy Atherton Lin publica *Gay Bar: Why We Went Out*, traçando a história dos bares gays e seu destino como espaços LGBTQIAPN+ em extinção.

Assim como Paris se tornou um centro para a vida LGBTQIAPN+ durante o final do século XIX, o período da República de Weimar da Alemanha pós-guerra, entre 1918 e 1933, viu as pessoas migrando para Berlim como um novo centro de tolerância e cultura LGBTQIAPN+. A intensa concentração de pessoas e empresas LGBTQIAPN+ em Schöneberg, em torno de uma praça chamada Nollenbergplatz, levou alguns a considerarem esse distrito o primeiro bairro gay do mundo.

As pessoas LGBTQIAPN+ que fizeram de Schöneberg seu lar incluíam o escritor anglo-americano Christopher Isherwood e a estrela de cinema alemã Marlene Dietrich, que frequentava o exclusivo clube lésbico *Monbijou des Westens*. Sua proprietária, Elsa Conrad, era uma mulher judia que foi enviada para um campo de concentração em 1937 e registrada pela Gestapo como tendo uma "disposição lésbica". Conrad conseguiu deixar o campo de

Clientes do Eldorado, em Berlim, posam de batom e vestidos nessa fotografia do início dos anos 1930. O Eldorado apresentava shows de drag e acolhia a transgressão de gênero.

SEXOLOGIA E IDENTIDADES SEXUAIS 147

Veja também: *Molly Houses* 90-91 ▪ *Belle époque* em Paris 110-11 ▪ O julgamento de Oscar Wilde 124-25 ▪ O Renascimento do Harlem e a Era do Jazz 148-51 ▪ Perseguição durante o Holocausto 156-61 ▪ A propagação da cultura ballroom 214-15

Bandeiras de arco-íris penduradas nas varandas de Chueca, a vila gay de Madri. Anteriormente um bairro mais pobre, Chueca é agora um dos maiores bairros LGBTQIAPN+ da Europa.

concentração e o país em 1938. O clube de Elsa Conrad era um dos cerca de quarenta locais LGBTQIAPN+ na área na década de 1920. Entre os clubes mais famosos estavam Eldorado, Toppkeller, Monokel e Dorian Gray – em homenagem ao romance de Oscar Wilde. Quando o sexólogo e morador de Berlim, Magnus Hirschfeld, cunhou o termo "transvestite" em 1907, talvez estivesse descrevendo os clientes vestidos de mulher que frequentavam o Eldorado. A ascensão do partido nazista de Adolf Hitler e sua eleição como chanceler da Alemanha em 1933 acabaram com a República de Weimar e paralisaram os reluzentes bastiões da vida LGBTQIAPN+ de Berlim. A repressão nazista forçou muitos estabelecimentos LGBTQIAPN+ a fecharem as portas.

Distritos marginalizados

Hoje existem bairros gays – ou "gaybourhoods" – em cidades ao redor do mundo. Entre os mais famosos estão o Soho (Londres, no Reino Unido); a Zona Rosa (Cidade do México, no México); Chueca (Madri, na Espanha); Darlinghurst (Sydney, na Austrália); e o Greenwich Village (Nova York). Seu desenvolvimento em distritos LGBTQIAPN+ celebrados tem sido um processo gradual e variado. Em muitos casos, as áreas desejáveis provavelmente tinham uma maior concentração de pessoas LGBTQIAPN+. A Canal Street, em Manchester, era uma área decadente atingida pelo declínio industrial quando o Canal Rochdale começou a cair em desuso na década de 1950. Os gays, em particular, começaram a se encontrar em seus becos escuros e, na década de 1980, a polícia vasculhava a área de barco e a pé para reprimi-los. Só quando empreendedores LGBTQIAPN+ revitalizaram a área na década de 1990 foi que ela se tornou um lar animado e acolhedor para a comunidade. Mas isso levou novos investidores à área, ameaçando os espaços LGBTQIAPN+ à medida que a área se tornava mais interessante para grandes empresas de construção civil – e, consequentemente, mais cara.

Consequências negativas

Embora a própria comunidade LGBTQIAPN+ tenha sido acusada de participar da gentrificação de áreas urbanas – prejudicando outros grupos marginalizados –, a gentrificação agora também ameaça apagar os bairros gays em todo o mundo. No distrito de Midtown, em Atlanta, por exemplo, a urbanista Petra Doan sugeriu que a área foi "desgayzada" pela cidade por causa dos aumentos de aluguel e da recusa de licenças para eventos LGBTQIAPN+. ■

As pessoas LGBTQIAPN+ **se mudam para as cidades** em busca de comunidade e aceitação.

Como um grupo demográfico marginalizado com **muitos jovens** e **pouco apoio financeiro**, e enfrentando **discriminação** no emprego, eles se mudam para **áreas menos abastadas**.

Surgem **negócios** LGBTQIAPN+ para atender aos moradores LGBTQIAPN+ – **os bairros se tornam "bairros gays"**.

Os bairros gays se tornam **alvos de gentrificação** e a **popularidade da área** aumenta os preços dos aluguéis, **prejudicando** os inquilinos originais.

COM CERTEZA TÃO GAY QUANTO NEGRO

O RENASCIMENTO DO HARLEM E A ERA DO JAZZ (DÉCADAS DE 1920 A 1930)

EM CONTEXTO

FOCO
Espetáculo e cultura artística queer

ANTES
1899 Em *The Future of American Negro*, o autor e reformador Booker T. Washington defende a educação como a chave para o avanço social para outros negros americanos.

1910 W.E.B. Du Bois funda a revista *The Crisis*, que mais tarde publica o trabalho de escritores gays negros como Alain Locke e Countée Cullen.

DEPOIS
1956 *Giovanni's Room*, de James Baldwin, descreve a vida de um homem bissexual em Paris.

1989 O filme *Looking for Langston* é inspirado pela história de Richard Bruce, *Nugent, Smoke, Lilies, and Jade* (1926).

O vibrante movimento literário negro conhecido como Harlem Renaissance se concentrava em Upper Manhattan, na cidade de Nova York, onde coexistia com a arte visual negra, o jazz e o blues nas décadas de 1920 e 1930. Embora poucos escritores do movimento fossem abertamente gays, alguns músicos negros exibiam sua sexualidade e encontravam mais tolerância em comunidades como o Harlem do que em qualquer outro lugar. A área tinha alguns locais coloridos, como a Clam House, onde figuras como a cantora crossdresser Gladys Bentley podiam prosperar, e círculos semelhantes floresceram em Washington, DC, em Chicago e em

SEXOLOGIA E IDENTIDADES SEXUAIS 149

Veja também: Belle Époque em Paris 110-11 ▪ Drag 112-17 ▪ O primeiro bairro gay 146-47 ▪ Feminismo lésbico negro 210-13 ▪ A propagação da cultura ballroom 214-15 ▪ Teoria queer da cor 297

> No Harlem, encontrei coragem, alegria e tolerância... não preciso mentir.
>
> **Mark Thornton**
> Protagonista gay no romance *Strange Brother* de Blair Niles, 1931

Paris, na França, conforme a música da Era do Jazz se espalhava.

Os negros americanos se reuniam em áreas urbanas como o Harlem para encontrar trabalho, nas décadas após a abolição da escravidão em 1865, muitas vezes se mudando do sul empobrecido para o norte. Muitos lutaram na Primeira Guerra Mundial, mas, especialmente no Sul, foram excluídos da política por normas discriminatórias que restringiam seu direito ao voto. O Renascimento do Harlem vinculou a produção artística ao ativismo em uma tentativa de promover mudanças políticas e sociais. Seus divulgadores e escritores desafiaram as imagens e estereótipos racistas sobre os negros americanos que proliferavam na época.

Um "novo negro" *dandy*

Cultos e essencialmente de classe média, os escritores do Renascimento do Harlem aceitavam plenamente os valores heterossexuais dominantes da sua época. Poucos eram abertamente gays, mas foram encontradas pistas nas histórias, versos ou cartas de amor de artistas como Alain Locke e Countée Cullen. O escritor e ativista James Mercer Langston Hughes nunca se assumiu, mas gostava da companhia de homens gays e escreveu poemas de amor inéditos sobre homens.

Um dos ideólogos mais importantes da época, Locke era conhecido por ser homossexual e era descrito como um »

As casas noturnas do Harlem, em um mapa de 1933, atraíam hedonistas diversos para desfrutar de música, dança e fluidez social. "Gladys" faz parte do nome Clam House, tal era a fama de Bentley.

Gladys Bentley

Nascida na Filadélfia, em 1907, Gladys Bentley mais tarde escreveria que, quando criança, se sentira rejeitada porque a mãe queria um menino – talvez isso a tenha estimulado a inventar uma vida em seus próprios termos. Aos dezesseis anos, fugiu e encontrou refúgio no Harlem e, ao ouvir que a Clam House, simpatizante aos gays, precisava de pianista, se candidatou. Seu talento como pianista e cantora lhe rendeu o emprego, e ela começou a se apresentar vestida com elegantes trajes masculinos. Mais tarde, tocou no exótico Ubangi Club. Bentley gravou vários blues, mas alcançou sua fama mais duradoura em cabarés e bares clandestinos. Uma figura imponente, muitas vezes de cartola e fraque, ela se apresentava no centro de séquito de marinheiros que a adoravam. Embora alguns pensassem que sua lesbianidade declarada fosse só marketing, era uma afirmação ousada, transgressiva e radical. Mais tarde, ela se apresentou no Mona's 440, um dos primeiros bares lésbicos de San Francisco, mas, em um EUA pós-guerra menos tolerante, alegou ser hétero. Bentley morreu quase na pobreza em 1960.

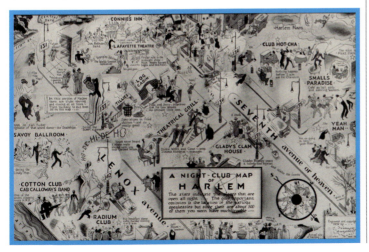

O RENASCIMENTO DO HARLEM E A ERA DO JAZZ

Ma Rainey se apresenta com sua banda de jazz em Chicago em 1924. No Harlem, ela tocou com uma banda de membros da Orquestra Fletcher Henderson, incluindo Louis Armstrong.

"dândi", um "homem gay efeminado", com apenas "um toque de insolência", mas era cauteloso em relação à sua vida íntima. O título de sua antologia de 1925, *The New Negro*, que incluía ensaios, poesia e ficção de Countée Cullen e Claude McKay, sinalizava a rejeição da comunidade educada, artística e liberada do Renascimento do Harlem à escravidão, segregação e repressão associada ao "Velho Negro" das plantações do Sul. No entanto, a vida no Sul garantiu um tema fértil para Zora Neale Hurston, uma das autoras mais reverenciadas da época.

Escândalos e vidas secretas

Muitos dos textos mais influentes do período apareceram em periódicos negros como *The Crisis*, editado pelo escritor W.E.B. Du Bois, um dos fundadores da Associação Nacional para o Desenvolvimento das Pessoas de Cor. Mas foi a revista *Fire!!*, em 1926, que causou furor por seu conteúdo, sobre o trabalho sexual e a homossexualidade. Criada para desafiar os respeitáveis valores negros mais antigos, escandalizou alguns que a consideraram "vulgar". Apenas uma edição foi publicada, antes que o empreendimento entrasse em colapso, afundado em dívidas, e sua sede fosse incendiada.

A única edição de *Fire!!* incluiu "Smoke, Lilies, and Jade", um conto sobre bissexualidade e desejo masculino de Richard Bruce Nugent – que dizem ter pintado imagens homoeróticas nas paredes do apartamento que dividiu por alguns anos com Wallace Thurman. Embora tenha sido preso uma vez por fazer sexo com um homem, Thurman negava sua homossexualidade e chegou a se casar com Louise Thompson. Até Nugent se casou, assim como Cullen – e ambas as uniões logo terminaram em divórcio.

Dorothy West, que publicou seu segundo romance, *The Wedding* (1995), aos 87 anos, teve um relacionamento lésbico com Marian Minus, coeditora do seu jornal literário *Challenge*, fundado em 1934. A ficção de West expressava um profundo ceticismo da natureza transicional do casamento heteronormativo – suas personagens femininas se irritavam com os papéis tradicionais e procuravam criar comunidades matriarcais.

Blues e poesia

O jazz e seu precursor, o blues, eram estilos de música e dança afro-americanos que se espalharam de Nova Orleans para outros centros urbanos – especialmente Nova York na era do jazz dos anos 1920 –, se tornou parte integrante da cena artística do Harlem e um fenômeno global. A maior parte dos escritores do Renascimento do Harlem, no entanto, achava a música vulgar e muito sulista, assim como muitos dos jornais negros do Harlem, que condenavam a "imoralidade" de certos artistas que exibiam sexualidades subversivas.

Metáfora e sugestões eram marcas registradas do blues, e a canção "Prove It On Me Blues" (1928), de Gertrude "Ma" Rainey, se tornou um verdadeiro hino para lésbicas negras. Suas letras transgressivas deixavam pouco espaço para interpretações equivocadas. O pôster do lançamento da música também apresentava uma crossdresser do blues seduzindo duas mulheres sob o olhar atento de um policial.

Ma Rainey, Bessie Smith – anunciada como a Imperatriz do Blues e conhecida por seu estilo de vida

Você só fez o que queria fazer. Ninguém estava no armário. Não havia armário.
Richard Bruce Nugent
Escritor e artista gay (1906-1987)

SEXOLOGIA E IDENTIDADES SEXUAIS

Saí ontem à noite com um grupo de amigos. Provavelmente eram mulheres, porque não gosto de homens.
Ma Rainey
"Prove It On Me Blues"

bissexual e por ser alcoólatra – e a cantora lésbica, mas não assumida, Alberta Hunter foram pioneiras de uma arte feminista negra que se concentrava em questões da classe trabalhadora, incluindo violência doméstica.

A poesia das mulheres negras americanas naquela época com frequência enfrentava a batalha de tentar viver de acordo com a imagem idealizada da "nova negra", dedicada a criar a próxima geração enquanto mantinha as paixões lésbicas privadas sob controle. O trabalho da poeta Mae Cowdery, que fazia parte da comunidade artística mais ampla do Harlem, expressava uma tendência oculta do desejo erótico pelo mesmo sexo. Um verso de um poema diz: "A sensação da sua mão/ No meu seio/ Como a trilha prateada da Lua".

Os poemas da escritora, Angelina Weld Grimké, que viveu no Harlem a partir de 1930, falavam sobre amizade feminina – tanto erótica quanto platônica. Aos dezesseis anos, em carta à amiga Mary P. Burrill, ela expressava a esperança de que "em alguns anos você virá para mim e será meu amor, minha esposa". Mais tarde, escreveu poemas de amor para mulheres enquanto foi casada duas vezes com homens.

Liberdades do Harlem

Nas variadas cenas culturais do Harlem, homens e mulheres cantavam canções e escreviam poesias de amor entre pessoas do mesmo sexo. Os atos homossexuais na década de 1920 eram tão ilegais no Harlem quanto em qualquer outro lugar e, como seus colegas brancos, os homens negros eram presos se fossem pegos solicitando sexo com outros homens. Mas a sociedade do Harlem era mais receptiva. Sua subcultura gay tinha um caráter afro-americano distinto e uma vibração irresistível. Nas décadas de 1920 e 1930, o Rockland Palace na W155th Street abrigava os bailes anuais do Hamilton Lodge, que atraíam milhares de espectadores. Os visitantes desses e de outros bailes à fantasia do Harlem incluíam brancos "favelos" com pouca empatia pela comunidade negra, mas que estavam ali pela emoção de observar e se vestir como bem entendessem e dançar com quem quisessem. Speakeasies, como a Clam House, onde a grandiosa Gladys Bentley se apresentava, eram excitantes e tolerantes.

As festas privadas também eram portos seguros e variavam de festas de aluguel, que arrecadavam fundos para ajudar os necessitados a pagarem por hospedagem, a eventos opulentos organizados por A'Lelia Walker, filha de mãe milionária negra que se fez sozinha, realizados em sua propriedade no rio Hudson ou em sua luxuosa casa na West 136th Street. As listas de convidados dessas festas incluíam artistas, escritores e ativistas do Harlem – muitos deles gays – e dezenas de celebridades brancas também.

Por fim, o Harlem nas décadas de 1920 e 1930 ofereceu às pessoas queer um espaço para se reunir sem perseguição e, por meio de sua arte, literatura e música exuberantes, alimentou o objetivo de mudança social progressiva. ∎

Josephine Baker

Nascida em 1906, no Missouri, filha de mãe pobre, Josephine Baker se juntou a uma trupe negra de teatro em Nova York aos quinze anos. Ela interpretava pequenos papéis, e também foi costureira, sob a tutela de Clara Smith, sua primeira "amante", depois se juntou ao elenco de Eubie Blake e de *Shuffle Along*, de Noble Sissle (1921), primeiro espetáculo de sucesso negro da Broadway. O sucesso de Baker em *Chocolate Dandies* (1924) a levou a Paris, em 1925, para estrelar *La Revue Nègre*, um show sobre o fascínio da cidade pela emergente cultura negra americana. Sua dança selvagem e abertamente sexual, com uma saia de bananas, foi uma sensação e lhe garantiu fama na Europa – não igualada nos EUA, apesar de um breve retorno à Broadway em 1936. Baker trabalhou para a Resistência Francesa durante a Segunda Guerra e foi premiada com a *Croix de Guerre* e com a *Légion d'honneur*. Mais tarde, fez campanha contra o racismo e foi uma das duas oradoras na Marcha de 1963 em Washington. Também se casou quatro vezes, teve amantes homens e mulheres e doze filhos. Morreu em Paris em 1975.

VOCÊ É MAIS DO QUE APENAS NENHUM DOS DOIS, MEU BEM

BUTCH E FEMME (ANOS 1920-1970)

EM CONTEXTO

FOCO
Identidades lésbicas

ANTES
1834 Anne Lister, apelidada de Gentleman Jack, troca alianças com sua amante, Ann Walker, em uma igreja rural inglesa.

1886 *Psychopathia Sexualis*, de Richard von Krafft-Ebing, identifica quatro tipos de lesbianidade, de leve a intensa, dependendo do grau de masculinidade.

DEPOIS
1992 Joan Nestle, que se autoidentifica como *femme* (lésbica feminina) publica *Persistent Desire: A FemmeButch Reader*, uma antologia da escrita *femme-butch*.

1993 Artista *butch* k.d. lang aparece na capa da Vanity Fair, nos EUA, com a modelo cisgênero Cindy Crawford.

Como a lesbianidade emergiu das sombras durante a década de 1920, muitas lésbicas nas culturas europeias e americanas se identificavam e se comportavam como "butch" ou "femme". As mulheres *butch* se apresentavam de forma masculina através de suas roupas e maneirismos, enquanto as mulheres *femme* adotavam características e vestimentas hiperfemininas. Elas formavam pares *butch-femme* com frequência.

Autonomia feminina

Vários fatores contribuíram para a crescente confiança da lésbica masculina. No Ocidente, a campanha

SEXOLOGIA E IDENTIDADES SEXUAIS   153

Veja também: Início da lesbianidade moderna 74-79 ▪ Crossdressers e "maridos do sexo feminino" 82-83 ▪ Safismo 98 ▪ Os diários de Anne Lister 102-03 ▪ O Renascimento do Harlem e a Era do Jazz 148-51 ▪ *Problemas de gênero*, de Butler 266-67

> Muitas mulheres podem se sentir e se comportar como homens. Pouquíssimas conseguem se comportar como cavalheiros.
> **Radclyffe Hall**
> *O poço da solidão*, 1928

pelo sufrágio feminino, a melhoria da educação para meninas, a libertação das roupas restritivas da década de 1890, e a disponibilidade de controle de natalidade para mulheres em alguns países a partir da década de 1920 tornaram mais fácil para elas divergirem dos papéis tradicionais e da aparência que se esperava que tivessem.

As duas guerras mundiais (1914-8 e 1939-45) também aceleraram a autonomia feminina. O retorno de soldados mutilados e em estado de choque após a Primeira Guerra Mundial minou a imagem de força e estoicismo que definia a masculinidade vitoriana, obscurecendo as supostas diferenças psicológicas entre os sexos. E enquanto os homens lutavam fora, as mulheres faziam trabalhos tradicionalmente executados por eles. Essas mulheres às vezes usavam calças, que tinham virado moda ao serem adotadas por estrelas de cinema como Greta Garbo. Em *Mulher singular* (1929), Garbo interpreta uma debutante que usa as jaquetas e calças do seu par romântico na tela, argumentando que mulheres e homens devem ser julgados pelos mesmos padrões.

O surgimento de mulheres rebeldes e "masculinizadas" no início do século XX foi acompanhado por novas teorias em psicanálise e sexologia. O psicólogo britânico Havelock Ellis, autor dos sete volumes *Psicologia do sexo* (1897-1928), teorizou que as mulheres que desejavam outras mulheres eram "invertidas" e tinham uma alma masculina. Ellis afirmou que um verdadeiro invertido não era homem nem mulher, mas um terceiro gênero.

Proteção de classe

Maiores liberdades permitiram que lésbicas abastadas e com posições sociais privilegiadas conduzissem seus relacionamentos abertamente. Vários casais famosos adotaram papéis de gênero binários. No Reino Unido, »

Um casal *butch-femme* se abraça em "Le Feu" ["O Fogo"], uma ilustração de 1924 do poeta francês Paul Verlaine das *Fêtes galantes*. O casal se apropria dos papéis de gênero binários.

Radclyffe Hall

Nascida em Bournemouth, em 1882, Radclyffe Hall cresceu com a mãe e o padrasto. O pai havia saído de casa quando Hall tinha apenas dois anos, embora tenha garantido uma grande fortuna para a criança. Hall nunca teve que trabalhar ou se casar para se sustentar. Ela se considerava uma "invertida", termo cunhado por seu amigo Havelock Ellis, autor de *Inversão sexual* (1897). Ellis escreveu o prefácio para a primeira edição do romance lésbico de Hall, *O poço da solidão*, sobre uma lésbica masculina chamada Stephen Gordon. Hall conheceu a escultora e tradutora britânica Una Troubridge em 1915 e se apaixonou. O casal viveu uma vida plena juntas, criando cães e se dedicando às suas carreiras. Elas costumavam se vestir para refletir os papéis de gênero masculino-feminino, com Hall usando ternos masculinos e Una parecendo mais feminina. As duas permaneceram juntas até a morte de Hall, em 1943.

Obras principais

1924 *A lâmpada apagada*
1928 *O poço da solidão*

a escritora Radclyffe Hall, conhecida como "John" por seus amigos, viveu com Una Troubridge de 1917 até a morte de Hall em 1943. Em Paris, a escritora americana de apresentação masculina Gertrude Stein iniciou um relacionamento com a colega americana Alice B. Toklas que durou de 1910 até 1946, quando Stein morreu – enquanto Stein era uma figura importante na literatura do século XX, Toklas, uma cozinheira notável, desempenhava papel de "esposa", organizando os salões literários e artísticos de Stein.

Maiores oportunidades

Como não eram protegidas pela abastança, ou pela posição social, as lésbicas da classe trabalhadora estavam mais expostas à censura, mas o aumento da presença de mulheres fora de casa no início do século XX tornou mais fácil para elas se conhecerem, formarem comunidades e começarem relacionamentos, muitas vezes assumindo papéis de *butch-femme*.

Nos EUA, as lésbicas de Nova York foram atraídas para o Harlem, onde uma vida noturna negra havia se enraizado, e para Greenwich Village. As lésbicas formaram comunidades em torno de bailes drag, de festas em casa, e de bares clandestinos e clubes, onde lésbicas e gays podiam se expressar sem medo de censura. Além disso,

> "Os elementos do *butch/femme* jazem na opressão, mas nós não definhamos nela."
> **Sally R. Munt**
> Estudiosa britânica em estudos de gênero/sexualidade

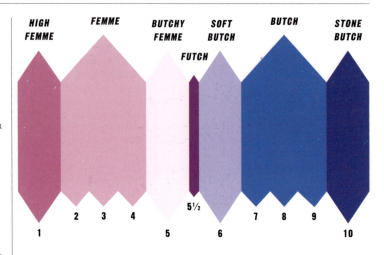

A escala *femme-butch*, ou escala "futch", é usada por algumas mulheres na comunidade LGBTQIAPN+ para identificarem onde se situam entre *femme* e *butch*. *High femme* é alguém que se apresenta de maneira tradicionalmente feminina, enquanto *stone butch* é alguém muito masculino.

algumas lésbicas negras, como as cantoras de blues Ma Rainey e Gladys Bentley, desenvolveram um estilo *butch* que exalava brio e confiança, desafiando a opressão na vida cotidiana. Elas foram exemplos poderosos para as lésbicas brancas da classe trabalhadora, assim como para as negras.

Identidade em vez de estilo

Nas décadas de 1940 e 1950, *butch* havia se tornado uma identidade nos EUA e no Reino Unido, não apenas um estilo. Não estava inerentemente ligado à sexualidade, mas conforme as comunidades de gays e lésbicas começavam a se organizar, *butch* se tornou uma forma de descrever lésbicas masculinas em busca de parceiras femininas.

As mulheres *butch* procuravam exibir uma fachada dura, como resposta ao sexismo, à homofobia e ao racismo. Inspiradas nos homens brancos rebeldes da classe trabalhadora, cuja própria opressão estava enraizada na classe, essas mulheres preferiam cabelos curtos, jaquetas de couro, camisetas brancas, jeans, botas de trabalho e correntes. Essa apropriação de uma persona masculina branca era uma forma de reivindicar a masculinidade. Algumas *butches* também usavam os pronomes "ele/dele", muito antes do surgimento de movimentos públicos trans.

Enquanto as lésbicas *butch* tinham uma identidade clara, as *femmes* achavam mais difícil se identificar como queer e, às vezes, duvidavam da própria natureza queer, já que não se identificavam com a masculinidade. Mesmo que uma parceira *femme* fosse muito procurada por *butches*, o "verdadeiro lesbianismo" era considerado enraizado na masculinidade.

As lésbicas *femme* com frequência eram associadas à bissexualidade, já que se presumia serem mais propensas a entrar em relacionamentos com homens – medo que levou ao clichê de "*femme*-como-eventual-traidora". Na verdade, muitas *femmes* reforçavam a masculinidade das *butches* por meio do que veio a ser chamado de "trabalho de gênero" – cuidados emocionais e físicos. O fato de as *femmes* poderem se passar por héteros ou bis lhes garantia um acesso útil à cultura dominante, em uma época em que as *butch* eram excluídas do debate público.

Ataque e renovação

Conforme as *butches* se tornaram mais visíveis nas décadas de 1950 e 1960, gerando uma animada cena *butch-femme*, especialmente nos EUA, a discriminação que enfrentavam aumentou, principalmente da polícia e dos homens hétero, que consideravam as *butchs* uma ameaça – e as *femmes* vítimas que precisavam de reabilitação heterossexual.

Durante a Guerra do Vietnã (1955-75), o termo *butches* foi usado para afastar lésbicas das forças armadas dos EUA por meio de dispensas "azuis" desonrosas, um banimento introduzido no final da Segunda Guerra para eliminar indivíduos, por "hábitos indesejáveis".

Quando gays e lésbicas deixavam as forças armadas, muitas vezes gravitavam para centros urbanos como Nova York e San Francisco, onde formavam comunidades. Nesses novos bairros, "*butch*" e "*femme*" eram

Quem era eu agora – homem ou mulher? Essa pergunta nunca poderia ser respondida enquanto essas fossem as únicas opções; nunca poderia ser respondida se tivesse que ser perguntada.
Leslie Feinberg
Stone Butch Blues, 1993

muito mais aceitáveis. Em 1955, no entanto, as Daughters of Bilitis (Filhas de Bilitis), a primeira organização lésbica nos EUA, rejeitou as identidades *butch* e *femme* como "interpretação de papéis". E exortaram as lésbicas a se integrarem à sociedade em geral.

Na década de 1970, algumas feministas lésbicas questionaram o modelo *butch-femme* por outros motivos, afirmando que a réplica de papéis heterossexuais reforçava o patriarcado e sustentava hierarquias. Outras lésbicas responderam que a dinâmica interrompia e desafiava os papéis tradicionais de gênero. E que a crítica feminista lésbica faz generalizações abrangentes sobre relacionamentos *butch-femme* e aumenta a percepção de que *butches* não são femininas o bastante para serem mulheres. Hoje, os rótulos ainda são usados, mas muitas gradações de "butchness" foram acrescentadas, rompendo com o binário entre os dois papéis, e capturando as nuances de uma gama de identidades queer, incluindo bissexuais e trans. ∎

Um casal butch-femme se abraça na África do Sul. As contrapartes lésbicas negras das identidades *butch* e *femme* são "garanhão" e "gatinha".

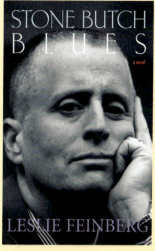

Stone Butch Blues, de Feinberg

Stone Butch Blues (1993), lésbica butch e homem trans Leslie Feinberg, é um romance que reflete as dificuldades e a discriminação enfrentadas por *butches* e mulheres na América dos anos 1970. Ele explora temas de gênero, sexualidade e interseccionalidade, e mostra como a cultura ballroom *butch-femme* se desenvolveu, e então entrou em colapso quando foi atacada por homens heterossexuais e feministas.

Stone Butch Blues é um texto-chave para a organização da comunidade queer. Popularizou o termo "stone butch", que se refere a uma lésbica que não quer ser tocada sexualmente, que quer apenas tocar. Feinberg recebeu o Lambda Literary Award de 1993 e o American Library Association Gay and Lesbian Book Award de 1994. A autora morreu em 2014, ano em que foi lançada a edição comemorativa do 20° aniversário do livro.

NÓS QUE USAMOS O TRIÂNGULO COR-DE-ROSA
PERSEGUIÇÃO DURANTE O HOLOCAUSTO (1933-45)

PERSEGUIÇÃO DURANTE O HOLOCAUSTO

EM CONTEXTO

FOCO
Perseguição LGBTQIAPN+

ANTES
1871 É adotado o Parágrafo 175 do Código Penal da Alemanha, que torna crime os atos sexuais entre homens.

1919-33 Funciona em Berlim o Instituto de Ciências Sexuais, até ser saqueado por paramilitares nazistas.

DEPOIS
1988 A Alemanha Oriental revoga o Parágrafo 175.

1994 Após a unificação das Alemanhas Oriental e Ocidental, o Parágrafo 175 é totalmente revogado.

1995 O Museu Memorial do Holocausto dos Estados Unidos se empenha em localizar sobreviventes homossexuais e documentar suas histórias.

2017 O parlamento da Alemanha vota para anular todas as condenações sob o Parágrafo 175 e indenizar as vítimas.

De 1933 a 1945, período do que é conhecido como o Holocausto, o regime nazista alemão assassinou sistematicamente 6 milhões de judeus. Outros grupos populacionais, incluindo ciganos, testemunhas de Jeová e pessoas LGBTQIAPN+, também foram alvo dessa perseguição patrocinada pelo Estado. Acredita-se que milhares de pessoas LGBTQIAPN+ tenham sido mortas.

Assim como outros grupos visados ao longo de anos, vítimas e sobreviventes LGBTQIAPN+ foram desacreditados em relatos históricos. Somente na década de 1970 as histórias desse grupo começaram a ser ouvidas. Além disso, os historiadores de hoje precisam ser cautelosos ao falar sobre identidade sexual ou de gênero e o Holocausto. Enquanto algumas pessoas LGBTQIAPN+ expuseram sua identidade de gênero antes de serem presas, outras só descobriram suas identidades por estarem em um ambiente com pessoas do mesmo sexo em campos de concentração. Alguns presos foram forçados a trocar sexo por comida ou proteção, o que não é um indicador de preferência sexual.

Período Weimar, na Alemanha

Para entender a perseguição às pessoas LGBTQIAPN+ no Holocausto, precisamos analisá-la no contexto do período de Weimar de 1919-33, após a derrota da Alemanha na Primeira Guerra Mundial.

Na atmosfera febril dos anos Weimar, foram desafiadas muitas normas sociais e culturais. Berlim, a capital da Alemanha, abrigava cerca de cem bares, clubes e pontos de encontro gays e foi apelidada de "capital gay do mundo". A atração pelo mesmo sexo aparecia com frequência

Ernst Röhm, comandante da SA nazista a partir de 1931, descrevia-se como "orientado para o mesmo sexo". Isso se tornou um escândalo público. Hitler o defendeu no início, mas o matou em 1934.

Nos anos do período Weimar, Berlim abrigou vários locais LGBTQIAPN+. De 1928, o guia da cidade "Mulheres lésbicas de Berlim" tinha treze pontos de encontro lésbicos, todos no bairro de Schöneberg.

crescente nos filmes, na imprensa e na literatura alemã. Em 1919, Magnus Hirschfeld abriu o Instituto de Ciências Sexuais em Berlim – primeiro instituto desse tipo no mundo, que continha milhares de recursos sobre gênero, sexualidade e erotismo. O lugar também oferecia aconselhamento, educação sexual e serviços médicos, incluindo tratamento para disforia de gênero.

O preconceito contra a atração pelo mesmo sexo ainda existia na Alemanha de Weimar. Muitos cidadãos não gostaram do aumento da visibilidade da sexualidade na mídia e na vida cotidiana. No entanto, de modo geral, as pessoas LGBTQIAPN+ não eram perseguidas – de fato, houve campanhas para abolir o Parágrafo 175. Então, em janeiro de 1933, Hitler chegou ao poder.

Perseguição pelos nazistas

A homossexualidade era condenada pelos nazistas. A ideologia do partido

SEXOLOGIA E IDENTIDADES SEXUAIS

Veja também: A criminalização da sodomia 68-71 ▪ Definindo "homossexual" e "heterossexual" 106-07 ▪ As primeiras cirurgias de afirmação de gênero 136-41 ▪ Filmes LGBTQIAPN+ 142–45 ▪ O primeiro bairro gay 146-47

Naturalmente essas pessoas serão publicamente degradadas [e] expulsas... elas serão baleadas no campo de concentração, enquanto tentam escapar.
Heinrich Himmler
Sobre pessoas LGBTQIAPN+, 1937

incluía a perpetuação da "raça ariana" – visão incompatível com relacionamentos não heterossexuais. Alguns nazistas, incluindo Heinrich Himmler, comandante da SS (força paramilitar de Hitler), acreditavam que as pessoas LGBTQIAPN+, assim como os judeus, eram seres humanos inferiores.

Três meses depois de Hitler se tornar chanceler, estudantes da Liga Estudantil Nacional Socialista invadiram o Instituto de Ciências Sexuais, atacaram funcionários e destruíram equipamentos. Mais tarde, naquele mesmo dia, a SA (a ala paramilitar nazista antes da SS) continuou a destruição. Hirschfeld estava no exterior na época e imediatamente foi para o exílio. Esse evento divisor de águas foi seguido pela invasão de pontos de encontro LGBTQIAPN+ e pelo fechamento de jornais gays, como o *Die Freundschaft* [*A Amizade*].

Para os agressores, era mais difícil identificar pessoas LGBTQIAPN+ do que muitos outros grupos sociais estigmatizados. Os judeus declaravam sua religião em certidões de nascimento, formulários de censo e registros governamentais; os comunistas frequentemente eram filiados a um partido. A inconformidade de gênero e a não heterossexualidade já eram bem menos visíveis.

Em 1934, a Gestapo de Berlim (polícia secreta) orientou a polícia da cidade a enviar listas de homens suspeitos de serem homossexuais. A Gestapo usava o termo "homossexual", mas o grupo-alvo incluía qualquer pessoa que não fosse heterossexual. Então, em 1935, o Parágrafo 175 se tornou mais rígido, proibindo qualquer tipo de contato entre homens que pudesse ser interpretado como sexual. Durante os interrogatórios, os acusados eram forçados a dar o nome de seus parceiros sexuais, implicando assim mais homens. Aproximadamente 53400 homens foram condenados sob o Parágrafo 175 durante o período nazista. Desses, de 5 mil a 15 mil foram enviados para campos de concentração.

A perseguição nazista às pessoas LGBTQIAPN+ foi, em muitos aspectos, limitada. Mal se estendeu além da Alemanha, Áustria e Holanda – em contraste com os judeus, que foram perseguidos em toda a Europa. Além disso, o Parágrafo 175 não se estendia às mulheres. Juristas nazistas consideraram criminalizar atos lésbicos, mas alguns argumentaram que relacionamentos íntimos entre mulheres eram mais difíceis de distinguir de amizades do que entre homens. Algumas pessoas também acreditavam que a homossexualidade feminina não representava a mesma ameaça para a sociedade que a homossexualidade masculina. O comportamento homossexual feminino nunca foi proibido, mas ainda assim era estigmatizado. Mesmo antes do regime nazista, para muitas pessoas ele ia contra as normas sociais e os ideais de gênero, como a maternidade.

Homens com o triângulo rosa
Nos campos de concentração, homens homossexuais eram identificados por »

Em 6 de maio de 1933, os nazistas invadiram o Instituto de Ciências Sexuais em Berlim. Sua biblioteca exclusiva de mais de 20 mil livros e periódicos sobre assuntos LGBTQIAPN+ foi recolhida e queimada nas ruas.

PERSEGUIÇÃO DURANTE O HOLOCAUSTO

Triângulos para prisioneiros em campos de concentração

Os internos dos campos de concentração foram marcados com um triângulo colorido invertido. Os judeus usavam dois triângulos amarelos que formavam uma estrela de David. Diferentes categorias de judeus usavam um triângulo amarelo combinado com um de outra cor.

Prisioneiros políticos

Prisioneiros criminais

Emigrantes alemães

Testemunhas de Jeová

Prisioneiros homossexuais

Prisioneiros associais

Prisioneiros judeus

Prisioneiros judeus homossexuais

um triângulo rosa costurado em seus uniformes. Vários relatos lembram que os homens com o triângulo rosa eram tratados de forma pior, tanto pelos guardas quanto por outros presos, do que qualquer outro grupo de prisioneiros, exceto os judeus. Os "175s", ou "bichas sujas", tinham que dormir com as mãos para fora das cobertas. Em alguns campos, eram isolados de outros prisioneiros. Em Auschwitz, Buchenwald, Sachsenhausen e Mauthausen, recebiam os piores trabalhos e os fisicamente mais duros.

Uma das pessoas que passou por essas condições foi Josef Kohout, cuja história foi um dos poucos relatos desse grupo de prisioneiros, publicada sob o pseudônimo de Heinz Heger, em 1972. Kohout vinha de uma próspera família austríaca católica. Em 1939, foi condenado de acordo com o Parágrafo 175 e sentenciado a seis meses de prisão e, em janeiro de 1940, foi transportado para Sachsenhausen e submetido a trabalhos forçados em uma vala de barro. Em seu relato, ele lembrou como gays e judeus foram alvos da SS, dos kapos (prisioneiros que serviam como supervisores) e outros internos. Sujeitos à violência sistemática, eram agredidos verbal e fisicamente e torturados diariamente. Em meados de 1940, Kohout foi transferido para Flossenbürg, onde permaneceu em condições desumanas até meados de 1945, quando foi libertado e reencontrou a mãe na Áustria.

Tortura institucional

Os nazistas queriam "reeducar" os homossexuais e acreditavam que o trabalho intensivo em fábricas de cimento, olarias e pedreiras os transformaria em "homens de verdade". Cientistas e médicos conduziram experimentos médicos para encontrar uma Essas medidas incluíam o uso de drogas psicotrópicas ou injeções de hormônios ou de vacinas. A partir de 1942, os comandantes dos campos de concentração passaram a poder ordenar a castração dos prisioneiros com o triângulo rosa.

O triângulo rosa está associado a uma das maiores taxas de mortalidade nos campos de concentração nazistas. Estima-se que 55% a 65% desses homens morreram. A taxa de mortalidade de presos políticos – que também foram presos para "fins de reeducação" – foi de 40%.

O campo de Sachsenhausen em Orienberg, perto de Berlim, foi usado inicialmente para prisioneiros políticos, mas depois também para grupos "inferiores", incluindo cerca de 1200 homossexuais.

SEXOLOGIA E IDENTIDADES SEXUAIS

Um memorial aos prisioneiros do "triângulo rosa" no campo de concentração de Buchenwald. Um dos detidos foi Rudolf Brazda, que em 2008 quebrou o silêncio e falou sobre a sua experiência.

Friedrich-Paul von Groszheim

Friedrich-Paul von Groszheim nasceu em Lübeck, Alemanha, em 1906, e foi um dos milhares presos e agredidos por sua homossexualidade. Em 1937, foi preso pelos nazistas sob o Parágrafo 175, junto com outros 230 homens de Lübeck – Von Groszheim foi sentenciado a dez meses de prisão e obrigado a usar a letra "A" em seu uniforme de detento, remetendo a *Arschficker* ["comedor de cu"]. Em 1938, ele voltou a ser preso e torturado. Depois de receber um ultimato entre ser enviado para um campo de concentração ou ser castrado, escolheu a castração. Como resultado, foi declarado "inapto" para o serviço militar quando estourou a Segunda Guerra. Em 1943, Von Groszheim foi novamente preso e enviado para o campo de concentração de Neuengamme. Dessa vez ele foi classificado como preso político e usava um triângulo vermelho. Após a Segunda Guerra, Von Groszheim se estabeleceu em Hamburgo. Ele não falou sobre suas experiências no Holocausto até 1991, quando apareceu no filme *We Were Marked with a Big A*, exibido em 1993. Von Groszheim morreu dez anos depois.

Perseguição de mulheres gays

Mesmo o Parágrafo 175 não sendo aplicado às mulheres, várias foram condenadas e encarceradas em prisões e campos de concentração. Algumas foram perseguidas por suas múltiplas identidades – por exemplo, mulheres lésbicas judias. Outras por outras leis sexuais, como a da idade de consentimento, que era neutra em termos de gênero. No entanto, a maior parte das mulheres lésbicas "arianas" não se tornaram alvos, a menos que também fossem criminosas e/ou comunistas. Nesse caso, ser judia era um fator-chave.

Um caso bem conhecido é o de Elsa Conrad, empresária e dona de vários bares lésbicos em Berlim. Ela foi presa em 1935 e enviada para o campo de concentração de Moringen em 1937. Alguns estudiosos afirmam que sua identidade judaica foi fundamental para a sua perseguição, porque ela não poderia ser condenada com base apenas no Parágrafo 175. Em 1938, foi libertada, depois de concordar em ir para o exílio. Assim, mudou-se para Nairóbi, no Quênia.

O triângulo rosa era reservado aos homens. A maior parte das mulheres lésbicas conhecidas nos campos de concentração usava um triângulo preto, que as identificava como "associais". "Associal" era um termo muito vago, usado para desempregados, sem-teto, profissionais do sexo e mulheres lésbicas. Elas experimentavam um estigma semelhante ao dos homens gays – muitas vezes eram tratadas com preconceito, descritas como estranhas, repulsivas, revoltantes, pervertidas e corruptas.

Após a Guerra

Apesar da derrota nazista em 1945 e da libertação da maioria dos campos de concentração, muitos homens que usavam o "triângulo rosa" foram transferidos para outras prisões. O sexo entre homens permaneceu criminalizado até 1967 na Alemanha Oriental e até 1969 na Ocidental. Só em 1994 o Parágrafo 175 foi totalmente removido do Código. Em 2002, as condenações por homossexualidade durante a era nazista foram anuladas, mas, ao contrário de outros grupos de prisioneiros, as vítimas gays só receberam alguma indenização quinze anos.

Devido ao estigma e à vergonha associados à atração pelo mesmo sexo, muitos sobreviventes não puderam voltar para as suas casas e famílias. Muitos não falaram sobre suas experiências. ∎

Se finalmente falo, é para que as pessoas saibam o que nós, homossexuais, tivemos que suportar na época de Hitler... isso não pode acontecer de novo.
Rudolf Brazda
Tcheco-alemão sobrevivente do campo de concentração (1913-2011)

SOU UMA REALISTA E NÃO UMA ESCRITORA OBSCENA
O JULGAMENTO DE ISMAT CHUGHTAI POR OBSCENIDADE (1944)

EM CONTEXTO

FOCO
Censura da literatura LGBTQIAPN+

ANTES
1933 *Angarey*, uma coleção de contos e uma peça em urdu, é banida por seus temas radicais.

1935 É estabelecida a Associação de Escritores Progressistas, com um foco anti-imperialista e reformista.

DEPOIS
1976 A contribuição de Chughtai para a literatura é reconhecida com o prêmio Padma Shri, uma medalha de honra indiana.

1994 É publicado o livro de memórias de Chughtai, *Kaghazi hai Pairahan* [*O traje de papel*], que inclui um relato de seu julgamento por obscenidade.

1998 Em Delhi, grupos de direita vandalizam cinemas que exibem *Fogo e desejo*, da diretora Deepa Mehta, por causa de seu conteúdo lésbico.

Em 1944, Ismat Chughtai foi intimada a comparecer no Tribunal por uma acusação de obscenidade contra seu conto "Lihaaf" ["A colcha de retalhos"]. Em "Lihaaf", uma mulher relembra sua infância, na qual descobre uma relação sexual entre uma muçulmana rica, Begum Jan, e sua empregada doméstica, Rabbo. A história também explora o trauma que a narradora sofre quando criança, quando Begum Jan faz investidas sexuais contra ela.

O julgamento e suas consequências

A Índia pré-independência era uma sociedade profundamente patriarcal, e a elite se unia aos colonizadores britânicos para censurar e controlar a população. Era controverso para uma mulher, ainda mais uma muçulmana de classe alta como Chughtai, escrever sobre sexualidade e lesbianidade em particular. O julgamento se baseou na linguagem, e uma testemunha sugeriu que uma história em que uma mulher respeitável tinha "ashiqs" (amantes) sem dúvida era obscena. O advogado

Nas minhas histórias, escrevi tudo com objetividade. Agora, se algumas pessoas as acham obscenas, elas que vão para o inferno.
Ismat Chughtai

de Chughtai rejeitou o argumento com base no fato de que "Lihaaf" poderia ser sobre uma mulher não respeitável. Chughtai foi absolvida, mas o julgamento teve um grande custo pessoal: ela enfrentou críticas da família e recebeu cartas de ódio, embora tenha sido aclamada anos depois.

Atitudes homofóbicas ainda levam obras à censura na Índia. As demandas por proibições de arte com temas LGBTQIAPN+ continuam, com a lesbianidade atraindo uma ira particular graças ao seu desafio à ortodoxia masculina heterossexual. ■

Veja também: O *Kama Sutra* 36-37 ■ Narrativas homossexuais na poesia urdu 96-97 ■ Hijras e o colonialismo britânico 108-09 ■ O julgamento de Oscar Wilde 124-25

SEXOLOGIA E IDENTIDADES SEXUAIS 163

NÃO FALAMOS DE AMOR. NOSSOS ROSTOS GRITAM A RESPEITO DELE
GERAÇÃO BEAT (DÉCADAS DE 1940 A 1950)

EM CONTEXTO

FOCO
Escrita LGBTQIAPN+

ANTES
1872 É publicado *Carmilla, a vampira de Karnstein*, do escritor irlandês Sheridan Le Fanu – um romance gótico, que tem como personagem principal uma vampira lésbica. Muitos autores góticos usam alegorias para explorar temas LGBTQIAPN+.

1918-37 O movimento artístico negro americano conhecido como Renascimento do Harlem inclui figuras LGBTQIAPN+, como Langston Hughes e Alain Locke.

DEPOIS
1961 A publicação póstuma das obras reunidas do poeta grego C.P. Cavafy leva seus poemas de desejo homossexual e erotismo para um público mais amplo.

1969 O poema "Uivo", de Allen Ginsberg, é lido em uma rádio na Finlândia, o que leva a um debate parlamentar.

Na época em que os ativistas dos direitos gays americanos se reuniam para começar a Sociedade Mattachine (organização homófila), um movimento literário estava se formando na cidade de Nova York com os escritores Allen Ginsberg, Jack Kerouac, William S. Burroughs e Herbert Huncke, que se conheceram na Universidade de Columbia em 1944.

A geração beat, como Kerouac os chamou em 1948, era conhecida por seu trabalho de vanguarda e estilo de vida boêmio. Sua poesia e prosa foram influenciadas pelos ritmos do jazz e técnicas como verso livre e fluxo de consciência. Eles quebraram barreiras e escreveram abertamente sobre álcool e drogas – e sobre seus desejos pelo mesmo sexo. Cartas, memórias e seus trabalhos criativos revelam que o sexo gay era comum entre o círculo interno do grupo. Ginsberg, por exemplo, teve experiências com Burroughs e Kerouac, e tanto Ginsberg quanto Burroughs se identificavam como gays.

Um legado misto
A geração beat inspirou os leitores com sua franqueza sobre suas façanhas sexuais e lançou as bases para o amor livre e os movimentos inconformistas da década de 1960. No entanto, o grupo também era predominantemente branco e masculino, por isso, os leitores criticam o racismo e a misoginia em muitas de suas obras. ■

Allen Ginsberg é mais conhecido pelo poema "Uivo" (1956), que levou Lawrence Ferlinghetti a um julgamento por obscenidade, em 1957, devido às suas descrições empolgadas de sexo gay.

Veja também: Poesia de amor entre homens 80-81 ▪ O Renascimento do Harlem e a Era do Jazz 148-51 ▪ No caminho da liberação gay 170-77 ▪ O nascimento do punk queer 234-35

NÃO É UMA IDEIA DE TUDO OU NADA
RELATÓRIO KINSEY SOBRE SEXOLOGIA (1948, 1953)

EM CONTEXTO

FOCO
Comportamento sexual

ANTES
1897 O médico britânico Havelock Ellis publica sua pesquisa sobre homossexualidade em *Inversão sexual*. Esse é um dos primeiros textos sexológicos que adota uma visão solidária à homossexualidade.

1919 O sexólogo alemão Magnus Hirschfeld funda o primeiro Instituto de Sexologia em Berlim.

DEPOIS
1976 Shere Hite publica *O Relatório Hite sobre sexualidade feminina* nos Estados Unidos. *O Relatório Hite sobre homens e sexualidade masculina* é lançado em seguida, em 1981.

1998 William E. Snell Jr. cria o Questionário Multidimensional de Autoconceito Sexual com cem perguntas que medem a orientação sexual.

Os relatórios do biólogo americano Alfred Kinsey sobre a sexualidade humana chocaram a sociedade nas décadas de 1940 e 1950, revelando a prevalência da masturbação feminina e do sexo antes do casamento. Eles também trouxeram à tona a frequência do comportamento e da atração homossexuais.

Pesquisa sobre sexualidade

A pesquisa de Kinsey era na forma de entrevistas – primeiro com alunos em Indiana e depois com participantes nos Estados Unidos. Ele coletou pessoalmente histórias sexuais detalhadas, usando um questionário com mais de cem perguntas. Kinsey e sua equipe acabariam reunindo 18 mil histórias.

Depois de fundar o Institute for Sex Research (ISR) em 1947, Kinsey publicou seu trabalho em dois livros inovadores: *Sexual Behavior in the Human Male* (1948) e *Sexual Behavior in the Human Female* (1953) – ambos escritos com os colaboradores Wardell Pomeroy e Clyde Martin.

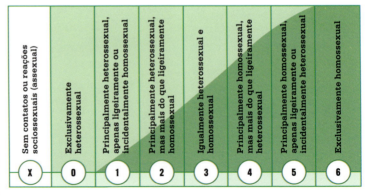

A Escala de Kinsey descreve o comportamento sexual de uma pessoa em um determinado momento e varia de 0 (exclusivamente heterossexual) a 6 (exclusivamente homossexual), com respostas bissexuais variáveis entre eles. Um grau adicional, X, indica ausência de contatos ou reações sociossexuais.

SEXOLOGIA E IDENTIDADES SEXUAIS

Veja também: Definindo "homossexual" e "heterossexual" 106-07 ▪ Bissexualidade 262-65 ▪ O espectro arromântico e assexual 280–83 ▪ Pansexualidade 294-95

Apenas a mente humana inventa categorias e tenta forçar os fatos a serem colocados em caixinhas. O mundo vivo é um continuum em todos e em cada um de seus aspectos.
Alfred Kinsey

Juntos, os relatórios venderam quase 1 milhão de cópias e garantiram evidências de que a atração e os comportamentos homossexuais eram comuns – na verdade, a "maior proporção" dos homens que responderam às perguntas tinha alguma experiência homossexual. A equipe de Kinsey usou uma escala de sete pontos para catalogar as histórias sexuais coletadas. Um "0" era "exclusivamente heterossexual", um "1" era "predominantemente heterossexual, apenas incidentalmente homossexual", com "6" sendo "exclusivamente homossexual". Essa escala foi publicada em *Sexual Behavior in the Human Male* junto com pesquisas mostrando que uma quantidade significativa de pessoas não se encaixava nas categorias de totalmente heterossexual ou homossexual.

O trabalho de Kinsey ajudou a mostrar que o comportamento sexual é fluido, embora sua escala tenha sido criticada posteriormente por posicionar a atração homossexual e heterossexual como opostos em um único continuum. Isso significa que um alto nível de atração homossexual deve equivaler a um baixo nível de atração heterossexual na escala, pois só pode medir os dois em relação um ao outro.

Escalas após Kinsey

Várias outras escalas para medir a sexualidade humana foram propostas desde então. Nos Estados Unidos, em 1978, o Klein Sexual Orientation Grid (KSOG) fez perguntas sobre o passado, presente e futuro para mostrar como a sexualidade pode mudar. Nele, mostrava-se graus de homossexualidade ou heterossexualidade, com a bissexualidade como ponto médio – Kinsey havia usado o termo "bissexual" para indicar intersexo.

Em 1979, o psicólogo americano Michael D. Storms propôs a Escala de Storms, que utiliza um gráfico com eixo X para heteroerotismo (atração erótica pelo sexo oposto) e eixo Y para homoerotismo (atração erótica pelo mesmo sexo). Embora o modelo Storms tenha sido elogiado por incluir assexuais como parte da escala, também foi criticado por sua abordagem binária de gênero. Ele usa basicamente atrações de "mesmo sexo" e "sexo oposto" para seus eixos. ▪

O relatório Kinsey de 1953 sobre o comportamento sexual feminino foi recebido com sensacionalismo, e dizia que apenas de 3% a 9% eram predominantes ou exclusivamente homossexuais.

Alfred Kinsey

Nascido em Hoboken, Nova Jersey, em 1894, Alfred Kinsey se rebelou contra sua rígida educação protestante ao optar por estudar biologia, primeiro no Bowdoin College, no Maine, e depois em Harvard, Cambridge, em Massachusetts. Ele ingressou na Universidade de Indiana depois de defender seu doutorado em biologia evolutiva em 1919. De 1920 a 1928, estudou vespas, mas em 1928 foi convidado a coordenar um novo curso sobre "Casamento e Família" para alunos casados e seniores. Pesquisador meticuloso e baseado em dados, ele logo se surpreendeu ao descobrir que havia muito pouca pesquisa em larga escala sobre o comportamento sexual humano, e resolveu preencher essa lacuna. Os dois principais relatórios de Kinsey provocaram polêmica por cobrir tópicos tabus, como masturbação e adultério, mas também por revelar a prevalência de atividades sexuais desfrutadas por homens e mulheres. Em 1953, Kinsey enfrentou uma investigação do Congresso sobre suas finanças que o levou a perder o financiamento. Ele morreu apenas três anos depois, em 1956, de doença cardíaca e pneumonia.

FOI UMA CAÇA ÀS BRUXAS
O TERROR LAVANDA (LAVENDER SCARE) (1950)

EM CONTEXTO

FOCO
Homofobia e anticomunismo

ANTES
1946 O Comitê de Apropriações do Departamento de Estado dos EUA estava preocupado com os riscos de segurança e permite demitir pessoas para garantir a segurança nacional.

1948 É publicado o livro de Alfred Kinsey, *Sexual Behavior in the Human Male*, que aumenta a consciência pública sobre a homossexualidade.

DEPOIS
1952 O primeiro *Manual Diagnóstico e Estatístico de Transtornos Mentais* lista a homossexualidade como um "distúrbio de personalidade sociopática".

1961 É fundada a Sociedade Mattachine de Washington, DC, por Franklin Kameny, para combater a discriminação antigay e as políticas federais de exclusão.

Durante a década de 1950, os Estados Unidos ficaram **cada vez mais temerosos de ameaças internas**, incluindo o comunismo.

As pessoas LGBTQIAPN+, especialmente aquelas que servem no governo ou nas forças armadas, **são vistas como "subversivas" – moralmente corruptas** propensas **à influência comunista ou à chantagem**.

Suspeitos de homossexualidade são **interrogados e demitidos**, alguns se **radicalizam posteriormente**, conforme o desconforto público aumenta.

D o final da década de 1940 até a década de 1960, houve uma remoção em massa, por demissão ou aposentadoria, de funcionários públicos gays e lésbicas nos EUA. Foi apelidado de "Lavender Scare" [terror lavanda], após o senador Everett Dirksen usar o termo "lavender lads" [rapazes lavanda] para se referir a homens homossexuais, enquanto "Red Scare" [terror vermelho] era usado para o medo do governo de infiltração comunista. Na década de 1940, a conscientização pública sobre a homossexualidade estava crescendo e os gays começaram a formar comunidades. Em 1947, a Polícia de Parques dos EUA atacou homens gays por meio de um "Programa de Eliminação de Perversão Sexual". Em 1948, o Congresso aprovou e o presidente Truman assinou a Lei Pública 615, que procurava tratamento para "psicopatas sexuais" em Washington, DC. Essa lei permitiu a prisão e a punição de gays, ao mesmo tempo em que também rotulava a homossexualidade como uma doença mental.

SEXOLOGIA E IDENTIDADES SEXUAIS

Veja também: Relatório Kinsey sobre sexologia 164-65 ▪ No caminho da liberação gay 170-77 ▪ A descriminalização dos atos homossexuais 184-85 ▪ A Revolta de Stonewall 190-95 ▪ Remoção da homossexualidade das DSMs 219

A ameaça vermelha

Durante a década de 1950, o Red Scare tomou conta do governo dos EUA. Entre 1950 e 1954, Joseph McCarthy esteve envolvido em campanhas para buscar comunistas, o que fez com que muitos acusados perdessem seus empregos ou não fossem sequer contratados, apesar de muitas vezes não pertencerem ao Partido Comunista. Em um discurso em fevereiro de 1950, McCarthy disse que tinha uma lista de 205 comunistas conhecidos no Departamento de Estado. Mais tarde, ele afirmou que em dois casos o comunismo estava diretamente ligado à homossexualidade.

A associação entre suspeitos de comunismo e de homossexualidade cresceu, pois ambos eram retratados como moralmente fracos ou psicologicamente doentes, ímpios e uma ameaça à família tradicional. Acreditava-se também que ambos recrutavam novos membros para seus submundos. Nessa atmosfera febril, John Emil Peurifoy, subsecretário de Estado adjunto, afirmou que havia um "subterrâneo homossexual" no Departamento de Estado, o que levou à denúncia e demissão de 91 funcionários.

Mais interrogatórios

Entre março e maio de 1950, a Investigação Wherry-Hill representou a primeira grande investigação no que mais tarde seria chamado de terror lavanda. Eles interrogaram funcionários do governo para determinar quantos dos 91 de Peurifoy foram recontratados e descobriram que treze deles tinham sido. Eles estavam preocupados com o fato de não haver um registro central dos motivos da demissão dos funcionários.

O Senado achou que eram necessárias mais ações para investigar homossexuais. Isso seria alcançado por meio do Comitê Hoey. Presidido por Clyde Hoey, esse subcomitê investigou vários departamentos, como agências federais, autoridades policiais, judiciais e médicas. O relatório *Emprego de homossexuais e outros pervertidos sexuais no governo*, que afirmava terem sido encontrados quase 5 mil homossexuais. O relatório influenciou os manuais de segurança do governo e garantiu uma base para a Ordem Executiva nº 10450 de 1953 do presidente Eisenhower, que permitia que a sexualidade de um candidato determinasse sua adequação ao governo federal.

Os pesquisadores concluíram que milhares de funcionários do governo perderam seus empregos durante esse período. E muitos mais podem ter saído antes. Além das dificuldades, as carreiras foram reduzidas e algumas pessoas chegaram até a se suicidar. ▪

Um documento do governo mostra o funcionário público Andrew Ference, que foi interrogado em 1954 e forçado a renunciar depois de dizer que era gay. Ele se suicidou quatro dias depois.

Dois senadores, Kenneth Wherry (à esquerda), um republicano; e J. Lister Hill (não retratado), democrata, conduziram a 1ª investigação sobre homossexualidade na força de trabalho federal.

Eu admiti abertamente que era gay. Então disseram: 'Também queremos cinco nomes de outras pessoas que você conhece'.
Bob Cantillion
Ex-militar da Marinha dos Estados Unidos

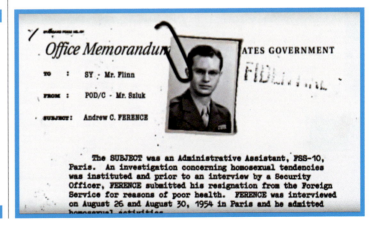

UM AMOR DO NOSSO PRÓPRIO TIPO
REJEIÇÃO DE RÓTULOS PELAS ESCRITORAS MULHERES (1951-1979)

EM CONTEXTO

FOCO
Escritoras criativas

ANTES
1852 Em uma carta, a poeta americana Emily Dickinson expressa seu desejo pela cunhada, Susan Gilbert.

1884 Sob o nome de Michael Field, as escritoras e amantes britânicas Katherine Bradley e Edith Cooper começam a publicar trabalhos que falam abertamente sobre o amor e a sexualidade feminina entre homossexuais.

1928 Djuna Barnes publica *The Ladies Almanack* em seu círculo lésbico em Paris. Mais tarde, ela declara: "Não sou lésbica. Apenas amava Thelma (Wood, uma artista)".

DEPOIS
1985 Jeanette Winterson escreve sobre a lesbianidade adolescente em *Oranges Are Not the Only Fruit*, um romance semiautobiográfico.

Entre as décadas de 1920 e 1950, as mulheres nos EUA e na Europa começaram a afirmar mais fortemente seus relacionamentos com outras mulheres, muitas vezes se associando a outras "safistas" em salões literários e clubes privados. No entanto, era raro que escritoras em relacionamentos homossexuais se identificassem como lésbicas até a revolução sexual do final dos anos 1960. Elas talvez temessem o preconceito e o impacto em seu trabalho mas, para algumas, isso também representava uma objeção filosófica aos estereótipos de gênero.

Mantendo silêncio

Ivy Compton-Burnett não revelou nada publicamente sobre sua sexualidade e profundo apego à Margaret Jourdain, mas após a morte de Jourdain, em 1951, ela escreveu a um amigo: "Gostaria que você a conhecesse e, assim, conhecesse mais de mim". Ela foi igualmente cautelosa sobre o relacionamento próximo que teve com Madge Garland, editora da *Vogue* britânica. A romancista Iris Murdoch teve vários relacionamentos com homens e mulheres, mas também recusava rótulos. "Exatidão demais não cairia bem", escreveu ela em versos para a escritora Brigid Brophy, com quem se correspondeu em centenas de cartas íntimas de 1954 a 1967.

Nos EUA, Elizabeth Bishop também resistiu aos estereótipos de gênero, e se recusou a permitir que seu trabalho fosse incluído em antologias femininas. Sua celebração do amor feminino que começa com "É maravilhoso acordarmos juntas" foi encontrada somente após sua morte em 1979. ∎

Você me comove profundamente, como bem sabe. Mas não posso lhe oferecer mais do que já pude, e mesmo para o que posso, o tempo e o espaço nos dividem.
Iris Murdoch
Carta para Brigid Brophy, 1960

Veja também: Crossdressers e "maridos do sexo feminino" 82-83 ▪ Amizade erótica na América e na Europa 92-95 ▪ Safismo 98 ▪ *Butch* e *femme* 152-55

SEGURA O PICUMÃ, MONA!
PAJUBÁ BRASILEIRO (1964-84)

EM CONTEXTO

FOCO
Linguagens das comunidades LGBTQIAPN+

ANTES
1830 Dom Pedro I, primeiro governante do Império do Brasil, ex-colônia portuguesa, aprova um novo Código Penal eliminando todas as referências à sodomia.

1888 A Lei Áurea do Brasil liberta os últimos 700 mil afro-brasileiros escravizados.

Anos 1950 Brasileiros fazem campanha pela liberação sexual e pelos direitos queer, com algum sucesso.

DEPOIS
1992 É fundada no Rio de Janeiro a Associação Nacional de Travestis e Liberados para combater a violência contra a comunidade LGBTQIAPN+.

2006 É publicada *Aurélia: A Dicionária da Língua Afiada*, que traduz muitos termos pajubá.

A linguagem secreta pajubá ou bajubá foi adotada pela comunidade trans para minimizar o assédio policial durante a ditadura militar, entre 1964 e 1984. O pajubá está amplamente enraizado nos idiomas da África Ocidental, como o iorubá e os dialetos do candomblé, Umbanda e outras religiões que combinam elementos católicos e africanos. Essas religiões se espalharam no Brasil quando cerca de 4,9 milhões de africanos escravizados chegaram ao país, entre 1501 e 1866. Amplamente favoráveis aos membros LGBTQIAPN+, elas se tornaram espaços seguros para algumas pessoas trans, e suas palavras, combinadas com o português, formaram o dialeto.

Inicialmente, as comunidades trans e travesti usavam o pajubá para passar avisos secretos e escapar da violência policial, já que seus clubes eram frequentemente invadidos. Profissionais do sexo também usavam a linguagem para alertar uns aos outros sobre policiais disfarçados ou clientes violentos, o que salvou muitas vidas.

Um longo caminho
O pajubá foi formalmente estabelecido e traduzido na década de 1990. Hoje, é usado mais amplamente na comunidade LGBTQIAPN+ e ouvido com frequência em novelas brasileiras. No entanto, embora seja mais popular agora, os brasileiros trans e não conformes de gênero enfatizam a importância de lembrar suas origens nas lutas e na violência que ainda enfrentam em um país com mais assassinatos de pessoas trans do mundo. ■

Desfile no Carnaval de 2022, no Rio de Janeiro, com fantasias extravagantes com as quais os participantes expressam livremente seu gênero e sexualidade.

Veja também: A linguagem secreta de polari 127 ▪ Direitos dos transgêneros 196-203 ▪ Pessoas "dois-espíritos" nativas norte-americanas 258-61

GAY É BOM

NO CAMINHO DA LIBERAÇÃO GAY
(DÉCADAS DE 1950 A 1980)

NO CAMINHO DA LIBERAÇÃO GAY

EM CONTEXTO

FOCO
Direitos LGBTQIAPN+

ANTES
1791 Atos consentidos entre dois adultos homossexuais são legalizados na França.

DEPOIS
1990 É realizada em Joanesburgo a primeira Parada do Orgulho sul-africana.

1992 É estabelecido nos EUA o grupo ativista LGBTQIAPN+ online Digital Queers.

1992 É realizada em Buenos Aires a primeira Parada do Orgulho argentina. Muitos dos 250 participantes usavam máscaras para não serem reconhecidos.

1994 Acontece em Manila, nas Filipinas, a primeira Parada do Orgulho da Ásia.

2000 A Holanda se torna a primeira nação a legalizar o casamento entre pessoas do mesmo sexo.

A Segunda Guerra Mundial teve um efeito transformador na cultura LGBTQIAPN+, especialmente nos Estados Unidos. Pessoas de diferentes origens passaram a trabalhar nos serviços militares e essenciais, e os relacionamentos homossexuais desabrocharam, apesar da perseguição. No entanto, depois que a guerra acabou, houve reação, já que a conformidade social e as famílias tradicionais passaram a ser cada vez mais valorizadas, e muitas pessoas LGBTQIAPN+ enfrentaram leis homofóbicas e sensação de vergonha. Isso, por sua vez, moldou o movimento homófilo, que apoiou e representou as pessoas LGBTQIAPN+ nas décadas de 1950 e 1960. Os grupos homófilos eram mais conservadores do que os de liberação gay que se seguiram, em parte por cautela. Na Alemanha e no Reino Unido, os atos sexuais entre homens eram contra a lei. Milhares foram detidos e muitos homens britânicos foram presos após serem abordados por policiais disfarçados que se passavam por gays. Na França, as relações sexuais entre pessoas do mesmo sexo eram legais, mas a polícia tentava prender os homossexuais usando leis contra indecência pública. Nos EUA, a sodomia era ilegal em quase todos os estados, e o terror lavanda (Lavender Scare) viu muitas pessoas LGBTQIAPN+ serem forçadas a deixar os empregos no governo dos Estados Unidos. A Holanda e os países escandinavos tinham leis mais liberais, mas as relações homssexuais nas quais um adulto fazia sexo com um indivíduo menor de 21 anos ainda eram ilegais.

Assim, se identificar publicamente como homossexual era uma postura corajosa. A maioria dos ativistas usava pseudônimos para proteger sua identidade, e muitos, especialmente na Europa, preferiam "homófilo" a "homossexual", pois acreditavam que o último termo enfatizava mais o sexo do que o amor. Sua política assimilacionista focava mais na integração do que na libertação, e alguns argumentavam que os homossexuais eram maltratados por causa de seu comportamento "exagerado" e "promíscuo". Os homófilos eram em sua maioria de classe média e queriam ser vistos como discretos e respeitáveis, além de ser ouvidos. Eles organizavam reuniões, faziam campanha por mudanças legais e publicavam periódicos.

Primeiros grupos homófilos

Um dos primeiros grupos homófilos foi o holandês Cultuur en Ontspannings Centrum (COC) [Centro de Cultura e Lazer]. Fundado em 1946, o centro era um local onde os membros podiam se encontrar, construir uma rede social, encontrar parceiros e aprender mais sobre a homossexualidade. As filiais sueca e norueguesa foram criadas em 1949 e 1950, e a sueca acabou se tornando independente sob o nome de Riksförbundet För Sexuellt Likaberättigande (RFSL) [Federação para a Igualdade Sexual] no início dos anos 1950. A RFSL também oferecia locais de encontro social e fazia campanha pelo casamento entre pessoas do mesmo sexo.

Nos EUA, a Sociedade Mattachine foi formada em 1950; a sua ramificação, ONE, em 1952; já a

> A Daughters of Bilitis era um bom lugar para se assumir, onde as mulheres podiam ficar juntas e descobrir quem eram.
> **Del Martin**
> Cofundadora da Daughters of Bilitis
> (1921-2008)

Del Martin (à esquerda) e Phyllis Lyon fundaram as Daughters of Bilitis em 1955. O grupo com sede em São Francisco foi a primeira organização lésbica de direitos civis fundada nos EUA.

SEXOLOGIA E IDENTIDADES SEXUAIS   173

Veja também: A Revolta da Compton's Cafeteria 182-83 ▪ A Revolta de Stonewall 190-95 ▪ Direitos dos transgêneros 196-203 ▪ CAMP Austrália 204-05 ▪ A criação da bandeira do Orgulho 224-25 ▪ A epidemia de aids 238-41 ▪ Seção 28 248-49

Daughters of Bilitis (Filhas da Bilitis) se formou em 1955. A ONE, com sede em Los Angeles, publicava uma revista influente, que os correios americanos declararam obscena em 1954 e se recusaram a distribuir; ONE ganhou o processo resultante dessa recusa em 1958. No Reino Unido, foi formada em 1958 a Homosexual Law Reform Society, que fazia campanha pela legalização das relações entre pessoas do mesmo sexo. Sua primeira reunião, em Londres, contou com a presença de mais de mil pessoas.

Na França, o Arcadie (também conhecido como Club Littéraire et Scientifique des Pays Latins) foi fundado em 1954, combinando uma crítica literária que enfatizava a mensagem homófila de dignidade e respeitabilidade nas comunidades gays e lésbicas com um grupo social que promovia bailes e palestras patrocinadas. Várias outras publicações associadas ao movimento homófilo também surgiram, incluindo a revista dinamarquesa *Vennen* [*A amiga*] (1949) e as publicações americanas *Mattachine Review* (1955) e *The Ladder* [*A escada*] (1956).

Início do ativismo LGBTQIAPN+ nos Estados Unidos

Sociedade de Direitos Humanos
• Produziu o primeiro periódico gay da América, *Friendship and Freedom* [*Amizade e liberdade*]
• Foi invadido pela polícia meses após sua instalação e posteriormente dissolvido
• Uma inspiração para grupos posteriores

Daughters of Bilitis
• Com o objetivo de educar o povo e ajudar as lésbicas a "se entenderem"
• Seguiu o modelo Mattachine, com mais pressão por assimilação
• Fechou em 1970, embora os capítulos locais continuassem a operar até a década de 1990

Chicago — 1924
Los Angeles — 1950
San Francisco — 1955
Nova York — 1969

Sociedade Mattachine
• As metas incluem "Unificar os homossexuais isolados de sua própria espécie"
• Apesar das origens radicais, de modo geral não fazia uso de táticas conflituosas
• Dividido em diferentes grupos por volta do início dos anos 1960

Frente de Libertação Gay
• Formado após a Revolta de Stonewall
• Favoreceu a ação direta e organizou as primeiras marchas de Orgulho
• Evoluiu para outros grupos, incluindo alas canadense e britânica

Uma comunidade global

Liderada pelo COC, o maior grupo ativista da década de 1950, a comunidade homófila global se reuniu em 1951 em sua primeira reunião conjunta, o Congresso Internacional pela Igualdade Sexual. Representantes da Dinamarca, Alemanha Ocidental, Reino Unido, Itália, Suíça e Holanda se encontraram em Amsterdã e enviaram um telegrama à ONU exigindo direitos iguais. Desse congresso nasceu o Comitê Internacional para a Igualdade Sexual (ICSE), uma colaboração entre a Liga da Dinamarca de 1948, a RFSL, a »

A Sociedade Mattachine

Em 1950, um grupo de gays em Los Angeles, inspirados pelo comunismo, formou a Sociedade Mattachine. O grupo ganhou impulso quando o membro fundador Dale Jennings foi preso por "comportamento obsceno" em um parque, em 1952. Jennings e a sociedade contestaram a acusação e o caso foi encerrado. O número de membros aumentou para mais de mil pessoas após o incidente; surgiram filiais em São Francisco, Nova York, Chicago e Washington, DC, e publicaram um boletim informativo e vários periódicos. A Sociedade era extremamente influente, mas estava dividida entre a política radical e a não conflituosa. Em 1952, muitos membros originais saíram e o grupo se tornou mais conservador. Várias filiais se desfizeram na década de 1960, enquanto as de Washington, DC e Filadélfia seguiram uma direção mais radical.

Eu sabia que era gay em cada osso do meu corpo. Então, fiz a única coisa que poderia fazer. Comecei o movimento.
Harry Hay
Cofundador da Sociedade Mattachine (1912-2002)

NO CAMINHO DA LIBERAÇÃO GAY

> Rejeitamos a tentativa da sociedade de impor papéis sexuais e definições da nossa natureza.
> **Declaração da Missão da Frente de Libertação Gay de Nova York**

revista gay suíça *Der Kreis* [*O círculo*] (1932-67) e, posteriormente, a ONE, assim como outros grupos. O comitê patrocinou congressos, organizou reuniões, jantares, bailes e cabarés e trabalhou para mudar leis e atitudes discriminatórias em todo o mundo. Embora o ICSE tenha acabado no início dos anos 1960, ele desempenhou um papel vital na criação de uma identidade homófila transnacional.

Ativismo na década de 1960

Embora a política respeitável e a construção da comunidade das organizações homófilas fossem consideradas radicais para a época, à medida que a década de 1960 avançava, algumas pessoas LGBTQIAPN+ começaram a exigir uma ação mais direta. Grupos em Washington, DC, Nova York e Filadélfia se uniram para formar as Organizações Homófilas da Costa Leste (ECHO) em 1963. De 1965 a 1969, esse grupo organizou piquetes de "Lembretes anuais" nos quais representantes de várias Sociedades Mattachine se reuniam do lado de fora da Casa Branca, com cartazes, e vestidos formalmente com ternos, gravatas e vestidos. A San Franciscan Society for Individual Rights (SIR) foi formada em 1964 e se dedicou a construir uma comunidade com shows drag, jantares, clubes de bridge, jogos de softbol, aulas de arte e grupos de meditação. O grupo abriu o primeiro centro comunitário gay e lésbico do país em 1966 e, em 1968, o SIR era a maior organização homófila do país.

Por volta de 1965, a Sociedade Mattachine de Nova York mudou de tática. Ela se inspirou em Frank Kameny, o fundador do núcleo de Washington, que havia trabalhado como astrônomo no Serviço de Mapas do Exército dos EUA antes de ser

Manifestantes, incluindo Frank Kameny (segundo na fila), protestam no Dia das Forças Armadas de 1965 contra a exclusão de pessoas LGBTQIAPN+.

demitido por causa da sua orientação sexual. Ele rompeu com as tradições contidas no movimento homófilo dizendo que a homossexualidade era "boa e desejável", e se inspirou nas campanhas dos direitos civis dos negros para organizar ações mais militantes, como manifestações públicas. Em 1966, grupos se reuniram na Conferência Norte-Americana de Organizações Homófilas (NACHO), que realizou reuniões, iniciou grupos gays, coordenou um fundo de defesa legal para desafiar leis e regulamentos contrários à comunidade LGBTQIAPN+ e organizou manifestações nacionais. Em uma indicação de mais mudanças, o grupo se desfez após uma conferência de 1970 na qual membros mais velhos entraram em confronto com ativistas mais radicalizados.

O ativismo não se limitou apenas à América do Norte e à Europa. Em 1967, foi formada em Buenos Aires a primeira organização de direitos LGBTQIAPN+ conhecida da América Latina, a

---

Os primeiros movimentos homófilos **não são conflituosos**, pois a perseguição exige **passos lentos e cuidadosos** para progredir.

→

Após a Revolta de Stonewall, grupos como a Frente de Libertação Gay estão **cada vez mais ansiosos para se afirmarem** na esfera pública.

↓

Juntamente com as campanhas, o crescimento de **cafés, publicações e livrarias gays** ajuda a impulsionar a **popularização** da cultura gay em muitos países nos anos 1980 e 1990.

←

A **batalha pelos direitos civis** se torna mais intensa, à medida que as sementes plantadas pelos primeiros grupos desabrocham em **marchas e campanhas globais** nas décadas de 1970 e 1980.

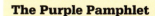

Nuestro Mundo [Nosso Mundo], por Héctor Anabitarte, um sindicalista que havia sido expulso do Partido Comunista da Argentina por ser gay. Na África do Sul, o Movimento de Reforma da Lei surgiu em 1968 e desafiou com sucesso uma proposta de mudança na Lei de Imoralidade do regime do apartheid, que teria criminalizado atos homossexuais.

Liberação Gay

No final da década de 1960, o consenso conservador do pós-guerra começava a desmoronar, à medida que os mais jovens se opunham às visões mais tradicionais. Protestos estudantis na França, manifestações nos EUA contrárias à guerra do Vietnã e a ascensão do feminismo e de movimentos radicais como o Black Power desafiaram o status quo político e social. Muitos desses movimentos rejeitavam o consumismo e os tabus sexuais, e a liberação gay ganhou força e se associou a causas mais amplas de esquerda.

Em junho de 1969, uma batida policial no Stonewall Inn, um bar gay de Nova York, foi repudiada por clientes e transeuntes. Não foi o primeiro levante LGBTQIAPN+ contra a polícia; anteriormente já havia ocorrido a Revolta do Cooper Do-nuts de Los Angeles (1959), e a Revolta da Compton's Cafeteria de San Francisco (1966), além de protestos na Black Cat Tavern de Los Angeles (1967). Esse também não foi o início da liberação gay, que sem dúvida começou com as ações mais militantes da Sociedade Mattachine. Mas Stonewall chegou às manchetes e foi a centelha que fez explodir a liberação gay global.

Nas semanas após o levante, foi formada em Nova York a Frente de Libertação Gay (GLF), assumindo propositalmente o nome das Frentes de Libertação Nacional do Vietnã e da Argélia. As marchas de protesto – realizadas em junho para comemorar Stonewall – ocorreram durante a década de 1970 e 1980, e eram comumente chamadas de Paradas do Orgulho Gay.

Em contraste com o desejo dos homófilos de se encaixarem, os liberacionistas gays viam a ação direta e a mudança social como a resposta, e "assumir-se" como gay para amigos, »

A Marcha de 1993 em Washington
pela igualdade de direitos e libertação de lésbicas, gays e bis viu cerca de 1 milhão de pessoas se reunirem para pedir igualdade para as pessoas LGBTQIAPN+.

The Purple Pamphlet

Homosexuality and Citizenship in Florida [*Homossexualidade e Cidadania na Flórida*], coloquialmente conhecido como The Purple Pamphlet (algo como "A brochura roxa"), foi um panfleto de propaganda contrária à comunidade LGBTQIAPN+ publicado pelo Comitê de Investigação Legislativa da Flórida (FLIC) em janeiro de 1964. O comitê, liderado pelo senador Charley Johns, promoveu uma caça aos homossexuais em escolas, universidades e agências governamentais, alegando que eles estavam ligados à doutrinação comunista. O livreto apresentava imagens pornográficas e uma lista de termos usados pela comunidade gay e custava 25 centavos. Ele foi pensado para incitar a homofobia e provocar a adoção de uma legislação mais rígida, mas, em vez disso, foi criticado por suas imagens explícitas. O condado de Dade, na Flórida, ameaçou com ação legal, enquanto um clube do livro gay em Washington, DC, vendia cópias. A reação comprometeu o financiamento do comitê, dissolvido em 1965.

Éramos liberacionistas sexuais e revolucionários sociais, decididos a virar o mundo de cabeça para baixo.
Peter Tatchell
ativista LGBTQIAPN+ e membro da Frente de Libertação Gay do Reino Unido

NO CAMINHO DA LIBERAÇÃO GAY

Atos solo e bandas como a extravagante banda de technopop britânica Frankie Goes To Hollywood ajudaram a popularizar a cultura LGBTQIAPN+ na década de 1980.

familiares e colegas de trabalho era considerado uma forma de ativismo. Os liberacionistas gays desejavam remover ou transformar instituições como gênero e família nuclear que eram vistas como conservadoras e limitadoras. Os novos grupos de libertação se definiram contra as organizações homófilas tradicionais, mas os movimentos interagiram durante os anos 1960 e 1970. Publicações nos Estados Unidos que ajudaram a preencher a lacuna incluíram *Vector* (San Francisco), *Drum* (Filadélfia), *Homosexual Citizen* (Washington, DC) e *The Advocate* (Los Angeles).

Do nacional ao global

O GLF teve vida curta, mas abriu as portas para vários grupos diferentes. A Gay Activists Alliance (GAA, fundada em 1969), a Street Transvestite Action Revolutionaries (STAR, em 1970) e a National Gay Task Force (mais tarde National LGBTQ Taskforce, em 1973) foram todas formadas na cidade de Nova York. Em 1977, Jean O'Leary liderou a primeira delegação de ativistas LGBTQIAPN+ à Casa Branca. Em 1988, ela e Robert Eichberg fundaram o National Coming Out Day (algo como: Dia Nacional de se Assumir), um evento anual de conscientização.

Stonewall e o GLF tiveram um impacto global. A partir de 1969, formaram-se organizações australianas em Sydney e Melbourne, enquanto o Canadá (1970-2) e o Reino Unido (1971-4) tinham suas próprias Frentes de Libertação Gay, com o GLF do Reino Unido se dividindo entre a linha telefônica de apoio "Lesbian and Gay Switchboard" e o jornal *Gay News*. Um efeito desse crescimento foi a americanização da cultura e dos movimentos gays – visto na disseminação global das paradas e da bandeira do orgulho gay – o que pode ter dificultado os movimentos locais de expressarem plenamente suas próprias identidades.

Na Suécia, a RFSL se tornou mais ativa nas décadas de 1970 e 1980 com desfiles e atividades de informação escolar. Na França, ativistas interromperam uma transmissão de rádio ao vivo em 1971 chamada "Homossexualidade, esse problema doloroso", e a Frente Homossexual d'Action Révolutionnaire (FHAR) foi formada pouco tempo depois. Na Argentina, a Frente de Libertação Homossexual (FLH) foi formada em 1971, assumindo uma postura anti-imperialista e anticapitalista. Um grupo ativista brasileiro chamado SOMOS foi criado em 1978 por estudantes e funcionários da Universidade de São Paulo. Na África do Sul, uma subcultura gay desabrochou nos anos 1970 e 1980 com boates, bares, empresas de propriedade de gays e um jornal, *EXIT*. A Associação Gay da África do Sul (GASA) foi formada em 1982, mas, assim como o Movimento de Reforma da Lei anterior, era chefiada por gays brancos de classe média. O ativismo continuou a ser dividido em linhas raciais: a GASA apoiou um candidato pró-apartheid nas eleições de 1987 e foi expulsa da Aliança Internacional de Lésbicas e Gays (ILGA), uma organização abrangente com foco em questões legais, no final daquele ano. Em 1988, foi formada por Simon Tseko Nkoli a organização Gays e Lésbicas de Witwatersrand (GLOW), com a predominância de negros envolvidos.

Diversidade e inclusão

Embora as mulheres estivessem envolvidas em muitos grupos homófilos e de liberação gay, certos grupos – incluindo ICSE, FHAR e COC – foram criticados por serem centrados nos homens e não lidarem com questões

... As pessoas LGBTQ devem ter os mesmos direitos, oportunidades e obrigações que todos os outros na sociedade.
RFSL, 2016

SEXOLOGIA E IDENTIDADES SEXUAIS

> Essa cultura capitalista do arco-íris é angustiante, especialmente quando você considera quantas empresas falham em apoiar a comunidade LGBTQ quando isso é importante.
>
> **Eli Erlick**
> escritor e ativista americano

lésbicas. As mulheres LGBTQIAPN+ também batalhavam por reconhecimento dentro de muitos movimentos de libertação das mulheres, e vários grupos se formaram por conta disso. Em 1953, Suzanne de Pues formou o Centre Culturel Belge/Cultuurcentrum België (CCB) [Centro Cultural Belga], um grupo inclusivo para gays e lésbicas, depois de ser importunada e humilhada em uma reunião do ICSE. Nos EUA, o Daughters of Bilitis, fundado em 1955, foi seguido por outros grupos proeminentes. A Lavender Menace [Ameaça Lavanda]

Um protesto de 2021 contra o capitalismo arco-íris. A mercantilização de eventos como o Pride e a *"pinkwashing"* por marcas corporativas é uma fonte de frustração para muitos ativistas.

foi formada em Nova York em 1970, depois que a Organização Nacional para Mulheres (NOW) se distanciou das causas LGBTQIAPN+. Nova York também deu origem às Lesbian Avengers [Vingadoras Lésbicas], que se formou em 1992, misturando humor e ativismo.

Conforme o ativismo se tornava mais diversificado e mais difundido, a representatividade também crescia. Na década de 1970, personagens gays como Jodie Dallas, interpretado por Billy Crystal na série *Soap*, ganharam mais destaque na TV. Artistas como Boy George, Frankie Goes To Hollywood e k.d. lang tiveram sucesso global e, nos videogames, "Caper in the Castro", de 1988, apresentava uma detetive lésbica em busca de uma drag queen sequestrada. Bares, cafés e livrarias gays tiveram uma presença cada vez maior nas ruas da cidade.

Ativismo moderno

Na década de 1980, a epidemia de HIV/aids atingiu duramente as

comunidades LGBTQIAPN+. Alguns voluntários, diretamente afetados pela epidemia, não puderam ou não quiseram mais participar. Outros grupos, como o ACT UP, fundado em Nova York, abordavam o ativismo e a conscientização sobre o HIV/aids. Essas campanhas ajudaram a politizar uma nova onda de lésbicas e gays.

A partir dos anos 1990, os protestos radicais pela liberação gay foram em grande parte eclipsados por movimentos pró-assimilação e a responsabilidade política. Enquanto muitos liberacionistas gays desafiaram as instituições políticas e sociais, como o casamento, os movimentos contemporâneos são mais propensos a buscar apoio político para os direitos civis, como igualdade matrimonial e inclusão trans. Em todo o mundo, permanecem questões em torno dos direitos, mas o progresso tem sido real, por exemplo quando a ONU consagrou os direitos LGBTQIAPN+ como direitos humanos em 2011. ∎

O banco australiano ANZ renomeou vários caixas eletrônicos como "GAYTMS" a partir de 2014, em apoio ao Sydney Gay and Lesbian Mardi Gras. Conforme a cultura LGBTQIAPN+ se tornava popular, muitas marcas se associaram a ela.

DEMOCRACIA COM REPRESSÃO NÃO É DEMOCRACIA
MOVIMENTOS LGBTQIAPN+ LATINO-AMERICANOS (DÉCADAS DE 1960 A 1970)

Nas décadas de 1960 e 1970, **ditaduras e governos repressivos** dominaram muitos países latino-americanos.

Os direitos LGBTQIAPN+ e os direitos de muitos outros grupos – incluindo **mulheres e "pessoas não-brancas"** – são **massacrados**.

A queda desses regimes traz **maior liberdade** e estimula os grupos LGBTQIAPN+ a **lutarem por seus direitos**.

Hoje, muitos países latino-americanos **reconhecem os direitos** LGBTQIAPN+ e estão entre os **mais progressistas do Sul Global**.

EM CONTEXTO

FOCO
Campanha pelos direitos LGBTQIAPN+

ANTES
1591 A primeira travesti conhecida (uma identidade transfeminina exclusiva da América Latina) chega ao Brasil como uma pessoa escravizada.

Anos 1830 A descriminalização dos atos homossexuais no Brasil e a imigração em massa da Europa levam a uma próspera subcultura homossexual masculina em Buenos Aires.

DEPOIS
1980 A prisão brutal de um grupo de lésbicas em São Paulo dá início a uma campanha repressiva de policiamento.

1983 No fim da ditadura militar na Argentina, uma lei arcaica permite a prisão de centenas de gays.

1992 É fundada a Associação de Travestis e Liberados (ASTRAL) no Rio de Janeiro.

Cada uma das 33 nações da América Latina tem seu próprio contexto político e social, mas nas décadas de 1960 e 1970, grande parte da América Latina experimentou agitação política semelhante. Esse período incluiu revoluções, ditaduras militares e movimentos de guerrilha, ao lado do nascimento de movimentos sociais pelos direitos das mulheres, igualdade racial e direitos LGBTQIAPN+. Pessoas LGBTQIAPN+ lutaram por maior visibilidade, pelo fim da discriminação e por igualdade.

Novos movimentos
O primeiro movimento LGBTQIAPN+ documentado da América Latina foi o grupo argentino Nuestro Mundo [Nosso Mundo]. Fundado em 1967 pelo sindicalista Héctor Anabitarte, o grupo tinha como objetivo conscientizar a

SEXOLOGIA E IDENTIDADES SEXUAIS

Veja também: América Latina colonial 66-67 ▪ Pajubá brasileiro 169 ▪ No caminho da liberação gay 170-77 ▪ Direitos dos transgêneros 196-203 ▪ A epidemia de aids 238-41

A drag queen Mary Gambiarra fala em um protesto durante a celebração anual do Orgulho LGBTQIAPN+ em Brasília, em julho de 2022.

respeito da opressão das pessoas LGBTQIAPN+ na sociedade argentina. O Nuestro Mundo protestou contra a brutalidade policial que pessoas LGBTQIAPN+ sofriam, que as autoridades alegaram ser necessária para proteger os valores familiares na Argentina.

De 1976 a 1983, uma ditadura militar governou a Argentina e até 30 mil pessoas, incluindo LGBTQIAPN+, desapareceram ou foram mortas. Nessa época, foi fundada a Frente de Libertação Homossexual, que criou a primeira revista gay da América Latina: *Somos*. No México, foi fundada em 1971 a Frente de Liberación Homosexual (FLH), por Nancy Cárdenas e Luis González de Alba, para aumentar a conscientização sobre as populações LGBTQIAPN+. As reuniões ocorreram em segredo por causa do governo repressivo do presidente Luis Echeverría e da homofobia comum na sociedade mexicana.

Em 1978, foi publicado o primeiro jornal gay do Brasil. Chamado de *O Lampião da Esquina* (em homenagem ao fora da lei e herói popular brasileiro), ele reportava todas as lutas por justiça social, incluindo grupos LGBTQIAPN+. Em 1979, foi fundada a primeira organização abertamente gay brasileira, a Somos, que inspirou a formação de outros grupos de gays e lésbicas em cidades como Rio de Janeiro, Curitiba e Salvador.

A primeira organização lésbica do Chile, conhecida como Coletivo Feminista de Lésbicas Ayuquelen, foi fundada em 1984, depois que a constituição de 1980 tornou ilegais as transgressões contra o Estado, a família e a Igreja católica. O Ayuquelen desafiou a heteronormatividade compulsória no Chile e foi a voz de resistência das pessoas LGBTQIAPN+ durante a ditadura de Augusto Pinochet (1973-90). Pinochet defendeu valores conservadores, perseguiu e prendeu seus oponentes políticos, incluindo escritores e ativistas LGBTQIAPN+.

Na década de 1980, a crise do HIV/aids atingiu as comunidades LGBTQIAPN+ nas Américas. A Igreja enquadrou a epidemia como uma intervenção divina, enquanto centenas morriam. A década de 1990, no entanto, foi marcada pela crescente visibilidade e a primeira Parada do Orgulho brasileira foi realizada no Rio de Janeiro em 1995. Em 2010, o Brasil legalizou a adoção homossexual e a Argentina legalizou o casamento homossexual. Chile, Uruguai, México, Colômbia e Equador também legalizaram o casamento entre pessoas do mesmo sexo.

No entanto, o Brasil ainda sofre com a violência homotransfóbica. Pesquisas mostram que houve 387 assassinatos e 58 suicídios de pessoas LGBTQIAPN+ no país em 2017. ∎

Rosely Roth

Nascida em 1959, filha de pais judeus em São Paulo, Rosely Roth estudou filosofia e antropologia, trabalhou como antropóloga e dedicou sua vida a pesquisar experiências lésbicas no Brasil. Em 1981, Roth co-fundou o Grupo de Ação Lésbica Feminista, por meio do qual criou o boletim "Chana Com Chana" para lésbicas e feministas. Quando o "Chana Com Chana" foi banido de um bar local em São Paulo por causa de seu conteúdo lésbico e feminista, Roth ajudou a organizar um protesto no bar, em 19 de agosto de 1983 – um evento que é amplamente conhecido como o Stonewall brasileiro. Mais adiante, os donos do bar pediram desculpas e permitiram a publicação, uma vitória para o primeiro protesto lésbico do Brasil. Resolvida a questão, o dia 19 de agosto se tornou o Dia do Orgulho Lésbico no estado de São Paulo. Roth é considerada uma pioneira no movimento LGBTQIAPN+ brasileiro. Após lutar contra problemas de saúde, Roth faleceu em 1990.

PARÓDIA QUEER
CAMP (1964)

EM CONTEXTO

FOCO
Sensibilidades queer

ANTES
1874 Os jornais britânicos usam a palavra "*camp*" para relatar a prisão de "um homem em trajes femininos" em um baile à fantasia.

1954 O romance de Christopher Isherwood, *The World in the Evening*, inclui a frase "Você não pode ser *camp* sobre algo que não leva a sério".

DEPOIS
Anos 1960 a anos 1970 Há um aumento do *camp* deliberado na cultura popular, como a série de TV Batman (1966 a 1968) e o filme *De volta ao vale das bonecas* (1970).

2019 O Metropolitan Museum of Art (MoMA), em Nova York, organiza uma exposição celebrando todas as coisas relativas ao camp, inspirada no livro de Susan Sontag, de 1964, *Notes on Camp*.

As sensibilidades *camp* há muito estão ligadas a comunidades queer, particularmente às comunidades gays masculinas. A palavra "*camp*" em um contexto LGBTQIAPN+ foi listada pela primeira vez no *Oxford English Dictionary* em 1909. E definida como "ostensivo, exagerado, afetado, teatral; efeminado ou homossexual; pertencente a, característico de, homossexuais". O dicionário não dava a origem da palavra, dizia apenas que era obscura.

A obra mais influente sobre o *camp* é "Notes on Camp" (1964), da escritora americana Susan Sontag. Ao descrever o *camp*, Sontag se concentrou no artifício, no esteticismo e no "espírito da extravagância". Para ela, "O *camp* vê tudo entre aspas", e ver as coisas exageradamente sugere ver o papel performático em tudo na sociedade.

Sontag citou trabalhos que adotam essa superficialidade extravagante, como as peças do escritor anglo-irlandês Oscar Wilde (1854-1900) e os desenhos do ilustrador britânico Aubrey Beardsley (1872-98). A escritora também destacou como a fluidez de gênero é parte integrante do camp. Ela descreveu o *camp* como o "triunfo do estilo epiceno" – um estilo com características de mais de um gênero.

Puro ou deliberado?

O ensaio de Sontag faz diferença entre o *camp* "puro" e o *camp* "deliberado". Ela defendia que o *camp* puro está enraizado na paixão genuína. É sempre "ingênuo" e fruto da "seriedade que falha" porque é "demais" – tão ruim que é bom. Os

---

Artifício
+
Exagero
+
Padrões desafiadores
+
Distanciamento irônico
=
Camp

SEXOLOGIA E IDENTIDADES SEXUAIS

Veja também: Drag 112-17 ▪ Performances masculinas 126 ▪ O julgamento de Oscar Wilde 124-25 ▪ A linguagem secreta de polari 127 ▪ A propagação da cultura ballroom

A declaração final do *camp*:
é bom porque é horrível.
Susan Sontag
Notes on Camp, 1964

exemplos incluem a representação explosiva que Faye Dunaway faz de Joan Crawford no filme *Mamãezinha querida*, de 1981, e que foi ridicularizado pelos críticos na época, mas desde então alcançou o status de filme cult. O *camp* deliberado, por outro lado, é a tentativa de replicar a estética do *camp*, mas a natureza intencional disso mina seu impacto.

O artista e escritor americano Philip Core se somou à ideia de *camp* de Sontag em sua obra *Camp: The Lie That Tells The Truth* (1984), e definiu o *camp* como um excesso que desafia as normas sociais e políticas.

A atriz queniana-mexicana Lupita Nyong'o participa do Met Gala 2019 em Nova York. Sua roupa encapsulava o tema daquele ano – "celebrando o *camp*".

O escritor australiano Moe Meyer foi além, desafiando a interpretação de *camp* de Sontag. Em *Reclaiming the Discourse of Camp* (1994), ele o vinculou explicitamente à cultura queer, definindo-o como política, crítica e "paródia queer" dos outros e um discurso exclusivamente queer que não poderia ser apropriado por outros como mero estilo. Meyer sustentava que a definição de *camp* de Sontag estava "morta".

Estética influente

O *camp* está ligado à cultura queer desde o seu uso mais antigo e foi associado à linguagem polari, que era comum entre os gays na Grã-Bretanha até a década de 1960. Hoje, o *camp* ainda é culturalmente associado à feminilidade e aos homens gays por meio de comportamentos e maneirismos exagerados. Isso pode ser visto em artistas de Liberace e Elton John a

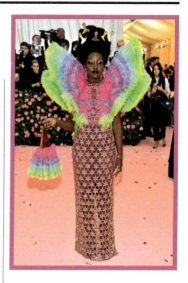

Madonna e Lady Gaga. Outros exemplos incluem damas da pantomima e drag queens, o festival Eurovision Song Contest e os desfiles de moda extravagantes do falecido Alexander McQueen. O *camp* continua sendo um movimento estético e cultural influente até o século XXI. ▪

O ator britânico James Doherty interpretando a viúva Twankey em 2016 na pantomima *Aladdin*, no Lyric Hammersmith Theatre, em Londres.

Senhoras da pantomima

A dama da pantomima britânica simboliza muitas características do *camp*. A dama é sempre uma personagem feminina interpretada por um ator masculino e, embora seja feminina em termos de figurinos, maquiagem e perucas, não esconde traços masculinos, muitas vezes destacando-os para entreter. Esse personagem cômico interage com o público, usa insinuações e frases dúbias, e caminha na linha entre ser abertamente sexual e recomendada para toda a família. Um elemento básico da pantomima, a dama, apareceu pela primeira vez no show *Arlequim e Mamãe Ganso* no Theatre Royal, em Londres, em 1806. A viúva Twankey, a personagem arquetípica da dama que incorpora as sensibilidades do *camp*, foi apresentada à pantomima *Aladdin* em 1861. Ela finge ser profundamente culta e refinada, apesar de receber o nome de Twankey Tea, uma marca barata de chá vendida na época. Hoje, muitos comediantes queer desempenham esse e outros papéis de dama nos teatros britânicos na época do Natal.

RAINHAS QUE GRITAM
A REVOLTA DA COMPTON'S CAFETERIA (1966)

EM CONTEXTO

FOCO
Protestos por direitos trans

ANTES
1863 San Francisco adota uma lei que torna o crossdressing ilegal – é uma das 45 cidades dos EUA a fazê-lo entre 1848 e 1914. A lei é revogada em 1974.

1959 Acontece em Los Angeles a Revolta do Cooper Do-nuts. É considerada a primeira revolta LGBTQIAPN+ moderna nos EUA.

1969 A polícia invade o Stonewall Inn em Nova York, provocando protestos que definem o movimento de liberação gay nos EUA.

DEPOIS
2017 San Francisco reconhece parte do distrito de Tenderloin como o Distrito Cultural Transgênero de Compton, o primeiro distrito trans legalmente reconhecido no mundo. Em 2020, ele foi renomeado para The Transgender District, para não homenagear o dono da cafeteria, Gene Compton.

Em agosto de 1966, ocorreu nos EUA uma das primeiras revoltas LGBTQIAPN+, no distrito de Tenderloin, em San Francisco. A revolta estourou na Compton's Cafeteria, em resposta ao assédio policial às comunidades trans e drag da cidade. Devido à falta de cobertura da mídia e à ausência de registros policiais contemporâneos, a data específica é desconhecida e, por décadas, o evento ficou perdido na história. Foi redescoberto e trazido à atenção popular pela historiadora trans Susan Stryker em seu documentário de 2005, *Screaming Queens*. Na época em que o filme foi feito, a Revolta da Compton's Cafeteria foi considerada o primeiro ato conhecido de resistência coletiva militante queer ao assédio policial, embora eventos anteriores, como o motim de Cooper Do-nuts de 1959, tenham sido observados desde então.

Tensões em erupção

A Compton's Cafeteria ficava no coração do distrito de Tenderloin, uma área relativamente empobrecida com uma crescente população LGBTQIAPN+ na década de 1960. Aberto dia e noite, se tornou conhecido como um local seguro – em comparação com outros espaços – para os membros dessa comunidade se reunirem, especialmente drag queens e mulheres trans, muitas delas profissionais do sexo. No entanto, esses clientes não eram bem recebidos pelos funcionários, que alegavam que eles afastavam as pessoas de gênero diferente da cafeteria. Os funcionários frequentemente chamavam a polícia, que prendia os clientes pelo crime de "falsificação de identidade feminina".

A tensão finalmente explodiu em violência quando uma mulher trans reagiu a uma tentativa de prisão jogando café no rosto de um policial. Foram arremessados objetos da cafeteria, janelas foram quebradas e os policiais se viram obrigados a recuar

Mulheres transexuais e homens gays defenderam seus direitos e lutaram contra a brutalidade policial, a pobreza, a opressão e a discriminação.
Placa no local da Compton's Cafeteria

SEXOLOGIA E IDENTIDADES SEXUAIS

Veja também: No caminho da liberação gay 170-77 ▪ A Revolta de Stonewall 190-95 ▪ Direitos das pessoas trans 196-203 ▪ O ataque a tiros na Pulse 308-09

Causas da Revolta da Compton's Cafeteria

 →  → →

Um grande número de mulheres trans e drag queens buscam segurança na Compton's Cafeteria.

A gerência e a equipe com frequência chamam a polícia para dispersar esses clientes.

A polícia agride pessoas trans e detém clientes, prendendo-os por se passarem por mulheres.

Clientes trans e drag reagem, provocando uma reação e resistência mais amplas.

---

para as ruas, onde pediram reforços. A rebelião continuou fora do local, com uma viatura danificada e uma banca de jornal incendiada. Nos dias seguintes, os manifestantes tomaram conta do bar, e quebraram as janelas quando o vidro foi substituído. Após a revolta, o local passou a encerrar o expediente à meia-noite e fechou as portas de vez em 1972.

A Revolta da Compton's Cafeteria foi como um rastilho de pólvora na comunidade LGBTQIAPN+ de San Francisco. As frustrações das mulheres trans em particular atingiram um ponto crítico. Além de serem agredidas rotineiramente pela polícia, muitas, principalmente as profissionais do sexo, conviviam com a ameaça cotidiana de violência – nas ruas ou de clientes. Essas questões eram sistematicamente ignoradas pelos agentes da lei da cidade.

Os eventos no Compton's estimularam a mobilização da comunidade LGBTQIAPN+. Logo após a revolta, o grupo político queer Vanguard, formado um ano antes, organizou uma "varredura" simbólica. Eles marcharam com vassouras nas mãos e chamaram a atenção para as tentativas da polícia de "varrer das ruas" a comunidade LGBTQIAPN+. Com o tempo, estabeleceu-se uma rede de serviços de apoio trans. Isso levou à fundação da Unidade Nacional de Aconselhamento Transsexual (NTCU) em 1968, a primeira organização de apoio e defesa trans gerida por pares no mundo.

Um participante importante no trabalho para melhorar as relações polícia-comunidade foi o sargento Elliot Blackstone, um antigo defensor da comunidade LGBTQIAPN+. Ele foi nomeado em 1962 como oficial de contato da polícia para a "comunidade homófila" e, após a Revolta da Compton's Cafeteria, foi designado para mediar as queixas que levaram à revolta. Em 1973, Blackstone foi alvo de uma reação contra a aceitação trans, quando policiais invadiram os escritórios da NTCU e também tentaram incriminá-lo com narcóticos. ▪

Felicia Elizondo

Nascida no Texas, em 1946, a ativista trans latina Felicia Elizondo saiu de casa aos catorze anos e se mudou para San Jose, na Califórnia. Ela era trabalhadora do sexo lá e em San Francisco. Se voluntariou para a Guerra do Vietnã em 1965, mas foi dispensada com desonra da Marinha dos EUA seis meses depois, após confessar que era gay. Ela voltou a San Francisco, então, e se tornou uma artista drag, como Felicia Flames. Cliente da Compton's Cafeteria, ela foi entrevistada no documentário *Screaming Queens*. Elizondo trabalhou para organizações sem fins lucrativos, incluindo a San Francisco Aids Foundation, e fez campanha para combater o racismo na comunidade trans. Em 2016, como parte dos eventos para comemorar o 50º aniversário da Revolta da Compton's Cafeteria, conseguiu que a área da Taylor Street onde ficava o bar fosse rebatizada para homenagear o levante. As autoridades da cidade resistiram a mudá-lo para "Compton's Cafeteria Riot" ["Revolta da Compton's Cafeteria"], então se tornou "Gene Compton's Cafeteria Way" ["Via Gene Compton's Cafeteria"]. Elizondo morreu em 2021.

NÃO É DA COMPETÊNCIA DA LEI
A DESCRIMINALIZAÇÃO DOS ATOS HOMOSSEXUAIS (1967)

EM CONTEXTO

FOCO
Direitos LGBTQIAPN+

ANTES
1250-1300 A sodomia é criminalizada na maior parte da Europa e condenada pela lei eclesiástica católica – com possível pena de morte.

1533 A Lei de Sodomia da Inglaterra, aprovada por Henrique VIII, torna a sodomia uma ofensa civil, com pena máxima de enforcamento.

1791 O Código Penal da França omite qualquer referência explícita a atos homossexuais ou leis que proíbam a atividade homossexual entre adultos de comum acordo.

DEPOIS
2018 A Índia determina que atos consensuais entre pessoas do mesmo sexo não devem mais ser criminalizados.

2011 A ONU publica seu primeiro relatório sobre os direitos humanos das pessoas LGBTQIAPN+.

Na década de 1930 e durante a Segunda Guerra, cada vez mais homens que faziam sexo com homens (HSH) passaram a ser presos, exilados e mortos na Alemanha, Itália, Espanha, Portugal e União Soviética. Após a guerra, muitos países – incluindo o Reino Unido e os Estados Unidos – ainda visavam os HSH. Em ambos os países, os processos contra os HSH dispararam.

A mudança começa
Em 1954, mais de mil HSH eram presos anualmente no Reino Unido. Naquele ano, incluíram o aristocrata Lorde Montagu de Beaulieu. Em setembro, o Reino Unido estabeleceu o Comitê Wolfenden, liderado por John Wolfenden. Sua missão era investigar a legalidade dos atos homossexuais e do trabalho sexual.

Os quinze membros do comitê – quatro mulheres e onze homens – recolheram depoimentos de psiquiatras, policiais e oficiais de condicional, líderes religiosos e três gays proeminentes – o historiador de arte Carl Winter, o jornalista anglo-canadense Peter Wildeblood e o oftalmologista e autor Patrick Trevor-Roper, que destacou as chantagens e

Dudgeon *versus* Reino Unido

Em 1976, Jeffrey Dudgeon apresentou uma queixa à Comissão Europeia de Direitos Humanos sobre a criminalização de atos homossexuais na Irlanda do Norte. Ele foi interrogado pela Polícia do Ulster, que invadia casas de gays. Dudgeon acusou a lei de ter um "efeito restritivo sobre a livre expressão da sua sexualidade". Sua queixa foi considerada admissível e uma audiência marcada para 1981, no Tribunal Europeu de Direitos Humanos em Estrasburgo, na França. O tribunal sustentou o caso de Dudgeon, determinando que criminalizar atos homossexuais representava uma interferência injustificada em sua vida privada. Foi um caso marcante para os direitos humanos LGBTQIAPN+ e o primeiro a favor da comunidade. Isso levou o Reino Unido a estender sua Lei de Ofensas Sexuais à Irlanda do Norte e pôs em movimento a descriminalização de atos homossexuais em todos os países da União Europeia.

SEXOLOGIA E IDENTIDADES SEXUAIS   185

Veja também: Sodomia e a Igreja católica medieval 42-45 ▪ A criminalização da sodomia 68-71 ▪ França revolucionária 100-01 ▪ Perseguição durante o Holocausto 156-61 ▪ No caminho da liberação gay 170-77

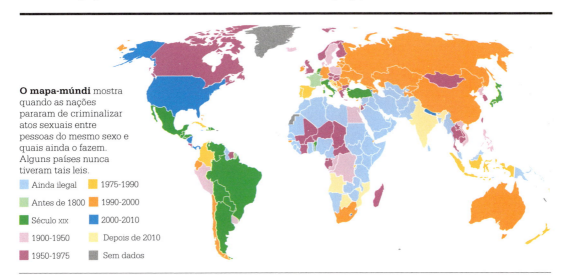

O mapa-múndi mostra quando as nações pararam de criminalizar atos sexuais entre pessoas do mesmo sexo e quais ainda o fazem. Alguns países nunca tiveram tais leis.

- Ainda ilegal
- Antes de 1800
- Século XIX
- 1900-1950
- 1950-1975
- 1975-1990
- 1990-2000
- 2000-2010
- Depois de 2010
- Sem dados

suicídios resultantes de leis que criminalizam atos homossexuais. Os nomes dos homens foram ocultados no relatório final, que apareceu em 1957.

Entre adultos de comum acordo

O documento campeão de vendas concluiu que atos privados entre pessoas do mesmo sexo de comum acordo, entre homens com mais de 21 anos, não deveriam mais ser criminalizados e que "não era da conta da lei" julgar a moral privada. O relatório também rejeitou a classificação da homossexualidade como uma doença, mas sugeriu que o trabalho sexual masculino deveria ser ilegal. As recomendações do relatório sobre o trabalho sexual se tornaram lei em 1959, mas o primeiro-ministro conservador Harold Macmillan não quis descriminalizar atos homossexuais – uma decisão apoiada pela imprensa, líderes religiosos e políticos.

A Homosexual Law Reform Society, fundada em 1958, fez lobby pelas reformas. Em 1967, a Lei de Ofensas Sexuais, que descriminalizava o sexo entre homens adultos consentidos, foi aprovada na Inglaterra e no País de Gales. E se tornou lei na Escócia em 1980 e na Irlanda do Norte em 1982.

Uma longa luta nos EUA

O Canadá descriminalizou a atividade sexual entre pessoas do mesmo sexo em 1969. Demorou muito mais nos EUA, embora o American Law Institute tivesse votado para revogar a proibição em 1955. Illinois foi o primeiro estado a derrubar suas leis de sodomia em 1961. A partir da década de 1970, 36 estados seguiram o exemplo. Em 2003, a decisão da Suprema Corte de que a conduta sexual privada é protegida por direitos constitucionais derrubou todas as leis de sodomia remanescentes nos EUA.

Desde então, os direitos avançaram, embora em 2022, 69 nações – muitas na África – ainda criminalizassem atos sexuais entre pessoas do mesmo sexo. ∎

Não é, a nosso ver, função da lei intervir na vida privada dos cidadãos, ou procurar impor qualquer padrão particular de comportamento.
Comitê Wolfenden

Ativistas LGBTQIAPN+ em Port of Spain, capital de Trinidad e Tobago, protestam em 2018 contra a proibição da era colonial do país a atos homossexuais. A proibição foi anulada no mesmo ano.

PROTES
ORGULH
E COALI
1969-1989

TO,
O
ÕZÃO

INTRODUÇÃO

Na Revolta de Stonewall, na cidade de Nova York, pessoas LGBTQIAPN+ resistem a batidas policiais em um bar gay local.

A Campanha Contra a Perseguição Moral (CAMP) se reúne pela primeira vez em Sydney, na Austrália, liderada por Christabel Poll e John Ware.

É aberto na Tailândia o **primeiro cabaré kathoey**, com artistas nascidos homens em não conformidade de gênero.

O **Coletivo Combahee River**, um grupo feminista lésbico negro nos Estados Unidos, divulga sua declaração sobre opressão.

1969   **1971**   **1974**   **1977**

1970   **1972**   **1976**   **1978**

É formado o **Street Transvestite Action Revolutionaries**, um coletivo radical de pessoas em não conformidade de gênero na cidade de Nova York.

É fundada nos Estados Unidos a **Casa de LaBeija**. É a primeira "casa", ou comunidade, na cultura ballroom negra e latina.

***História da sexualidade: A vontade de saber* (vol. 1), de Michel Foucault**, explora a relação entre sexo, sexualidade e poder.

É criada em São Francisco a **primeira bandeira do Orgulho**, por Gilbert Baker – tem oito listras coloridas.

A Revolta de Stonewall em 1969, em Nova York, estimulou o ativismo LGBTQIAPN+ em todo o mundo. Grupos já existentes se sentiram inspirados a aumentar seus esforços e surgiram novas organizações. Muitos desses movimentos, conscientemente ou não, imitaram seus homólogos nos EUA, levando a uma americanização da cultura LGBTQIAPN+. O próprio Stonewall se tornou uma pedra de toque LGBTQIAPN+, mais tarde celebrada anualmente em todo o mundo nas marchas do orgulho gay. A bandeira do arco-íris, desenhada pela drag queen e ativista de San Francisco Gilbert Baker em 1978, é hoje o símbolo mais conhecido da cultura LGBTQIAPN+ no mundo.

Teoria e identidade

As pessoas LGBTQIAPN+ não eram os únicos ativistas em ação na década de 1970. Ambientalismo, feminismo, direitos civis e protestos contra a guerra fizeram muita gente ir às ruas para exigir mudanças. Pessoas LGBTQIAPN+ estiveram presentes em muitas dessas causas, às vezes formando submovimentos dedicados que abordavam questões LGBTQIAPN+. Com frequência, os grupos eram formados como reação à homofobia dentro de movimentos ou comunidades mais amplos.

Trabalhos teóricos importantes emergiram de muitos desses grupos. As lésbicas negras do Coletivo Combahee River de Boston, por exemplo, chamaram atenção com sua Declaração Coletiva, um documento de 1977 que definiu seu trabalho como uma luta interconectada contra o racismo, sexismo, heterossexismo, opressão de classe e imperialismo. Gloria Anzaldúa explorou as tensões que sentia como feminista lésbica chicana em seu livro semiautobiográfico de 1987, *La Frontera* [*A fronteira*]. Ao mesmo tempo, as feministas brancas escreviam panfletos defendendo o lesbianismo político, o que encorajava as mulheres a priorizarem os relacionamentos entre elas, e desistir dos relacionamentos com os homens.

As décadas de 1970 e 1980 viram a publicação de muitas obras fundamentais da teoria queer. O livro *História da sexualidade: A vontade de saber (vol. 1)*, do francês Michel Foucault, foi publicado em 1976 e seria expandido pelos principais teóricos queer nas décadas que se seguiram. Romancistas e estudiosos empregaram pronomes de gênero neutro", e *The Assexual Manifesto* [*O manifesto assexual*], publicado em 1972 pelo New York Radical Feminists' Asexual Caucus,

PROTESTO, ORGULHO E COALIZÃO

1978 — É assassinado em San Francisco **Harvey Milk**, um político abertamente gay e defensor dos direitos LGBTQIAPN+.

1980 — O ensaio provocativo de **Monique Wittig**, "The Straight Mind", defende que "lésbicas não são mulheres".

1981 — Começa a epidemia de **aids**, inicialmente chamada de "deficiência imunológica relacionada a gays" pelos Centros de Controle de Doenças dos Estados Unidos.

1984-85 — **Lésbicas e Gays Apoiam os Mineiros** arrecadam dinheiro e marcham ao lado de mineiros em greve no Reino Unido.

1979 — É criada nos Estados Unidos a Coalizão **Gay Fathers**. Mais tarde, se torna o Conselho de Igualdade Familiar.

ANOS 1980 — O termo **"takatāpui"**, um termo maori tradicional que significa "companheiro íntimo do mesmo sexo", é reivindicado por um número crescente de maoris LGBTQIAPN+.

1982 — O decatleta olímpico e ativista gay Tom Waddell organiza os primeiros Jogos Gay em São Francisco e 1350 atletas participam das competições.

1988 — A Seção 28 no Reino Unido proíbe as autoridades locais de qualquer coisa que "promova" a homossexualidade ou sua aceitação.

---

defendia a assexualidade política como a única fuga da opressão sexual.

Mentes, corpos e almas

Em 1973, a Associação Psiquiátrica Americana (APA) removeu a homossexualidade do DSM e deixou de classificá-la como um transtorno mental. A medida foi resultado do lobby de ativistas e do apoio de pesquisadores, mas nem todos da APA aprovaram. No que pareceu um consenso, vários novos transtornos relacionados às pessoas LGBTQIAPN+ apareceram na nova edição do DSM, considerando suas identidades como se fossem doenças mentais que precisavam de tratamento. Essas classificações sustentaram programas de terapia de conversão prejudiciais (e lucrativos) que ofereciam a heterossexualidade como "cura".

Enquanto o DSM tratava a homossexualidade como doença, uma doença real colocava a saúde LGBTQIAPN+ no primeiro plano das preocupações da comunidade. Por volta de 1981, a aids teve um efeito catastrófico – e evitável – na comunidade. Enganados, caluniados e ignorados pelos governos, milhares de homens que faziam sexo com outros homens foram deixados para morrer, o que Larry Kramer chamou de "uma praga que teve permissão para acontecer". Organizações de combate a aids como a ACT UP organizaram eventos públicos como "die-ins" que exigiam que o governo dos EUA tomasse conhecimento do que estava acontecendo.

No Reino Unido, a negligência governamental se tornou opressão em 1988. Por trás da crise da aids, e capitalizando sobre os estigmas que eles mesmos permitiram que se agravasse, o governo britânico aprovou a Seção 28, uma série de leis que proibiam a "promoção" da homossexualidade em órgãos locais – e, por extensão, nas suas escolas.

Além do Oeste

No final da década de 1980, as principais batalhas do movimento pelos direitos LGBTQIAPN+ no Ocidente foram além das leis de sodomia e chegaram a outras questões: saúde, casamento entre pessoas do mesmo sexo, adoção e liberdade contra discriminação. Mas em outras partes do mundo, o direito básico de existência permaneceu em risco. Algumas nações asiáticas foram mais receptivas – incluindo Japão, Vietnã e Tailândia, onde as comunidades LGBTQIAPN+ estavam crescendo –, mas na China e na Índia, assim como em grande parte da Ásia Central e da África, a descriminalização era um sonho ainda a ser realizado. ∎

SOU GAY COM ORGULHO

A REVOLTA DE STONEWALL (1969)

A REVOLTA DE STONEWALL

EM CONTEXTO

FOCO
Protestos LGBTQIAPN+

ANTES
1959 Pessoas LGBTQIAPN+ entram em confronto com a polícia na Revolta no Cooper Do-nuts, em Los Angeles.

1966 Acontece em San Francisco a Revolta da Compton's Cafeteria depois de ataques da polícia.

1967 É realizado um protesto na Black Cat Tavern de Los Angeles, após uma batida policial.

DEPOIS
1969 É formada em Nova York a Frente de Libertação Gay.

1970 Acontecem nos Estados Unidos as primeiras Paradas do Orgulho LGBTQIAPN+.

2019 Cinco milhões de pessoas participam do "Stonewall 50 – WorldPride NYC 2019", que comemora o 50º aniversário de Stonewall.

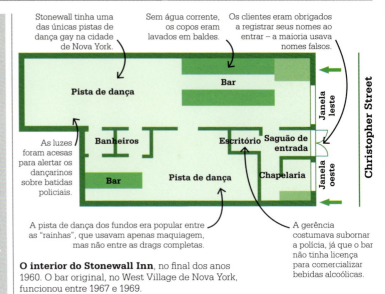

O interior do Stonewall Inn, no final dos anos 1960. O bar original, no West Village de Nova York, funcionou entre 1967 e 1969.

O Stonewall Inn, na cidade de Nova York, nos Estados Unidos, foi o local de um dos eventos mais importantes da história LGBTQIAPN+ moderna. O Stonewall era um bar *mob-run* (dominado pela máfia) no bairro de Greenwich Village, que atendia principalmente a uma clientela masculina gay, além de algumas drag queens.

Durante a década de 1960, a comunidade era particularmente vulnerável. O sexo entre homens era criminalizado nos Estados Unidos; havia poucos lugares para se reunir e conhecer outras pessoas LGBTQIAPN+, e a polícia muitas vezes ignorava os crimes cometidos contra a comunidade. O crime organizado viu naquela situação uma oportunidade: era mais fácil se aproveitar dos clientes LGBTQIAPN+, assim, eles podiam ser forçados a pagar taxas de "proteção" e era improvável que fizessem reclamações oficiais caso lhes servissem bebidas alcóolicas diluídas em água.

A polícia invadia com frequência o Stonewall Inn e outros bares LGBTQIAPN+ administrados pela máfia para verificar as identidades e checar comportamentos "imorais". Eles também recebiam suborno para fingir que não viam, e a gerência do bar costumava ser avisada com antecedência quando era planejada uma batida. Mas a batida policial a Stonewall em 28 de junho de 1969 aconteceu sem aviso – e foi recebida com uma revolta.

Stonewall não foi o primeiro ato de resistência em massa de pessoas LGBTQIAPN+ contra leis discriminatórias e violência policial. Nos anos anteriores, houve outros levantes, incluindo a Revolta da Compton's Cafeteria, em São Francisco e a Revolta do Cooper Do-nuts, em que manifestantes jogaram comida e lixo na polícia que prendia pessoas LGBTQIAPN+ em um café de Los Angeles. Por volta de 1969, a pressão começava a aumentar. Crenças conservadoras sobre raça, gênero e sociedade estavam sendo desafiadas por jovens radicais, e as pessoas LGBTQIAPN+ se sentiam cada vez mais frustradas com a opressão e o ritmo lento das mudanças. Stonewall foi um ato visível de protesto de uma comunidade que não estava mais disposta a ser silenciada, e a revolta se tornou um símbolo que ressoaria em todo o mundo – e seria recontado tantas vezes que seus eventos se tornaram lendários.

A revolta e a lenda

Daquela noite, sabe-se apenas que não foi seguido o padrão usual de uma operação que terminava após verificações de identidade e algumas prisões. Não se sabe ao certo como foi a Revolta de Stonewall.

De acordo com o relato popular, o

PROTESTO, ORGULHO E COALIZÃO   193

Veja também: No caminho da liberação gay 170-77 ▪ A Revolta da Compton's Cafeteria 182-83 ▪ Direitos das pessoas trans 196-203 ▪ A criação da bandeira do Orgulho 224-25

> Todo mundo que estava reunido ali teve a sensação que nunca mais voltaríamos. Foi como a gota d'água. Era hora de recuperar algo que sempre nos havia sido tirado.
> **Michael Fader**
> **Cliente do Stonewall Inn**

levante começou quando um cliente jogou um copo que quebrou o espelho atrás do bar ou arremessou um pedaço de tijolo contra os policiais. Isso gerou uma rebelião coletiva, já que clientes e membros da comunidade local se reuniram para protestar na rua Christopher Street, fora do bar, e resistiram à prisão. Conforme a multidão aumentava, dizem, algumas pessoas começaram a atirar tijolos e pedras na polícia. Drag queens formaram uma fila na rua, chutando enquanto dançavam o cancã, e zombando de seus agressores. No entanto, o nível de violência durante o evento, assim como muitos outros detalhes, muda dependendo de quem conta a história, indo do tumulto total e incêndio criminoso a cânticos e cantorias mais joviais, com o mínimo de violência. O número de manifestantes varia de cerca de cem a seiscentas pessoas ou mais, apesar do fato de a capacidade do Stonewall ser de apenas cerca de duzentas pessoas. A diversidade dos presentes também muda – de uma clientela gay masculina predominantemente branca a uma comunidade racialmente diversa e em não conformidade de gênero.

Quem atirou a primeira pedra?

Três clientes conhecidas, Marsha P. Johnson, Sylvia Rivera e Stormé »

A polícia tenta tirar manifestantes do lado de fora do Stonewall, em uma das poucas fotos sobreviventes da noite. A resistência que a batida policial enfrentou moldou a cultura LGBTQIAPN+.

Marsha P. Johnson

Quando questionada sobre o que significava o "P" em seu nome, Marsha P. Johnson (ela/dela) costumava brincar "não preste atenção nisso". Johnson se autodescrevia como uma drag queen e uma presença constante na cena LGBTQIAPN+ de Nova York. Ela nasceu em 1945, em Nova Jersey, e se mudou para Nova York aos dezessete anos, onde adotou o novo nome. Ela lutava contra problemas de saúde mental, mas se tornou popular e era chamada de "prefeita" (ou "rainha") da Christopher Street. Após a Revolta de Stonewall, Marsha se tornou membro fundadora da Frente de Libertação Gay, antes de sair para cofundar a Street Tranvestite Action Revolutionaries (STAR) [Ação de Atos Revolucionários de Travestis de Rua], uma organização de apoio à juventude LGBTQIAPN+, em 1970. Ela posou para a coleção de 1975 de Andy Warhol, Ladies and Gentlemen, mas embora as serigrafias fossem vendidas por milhares de dólares, Johnson recebeu um percentual muito baixo por elas. Foi encontrada morta no rio Hudson em 1992, e sua morte declarada como suicídio, mas a causa foi contestada e posteriormente alterada para "indeterminada".

194 A REVOLTA DE STONEWALL

Antes de Stonewall, as campanhas por direitos LGBTQIAPN+ tendiam a ser **diplomáticas** e **cautelosas para não ofender ninguém**.

Depois de Stonewall, a Frente de Libertação Gay se torna a **primeira organização** LGBTQIAPN+ a usar a palavra **"gay"** em seu nome.

No ano seguinte, **as primeiras marchas do Orgulho Gay** acontecem em Chicago, Nova York, São Francisco e Los Angeles.

Em dois anos, todas as grandes cidades americanas passaram a ter um grupo de direitos gays.

---

importantes do que o que ela simbolizou: que a comunidade LGBTQIAPN+ havia se mobilizado contra seus opressores.

Stonewall e Orgulho

Nos dias seguintes, centenas de pessoas se reuniram do lado de fora do Stonewall Inn para protestar. A raiva e o desejo de mudança cresceram e foram canalizados para a criação de vários movimentos pioneiros pelos direitos LGBTQIAPN+ nos meses que se seguiram. As pessoas se sentiram estimuladas a protestar de forma visível e pública, em contraste com as formas mais reservadas e conservadoras que haviam sido a regra até então, organizadas por grupos homófilos como a Sociedade Mattachine.

Em um mês, uma comunidade de ativistas formou a Frente de Libertação Gay (GLF). A GLF foi a principal instigadora das primeiras "marchas da Christopher Street", em 1970, no aniversário do levante, que aconteceram em Nova York, em Chicago, San Francisco e Los Angeles. O movimento rapidamente se tornou mais organizado, e surgiram ramos da GLF em todo o mundo, que montaram suas próprias marchas, principalmente no Reino Unido. Os eventos, que se tornaram cada vez mais conhecidos como Orgulho Gay ou simplesmente Orgulho, normalmente são realizados no final de junho – no último fim de semana do mês –, em reconhecimento à data da Revolta de Stonewall. Em

DeLarverie, são frequentemente identificadas como tendo iniciado o levante. Mas Johnson afirmou que ela só chegou por volta das duas horas da manhã, quando a revolta já estava em andamento. Sylvia Rivera também não estava presente no ataque em si. De acordo com vários relatos, uma mulher em não conformidade de gênero estava sendo detida e, quando gritou por socorro, a multidão se sentiu estimulada a agir. Alguns afirmam que a mulher era Stormé DeLarverie, mas ela confirmou e negou esse relato em momentos diferentes.

Revolta ou dança?

Muitos fatos permanecem polêmicos, mas outros agora já são aceitos. Não há evidências de que tijolos – ou, como Rivera afirmou certa vez, coquetéis molotov – tenham sido jogados nos policiais, embora alguns projéteis tenham mesmo sido lançados. Em vez de uma única fileira de pessoas chutando enquanto dançavam o cancã, haviam várias, e vários participantes se lembram das canções que foram cantadas, como uma que usava a melodia de um programa infantil americano da época, Howdy Doody, com outra letra: "We are the Stonewall girls / We wear our hair in curls / We don't wear underwear/ To show our pubic hair" ["Somos as garotas Stonewall / Usamos cabelos cacheados/ Não usamos cueca / Para mostrar nossos pelos pubianos"]. O nome popular "Revolta de Stonewall" também foi contestado. Muitas pessoas presentes rejeitam totalmente o termo e dizem que estavam dançando na rua e se divertindo em vez de fazendo tumulto – os termos mais usados para o ocorrido são "insurreição" ou "rebelião".

Contar histórias e passar adiante narrativas orais são uma parte importante da história LGBTQIAPN+, e tem havido muitos mitos sobre aquela noite de verão. Não há dúvida de que a história de Stonewall é poderosa e, para muitas pessoas, os detalhes exatos são menos

30ª Marcha do Orgulho de Nova York, em 1999. Nos anos 1990, o Orgulho era uma celebração e um chamado à ação, com manifestantes mais jovens se juntando aos veteranos da Revolta.

PROTESTO, ORGULHO E COALIZÃO

cidades da Alemanha e da Suíça, os desfiles do Christopher Street Day celebram a cultura LGBTQIAPN+ e o legado da Revolta.

A GLF, no entanto, teve vida curta. Em 1970, ex-membros formaram a Gay Activists Alliance (GAA), e Sylvia Rivera e Marsha P. Johnson fundaram a mais radical Street Tranvestite Action Revolutionaries (STAR), que financiava parcialmente, com o próprio trabalho sexual, moradia e apoio para jovens LGBTQIAPN+, particularmente trans. A STAR foi dissolvida em 1973, mas seu impacto continua notável. Foi o primeiro abrigo para jovens LGBTQIAPN+ nos EUA e teve um foco importante nos mais marginalizados da comunidade, como jovens trans não-brancos.

Stonewall e Orgulho hoje

A Revolta de Stonewall permaneceu como um marco para muitas pessoas LGBTQIAPN+. Foi celebrada no cinema, na música, na arte e na literatura. No entanto, dada a infinidade de relatos diferentes, ainda não existe uma versão universalmente aceita. Em 2015, o filme *Stonewall* foi criticado por ser impreciso e "embranquecer" a história ao inventar um herói de cidade pequena. Tentativas mais recentes de separar os fatos do folclore incluem o vídeo do *The New York Times* intitulado *The Stonewall You Know is a Myth. And*

> Foi uma rebelião, foi um levante, foi uma desobediência pelos direitos civis – não foi uma maldita revolta.
> **Stormé DeLarverie**
> Cantora americana e ativista LGBTQIAPN+ (1920-2014)

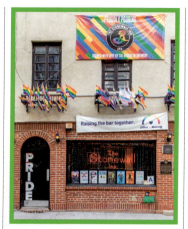

O Stonewall Inn original foi fechado em 1969, mas um novo bar LGBTQIAPN+ celebrando seu legado foi inaugurado no local em 2006. Hoje, o lugar faz parte do Stonewall National Monument.

That's OK [*O Stonewall que você conhece é um mito. E tudo bem*], feito para o 50º aniversário da revolta.

Cartazes nas marchas do orgulho afirmando que "o primeiro orgulho foi uma revolta" são comuns até hoje. Eles tocam em um importante debate sobre o papel tanto das Paradas do Orgulho quanto do próprio Stonewall. Alguns afirmam que os desfiles deveriam ser protestos por direitos, além de eventos que falam por quem não têm voz, como aquelas em países onde atos homossexuais ainda são ilegais. Para outros, a atmosfera jovial das Paradas do Orgulho é crucial, proporciona um ambiente de festa que se contrapõe à vergonha que muitos sentem por crescerem como LGBTQIAPN+.

O debate continua, mas nem a importância das Paradas do Orgulho no movimento nem a importância de Stonewall como catalisador do Orgulho, estão em questão. Em 2016, o Stonewall Inn e as ruas ao seu redor foram declarados Monumento Nacional dos EUA, o primeiro desse tipo a reconhecer os direitos e a história LGBTQIAPN+. ∎

Sem polícia no Orgulho

A relação entre as comunidades LGBTQIAPN+ e a polícia costuma ser conturbada. Enquanto as leis criminalizavam as pessoas, a polícia cuidava de sua execução. Às vezes, também iam além da lei no uso da opressão e da violência. Devido a esses abusos de poder históricos e contínuos, muitas pessoas LGBTQIAPN+ se sentem inseguras perto da polícia e das instituições que aplicam as leis. Isso levou a exigências de "Sem polícia no Orgulho" para garantir que o desfile seja um "espaço seguro" para os participantes. Outros, no entanto, argumentaram que as celebrações do Orgulho são um lugar útil para restaurar vínculos com as autoridades e seguir em frente juntos. O tema permanece controverso, e as tentativas de acordo feitas – como grupos de policiais LGBTQIAPN+ sendo autorizados a participar da marcha, desde que não estejam uniformizados – permanecem insatisfatórias para muitas pessoas.

Os frequentadores da Parada do Orgulho em Brighton lembram os eventos de Stonewall. A parada de Brighton é uma das maiores e mais conhecidas do Reino Unido, levando 500 mil pessoas para a cidade.

IGUALMENTE VÁLIDO, IGUALMENTE JUSTIFICADO, IGUALMENTE BELO

DIREITOS DAS PESSOAS TRANS (1970)

198 DIREITOS DOS TRANSGÊNEROS

EM CONTEXTO

FOCO
Gêneros e direitos

ANTES
1944 O homem trans britânico Michael Dillon consegue um atestado médico afirmando que ele é intersexual, a única base legal no Reino Unido para acessar a cirurgia de afirmação de gênero.

DEPOIS
2004 O parlamento britânico aprova a Lei de Reconhecimento de Gênero, permitindo que pessoas trans solicitem um Certificado de Reconhecimento de Gênero (GRC).

2010 Nos Estados Unidos, o Affordable Care Act impede que as seguradoras neguem cuidados relacionados a transgêneros.

2015 O Tribunal Europeu dos Direitos Humanos decide proteger todas as pessoas trans contra a discriminação com base na identidade de gênero.

É claro que muitas pessoas trans não desfrutam plenamente de seus direitos fundamentais, tanto no nível das garantias legais quanto no da vida cotidiana.
Thomas Hammarberg
Comissário para os Direitos Humanos do Conselho da Europa

Muitos países reconhecem **direitos iguais para seus cidadãos** sem distinção de qualquer tipo.

Mas em todo o mundo, **pessoas trans enfrentam leis discriminatórias**, mesmo depois que outros grupos marginalizados conquistaram seus direitos civis.

Para evitar serem **perseguidas, marginalizadas** e **criminalizadas**, muitas pessoas trans se **escondem da sociedade**.

Encorajadas pela ascensão do movimento LGBTQIAPN+, as pessoas trans se tornam **mais visíveis** e **afirmam seus direitos**.

Os direitos das pessoas trans se referem ao tratamento igualitário das pessoas trans. O movimento pelos direitos dos transgêneros exige o pleno reconhecimento legal de gênero, igualdade de acesso aos cuidados de saúde e a erradicação da discriminação, estigma e violência contra pessoas trans. Abrange todas as pessoas que não se identificam com o sexo e o gênero que lhes foram atribuídos ao nascer, incluindo mulheres e homens trans, assim como identidades de gênero não binárias.

Excluídos e perseguidos

Como qualquer luta pelos direitos civis, a campanha pelos direitos trans nasceu da experiência vivenciada de intolerância e ódio. Sujeitos a intriga, confusão e estigma, as pessoas trans há muito tempo sofrem discriminação em quase todas as áreas da vida – em casa, no trabalho, na rua e na sociedade em geral –, levando muitas a esconder sua verdadeira identidade. Pesquisas em todo o mundo mostram que as pessoas trans ainda são mais propensas do que as outras a sofrer de problemas de saúde mental e falta de moradia devido a preconceito e rejeição. Um relatório de 2021 do governo do Reino Unido, por exemplo, descobriu que os crimes de ódio transfóbicos aumentaram 16% em relação ao ano anterior, e também que houve um aumento de crimes de ódio contra a comunidade LGBTQIAPN+ em geral. Também descobriu que 88% das pessoas trans não denunciaram crimes de ódio.

As pessoas trans também são mais propensas a sofrer violência sexual e doméstica, e têm taxas mais altas de automutilação e suicídio em comparação com a população em geral. De acordo com o Trans Murder Monitoring Project [Projeto de Monitoramento de Assassinato de Pessoas Trans], que coleta dados desde 2009, um recorde de 375 pessoas trans foram assassinadas em todo o mundo em 2021. O relatório descobriu que mulheres trans "de cor" formavam a maioria das pessoas trans

PROTESTO, ORGULHO E COALIZÃO 199

Veja também: Direitos intersexuais 48-53 ▪ As primeiras cirurgias de afirmação de gênero 136-41 ▪ Pronomes e neopronomes 216-17 ▪ A terapia de conversão é proibida 286-87

O assassinato de Brandon Teena

Em 1993, um jovem trans americano chamado Brandon Teena foi assassinado com seus amigos Philip DeVine e Lisa Lambert, em Humboldt, no estado americano de Nebraska. Teena foi alvo de dois de seus colegas depois de começar a se apresentar como menino. Eles o forçaram a se despir e o estupraram. Depois que Teena denunciou o estupro à polícia, os perpetradores assassinaram ele e seus amigos. Apesar dos testemunhos de que Teena era trans, ele foi rotineiramente mal interpretado pelas autoridades e pela mídia após seu assassinato. A lápide em seu túmulo está inscrita com seu nome anterior e o descreve como "filha, irmã e amiga". A história de Teena, no entanto, aumentou a conscientização sobre crimes de ódio contra pessoas trans nos EUA, especialmente depois que foi transformada no filme *Meninos não choram* (1999).

assassinadas nos EUA. A perseguição de pessoas trans nem sempre foi um pressuposto universal. Em todo o mundo, há exemplos de pessoas que não se conformam com o gênero e que já foram respeitadas por suas comunidades. As hijra, pessoas em não conformidade de gênero no sul da Ásia, foram aceitas por séculos, assim como os indígenas americanos em não conformidade de gênero agora conhecidos pelo termo "dois-espíritos". Isso mudou durante os tempos coloniais. O gênero como uma estrutura binária estava intimamente ligado aos ensinamentos cristãos, e os missionários difamavam as pessoas trans, destilando um legado de estigma, discriminação e violência contra elas que existe até hoje.

Já basta
O movimento pelos direitos das pessoas trans ocidentais remonta à Revolta da Compton's Cafeteria de 1966, que eclodiu na Gene Compton's Cafeteria em San Francisco, nos EUA,

Muitas pessoas transexuais viviam secretamente de acordo com a sua identidade de gênero. O músico Billy Tipton (1914-89), ao piano, não foi descoberto como trans até sua morte.

quando trans e drag queens reagiram às agressões policiais. Três anos depois, em 1969, uma batida policial no Stonewall Inn em Nova York desencadeou uma revolta extremamente importante de pessoas LGBTQIAPN+.

No ano seguinte, as comunidades LGBTQIAPN+ em todo o mundo marcharam em memória da Revolta de Stonewall, iniciando as paradas anuais do Orgulho LGBTQIAPN+ e muitas das organizações atuais. Isso incluía a Street Tranvestite Action Revolutionaries (STAR), um coletivo radical de pessoas em não conformidade de gênero em Nova York, fundado pelas mulheres trans americanas Marsha P. Johnson e Sylvia Rivera. Na época, o termo "transvestite" era usado para »

Brandon Teena morreu com 21 anos. Em 2018, Donna Minkowitz se desculpou por ignorar as pessoas trans em sua reportagem sobre o assassinato.

Manifestação da STAR do lado de fora de uma prisão feminina em Nova York em 1970. As fundadoras do grupo seguram as pontas da faixa: Sylvia Rivera (à esquerda) e Marsha P. Johnson (à direita).

descrever uma ampla gama de diferentes identidades, incluindo crossdressers, drag queens e mulheres trans. A STAR fez campanha e arrecadou fundos no início dos anos 1970 para apoiar pessoas LGBTQIAPN+ que eram sem-teto ou profissionais do sexo. Também ativa na luta política pelos direitos dos gays e queer, a STAR criticava a Gay Activists Alliance (GAA), por deixar de lado deliberadamente os trans para atingir seus próprios objetivos políticos mais rapidamente. Rivera afirmava que as pessoas em não conformidade de gênero, pessoas trans, drag queens e outros membros do STAR tinham sido orientados a ficar na parte de trás das marchas de protesto, o que causou um profundo conflito entre a comunidade LGBTQIAPN+.

A ação se intensifica

Na década de 1990, emergiram acadêmicos e escritores para defender especificamente os direitos dos trans, e a visibilidade das questões cresceu lentamente. Em 1992, a ativista lésbica e trans Leslie Feinberg publicou os panfletos "Transgender Liberation: A Movement Whose Time Has Come" ["Liberação transgênero: chegou a hora desse movimento"] e "Transgender Warriors" ["Guerreiros trans"]. Em Washington, DC, a ativista americana não binária e intersexo Riki Anne Wilchins fundou a GenderPAC – a primeira organização nacional a representar a comunidade trans – em 1995. O livro da teórica de Kate Bornstein, *Gender Outlaw* (1994), comparando sua vida anterior como um homem percebido como heterossexual e cientologista com a de uma escritora lésbica, artista performática e pessoa não binária que é agora também se provou importante. Ao escrever sobre suas cirurgias de afirmação e fluidez de gênero, tópicos que nunca foram abordados de forma tão aberta ou pungente, Bornstein ajudou a mudar a percepção da sociedade sobre as pessoas trans.

Na virada do século, as pessoas trans começaram a receber mais reconhecimento social e legal, e os países passaram a adotar uma legislação antidiscriminação para protegê-las. Em 1999, foi realizado em San Francisco, o primeiro Transgender Day of Remembrance (TDOR) [Dia da Lembrança Transgênero], para lembrar as pessoas trans que foram assassinadas. No ano seguinte, a bandeira trans – listras horizontais rosa, azul-claro e branco – criada pela mulher trans americana Monica Helms foi hasteada pela primeira vez em uma parada do orgulho em Phoenix.

Documentos de identidade

Uma exigência fundamental das pessoas trans é o direito de alterar seu marcador de gênero em documentos de identidade. Sem esse direito, podem ser negados cuidados de saúde, educação, emprego e até mesmo o direito ao voto. Ter que mostrar documentos de identificação que não correspondem à sua identidade de gênero também pode expô-las a abusos e violência.

No início do século XXI, muitos países introduziram leis para permitir que as pessoas mudassem oficialmente sua identidade de gênero. No entanto, geralmente era necessário um diagnóstico médico de disforia de gênero (uma sensação de incompatibilidade entre o sexo biológico e a identidade de gênero). Este requisito está sendo abandonado lentamente. Em 2022, mais de quinze países – incluindo Argentina, Brasil, Uruguai, França, Dinamarca, Portugal, Islândia, Luxemburgo, Irlanda e Grécia – permitiram o reconhecimento de gênero por meio de um processo legal baseado na autodeclaração. Nos EUA, a lei federal permite que marcadores de

Temos que ser vistos. Não devemos ter vergonha de quem somos.
Sylvia Rivera
"Queens in Exile: The Forgotten Ones", 2002

PROTESTO, ORGULHO E COALIZÃO

gênero em passaportes sejam baseados em autodeclaração, mas os requisitos para outras formas de identificação são determinados por cada estado, que variam em sua prática. Em julho de 2021, 21 estados dos Estados Unidos permitiram que as pessoas alterassem seu marcador de gênero em sua carteira de motorista usando autodeclaração e, em abril de 2020, dez estados permitiram alterações em certidões de nascimento com base em autodeclaração.

Também houve pedidos de reconhecimento legal de gênero não binário, muitas vezes marcados com X em passaportes e outras formas de identificação. Vários países agora reconhecem identidades de gênero não binárias oficialmente por lei, incluindo Austrália, Canadá, Argentina, Chile, Dinamarca, Alemanha, Malta, Islândia, Paquistão e Índia. Os EUA começaram a emitir passaportes com um terceiro marcador de gênero em 2021, e vários estados dos EUA permitem alguma forma de reconhecimento legal não binário em carteiras de motorista, certidões de nascimento e identidades estaduais. Em alguns países, há pressão para dispensar totalmente os marcadores de gênero, da mesma forma que raça, religião e estado civil muitas vezes não são mais registrados. Em 2020, o governo holandês declarou sua intenção de removê-los.

Acesso a assistência médica

A assistência médica – especificamente o acesso a tratamentos relacionados à transição de gênero, como terapia de reposição hormonal e cirurgias de afirmação de gênero – é uma das questões mais importantes enfrentadas pelas pessoas trans. No início do século XX, algumas pessoas transexuais conseguiram acesso a cirurgias e intervenções, mas que não se tornaram reconhecidas e mais amplamente acessíveis décadas depois. No Reino Unido, por exemplo, a cirurgia de afirmação de gênero para mulheres trans só foi legalizada em 1967, por causa de uma antiga lei que proibia a mutilação do pênis – o mesmo não se aplicava à vulva.

Até o final do século XX, poucos médicos em todo o mundo realizavam cirurgias de afirmação de gênero, o que tornava difícil para as pessoas trans ter acesso a elas. Caso pudessem pagar, algumas pessoas trans viajavam para o exterior para acessar o tratamento em centros especializados, como a clínica de renome mundial para cirurgia de afirmação de gênero criada em Casablanca, Marrocos, pelo ginecologista e cirurgião francês Georges Burou.

Mesmo quando a cirurgia de afirmação de gênero era realizada com sucesso, ela não necessariamente garantia igualdade. Quando April Ashley, que passou por uma cirurgia na clínica de Burou em 1960, tentou reivindicar o pagamento de pensão alimentícia de seu ex-marido, Arthur Corbett, ele conseguiu entrar com um pedido de anulação alegando que Ashley era homem. O caso estabeleceu um precedente até a Lei de Reconhecimento de Gênero de 2004. »

Riki Anne Wilchins

Nascide em 1952, Riki Anne Wilchins (elu/delu) fundou o GenderPAC, o primeiro grupo nacional de defesa trans nos EUA. O grupo produziu o "Primeiro Estudo Nacional sobre Transviolência", um projeto baseado em pesquisas com mais de quinhentos entrevistados. Wilchins foi essencial para aumentar a conscientização sobre a discriminação enfrentada por pessoas trans e intersexo, e também ajudou a estabelecer as bases para o Dia de Conscientização Intersexo. O trabalho de Wilchins inclui o boletim informativo "In Your Face" e a antologia de 2002 *GenderQueer: Voices From Beyond The Sexual Binary*. O documentário de 1996 de Rosa von Praunheim, *Transexual Menace [Ameaça transexual]*, sobre a vida de pessoas trans, foi inspirado pelo ativismo de Wilchins.

Obras principais

1995 *The First National Study on Transviolence*
2002 *GenderQueer: Voices from Beyond The Sexual Binary*

Ativistas no Paquistão comemoram o Dia da Memória Trans, realizado em todo o mundo em 20 de novembro para homenagear as pessoas trans perdidas para a violência e o suicídio.

A mulher trans April Ashley deixa o tribunal em fevereiro de 1970. O juiz decidiu que seu casamento com Arthur Corbett era inválido porque ela "sempre foi homem".

202 DIREITOS DOS TRANSGÊNEROS

Ser transgênero era classificado como um distúrbio médico nos manuais usados para diagnosticar doenças psiquiátricas nos EUA. Entre essas publicações estavam o Manual Diagnóstico e Estatístico de Transtornos de Saúde Mental (DSM) e a Classificação Internacional de Doenças (CID), nas quais a classificação foi mantida pela Organização Mundial da Saúde (OMS) até 2018.

As pessoas agora podem procurar assistência médica para afirmação de gênero em muitos países. Para menores de dezoito anos, os cuidados em relação à afirmação de gênero se referem ao apoio social da família e dos profissionais – como usar pronomes e nomes corretos e apoiar seus objetivos –, assim como o acesso a bloqueadores de puberdade. Totalmente reversíveis e administrados apenas a jovens que já entraram na puberdade, os bloqueadores podem protegê-los de alterações físicas irreversíveis, que geralmente causam sofrimento profundo. Em muitos países, os jovens agora podem acessar os hormônios entre dezesseis e dezoito anos de idade e fazer cirurgias de afirmação de gênero mais tarde, se necessário. O atendimento a jovens causou polêmica, e mais de uma dúzia de estados dos EUA proibiram ou estão considerando proibir qualquer tipo de cuidado de afirmação de gênero para jovens (geralmente definidos como menores de dezoito anos, mas no Alabama são considerados jovens menores de dezenove anos).

Forças antigênero

O aumento da visibilidade das pessoas trans e o aumento do reconhecimento dos seus direitos provocou uma reação significativa na política e no debate público. Feministas radicais transexcludentes (TERFs), ou pessoas "críticas de gênero", que lutam por "direitos baseados no sexo", têm particularmente ganhado voz. Essas pessoas afirmam que os direitos dos transgêneros infringem os direitos das mulheres cisgênero e da sociedade em geral. Essas visões são compartilhadas

A luta pela igualdade trans é uma causa feminista.
Fox Fisher
Artista visual britânico e ativista trans (1980-)

pelo "movimento antigênero" – que a ONU acredita ser financiado por forças religiosas e de extrema direita, e que também se opõe aos direitos reprodutivos, direitos LGBTQIAPN+ e educação sexual.

Os principais pontos de discórdia para ambos os grupos antitrans são o acesso a espaços de gênero – como banheiros, refúgios de violência doméstica, prisões e enfermarias de mulheres – e ao reconhecimento legal de gênero sem um diagnóstico médico de disforia. Apesar de não haver evidências substanciais de que mulheres trans representam riscos para outras mulheres em espaços de gênero, o acesso de mulheres trans a eles desencadeou um debate polarizado, muitas vezes ligado a conflitos culturais mais amplos. Mais de duzentos projetos de lei antitrans foram apresentados nos EUA, principalmente em relação ao acesso ao banheiro, participação em esportes femininos e apoio a jovens trans.

Na Grã-Bretanha, a pressão para retirar os direitos legais de pessoas trans foi apoiada pela Comissão de Igualdade e Direitos Humanos (EHRC) do país. Em 2022, a EHRC emitiu orientações que permitem que as organizações excluam pessoas trans de espaços de gênero. Essa orientação depende de uma isenção na Lei de Igualdade de 2010 do país, que diz que pessoas trans podem ser legalmente excluídas de serviços para homossexuais para atingir

---

Consequências positivas e negativas para pessoas trans

GANHOS
- Mais visível, audível e assertivo
- Crescimento de organizações de apoio em muitos países
- Maior direito ao reconhecimento de gênero
- Melhor acesso à cirurgia de afirmação de gênero e terapia hormonal

PERDAS
- Aumento de crimes de ódio e violência contra pessoas trans em todo o mundo
- Oposição de forças religiosas e políticas de direita e feministas radicais transexcludentes

PROTESTO, ORGULHO E COALIZÃO   203

um "objetivo legítimo" e caso todas as outras opções tiverem sido esgotadas.

Essas advertências às vezes são usadas para impedir que mulheres trans participem de esportes para mulheres cis. Os opositores à inclusão de mulheres trans afirmam que as que passaram pela transição pós-puberdade têm uma vantagem injusta devido a potenciais diferenças de força e massa muscular, enquanto os defensores argumentam que todos os corpos trans e cis variam em capacidade atlética.

A nível internacional, as decisões relativas à inclusão de mulheres trans são tomadas pelos órgãos desportivos em questão. O COI permite que mulheres trans participem de competições com outras mulheres desde 2004, desde que tenham feito terapia hormonal por pelo menos um ano antes da competição. No entanto, outros órgãos proíbem totalmente mulheres trans de competirem em categorias de elite. Em 2020, o World Rugby proibiu mulheres trans que fizeram a transição pós-puberdade, assim como a Federação Internacional de Natação em 2022.

Ainda lutando

Os direitos trans progrediram nas últimas décadas, mas em todo o mundo

Manifestante em um evento em Nova York em 2020. A manifestação foi parte de um protesto nacional contra o assassinato de duas mulheres trans negras na Filadélfia.

as pessoas ainda são rotineiramente discriminadas. No Oriente Médio, na Ásia e na África, catorze países criminalizam especificamente pessoas trans, muitas vezes sob leis de crossdressing que datam dos tempos coloniais. Na Europa, o parlamento da Hungria aprovou uma legislação em 2020 que impossibilita que pessoas trans ou intersexuais mudem legalmente de gênero, cancelando direitos que possuíam anteriormente e violando a Convenção Europeia de Direitos Humanos.

A necessidade não apenas de obter direitos iguais, mas também de protegê-los contra a destruição e a abolição significa que o ativismo trans é tão necessário hoje quanto era em 1970, quando Marsha P. Johnson e Sylvia Rivera fundaram o STAR. Até que o mundo finalmente deixe de lado as normas opressivas de gênero baseadas no sexo designado no nascimento e permita todas as expressões sem medo de criminalização, violência ou humilhação, a luta pelos direitos trans continua. ■

Às vezes as pessoas tentam destruir você, justamente por reconhecerem seu poder – não porque não vejam esse poder, mas porque veem e não querem que ele exista.
Janet Mock
Escritora americana e ativista dos direitos dos transgêneros (1983-)

Travesti

Na América Latina, a travesti há muito tempo sofre exclusão social, violência e estigma. Vulneráveis e marginalizadas, apesar das leis para incluí-las e reconhecê-las, as travestis representam mais de dois terços dos assassinatos de transgêneros no mundo em 2021. Essa perseguição persistente levou algumas ativistas travestis a rejeitar as intervenções do Estado, que afirmam ter servido apenas para mobilizar oposição de direita contra elas. Suzy Shock, na Argentina, um dos primeiros países a reconhecer oficialmente a identidade de gênero autodeclarada, e Claudia Rodríguez, no Chile, estimulam as travestis a abraçarem suas diferenças e desejos e confiar apenas em si mesmas. A rejeição à normalização e a exaltação do corpo e do poder da travesti é expressada através da materialização do gênero e de práticas e tecnologias que por vezes rejeitam o binário de gênero masculino/feminino.

A brasileira Aleika Barros se prepara para competir no Miss International Queen, o maior concurso de beleza do mundo para mulheres trans, em Pattaya, na Tailândia, em 2007.

VOCÊ NÃO TEM NADA A PERDER ALÉM DAS SUAS INIBIÇÕES

CAMP AUSTRÁLIA E O MARDI GRAS DE SIDNEY (ANOS 1970)

EM CONTEXTO

FOCO
Liberação gay na Austrália

ANTES
1770 James Cook proclama a soberania britânica sobre a Austrália.

1788 As leis de sodomia são implementadas na Austrália, e torna o sexo entre homens uma ofensa capital.

DEPOIS
1985 Depois que o medo das pessoas sobre o HIV/aids colocou o Mardi Gras em risco, ele continuou sob o tema "Fighting for Our Lives".

1987 A participação no Mardi Gras chega a 100 mil – com desfiles e arranjos de flores.

1988 O Mardi Gras de Sydney é renomeado como Mardi Gras Gay e Lésbico de Sydney.

2017 O casamento entre pessoas do mesmo sexo é legalizado na Austrália após uma votação nacional em que 62% foi a favor da mudança.

As identidades LGBTQIAPN+ estiveram presentes ao longo da história na Austrália. Embora as evidências da cultura LGBTQIAPN+ entre os indígenas australianos no continente sejam escassas, as Ilhas Tiwi, ao norte de Darwin, têm uma tradição de identidades de "irmã-menina" e "irmão-menino", que podem ser descritas hoje como não binárias.

Durante o período colonial, condenados e presos políticos da Grã-Bretanha e Irlanda foram realocados em uma política conhecida como transporte. O sexo entre homens era punido, embora de forma desigual: em 1796, Francis Wilkinson foi julgado por sodomia, mas absolvido, enquanto Alexander Brown foi executado pelo crime em 1828.

Uma força pela mudança

A Austrália conquistou sua independência em 1942. Mas enquanto a Grã-Bretanha começava a liberalizar suas leis contra a comunidade LGBTQIAPN+ nas décadas de 1950 e 1960, a Austrália demorou a agir e a polícia continuou a prender homens por atos homossexuais. Frustrados com a falta de progresso, os ativistas começaram a se organizar.

Em julho de 1969 – semanas após a Revolta de Stonewall em Nova York – foi formada em Camberra a Sociedade de Reforma Legal do Território da Capital Australiana (ACT). Alguns meses depois, foi fundado em Melbourne o braço australiano do Daughters of Bilitis dos EUA, um grupo de defesa e apoio lésbico.

A Campanha Contra a Perseguição Moral de Sydney (CAMP) se tornaria o grupo inicial mais conhecido – "camp" era um rótulo usado na Austrália antes de "gay" se tornar difundido. O lançamento do grupo foi anunciado em um artigo no jornal *Australian* em 1970 pelos cofundadores Christabel Poll e John Ware. A dupla, junto com o namorado de Ware, Michael Cass, foi fotografada e falou abertamente sobre a

Um acontecimento inédito. Homossexuais se manifestando nas ruas como homossexuais, e sem vergonha.
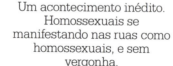
Brian Woodward
membro CAMP, 1972

PROTESTO, ORGULHO E COALIZÃO

Veja também: No caminho da liberação gay 170-77 ▪ A descriminalização dos atos homossexuais 184-85 ▪ A Revolta de Stonewall 190-95 ▪ A epidemia de aids 238-41 ▪ Igualdade matrimonial 288-93

Prisão de manifestante na marcha de Sydney em 1978, que foi a precursora do Mardi Gras. O *Sydney Morning Herald* nomeou muitos dos envolvidos e, como resultado, alguns perderam seus empregos.

própria sexualidade. Esse movimento salientou a importância de se assumir. Ao encorajar as pessoas LGBTQIAPN+ a se assumirem, o CAMP visava combater os estereótipos prejudiciais na mídia e mostrar que as pessoas LGBTQIAPN+ eram pessoas normais que mereciam respeito e privacidade. Em 1971, o grupo teve sua primeira reunião oficial e, em poucos meses, o CAMP contava com 1500 membros em toda a Austrália – alguns, mas não todos, da comunidade LGBTQIAPN+ –, com filiais em grandes cidades e campi universitários. Foi criada uma linha de ajuda por telefone e publicada a revista *Camp Ink*.

A opinião pública na Austrália estava mudando, mas a opressão continuou. Em 1972, George Duncan, que era gay, morreu após ser jogado no rio Torrens, em Adelaide. Acredita-se que seus agressores eram da polícia de costumes. A indignação pública levou à reforma e, em 1975, a Austrália do Sul descriminalizou atos homossexuais, seguidos por outros estados – a Tasmânia foi o último a fazê-lo, em 1997.

Mardi Gras de Sydney

O CAMP inspirou outras organizações, incluindo a Society Five de Melbourne e o Gay Solidarity Group (GSG) de Sydney. Em 24 de junho de 1978, o GSG organizou um festival de rua em Sydney para celebrar a Revolta de Stonewall e protestar contra a discriminação. Às onze horas da noite, um grupo começou a marchar em direção ao Hyde Park, enquanto uma aparelhagem de som tocava hinos de libertação gay. Apesar de o evento ter autorização para acontecer, a polícia de Nova Gales do Sul confiscou o sistema de som, bloqueou a passagem da multidão e colocou os manifestantes dentro de vans da polícia que estavam próximas, detendo 53 deles.

Apenas poucas pessoas foram acusadas criminalmente, mas a reação da polícia incitou ainda mais o ânimo dos ativistas. Vários protestos ocorreram em julho e agosto do mesmo ano, e novas prisões foram feitas. Batizado de Mardi Gras Parade, o evento voltou a acontecer em 1979 e 1980, e em 1981 foi transferido para fevereiro para que pudesse ocorrer no verão. Em meados da década de 1980, o Mardi Gras de Sydney atraiu mais de 100 mil pessoas, apesar das críticas de que excluía alguns grupos LGBTQIAPN+. O debate continua sobre seu nome atual, Mardi Gras de Gays e Lésbicas de Sydney, mas sua participação atingiu cerca de 500 mil pessoas em 2019, e os eventos agora duram três semanas. Antes marcado pela violência, o Mardi Gras é agora a maior celebração LGBTQIAPN+ da Oceania. ■

Participante do protesto de 1978 comparece ao Mardi Gras 40 anos depois, em 2018. Os veteranos da marcha original são conhecidos como "78ers".

Lex Watson

Um dos gigantes do ativismo LGBTQIAPN+ australiano, Lex Watson nasceu em Perth em 1943. Mas foi em Sydney que deixou sua marca, depois de se mudar para lá para ensinar política em 1964. Ele se tornou membro fundador do CAMP em 1970, organizando um protesto fora da sede do Partido Liberal, que é considerado a primeira manifestação LGBTQIAPN+ pública da Austrália. Em 1972, Watson se tornou copresidente com Sue Willis. Ele deixou o grupo em meados da década de 1970, mas seu ativismo continuou: escrevia para a imprensa gay, lutava contra a ideia de uma "cura" para a homossexualidade e defendia os direitos LGBTQIAPN+ na TV – mantendo a compostura mesmo quando um membro da plateia jogou dejetos nele. Na década de 1980, Watson aumentou a conscientização sobre o HIV/aids e foi fundamental na fundação do Gay Rights Lobby, que lutou pela reforma legal. Ele foi nomeado Membro da Ordem da Austrália em 2014, alguns meses após sua morte por câncer.

FEMINISMO É A TEORIA; LESBIANIDADE É A PRÁTICA
LESBIANISMO POLÍTICO (ANOS 1970)

EM CONTEXTO

FOCO
Feminismo lésbico

ANTES
Anos 1870 Um grupo de mulheres cristãs, Sisters of Sanctification, cria uma comunidade só para mulheres em Belton, no estado americano do Texas – as residentes praticam o celibato e defendem a igualdade das mulheres.

DEPOIS
1993 A feminista lésbica britânica Nicki Hastie é uma das muitas a criticar as definições de lesbianidade como escolha política; ela defende um foco maior no "lado sexual e erótico de ser lésbica".

2008 É registrado o primeiro uso on-line da palavra "TERF" ("Feminista Radical Trans-Exclusiva"). Com base nas ideias separatistas radicais da década de 1980, elas fazem campanha por espaços exclusivos para mulheres, sem a presença de mulheres trans.

Os homens usam as **relações heterossexuais** como meio de reforçar os **papéis patriarcais de gênero** e oprimir as mulheres.

Uma mulher só pode **se libertar** dessa opressão fazendo a **escolha política** de **rejeitar relações românticas e sexuais com homens**.

O feminismo é a teoria; lesbianidade é a prática.

Embora várias feministas lésbicas nas décadas de 1970 e 1980 fossem lésbicas em termos de sexualidade, o período também deu origem a novos conceitos políticos de lesbianidade. A lésbica política pode nunca sentir atração por outras mulheres, ou formar relacionamentos românticos ou sexuais com elas, mas usa o termo "lésbica" para descrever o fim de seus relacionamentos com homens. Em vez de se concentrarem em torno de um relacionamento heterossexual com um homem em suas vidas, essas mulheres se empenharam em formar amizades profundas com outras mulheres e dedicaram seu tempo à causa feminista. Isso era ser "identificada como mulher" – conforme descrito no manifesto de 1970 do grupo feminista americano Radicalesbians: "Woman Identified Woman" ["Mulheres identificadas como mulheres"].

Política e panfletos

O ano de 1970 foi importante para o movimento feminista lésbico. No ano anterior, a feminista americana Betty Friedan havia condenado feministas lésbicas em uma reunião da Organização Nacional para Mulheres (NOW), da qual era presidente. Friedan descreveu as feministas lésbicas como uma "lavender menace" ["ameaça lavanda"] – a cor há muito associada à

PROTESTO, ORGULHO E COALIZÃO

Veja também: O terror lavanda (Lavender Scare) 166-67 ▪ Feminismo lésbico negro 210-13 ▪ O Manifesto Assexual 218 ▪ "O pensamento hétero" 232 ▪ Heterossexualidade compulsória 233

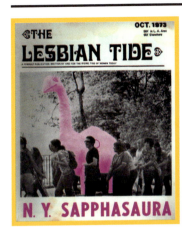

Sapphasaura, um dinossauro lilás gigante de papel machê, foi feito pelo grupo Lesbian Feminist Liberation em 1973, para um protesto no Museu Americano de História Natural de Nova York.

lesbianidade, assim como aos homens gays –, que tornava o feminismo menos palatável ao reforçar os estereótipos sobre as feministas serem masculinas e contra os homens. Seus comentários levaram feministas lésbicas a sair do NOW e formar seus próprios grupos. Em 1970, um desses grupos interrompeu o famoso Segundo Congresso para Unir Mulheres, em Nova York, para distribuir cópias do manifesto "The Woman Identified Woman" ["A Mulher Identificada como Mulher"], enquanto usavam camisetas que ostentavam orgulhosamente seu novo nome – Lavender Menace.

A divergência que se criava entre feministas heterossexuais e lésbicas chegou ao outro lado do Atlântico. Em 1979, o Leeds Revolutionary Feminist Group, no Reino Unido, lançou seu panfleto "O Caso contra a Heterossexualidade"; um ano depois, o grupo publicou "Love Your Enemy? The Debate Between Heterosexual Feminism and Political Lesbianism" ["Amar seu inimigo? O debate entre feminismo heterossexual e lesbianismo político"], escrito em grande parte pela feminista anglo-australiana Sheila Jeffreys.

"Love Your Enemy" ["Ame seu inimigo"] se tornou um texto-chave do lesbianismo político. O livro defendia que todas as feministas poderiam e deveriam ser lésbicas. Isso significava que elas não deveriam fazer sexo com homens – mas não tinham obrigação de fazer sexo com mulheres. A

Uma lésbica é a raiva de todas as mulheres condensada ao ponto de explosão.
"The Woman Identified Woman" ["A mulher identificada como mulher"]

heterossexualidade era caracterizada como uma força central que mantinha a opressão das mulheres pelos homens. "Love Your Enemy" também enfatizava a diferença entre outras feministas lésbicas e lésbicas políticas – o livro afirma que muitas das primeiras não são "identificadas como mulheres" porque escolheram trabalhar ao lado dos homens pela liberação. Muitas lésbicas, por outro lado, questionavam a cooptação de sua sexualidade e a ideia de que a lesbianidade era uma escolha, argumentando que as lésbicas políticas não eram lésbicas de verdade. Algumas lésbicas políticas, no entanto, descobriram sua atração por mulheres por conta do movimento.

Separatismo se espalha

Um número significativo de grupos feministas lésbicos pós-1970 eram separatistas – se recusavam a viver ou trabalhar ao lado de homens (ou de feministas heterossexuais). Movimentos radicais com essas crenças se espalharam pelo México na década de 1970 e mais ainda pela América do Sul nas décadas de 1980 e 1990. Eles também prosperaram durante a década de 1980 na França e no Canadá, devido aos escritos de feministas francófonas, como Monique Wittig. ∎

Coletivo Furies

Um dos grupos separatistas lésbicos mais conhecidos foi o Coletivo Furies – doze ativistas que, desde 1971, viviam em uma comuna em Washington, DC. A casa, inicialmente alugada como base para o jornal *The Furies*, se tornou o lar do grupo. As participantes dividiam dinheiro, realizavam oficinas feministas lésbicas e dirigiam o Centro de Habilidades Femininas, que dava aulas sobre habilidades práticas que os separatistas podiam precisar, desde autodefesa até bricolagem e conserto de carros. As Furies – Ginny Berson, Joan Biren, Rita Mae Brown, Charlotte Bunch, Sharon Deevey, Helaine Harris, Susan Hathaway, Nancy Myron, Tasha Peterson, Coletta Reid, Lee Schwing e Jennifer Woodul – eram todas americanas, em sua maioria brancas e das classes média ou trabalhadora. As diferentes origens de classe e de ideologia fariam com que o coletivo se separasse em 1972.

LIBERDADE PARA SE ASSUMIR, PARA PRATICAR ESPORTES

ESPORTISTAS LGBTQIAPN+ SE ASSUMEM (DÉCADAS DE 1970 A 1980)

EM CONTEXTO

FOCO
Visibilidade LGBTQIAPN+

ANTES
1920 O tenista gay Bill Tilden se torna o primeiro americano a vencer Wimbledon.

DEPOIS
1999 O COI abole os testes de sexo para competidoras do sexo feminino.

2004 O COI concorda que qualquer pessoa designada como homem no nascimento e submetida à cirurgia de redesignação antes da puberdade pode competir como mulher.

2013 O jogador de basquete Jason Collins se assume gay em um relato em primeira pessoa na revista *Sports Illustrated*.

2022 As jogadoras britânicas de hóquei Kate e Helen Richardson Walsh se tornam o primeiro casal homossexual a ganhar o ouro olímpico jogando no mesmo time.

A década de 1970 marcou uma virada na visibilidade da participação LGBTQIAPN+ no esporte profissional, principalmente nos Estados Unidos. Até então, quase todo atleta escondia sua sexualidade, temendo que a homofobia limitasse suas oportunidades e afastasse fãs e patrocinadores. As relações sexuais entre pessoas do mesmo sexo ainda eram ilegais em muitos estados dos Estados Unidos, e o progresso esportivo entre os homens era geralmente equiparado ao machismo. Mesmo após a legalização de atos homossexuais, a maior parte dos atletas não revelou sua identidade sexual até depois de se aposentar do esporte, como foi o caso do jogador da National Football League (NFL) [Liga Nacional de Futebol Americano] David Kopay, que se assumiu gay em uma entrevista ao *The Washington Star* em 1975, três anos depois de ter parado de jogar. E quando pessoas como o jogador da Major League Baseball (MLB) [Liga Principal de Beisebol], Glenn Burke, falavam abertamente sobre sua sexualidade, nem sempre a imprensa estava disposta a divulgar, já que a homossexualidade era considerada prejudicial à imagem do esporte. Quando a imprensa publicava histórias de esportistas – como a do patinador artístico britânico John Curry – se assumindo, isso causava um escândalo por algum tempo.

Assumidos, com orgulho e vencedores

No final da década de 1970, o direito dos esportistas de expressarem sua

Melhor jogador de futebol britânico, Justin Fashanu, no Norwich City em 1979. Em 1990, Fashanu se tornou o primeiro jogador de futebol a se assumir gay enquanto ainda jogava profissionalmente.

PROTESTO, ORGULHO E COALIZÃO

Veja também: Filmes LGBTQIAPN+ 142-45 ▪ Direitos das pessoas trans 196-203 ▪ Heteronormatividade 270-71 ▪ "Não pergunte, não fale" 272-75 ▪ Comunidades chinesas *lala* 276-77

A jogadora americana de basquete Layshia Clarendon foi a primeira jogadora da WNBA a se assumir como não binária, em 2020.

sexualidade retornou pelo movimento pelos direitos dos homossexuais. Em 1982, o decatleta olímpico e ativista gay Tom Waddell organizou os primeiros Jogos Gays em San Francisco. Embora o COI o impedisse de chamar de Olimpíadas Gay, foram um sucesso. Cerca de 1350 atletas de 12 países competiram em 17 esportes – um nível de participação que desde então aumentou para 10 mil pessoas, 90 países e 30 esportes.

Apesar dessas iniciativas, demorou a acontecer uma maior visibilidade dos atletas LGBTQIAPN+ da elite do esporte. Mesmo no início dos anos 1980, poucas atletas mulheres revelavam ser gays. A histeria da imprensa sobre a lesbianidade em geral, e sobre as lésbicas no esporte em particular, apareceu em 1981, quando as estrelas do tênis americano Billie Jean King e Martina Navratilova foram expostas publicamente com três meses de diferença uma da outra.

Novos desafios

Na década de 1990, uma maior aceitação transformou o cenário para os atletas LGBTQIAPN+, mas a batalha segue em grande parte da África e do Oriente Médio, como na controvérsia sobre a presença dos torcedores LGBTQIAPN+ na Copa do Catar, em 2022. Os direitos das mulheres trans no esporte também são uma questão no Ocidente. Os contrários a sua participação afirmam que elas têm uma vantagem em termos de força, enquanto outros argumentam que há muitas evidências científicas que refutam essa afirmação. ■

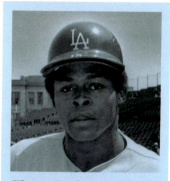

Glenn Burke

Nascido na Califórnia, em 1952, Glenn Burke cresceu e se tornou um jogador da Major League Baseball (MLB). Talentoso desde muito jovem, entrou no esporte profissional depois de jogar na faculdade, e ingressou primeiro na liga secundária pelo Los Angeles Dodgers em 1971 e depois na liga principal em 1976. Inicialmente um segredo aberto, a sexualidade de Burke começou a afetar como era tratado até que, em 1978, foi para o Oakland Athletics, onde enfrentou crescente homofobia. Isso e uma lesão levaram à sua aposentadoria da Liga Principal após apenas quatro anos. Mais tarde, ele disse ao *The New York Times* que o preconceito o havia expulsado. Passou a competir nos Jogos Gays de 1982 e 1986, primeiro como velocista e depois no basquete. No entanto, um acidente e o vício em cocaína o levaram à penúria e ele morreu de causas relacionadas à aids em 1995. Em 2015, Burke passou a fazer parte do *Baseball Reliquary's Shrine of the Eternals*, um santuário dos jogadores eternos do beisebol.

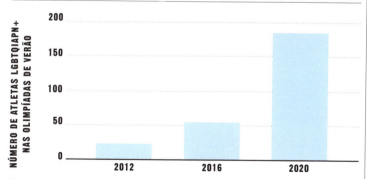

Houve pelo menos 186 atletas olímpicos assumidos nos Jogos Olímpicos de Tóquio de 2020 – são mais atletas LGBTQIAPN+ declarados do que em todos os Jogos Olímpicos anteriores combinados.

EU SOU MAIS FORTE POR TODAS AS MINHAS IDENTIDADES
FEMINISMO LÉSBICO NEGRO (DÉCADAS DE 1970 A 1980)

EM CONTEXTO

FOCO
Interseccionalidade

ANTES
1828 Sojourner Truth recupera o filho de cinco anos de um escravizador na Suprema Corte de Nova York.

1863 Harriet Tubman lidera um ataque militar para resgatar 750 pessoas escravizadas no rio Combahee, na Guerra Civil dos EUA.

1966 O Black Power da América surge do movimento dos direitos civis, exigindo não apenas dessegregação racial, mas também poder social e político.

DEPOIS
1993 A antologia *Lesbians Talk: Making Black Waves*, de Valerie Mason-John e Ann Khambatta, é o primeiro livro sobre lésbicas negras britânicas.

Em 1973, as feministas negras nos Estados Unidos formaram a National Black Feminist Organization (NBFO) [Organização Feminista Nacional Negra] para atender às "necessidades particulares e específicas" das mulheres negras. As fundadoras, muitas das quais estavam envolvidas com os Panteras Negras (o partido revolucionário negro americano) e com o Women's Liberation Movement (WLM) [Movimento de Libertação das Mulheres], achavam essas organizações deficientes porque se concentravam em uma única questão – racismo ou sexismo. As mulheres buscavam o reconhecimento da experiência específica de subjugação das mulheres negras. Sem cruzar

PROTESTO, ORGULHO E COALIZÃO 211

Veja também: O Renascimento do Harlem e a Era do Jazz 148-51 ▪ Lesbianismo político 206-07 ▪ *Borderlands*, de Anzaldúa 246-47 ▪ Teoria queer da cor 297

Lésbicas negras sofrem com **desigualdade e opressão** em função de **raça, sexualidade e gênero**

⬇

A **raiva** dessas formas cruzadas de opressão pode ser canalizada em **campanhas de protesto por mudança** e em **solidariedade com outros grupos oprimidos**.

⬇

Uma lésbica negra é mais forte por todas as suas identidades.

Declaração do Coletivo Combahee River

Em 1977, o Coletivo Combahee River publicou a Declaração do Coletivo Combahee River. Esse documento histórico definiu a política do CRC como uma luta ativa contra a opressão baseada em raça, gênero, sexualidade e classe. Além disso, destacou a realidade para os marginalizados na sociedade, o que se tornou conhecido uma década depois como interseccionalidade – como diferentes sistemas de desigualdade social "se cruzam" para criar condições únicas de sofrimento para um indivíduo ou grupo.

A Declaração do Coletivo Combahee River foi a primeira publicação na história a afirmar que as lésbicas negras foram vítimas de opressões interconectadas. Ao identificar especificamente o racismo, o sexismo e o heterossexismo, também argumentou que essas opressões são sustentadas pelas ideologias prejudiciais do capitalismo, do imperialismo e do patriarcado.

---

referências entre racismo e sexismo, argumentavam, era impossível entender o efeito das desigualdades em ambas as áreas sobre os indivíduos. Em 1974, um grupo dissidente do NBFO em Boston, Massachusetts, achou que a organização não reconhecia a importância da identidade sexual e não era radical o suficiente para efetuar a mudança social necessária e formou o Coletivo Combahee River (CRC). A membro fundadora Barbara Smith tirou o nome do grupo do Combahee River Raid da Guerra Civil Americana – ataque planejado e liderado por Harriet Tubman, uma ex-escravizada.

Após três anos de ativismo e discussão política, o CRC lançou seu manifesto político inovador – a Declaração do Coletivo Combahee River (Combahee River Collective Statement), que definiu o feminismo negro como uma luta contra uma síntese de opressões. Dizia que as mulheres negras, ao contrário do Movimento de Libertação das Mulheres (MLM) – que partia da cultura predominante, já que era branco e de classe média –, não precisavam lutar contra a opressão em apenas uma frente, mas em várias.

Experiências únicas

Um dos pontos-chave da Declaração do CRC era que as feministas negras enfrentavam desafios adicionais na organização por causa do "peso psicológico de ser uma mulher negra". As lésbicas negras, em particular, não desfrutavam de nenhuma vantagem social derivada de sua raça, gênero, classe ou identidade sexual, e tinham um acesso mínimo aos recursos ou poder desfrutados pelos mais privilegiados socialmente.

Embora os fundadores do CRC tenham se separado do NBFO em parte porque não representava mulheres lésbicas, o CRC ainda rejeitava o separatismo lésbico – porque, argumentava a Declaração, "ele nega completamente qualquer fonte de opressão das mulheres, exceto as sexuais". »

Ninguém antes examinou a textura multifacetada da vida das mulheres negras.
Declaração do Coletivo Combahee River

FEMINISMO LÉSBICO NEGRO

O grupo de apoio às mulheres negras no Berkeley Women's Center, Califórnia, formado em meados da década de 1970, incluía a poeta e ativista lésbica Pat Parker, a editora Margaret Sloan-Hunter e a autora April Sinclair.

Entre 1977 e 1980, o Coletivo realizou sete retiros feministas negros, para compartilhamento de informações, debate e apoio mútuo. Os primeiros foram modestos, organizados em casas particulares, mas os posteriores atraíram milhares de mulheres. Após o quarto retiro, em 1978, as participantes foram convidadas a escrever artigos para a "The Black Women's Issue" da revista literária feminista *Conditions*. Publicada em 1979 e editada por Barbara Smith e Lorraine Bethel, membro do CRC, a edição da revista estabeleceu um recorde de vendas na publicação feminista. Naquele ano, o feminismo negro crescia rapidamente, graças à organização entre mulheres negras acadêmicas e na publicação, ao surgimento de grupos de base e coalizões com outros ativistas comunitários em várias cidades, e à cultura feminista negra e lésbica representada por artistas como o conjunto Sweet Honey in the Rock e a poeta Audre Lorde.

Em 1980, por sugestão de sua amiga Audre Lorde, Barbara Smith criou a Kitchen Table: Women of Color Press – editora para promover livros de todas as mulheres negras. A década de 1980 também trouxe destaque para autoras lésbicas negras, algumas das quais compartilharam suas histórias de relacionamentos entre pessoas do mesmo sexo pela primeira vez, como nos romances premiados *The Women of Brewster Place*, de Gloria Naylor; e *A cor púrpura*, de Alice Walker (ambos de 1982).

O CRC não apenas revelou áreas em que as mulheres negras não tinham visibilidade, como em publicações, mas também lutou por elas em questões que as afetavam particularmente, como o risco de agressão física e a falta de direitos reprodutivos. O coletivo emprestou seu peso às campanhas pelo acesso ao aborto e pelo fim da esterilização forçada e ajudou a criar abrigos de mulheres negras para sobreviventes de abuso. Em 1979, quando doze mulheres negras e uma branca foram assassinadas em quatro meses em Boston, Smith mobilizou o apoio da comunidade branca mais ampla. O Coletivo se dissolveu em 1980, mas lançou as bases para uma nova década de análise e ativismo. Em 1989, a teoria da interseccionalidade foi formalizada e o termo cunhado pela estudiosa americana de direitos civis Kimberlé Crenshaw, que explicou que as sociedades consistem em múltiplos fatores de identidade social, que se cruzam para criar condições únicas de privilégio ou opressão.

Negra, britânica e lésbica

No Reino Unido, o movimento Black Power teve seu próprio impulso. Os Panteras Negras Britânicos (BBP) foram formados em 1968, e a Frente de Libertação Negra em 1971. Como nos EUA, uma consciência política também crescia entre as mulheres negras britânicas que perceberam que as questões de gênero eram marginalizadas dentro do movimento. Quando o BBP se desfez em 1973, as ex-integrantes Olive Morris, Liz Obi e Beverley Bryan criaram o Grupo de Mulheres Negras em Brixton, Londres – o primeiro de muitos centros de mulheres negras nas cidades do Reino Unido.

Em 1978, foi formada a Organização de Mulheres de Ascendência Africana e Asiática (OWAAD na sigla em inglês) como um local central para esses grupos, e um apoio prático e político para mulheres negras e asiáticas nas

Como uma... lésbica negra, feminista e socialista... mãe de dois... eu geralmente me percebo como parte de algum grupo definido como outro...
Audre Lorde
Irmã Outsider, 1984

PROTESTO, ORGULHO E COALIZÃO 213

Onyx, publicada de 1982 a 1984, foi a primeira de três revistas lésbicas negras na área da baía de San Francisco. A *Ache* funcionou de 1989 a 1993 e a *Issues* por um breve período a partir de 2000.

questões que enfrentavam, incluindo deportações e violência doméstica. Alguns membros se descreviam como feministas, mas enfatizaram que não se identificavam com a corrente predominante do MLM e que as mulheres negras tinham objetivos políticos diferentes das brancas. Outros achavam que uma identificação muito forte com a comunidade negra corria o risco de ocultar a natureza patriarcal de muitos dos problemas enfrentados pelas mulheres em geral.

Desentendimentos a respeito da validade de diversas identidades – étnicas e sexuais – levaram ao colapso da OWAAD em 1982. As lésbicas na organização se sentiram relegadas, como se sua identidade sexual fosse considerada um luxo que as mulheres negras não poderiam se permitir.

Em 1983, a revista *Feminist Review* convidou mulheres negras para escreverem e editarem uma edição especial de lésbicas negras: "Many Voices, One Chant" ["Muitas vozes, um cântico"], em 1984. Em um artigo, quatro lésbicas discutiam suas experiências de "sair do armário", e como aquilo criava problemas particulares para as mulheres negras – que, por causa dos efeitos do racismo, eram mais dependentes de suas famílias e podiam se arriscar menos a serem rejeitadas por elas e pela sociedade em geral.

Visibilidade e celebração

Hoje, pelas mídias sociais, há mais oportunidades para lésbicas negras serem "vistas", embora nem sempre de uma perspectiva feminista. Em 2018, *Diva*, uma revista de estilo de vida para lésbicas, homenageou as mulheres negras no mês da História Negra no Reino Unido. A responsável por essa edição da revista foi Phyllis Opoku-Gymiah, cofundadora do UK Black Pride, em 2005 – a maior celebração anual do mundo para pessoas LGBTQIAPN+ de várias etnias.

O desafio de viver na interseção de múltiplas identidades minoritárias nunca pode ser subestimado e é destacado pelo Black Lives Matter (BLM). Fundado em 2013 para combater a violência contra as comunidades negras, o BLM apoia explicitamente os marginalizados em outros movimentos de libertação negra. ■

... muitas lésbicas negras [na década de 1980] viviam vidas duplas e queríamos fazer com que fosse tudo bem ser apenas quem você quisesse ser.
Veronica McKenzie
Diretora de cinema britânica (1965-)

Audre Lorde

Nascida em 1934, filha de pais caribenhos, em Nova York, Audre Lorde começou a escrever poesia na infância. De 1970 a 1986 lecionou na Universidade da Cidade de Nova York, como professora de inglês e depois assumindo a Cadeira de Literatura Thomas Hunter. A partir de 1984 foi professora visitante na Universidade Livre de Berlim, onde fez parte do início do movimento negro na Alemanha. Lorde abraçou suas múltiplas identidades se autonomeando "negra, lésbica, mãe, guerreira, poeta". Ela pediu que as mulheres celebrassem suas diferenças, como raça ou classe.

Segundo Lorde, essas diferenças eram usadas pela sociedade como ferramentas de isolamento, mas deveriam ser motivo de crescimento e libertação. Lorde dedicou a vida a enfrentar a opressão e estimulou as feministas negras a usarem a raiva que sentiam da opressão de forma construtiva para lutar contra a autoridade. Ela morreu em 1992.

Obras principais

1982 *Zami: uma nova grafia do meu nome*
1984 *Irmã Outsider: Ensaios e Discursos*

SEJA O QUE VOCÊ QUISER SER
A PROPAGAÇÃO DA CULTURA BALLROOM (DÉCADAS DE 1970 A 1990)

EM CONTEXTO

FOCO
Expressão negra queer

ANTES
1869 Hamilton Lodge, uma boate negra, realiza seu 1º baile drag no Harlem, Nova York.

Décadas de 1880 a 1890 O ex-escravizado William Dorsey Swann, "a rainha das drags", organiza bailes drags.

1962 Marcel Christian realiza o primeiro baile drag negro.

1969 Os artistas drag negros e latinos desempenham um papel fundamental no início do movimento de libertação gay.

DEPOIS
2018 A primeira série do programa de TV *POSE* dramatiza a vida nas comunidades da cultura ballroom da década de 1980.

2020 *Legendary*, um reality show baseado na cultura ballroom, apresenta *ballroom houses* (times) competindo em categorias de *voguing* (moda, dança e vogue).

Originária de Nova York, na década de 1970, a "cultura ballroom" ["cultura do baile"] é uma subcultura LGBTQIAPN+ principalmente negra e latina, na qual comunidades de pessoas, as "houses" ["casas"], competem por prêmios em desfiles extravagantes ou bailes. As concorrentes "caminham" e "posam" – imitando passarelas de desfiles de moda – em diferentes categorias, como "beleza" e "moda", usando um estilo de dança conhecido como "voguing". Elas

A modelo trans Octavia St. Laurent (1964-2009) faz pose em um baile drag no Harlem, na cidade de Nova York, em 1988. A "house" de St. Laurent foi cofundada por Octavia em 1982.

então são julgadas com base em uma mistura de desempenho e padrões estéticos, incluindo a capacidade de "se passar" por um gênero diferente.

A cultura ballroom emergiu dos bailes drag, que se tornaram populares no final do século XIX e início do século XX em cidades com grandes populações negras, como Nova York, Baltimore e Chicago. Nesses bailes interraciais, os homens se vestiam de mulher e as mulheres de homem, e casais do mesmo sexo dançavam entre si.

Assim como os bailes drag forneceram um lugar mais seguro para os negros LGBTQIAPN+ se reunirem, a cultura ballroom permitiu que negros e latinos estabelecessem redes semelhantes a famílias que

PROTESTO, ORGULHO E COALIZÃO

Veja também: *Molly Houses* 90-91 ▪ Drag 112-17 ▪ O Renascimento do Harlem e a Era do Jazz 148-51 ▪ Movimentos LGBTQIAPN+ latino-americanos 178-79

Um instantâneo de *Paris is Burning*. O título do filme vem de um baile de mesmo nome, realizado em 1986 pela drag queen Paris Duprée (1950-2011), fundadora da House of Duprée, em 1981.

fornecem proteção contra violência, discriminação e privação.

As "houses" são dirigidas por mães ou pais da casa – ou ambos – que oferecem cuidados e apoio aos seus "filhos". Cada mãe ou pai que funda uma "house" escolhe um sobrenome que será adotado por todos os filhos da casa.

Tirando o racismo do drag

Na década de 1960, o aumento do ativismo levou à propagação de concursos de beleza drag em Nova York e San Francisco. Esses eventos comerciais apresentavam alguns aspectos da cultura ballroom, mas nem sempre recebiam bem pessoas não-brancas, que precisavam clarear a pele com maquiagem para ter chances de ganhar.

A drag queen negra Crystal LaBeija criticou o viés da cor da pele no documentário *The Queen* (1968). Crystal passou a promover bailes racialmente inclusivos e em 1972 fundou a primeira "house" – a House of LaBeija. As "houses" se multiplicaram na década de 1980, quando surgiu a *vogue dancing* – baseada nas poses de modelos, mescladas com movimentos inspirados nas artes marciais.

Chegando ao *mainstream*

A cultura ballroom foi fundada a partir da necessidade de negros e latinos LGBTQIAPN+ garantirem espaços culturais, mas também fascinava pessoas de fora. Em 1989, Malcolm McLaren lançou o single "Deep in Vogue", com um vídeo sobre o *voguing* de Willi Ninja. Ninja também estrelou o documentário de 1990 de Jennie Livingston, *Paris is Burning*, que narrava a cena ballroom de Nova York. Nesse mesmo ano, o single "Vogue" de Madonna popularizou ainda mais o *voguing*.

No final dos anos 1980 e início dos anos 1990, os salões de baile começaram a se espalhar pelos EUA e para outros países. Na Alemanha, a House of Melody foi fundada em 2012; e Paris conta hoje com mais de duas dezenas de "houses" oficiais.

A cultura ballroom alcançou um público mais amplo em 2009, com a série *RuPaul's Drag Race*, apresentada pelo artista negro americano RuPaul. Essa popularização atraiu críticas – produtores de TV, cinema e música foram acusados de se apropriar da cultura e lucrar. ▪

... em um baile, você tem a chance de mostrar sua elegância, sua capacidade de sedução, sua beleza, sua sagacidade, seu charme, seu conhecimento.
Pepper LaBeija
de *Paris is Burning*

Willi Ninja

Nascido William Roscoe Leake em 1961, Willi Ninja cresceu no Queens, em Nova York, e começou a dançar aos sete anos de idade, inspirado na estrela de Hollywood Fred Astaire, em ginastas e em filmes de artes marciais – daí "Ninja". Ele se juntou à cena gay do bairro de Greenwich Village no final dos anos 1970 e, no início dos anos 1980, formou um grupo de dança. Willi frequentava os bailes drag do Harlem e abraçou o novo estilo de dança da moda, adicionando movimentos rápidos de braço, contorções e ângulos para se tornar seu expoente definidor. Ele levou a dança para a Europa, onde foi adotada por grandes casas de moda, que usaram Willi como modelo e instrutor de supermodelos como Naomi Campbell, Iman, entre outras.

Willi criou a House of Ninja em 1982, servindo como sua mãe e estendendo a filiação a todas as raças e sexualidades. Diagnosticado com HIV em 2003, ele continuou trabalhando – abriu sua própria agência de modelos em 2004 e orientou modelos e dançarinos. Willi morreu de insuficiência cardíaca relacionada à aids em 2006, cercado por seus filhos da House of Ninja.

UM PEQUENO PASSO PARA A "GENERALIDADE"
PRONOMES E NEOPRONOMES (1971)

EM CONTEXTO

FOCO
Linguagem inclusiva

ANTES
1850 O Parlamento Britânico aprova uma lei que permite aos legisladores usarem pronomes masculinos (ele/dele) independentemente do gênero.

1890 Nos Estados Unidos, um artigo de James Rogers no *The Writer* propõe os pronomes de gênero neutro em inglês e/em/es.

DEPOIS
1980 A feminista australiana Dale Spender publica *Man Made Language*, em que examina como os homens heterossexuais construíram a linguagem de acordo com seus próprios interesses.

2019 Nos Estados Unidos, "they" (eles/elas) como pronome para uma única pessoa que não é binária é escolhida a palavra do ano no dicionário Merriam-Webster, refletindo um aumento significativo no número de vezes que é consultado.

O uso de pronomes pessoais e neopronomes – palavras como "ela" e "ele" e alternativas de gênero neutro – é um tema muito debatido em países que têm idiomas com marcas de gênero, especialmente em conexão com pessoas não binárias e algumas feministas. No entanto, isso não é uma questão nova – debates sobre pronomes são muito anteriores ao movimento moderno pelos direitos LGBTQIAPN+.

Embora "they" venha sendo usado há muito tempo na língua inglesa em um sentido singular em

... talvez queiram usar pronomes de gênero neutro.

- Pessoas de **gênero fluido** (que às vezes se sentem do gênero masculino e outras vezes do gênero feminino)...
- Pessoas que são **agênero** (identificadas como sem gênero)...
- Pessoas que **não querem** ser definidas pelo gênero – por exemplo, algumas feministas...
- Pais que **não querem atribuir um gênero** a seus filhos...
- Pessoas que querem **apoiar pessoas não binárias** normalizando pronomes neutros em termos de gênero...
- Pessoas que são **bigênero** (se identificam como homem e mulher)...

PROTESTO, ORGULHO E COALIZÃO

Veja também: Não conformidade de gênero e restrições coloniais na África 120-21 ▪ As primeiras cirurgias de afirmação de gênero 136-41 ▪ Direitos das pessoas trans 196-203 ▪ Parentalidade LGBTQIAPN+ 228-31 ▪ Pessoas "dois-espíritos" nativas norte-americanas 258-61

Pronomes de gênero neutro na língua portuguesa

Pronome sujeito	Pronome demonstrativo	Adjetivo possessivo	Pronome possessivo	
elu	aquelu	delu	minhe	Na língua portuguesa, a linguagem neutra precisou se adaptar visto que, diferentemente do inglês, não são só os pronomes que são generificados, mas também adjetivos, substantivos, entre outros. Assim, a flexão de gênero, na maioria das vezes se dá substituindo as desinências pela letra -e, ou adicionando a letra -e ao fim das palavras. Em palavras como menino/menina, o neutro é menine, enquanto em palavras como professor/professora, o neutro é professore.
			sue	
			nosse	

vez de plural, tanto coloquialmente quanto para se referir a alguém cujo gênero é desconhecido, obscuro ou oculto, também vem sendo cada vez mais usado para pessoas não binárias. Quem critica esse uso por ser gramaticalmente incorreto ignora a complexa evolução dos pronomes na língua inglesa. O *Oxford English Dictionary* traça o uso singular de "they" desde o romance de 1375 *William and the Werewolf*.

Neopronomes

No século XIX, muitos países com idiomas com marcadores de gênero começaram a aprovar leis que tornavam os pronomes masculinos padrão quando o gênero não era especificado. Embora criasse ambiguidade – por exemplo, as leis redigidas com pronomes masculinos também se aplicavam às mulheres? – manteve-se essa prática como padrão até o início do século XXI.

Na década de 1970, as feministas pediram uma linguagem mais neutra em termos de gênero e foram feitas tentativas para criar e integrar pronomes inteiramente novos, conhecidos como neopronomes. Em 1971, Casey Miller e Kate Swift criaram o que chamaram de "pronomes humanos" tey/ter/tem para ajudar as mulheres a serem reconhecidas "como membros de pleno direito da raça humana", argumentando que a dominação dos pronomes masculinos relegavam as mulheres a um papel menor na sociedade. Outras tentativas dos americanos de desafiar a linguagem de gênero incluíram o romance de June Arnold, *The Cook and the Carpenter* (1973), que usa linguagem neutra em termos de gênero, e os pronomes e/em/eirs, propostos em 1983 por Michael Spivak.

A maior parte dos neopronomes na língua inglesa não conseguiu ganhar força, mas o uso singular de they/them/their (eles ou elas/deles ou delas) está aumentando, e a consciência geral dos pronomes neutros em termos de gênero está se espalhando. Muitas outras línguas com marcas de gênero – incluindo espanhol, italiano, português, francês, alemão e hebraico – também tentaram incorporar novos pronomes de gênero neutro. A iniciativa deu certo na Suécia, onde *hen*, adicionado oficialmente aos pronomes *han* (ele) e *hon* (ela) em 2015, agora é usado nas interações do dia a dia. Na Islândia, o *hán* de gênero neutro recebeu aceitação semelhante.

Mudança e resistência

As pessoas cada vez mais declaram seus pronomes em e-mails comerciais e outras correspondências e, às vezes, os declaram quando são apresentados a outras. Neopronomes encontraram alguma resistência. Quando o dicionário francês Petit Robert incluiu o pronome *iel*, combinando *il* (ele) e *elle* (ela) em 2021, a medida foi condenada pela Académie Française, autoridade do país em língua francesa, como um favorecimento às tendências culturais americanas. No entanto, é provável que continuem a surgir novos pronomes em todas as línguas à medida que a sociedade se torna mais receptiva à diversidade e expressão de gênero. ∎

Se alguém se opõe, certamente está certo – mas, nesse caso, deixe-os encontrar uma solução melhor.
Casey Miller e Kate Swift

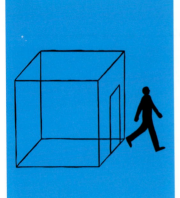

SEXUALIDADE AUTOCONTIDA
O MANIFESTO ASSEXUAL (1972)

EM CONTEXTO

FOCO
Assexualidade política

ANTES
Anos 1960 As mulheres do grupo político porto-riquenho "Young Lords" fazem uma "greve sexual" para protestar contra o sexismo.

DEPOIS
1997 É criado o site da Asexual Coalition para abrigar heterossexuais que pararam de ter relacionamentos ou relações sexuais devido ao tempo, esforço ou decepções do passado.

2001 David Jay funda a Assexuality Visibility and Education Network (AVEN), que define a assexualidade como uma orientação intrínseca e não como uma escolha deliberada.

2019 Caoimhe Harlock compartilha uma cópia de *O manifesto assexual* on-line – que é posteriormente arquivado e transcrito pela primeira vez.

Em 1972, o New York Radical Feminists' (NYRF) Asexual Caucus afirmou seu compromisso com a assexualidade como uma escolha política. Essa bancada era composta por apenas duas mulheres: Lisa Orlando, uma lésbica, e Barbara Getz, uma mulher heterossexual. Orlando estabeleceu o Asexual Caucus para representar sua posição de que suas companheiras lésbicas eram tão ruins quanto os homens em se objetificarem sexualmente.

Liberdade do patriarcado
O manifesto assexual apresentou uma alternativa ao lesbianismo político, mas tinha objetivos semelhantes. A versão final do manifesto de Orlando dizia que sua assexualidade era resultado da conscientização feminista – ela passou a se sentir definida pela objetificação sexual, tanto dela mesma pelos homens quanto dela mesma em relação a outras mulheres. Orlando acreditava que o sexo era muito difundido na sociedade e se tornou erroneamente sinônimo de intimidade. Orlando via sua assexualidade não como orientação natural, mas como forma de desafiar o patriarcado. Apesar de não usar o termo "celibato", ela definiu a assexualidade como uma decisão de se abster de sexo, um estilo de vida alternativo. Embora Orlando não tenha enquadrado a assexualidade como identidade inata, o manifesto desafiou vários mitos sociais – por exemplo, a ideia de que um relacionamento sem sexo é incompleto – de maneiras que se tornariam pedras angulares do discurso de identidade assexual posterior. ■

O sexo interpessoal não é mais importante para nós, não vale mais o papel distorcido e muitas vezes destrutivo que desempenhou nos relacionamentos.
O manifesto assexual

Veja também: Primeiro reconhecimento da assexualidade 122-23 ▪ Lesbianismo político 206-07 ▪ Heterossexualidade compulsória 233 ▪ O espectro arromântico e assexual 280-83

DESPATOLOGIZAÇÃO DA HOMOSSEXUALIDADE
REMOÇÃO DA HOMOSSEXUALIDADE DOS DSM (1973)

EM CONTEXTO

FOCO
Sexualidade e medicina

ANTES
1935 A American Standard Classified Nomenclature of Disease classifica a homossexualidade como um transtorno de personalidade.

DEPOIS
1980 "Transtorno de identidade de gênero" (GID, na sigla em inglês) é introduzido no DSM-III para descrever "transexualismo"; GID foi substituído por "disforia de gênero" no DSM-V de 2013.

2013 Após consulta com a Aven (Asexuality Visibility Education Network), a entrada do DSM-V se referindo a Transtorno do Desejo Sexual Hipoativo esclarece que esse diagnóstico não deve ser dado aos assexuados.

2019 A 11ª edição da Classificação Internacional de Doenças da OMS altera sua redação sobre "incongruência de gênero" para refletir experiências não binárias.

O Manual Diagnóstico e Estatístico de Transtornos Mentais (DSM) foi publicado pela primeira vez em 1952 pela Associação Psiquiátrica Americana (APA) como uma ferramenta para os psiquiatras diagnosticarem doenças mentais em seus pacientes. Em suas páginas sobre "distúrbios da personalidade sociopática", o DSM incluiu a categoria de "desvio sexual" – na qual a homossexualidade e o "travestismo" foram ambos listados. No DSM-II de 1968 (a segunda edição), a homossexualidade e o "travestismo" foram explicitamente definidos como transtornos mentais.

Resistência e remoção
A patologização da homossexualidade causou indignação entre gays e lésbicas recentemente politizados. Os psiquiatras também fizeram lobby para sua remoção – estudos de Evelyn Hooker, por exemplo, provaram que os gays não eram mais mentalmente perturbados do que os heterossexuais. Após a Revolta de Stonewall de 1969, a pressão crescente de ativistas – incluindo protestos na conferência da

Acho que você fez isso porque sabia o que era o amor quando o via, e sabia que o amor gay era como qualquer outro amor.
Carta para Evelyn Hooker
De um homem gay agradecendo o trabalho dela

APA de 1970 – levou a uma votação sobre a homossexualidade no DSM. Em 1973, depois de considerar teorias concorrentes, o conselho da APA votou por sua remoção, mas distúrbios relacionados (como a homossexualidade egodistônica – um desejo de ser heterossexual) tomaram seu lugar em um aparente compromisso com os defensores da patologização. A homossexualidade – junto com outros diagnósticos LGBTQIAPN+ – só foi totalmente removida do DSM em 2013. ■

Veja também: Veja também: Sexologia e psicanálise 132-33 ▪ Direitos das pessoas trans 196-203 ▪ "Não pergunte, não fale" 272-75 ▪ A terapia de conversão é proibida 286-87

A TAILÂNDIA TEM TRÊS GÊNEROS
KATHOEY NA TAILÂNDIA (1974)

EM CONTEXTO

FOCO
Identidade de gênero

ANTES
Século V EC O *Vinaya* – um conjunto de regras monásticas budistas para monges e monjas – descreve quatro gêneros.

DEPOIS
2016 Espera-se que a constituição tailandesa inclua o reconhecimento de um "terceiro gênero", mas nenhuma proteção para pessoas kathoey ou transexuais é dada.

2019 Tanwarin Sukkhapisit, uma pessoa kathoey que se identifica como não binária, torna-se o primeiro membro abertamente trans do parlamento da Tailândia.

2021 Um relatório da Human Rights Watch e da The Foundation Transgender Alliance for Human Rights na Tailândia enfatiza a necessidade contínua e urgente de reconhecimento legal de gênero.

Na Tailândia, kathoey é uma identidade de gênero frequentemente associada à vida noturna, a cenas de cabaré da capital, Bangkok, e às estâncias balneares repletas de turistas de Pattaya e Patong. O primeiro show de cabaré kathoey, Tiffany's, estreou em Pattaya em 1974.

Kathoey era frequentemente traduzido como "mulher trans" e historicamente aplicado a pessoas intersexo. Desde o século XX, no entanto, o termo ampliou seu significado para incluir qualquer pessoa designada como homem ao nascer (amab) que desafia as expectativas convencionais de gênero. Também se tornou mais conhecido no Ocidente por sua tradução comum, mas muitas vezes depreciativa, de "ladyboy". A presença de mais de dois gêneros tem sido um aspecto dos ensinamentos e mitos da criação do budismo, a religião predominante na Tailândia. Textos que datam do século V descrevem quatro gêneros: masculino, feminino, *ubhatovyañjanaka* e *pandaka*. Acredita-se que *ubhatovyañjanaka* signifique intersexo, enquanto *pandaka* está ligado ao voyeurismo, impotência e, às vezes, homossexualidade.

O *Pathamamulamuli*, um mito da criação tailandesa do século XIV, descreve como os criadores do mundo criaram homens, mulheres e pessoas

Não estou aqui para entreter, estou aqui porque fui eleita.
Tanwarin Sukkhapisit
Parlamentar trans tailandês

O filme de 2000 *As damas de ferro* conta a história do primeiro time de vôlei LGBTQIAPN+ da Tailândia – formado por atletas gays, kathoey e trans – que venceu o campeonato nacional de 1996.

PROTESTO, ORGULHO E COALIZÃO 221

Veja também: Drag 112-17 ▪ Hijras e o colonialismo britânico 108-09 ▪ As primeiras cirurgias de afirmação de gênero 136-41 ▪ Direitos das pessoas trans 196-203 ▪ Ativismo LGBTQIAPN+ na Ásia 254-55

---

intersexo. Os ensinamentos budistas sobre reencarnação e karma fomentaram a percepção prejudicial de que kathoey são aquelas pessoas que pagam uma dívida de uma vida anterior, como mulheres presas em corpos "masculinos" que estão condenadas a um amor não correspondido. Essa crença é frequentemente reforçada pela representação de kathoey como personagens trágicos na cultura popular.

Mudando ideias

Embora nunca tenha sido colonizada por europeus, a Tailândia absorveu certas ideias ocidentais sobre o controle social da sexualidade no final do século XIX e início do século XX, incluindo a criminalização de atos homossexuais, que entrou na lei em 1908. Ainda assim, a aceitação e a compreensão mais amplas da Tailândia sobre gênero e diferença sexual permaneceu incólume quando o país passou de uma monarquia absoluta para uma monarquia constitucional na década de 1930, com atos homossexuais descriminalizados em 1956. A partir da década de 1980, as pessoas kathoey – embora por muito tempo associadas à vida noturna, arte performática e trabalho sexual – começaram a ter uma representação mais ampla na cultura tailandesa. Isso aconteceu por meio de cabarés, cinema e concursos de beleza, onde a capacidade de "passar" por alguém feminino é celebrada e apresentada com glamour ousado.

Identidade e reconhecimento

Kathoey é considerado por muitos como um gênero distinto de masculino e feminino, e nem todas as mulheres trans na Tailândia se identificam como kathoey. Algumas pessoas kathoey passam por cirurgia de afirmação de gênero, pela qual a Tailândia é vista como um país pioneiro, e outras se apresentam como femininas por meio de roupas e maquiagem.

Embora haja uma percepção aparente de aceitação de gênero na Tailândia, ainda há falta de reconhecimento legal tanto para pessoas trans quanto para kathoey, que são proibidas de alterar seu gênero em documentos de identidade.

Uma pessoa kathoey se preparando para dançar nos bastidores do popular Chiang Mai Cabaret Show em 2012. Muitas pessoas kathoey encontram trabalho se apresentando para turistas nesses cabarés.

Isso muitas vezes leva à discriminação no emprego, moradia e educação. Kathoey permanecem isentos do serviço militar obrigatório, e até 2006 era considerado "doença mental" – uma percepção que ainda perdura. Em 2015, a Lei de Igualdade de Gênero da Tailândia se tornou a primeira legislação nacional no Sudeste Asiático a proteger essas pessoas contra a discriminação com base na expressão de gênero, embora ativistas questionem a eficácia dessa lei. ∎

A vencedora do concurso de Miss Universo do Tiffany 2018, Kanwara Kaewijn, é parabenizada pelas duas vice-campeãs.

Miss Universo do Tiffany

Na véspera de ano-novo de 1974, foi inaugurado em Pattaya o Tiffany's Cabaret Show – considerada a primeira casa de show de cabaré kathoey. O que começou como uma apresentação para três pessoas se transformou em um dos maiores cabarés do Sudeste Asiático, com mais de cem artistas. Em 1984, Alisa Phanthusak Kunpalin, diretora administrativa do Tiffany, criou o concurso de beleza Miss Tiffany's Universe para – em suas palavras – "colocar as mulheres transgênero no centro das atenções" e promover os direitos e a igualdade das pessoas trans e kathoey. No ano seguinte, ela garantiu os direitos da TV nacional para o concurso, que cresce em popularidade, transmitido ao vivo na televisão tailandesa com uma média de 15 milhões de telespectadores por ano. Kunpalin estabeleceu o concurso Miss International Queen em 2004, o maior e mais prestigiado concurso de beleza aberto a mulheres trans do mundo. As pessoas que participam usam vestidos de gala e trajes nacionais de seus respectivos países.

A HOMOSSEXUALIDADE COMEÇA A FALAR EM PROL DE SI MESMA
A HISTÓRIA DA SEXUALIDADE, VOL. 1, DE FOUCAULT (1976)

EM CONTEXTO

FOCO
Sexualidade e poder

ANTES
1931 Wilhelm Reich argumenta em seu livro, *Einbruch der Sexualmoral* [*A invasão da moral sexual*], que a repressão sexual é aplicada no interesse da dominação e da exploração, que são, por sua vez, reforçadas pela repressão sexual.

1968 Estudantes se revoltam em Paris contra o governo e a Guerra do Vietnã. Isso leva a uma greve geral de dez milhões de trabalhadores e paralisa toda a França.

DEPOIS
1985 Em seu livro *Between Men*, Eve Kosofsky Sedgwick escreve que "sexualidade" e "desejo" não são fenômenos históricos, mas construções sociais.

1990 Judith Butler publica *Problemas de gênero*, e afirma que gênero é uma construção social.

Em 1976, o filósofo, historiador, teórico social e ativista francês Michel Foucault publicou pela primeira vez *A história da sexualidade, volume 1* em francês. Esse texto é a primeira de uma análise em quatro partes sobre a sexualidade no mundo ocidental. O segundo volume foi lançado em 1984, o terceiro em 1985 e o quarto, como rascunho, em 2018. A obra completa é fundamental para pensar a relação entre poder e sexualidade, assim como sobre a construção da sexualidade.

No volume 1, Foucault criticou a "hipótese repressiva", a ideia, especialmente nos escritos de Freud, de que a partir do século XIX a sexualidade foi reprimida, controlada e silenciada. Foucault acreditava que a psicanálise havia se tornado a nova forma de confessar, substituindo o confessionário católico, e refutou a noção de que a sexualidade era reprimida, afirmando que o controle da sociedade na discussão sobre sexo levou a uma "verdadeira explosão discursiva", um aumento do discurso em torno da sexualidade naquele período. Isso se deu devido à nova ciência da demografia e ao interesse nas taxas de natalidade, fertilidade e pedagogia.

Sexo inaceitável
Foucault descreveu a sexualidade como um ponto privilegiado para analisar o funcionamento do poder na sociedade. Ele viu isso como uma forma de examinar como o poder é organizado e como corpos humanos, sexo e sexualidade são regulados pelo Estado. Sua noção de "biopoder" define uma forma de poder que gerencia o indivíduo e a população e surgiu no século XVIII. Ele permite que

Escrevendo durante a década de 1960, Michel Foucault expressou uma forte antipatia pela sociedade burguesa dominante e uma grande simpatia por aqueles à margem da sociedade.

PROTESTO, ORGULHO E COALIZÃO 223

Veja também: Definindo "homossexual" e "heterossexual" 106-07 ▪ *Problemas de gênero*, de Butler 266-67 ▪ *Epistemologia do armário*, de Sedgwick 268-69 ▪ Heteronormatividade 270-71

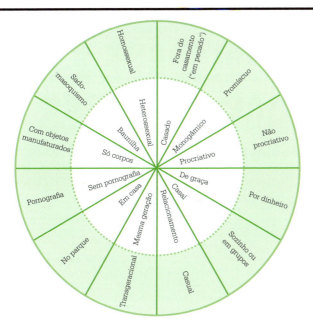

Gayle Rubin expandiu as ideias de Foucault destacando a tendência da sociedade de classificar o sexo nas categorias de "bom e legítimo" (o "Círculo Encantado") e "ruim e inaceitável" (os limites externos).

LEGENDA

 O "Círculo Encantado": sexualidade "boa", "normal", "natural", "abençoada"

Os limites externos: sexualidade "ruim", "anormal", "antinatural", "maldita"

o Estado crie categorias sociais que estejam de acordo com as normas aceitas, e essas comunidades, por sua vez, mantêm e legitimam o Estado. Grupos que fogem dessas normas, entretanto, não recebem apoio e são considerados "outros".

Um contradiscurso

Foucault via a sexualidade como algo socialmente construído e intrinsecamente ligado ao conhecimento, ao poder e ao discurso. Freud e os sexólogos do século XIX categorizaram a atividade sexual entre o que era "normal" ou aceitável e o que era anormal ou patológico. A psiquiatria, a lei e a literatura da época forneciam uma análise da homossexualidade e de outras sexualidades, o que permitia um maior controle social dessa área, mas também possibilitava uma abordagem oposta. Esse discurso reverso buscava reconhecer que a homossexualidade era legítima ou natural e fazia uso da mesma linguagem que havia sido usada para desqualificá-la.

Influência de Foucault

Em 1969, Foucault se tornou professor de História dos Sistemas de

Devemos conceber o sexo sem a lei e o poder sem o rei.
Michel Foucault
A história da sexualidade, volume 1

Pensamento no Collège de France, deu palestras em todo o mundo e foi ativo em movimentos políticos de esquerda – inclusive durante os levantes civis de 1968 em Paris – antes que complicações relacionadas à aids o levassem à morte em 1984.

O trabalho de Foucault foi seminal na teoria queer, feminista e cultural. Nos Estados Unidos, seu trabalho é inspirado por muitos pensadores, incluindo a antropóloga cultural Gayle Rubin.

Rubin publicou o ensaio muito influente "Thinking Sex" em 1982, e o revisou em 2011. Trata-se de uma discussão sobre as guerras sexuais feministas do final dos anos 1970 e início dos anos 1980, nas quais feministas antipornografia e sexo-positivas entraram em conflito sobre questões como pornografia, práticas sexuais lésbicas, BDSM (sexo que envolve servidão, disciplina, sadismo, masoquismo) e trabalho sexual. Ela desenvolveu a ideia de Foucault de que a sexualidade é uma construção humana e não uma entidade biológica. Rubin escreve que a sexualidade precisa ser compreendida em seu contexto social e histórico e que as noções do que é "aceitável" irão inevitavelmente variar. ■

NOSSA SEXUALIDADE É DE TODAS AS CORES
A CRIAÇÃO DA BANDEIRA DO ORGULHO (1978)

EM CONTEXTO

FOCO
Símbolos da comunidade

ANTES
Anos 1970 O triângulo rosa, que os nazistas usavam para identificar homens gays, é revivido por alguns ativistas como um símbolo de protesto.

DEPOIS
2003 É criada uma versão de quase 2km da bandeira do Orgulho LGBTQIAPN+ para o seu 25º aniversário.

2015 O Museu de Arte Moderna de Nova York (MOMA) adiciona a bandeira à sua coleção permanente de designs icônicos.

2019 Gilbert Baker é nomeado "pioneiro, desbravador e herói" no National LGBTQ Wall of Honor de Nova York, marcando cinquenta anos desde a Stonewall.

2021 Valentino Vecchietti cria a bandeira do Orgulho LGBTQIAPN+ Intersexo-Inclusiva, adotada em todo o mundo.

A bandeira arco-íris do Orgulho é o símbolo mais reconhecido da comunidade LGBTQIAPN+. Originalmente concebida em 1978 por Gilbert Baker, drag queen e ativista de São Francisco, o símbolo teve um impacto imediato. Confeccionada pela primeira vez por Baker e uma equipe de colaboradores, evoluiu para uma variedade de formas que refletem diferentes identidades e mudanças na cultura LGBTQIAPN+.

Baker começou a trabalhar em algumas ideias por insistência de vários amigos e do supervisor municipal e ativista gay Harvey Milk. O arco-íris foi escolhido como símbolo de diversidade e esperança, e a criação de Baker apresentava oito cores. Cada uma carregava um significado distinto, indo de "sexo" a "espírito".

A bandeira arco-íris

As bandeiras originais foram tingidas à mão e costuradas por Baker e cerca de trinta voluntários, incluindo os artistas Lynn Segerbloom (também conhecido como Faerie Argyle Rainbow) e James McNamara. As bandeiras, que eram pesadas e precisavam de várias pessoas para carregá-las, foram hasteadas pela primeira vez na Parada do Dia da Liberdade Gay de São Francisco em 25 de junho de 1978. Embora a comunidade LGBTQIAPN+ da cidade

Na bandeira do Orgulho original de oito listras, de Gilbert Baker, cada cor representa um aspecto diferente da comunidade LGBTQIAPN+.

PROTESTO, ORGULHO E COALIZÃO

Veja também: Direitos intersexuais 48-53 ▪ Drag 112-17 ▪ A Revolta de Stonewall 190-195 ▪ Direitos das pessoas trans 196-203 ▪ O assassinato de Harvey Milk 226-27

fosse cada vez mais aceita, a homofobia era um problema sério nos EUA, e Milk – que seria assassinado apenas alguns meses depois – aproveitou a ocasião para falar com o presidente Jimmy Carter, e encorajá-lo a expressar seu apoio à comunidade.

Problemas de produção e questões de legibilidade fizeram com que as cores da bandeira original fossem reduzidas a vermelho, laranja, amarelo, verde, azul e roxo na produção em massa, e o arco-íris de seis cores se tornou a bandeira reconhecida hoje. Gilbert e seus cocriadores nunca licenciaram o design, ajudando-o a se espalhar pelo mundo e a acompanhar o tempo.

Uma miríade de identidades

Ao longo dos anos, grupos LGBTQIAPN+ adaptaram a bandeira para representar diferentes identidades. Algumas versões têm sido controversas. Dentro da comunidade lésbica, por exemplo, tem havido debate sobre um design apropriado. A bandeira "labrys", criada por Sean Campbell em 1999, apresentava um machado de duas cabeças e era vista como *butch*. A bandeira do "lipstick lesbian", que mostrava os lábios pintados, criada por Natalie McCray em 2010, era vista apenas como inclusiva para *femmes*. Embora ainda não exista uma bandeira lésbica única e amplamente aceita, existem inúmeras com muitas facetas da comunidade LGBTQIAPN+, incluindo de gênero, não binário e poliamor.

Progresso e inclusão

Mais recentemente, muitos adotaram bandeiras mais inclusivas. Em 2017, Amber Hikes adicionou listras para representar as lutas enfrentadas por pessoas queer não-brancas. Daniel Quasar desenhou a bandeira do Progress Pride em 2018. Quasar incorporou um *chevron* em rosa, azul e branco (para representar identidades trans), marrom (para pessoas não-brancas.) e preto (para aqueles perdidos pela violência ou por doenças como a aids). O *chevron* aponta para a direita para indicar que há mais progresso a ser feito. Em 2021, Valentino Vecchietti fez uma nova bandeira, incluindo a intersexo do ativista australiano Morgan Carpenter, para criar a bandeira do Orgulho LGBTQIAPN+ Intersexo-Inclusiva. As bandeiras continuam a evoluir para representar todos sob o guarda-chuva. ∎

Linha do tempo das bandeiras LGBTQIAPN+

1978 A bandeira arco-íris do Orgulho de oito cores, de Gilbert Baker, se provou um ícone duradouro.

1978 Com a escassez do tecido rosa choque, surge a bandeira listrada de sete cores.

1979 Listras turquesa e índigo se combinam para criar uma bandeira de seis listras.

2017 Amber Hikes adiciona listras pretas e marrons para representar pessoas queer não-brancas.

2018 O *chevron* de Daniel Quasar adiciona grupos, incluindo pessoas trans e pessoas perdidas para a aids.

2021 Valentino Vecchietti adiciona um círculo de borda roxa sobre o amarelo para pessoas intersexo.

Gilbert Baker

Gilbert Baker é reconhecido como o criador da bandeira original do Orgulho. Nascido no Kansas em 1951, ele serviu como médico no exército em São Francisco em 1970, antes de ser dispensado com honra em 1972. Na década de 1980, foi membro do grupo ativista drag Sisters of Perpetual Indulgence [Irmãs da Perpétua indulgência].

Depois de criar a bandeira original do orgulho de oito listras em 1978, Baker passou a criar bandeiras para as celebrações subsequentes do Orgulho LGBTQIAPN+, a prefeita de São Francisco, Dianne Feinstein, e a Convenção Democrata de 1984.

Baker continuou a trabalhar como designer e ativista nas décadas seguintes e comemorou o 25º aniversário da criação da bandeira do Orgulho com uma versão em Key West, Flórida, com 1,6 km de comprimento. Em 2017, Baker morreu dormindo em Nova York, onde viveu por mais de duas décadas.

QUE AQUELA BALA DESTRUA TODA PORTA DE ARMÁRIO
O ASSASSINATO DE HARVEY MILK (1978)

EM CONTEXTO

FOCO
Políticos se assumindo

ANTES
1953 O presidente Dwight D. Eisenhower proíbe homossexuais de trabalharem no federal, considerando-os um risco à segurança.

1969 O Stonewall Inn, um bar gay de Nova York, é invadido pela polícia, provocando revoltas da comunidade LGBTQIAPN+.

DEPOIS
1979 O assassino de Harvey Milk, Dan White, é condenado por homicídio culposo com base na responsabilidade diminuída. Os manifestantes marcham até a prefeitura no que mais tarde é chamado de revoltas da Noite Branca. White se suicida em 1985, após cinco anos de prisão.

2009 Barack Obama concede a Medalha Presidencial da Liberdade a Harvey Milk por seu trabalho pelos direitos dos homossexuais.

Em 1977, Harvey Milk se tornou um dos primeiros funcionários eleitos abertamente gays da América quando assumiu seu lugar no Conselho de Supervisores de San Francisco, ajudando a aprovar leis que proibiam a discriminação contra a comunidade LGBTQIAPN+. Menos de um ano depois, em novembro de 1978, ele e o prefeito de San Francisco, George Moscone, foram baleados e mortos.

O assassino foi Dan White, um ex-policial e colega supervisor que havia renunciado apenas dezessete dias antes devido a uma decisão – aprovada por Milk e outros – de construir um centro de reabilitação para delinquentes juvenis em seu distrito. Mais tarde, White se arrependeu de ter renunciado ao cargo e tentou retornar, mas Moscone não o aceitou de volta.

Como um político gay que defendia os direitos LGBTQIAPN+ em um momento de reação nacional e aumento da violência em San Francisco, Milk estava ciente do perigo que corria. Em uma trágica previsão, ele fez uma gravação para ser reproduzida apenas no caso de seu assassinato. Nela, recomendava seu sucessor e reiterava o apelo que fez ao longo de sua carreira para que as pessoas LGBTQIAPN+ se manifestassem e defendessem seus direitos. "Se uma bala entrar no meu cérebro, deixe essa bala destruir todas as portas de armário", disse ele. Milk reconhecia o valor da visibilidade e da representação, mas também a necessidade de usar isso para promover mudanças legislativas genuínas. Seu assassinato o tornou um mártir não apenas para a comunidade gay de San Francisco, mas também para a defesa dos direitos LGBTQIAPN+ em todo o mundo.

... não vamos conquistar nossos direitos ficando quietos em nossos armários... Estamos saindo para lutar contra as mentiras, os mitos, as distorções!
Harvey Milk
Discurso do Dia da Liberdade Gay, 1978

Ativismo precoce
Milk se mudou para a área de Castro, em San Francisco, em 1972, e rapidamente se tornou uma figura importante na política local. A área era

PROTESTO, ORGULHO E COALIZÃO 227

Veja também: O terror lavanda (Lavender Scare) 166-67 ▪ No caminho da liberação gay 170-77 ▪ A Revolta de Stonewall 190-95 ▪ A criação da bandeira do Orgulho 224-25 ▪ O assassinato de Matthew Shepard 284-85 ▪ Igualdade matrimonial 288-93

sinônimo da crescente comunidade gay da cidade, estimada em um terço dos eleitores ativos do distrito. Milk ajudou a fundar a Castro Village Association, um grupo de defesa em resposta à recusa de licenças para negócios gays. Ele encorajou as pessoas LGBTQIAPN+ a comprarem de empresas pertencentes a gays, incluindo a sua loja, Castro Camera, e aumentou a visibilidade organizando a Castro Village Fair de 1974.

Milk declararia mais tarde: "...não conquistaremos nossos direitos ficando quietos em nossos armários", mas sua ascensão encontrou ressentimento da comunidade gay da época. Apesar do grande apoio no distrito em que morava, as eleições para supervisor eram determinadas por cédulas com votos da cidade toda, e Milk foi derrotado em 1973 e 1975. San Francisco substituiu as cédulas que incluíam a cidade toda por outras apenas com representantes distritais e Milk se classificou facilmente em seu distrito e foi eleito em 1977.

Conquistas políticas

A eleição de Milk virou notícia nacional, e ele demonstrou talento para angariar apoio público, tendo os direitos dos homossexuais como parte de uma agenda progressista mais ampla. Ele apoiou a criação de creches para mães trabalhadoras e a conversão de instalações militares em moradias acessíveis, e desafiou grandes corporações que forçavam empresas locais e residentes a deixarem a cidade.

Legado mais amplo

O maior legado político de Milk foi a aprovação das leis antidiscriminação da cidade, uma das mais fortes pró-LGBTQIAPN+ vistas nos EUA. As leis proibiram a discriminação no emprego e na habitação com base na orientação sexual. Milk teve papel importante na resposta à reação contra a comunidade gay, ao lado de outros ativistas para derrotar a Iniciativa Briggs (Proposição 6 da Califórnia), que teria exigido a demissão de professores gays e

Flores e as últimas manchetes nos degraus da Prefeitura de San Francisco, após o trágico assassinato de Harvey Milk e George Moscone.

lésbicas em escolas públicas. Sua morte destruiu muito do otimismo que ele nutria na comunidade de Castro. Milk continua uma das autoridades LGBTQIAPN+ de maior destaque já eleita nos EUA, celebrada em livros, em uma ópera e em filmes como um símbolo de esperança e coragem em uma luta contínua em todo o mundo. ■

Harvey Milk

Harvey Milk, filho de pais judeus lituanos, nasceu em Nova York, em 1930. Ainda jovem, trabalhou na loja de departamentos do avô, a "Milks", com o irmão Robert. Milk estudou história e matemática, e escrevia uma coluna estudantil semanal na qual discutia questões de diversidade. Ele se alistou na Marinha depois de se formar em 1951 e foi alocado em San Diego até ser dispensado em 1955 por causa de sua homossexualidade. Quando retornou a Nova York, Milk passou algum tempo trabalhando como professor, analista de ações e assistente de produção em musicais da Broadway e se tornou politicamente ativo em manifestações contra a Guerra do Vietnã. Mudou-se para San Francisco em 1972, onde abriu uma loja de câmeras, a Castro Camera, com o namorado, Scott Smith. Milk começou a se empenhar em proteger e defender seus colegas empresários gays. Seus esforços foram reconhecidos pelo prefeito George Moscone, e Milk fez campanha para ser eleito supervisor, com sucesso em 1977. Ele e Moscone foram assassinados menos de um ano depois, em 27 de novembro de 1978.

SOMOS SÓ MAIS UMA FAMÍLIA

PARENTALIDADE LGBTQIAPN+ (1979)

EM CONTEXTO

FOCO
Igualdade de direitos parentais

ANTES
1956 A Daughters of Bilitis realiza os primeiros grupos de discussão conhecidos sobre maternidade lésbica.

1968 Bill Jones se torna o primeiro pai solteiro a adotar uma criança na Califórnia e um dos primeiros nos EUA. Ele é aconselhado por uma assistente social a não mencionar que é gay.

DEPOIS
1999 Na Califórnia, um tribunal permite pela primeira vez nos EUA que dois pais gays apareçam na certidão de nascimento dos filhos.

2005 É finalmente aprovada a Lei de Adoção e Crianças do Reino Unido, que permite que casais do mesmo sexo adotem em conjunto.

A s pessoas LGBTQIAPN+ criam filhos há gerações. No entanto, antes da ascensão do movimento de liberação gay na década de 1970, era quase impossível viver abertamente como um pai ou mãe gay ou trans, por medo de condenação social e perseguição. Aqueles que se assumiram enfrentaram a perda de contato com os filhos, como demonstrado por uma onda de casos de briga por custódia na década de 1960 envolvendo pais e mães LGBTQIAPN+ que haviam deixado casamentos heterossexuais.

Impulsionados por lutas nos tribunais de família, os pais e as mães LGBTQIAPN+ começaram a construir redes comunitárias. Em 1955, foi

PROTESTO, ORGULHO E COALIZÃO

Veja também: No caminho da liberação gay 170-77 ▪ Direitos das pessoas trans 196-203 ▪ Seção 28 248-49 ▪ Igualdade matrimonial 288-93 ▪ Gravidez transgênero e atendimento à saúde reprodutiva 304-05

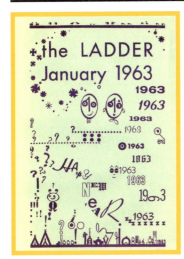

A revista *The Ladder* foi publicada de 1956 a 1972 pelo Daughters of Bilitis, o primeiro grupo de direitos lésbicos nos EUA. Elas também realizaram os primeiros grupos de apoio para mães lésbicas.

fundado em San Francisco o Daughters of Bilitis [Filhas de Bilitis], um grupo social e de apoio. Um de seus muitos objetivos era ajudar mães lésbicas e pais e mães envolvidos em batalhas pela custódia. Em 1979, foi criada em Washington, DC a Gay Fathers Coalition [Coalizão de Pais Gays], que posteriormente se expandiu e passou a incluir mães lésbicas, sendo renomeado como Family Equality Council [Conselho de Igualdade Familiar].

A ascensão do movimento pelos direitos dos homossexuais e uma onda de casos de custódia envolvendo pais e mães chamaram a atenção para a paternidade LGBTQIAPN+ e levaram a uma reação contra a adoção por homossexuais. As agências de adoção rejeitavam os pedidos de pessoas LGBTQIAPN+ ou recomendavam que não se assumissem publicamente. Em 1968, Bill Jones, membro do San Francisco Bay Area Gay Fathers [Pais Gays da Área da Baía de São Francisco], se tornou o primeiro pai solteiro a adotar nos EUA e mais tarde revelou que havia sido aconselhado a não revelar a sua sexualidade.

Se assumindo

Em 1978, John Kuiper, pastor da Good News Metropolitan Community Church em Nova York, adotou um menino de treze anos de um orfanato. No entanto, depois que Kuiper anunciou em 1979 que morava com seu parceiro, Roger Hooverman, foi iniciada uma investigação judicial sobre a adoção. A investigação obteve relatórios de uma assistente social e da escola do filho de Kuiper, além de avaliações psicológicas. O juiz decidiu que Kuiper estava "garantindo um bom lar" ao menino e concedeu a custódia permanente, tornando-o o primeiro indivíduo abertamente LGBTQIAPN+ a adotar uma criança nos Estados Unidos. O caso foi um ponto de virada ao estabelecer que indivíduos LGBTQIAPN+ não eram automaticamente pais "inaptos" e a decisão do juiz abriu portas para mais adoções por pais solteiros gays.

Na década de 1970, um novo tipo

Frank Martin Gill venceu um caso histórico em 2010, quando um tribunal de apelações da Flórida decidiu que a lei estadual que proíbe a adoção de indivíduos LGBTQIAPN+era inconstitucional.

O reverendo está dando um bom lar, o menino ama o pai adotivo e quer ficar com ele. Quem sabe de alguma coisa nesse nosso mundo? A pessoa faz o melhor que pode e espera que dê certo.
Juiz James Battista
sobre a concessão de custódia permanente a John Kuiper de seu filho adotivo

de família começou a surgir quando pessoas mais abertamente LGBTQIAPN+ se tornaram pais adotivos e casais de lésbicas começaram a constituir famílias usando inseminação artificial em casa. No final da década, Nova York e a Califórnia se tornaram os primeiros estados dos EUA a permitir que casais homossexuais adotassem em conjunto avaliando caso a caso.

Lutando por igualdade

Nas décadas de 1980 e 1990, casais LGBTQIAPN+ começaram a utilizar tratamentos de fertilidade, como inseminação artificial, fertilização in vitro e barriga de aluguel. Muitos bancos de esperma não atendiam a mães solteiras ou lésbicas e excluíam casais homossexuais ao exigir que se casassem para adotar. Essa discriminação, assim como as batalhas pela custódia entre pais e mães homossexuais que se separavam, enfatizaram a necessidade de as famílias LGBTQIAPN+ terem proteção legal. A luta pelos direitos ao casamento igualitário e aos direitos civis dos pais e mães se tornou »essencial durante as

230 PARENTALIDADE LGBTQIAPN+

Adoção homossexual no mundo

- Existem leis para adoção conjunta e adoção pelo segundo pai ou mãe
- Existem leis limitadas sobre adoção conjunta e adoção de segundo pai ou mãe
- Apenas a adoção pelo segundo pai ou mãe é legal

Este mapa mostra os países onde pessoas LGBTQIAPN+ podem adotar através da adoção conjunta ou da adoção do segundo pai ou mãe. Uma adoção conjunta permite que um casal LGBTQIAPN+ adote uma criança juntos; uma adoção de segundo pai ou mãe permite que o requerente adote o filho biológico ou adotivo do seu parceiro ou parceira.

décadas de 1980 e 1990. Em 1985, ativistas desenvolveram a "adoção por um segundo pai ou mãe". Inspiradas nas adoções feitas por madrastas e padrastos, as adoções de segundo pai ou mãe permitiam ao requerente garantir os direitos de pai ou mãe em relação a uma criança que seu parceiro havia adotado como pessoa solteira ou concebida com um doador de esperma. Em 2003, houve uma decisão histórica no caso Lawrence *versus* Texas, em que todas as leis estaduais de sodomia em todo o país foram anuladas. A decisão levou a um crescimento na aceitação pública e normalização das relações entre pessoas do mesmo sexo e as coisas começaram a mudar nos tribunais de família. Os juízes que foram orientados pela decisão do "melhor interesse da criança" mostraram uma disposição crescente de não decidir automaticamente que as pessoas LGBTQIAPN+ eram pais ou mães inadequados.

Pesquisando as consequências

Em 1986, o *New England Journal of Medicine* iniciou um estudo com os filhos de mães lésbicas, concebidos por

A mãe trans Bianca Bowser declarou em 2014 que teve que assinar no espaço dedicado ao "pai" quando registrou os filhos. Ela descreveu a experiência como "devastadora".

meio de inseminação de doadores, da infância até a idade adulta. Em 2018, o relatório final indicou que os jovens de 25 anos não tinham diferenças significativas em relação aos filhos de pais héteros e cis nas escalas de diagnóstico de saúde mental.

Em 2015, os EUA decidiu a favor da igualdade matrimonial. Vários estados usaram as leis de "liberdade religiosa" para continuar a discriminar a adoção pelo mesmo sexo. Uma decisão de 2017 legalizou a adoção por casais ou indivíduos LGBTQIAPN+ em todos os cinquenta estados, embora algumas agências de adoção religiosas ainda usem o argumento de "liberdade religiosa" para excluir pessoas LGBTQIAPN+.

Reconhecimento parental

Em 2001, dois casais de lésbicas no Canadá apresentaram uma queixa contra o Ministério da Saúde da Colúmbia Britânica, depois de terem sido proibidos de incluir os nomes das mães não biológicas nas certidões de nascimento dos filhos. Depois que o tribunal foi informado de que casais heterossexuais poderiam colocar os nomes de pais não biológicos nas certidões de nascimento das crianças quando as crianças tivessem sido concebidas com doadores de esperma, as queixosas foram bem-sucedidas.

No final do século XX, as

Temos a mesma alegria e amor – quando precisamos dizer alguma coisa a um filho, descobrimos como fazer isso da mesma forma que todas as famílias.
Freddy McConnell

PROTESTO, ORGULHO E COALIZÃO

Heather Has Two Mommies (1989), da autora americana Lesléa Newman, foi um dos primeiros livros infantis a retratar uma família com mães LGBTQIAPN+.

organizações para pais e mães homossexuais incluíam pais trans e bissexuais e garantiam aconselhamento jurídico a respeito de batalhas pela custódia, assim como apoio a pais e a mães recentes e em potencial. Hoje, pais e mães trans ainda enfrentam grandes barreiras no direito de família, incluindo discriminação em batalhas pela custódia. Os tribunais podem solicitar exames médicos para confirmar a identidade de gênero e ex-parceiros às vezes argumentam que a identidade de gênero pode impactar negativamente seus filhos. Pais trans também enfrentam desafios para estabelecer relações legais e documentação para os filhos que represente o gênero dos pais. Em 2020, Freddy McConnell, um homem trans britânico que deu à luz seu primeiro filho em 2019, perdeu seu recurso para ser registrado como "pai" na certidão de nascimento (ou como "parent", que atende tanto a pai quanto mãe em inglês); ele permanece listado como a "mãe". Em 2015, uma pesquisa descobriu que quase um terço das pessoas trans tiveram suas solicitações negadas, sofreram assédio ou foram agredidas ao apresentar uma identidade com um nome incorreto ou marcador de gênero. Em 2020, uma vitória legal nos EUA deu aos pais e mães trans a esperança de obter uma representação de gênero precisa nas certidões de nascimento dos filhos.

Uma nova geração

O crescimento na aceitação e reconhecimento legal em grande parte do mundo levou a uma maior representação de pais e mães LGBTQIAPN+ e seus filhos na mídia, incluindo livros infantis. Currículos inclusivos foram introduzidos nas escolas para ajudar a criar um ambiente seguro e confortável para crianças que agora são criadas por pais e mães abertamente LGBTQIAPN+. Em 2021, a Escócia se tornou o primeiro país a tornar obrigatório um currículo inclusivo. O Mês do Orgulho LGBTQIAPN+ começou em 1994 e reconhece a importância dos currículos inclusivos. A data é celebrada no Brasil, Alemanha, Itália, Finlândia, Cuba, Hungria, Austrália, Canadá, EUA e Reino Unido.

A maior visibilidade dos pais LGBTQIAPN+ desafia o argumento de que as famílias héteros são melhores para a criança. Embora alguns serviços públicos precisem de melhor treinamento, há maior conscientização e aceitação dos pais e mães LGBTQIAPN+. ∎

> Estamos fazendo isso por cada casal LGBTQIAPN+ que teve que desistir de suas esperanças e sonhos de criar uma família. É hora de acabar com a discriminação e de haver igualdade de tratamento em relação aos casais heterossexuais no sistema de saúde.
> **Megan Bacon-Evans**

Whitney e Megan Bacon-Evans ganharam o prêmio "Unsung Hero" ["Herói desconhecido"] no DIVA Awards 2022 por promover os direitos LGBTQIAPN+.

O preço da parentalidade

Muitos casais LGBTQIAPN+ precisam de doação de óvulos ou esperma para começarem suas famílias e podem ter os mesmos problemas de fertilidade que qualquer outra pessoa. Tratamentos de fertilidade podem ser uma opção limitada para muitas pessoas LGBTQIAPN+ e muitos países ainda se recusam a oferecê-los. Em 2021, o casal britânico Megan e Whitney Bacon-Evans iniciou um processo judicial no qual alegaram que a política de fertilização in vitro do NHS discrimina ao fornecer financiamento para tratamento de fertilidade para casais héteros após dois anos tentando engravidar por meio de sexo desprotegido – enquanto se exige que os casais LGBTQIAPN+ passem por tratamentos que custariam cerca de 30 mil libras para "provar" sua infertilidade. O casal ganhou o caso e, em 2022, o Reino Unido anunciou planos para fornecer acesso igualitário ao tratamento de fertilização in vitro financiado pelo NHS.

LÉSBICAS NÃO SÃO MULHERES
O PENSAMENTO HÉTERO (1980)

EM CONTEXTO

FOCO
Feminismo lésbico

ANTES
1949 Em *O segundo sexo*, a feminista francesa Simone de Beauvoir escreve: "Ninguém nasce mulher, torna-se mulher".

1969 O romance *As guerrilheiras*, de Monique Wittig, imagina um ataque à sociedade patriarcal por meio da violência física e do uso da linguagem.

DEPOIS
1990 É publicado o livro da filósofa americana Judith Butler, *Problemas de gênero*. Sua análise de como sexo e gênero são socialmente construídos é influenciada pelo trabalho de Wittig.

2021 O dicionário francês *Le Robert* é criticado quando sua edição online inclui o pronome "iel", uma fusão de gênero neutro de il (ele) e elle (ela).

Apresentado pela primeira vez como uma palestra em 1978 e publicado como um ensaio em 1980, "O pensamento hétero", da filósofa francesa Monique Wittig, foi um momento crucial para discussões críticas sobre feminismo, gênero e sexualidade. A declaração provocativa final, "lésbicas não são mulheres", captura seu argumento central: que o conceito de "mulher" é tão fixo nos sistemas heterossexuais e patriarcais que não é apenas uma definição inadequada para quem vive fora dessas ideias, mas também opressora.

O contrato heterossexual

A escrita de Wittig fazia parte do movimento feminista radical, que se concentrava no impacto das estruturas políticas e sociais patriarcais sobre o indivíduo. Em "O pensamento hétero", seu argumento é baseado na teoria de que a sociedade é fundada em ideias heterossexuais. A "sociedade hétero", controlada pelo "pensamento hétero", é um regime político que só pode conceber um sistema ordenado por relações heterossexuais. Os "mitos heterossexuais" que reforçam o status natural e aceitável das relações heterossexuais são sustentados pela opressão constante de tudo o que é "diferente/outro" – vinculado não apenas à sexualidade, mas também à raça e à classe. Para Wittig, esse "contrato heterossexual" deve ser quebrado pela recusa da linguagem e dos signos da sociedade hétero e pela criação de novas opções para ajudar a combater a dominação social "hétero". ∎

Se nós, lésbicas e gays, continuarmos a falar de nós e a nos conceber como mulheres e homens, contribuímos para a manutenção da heterossexualidade.
"O pensamento hétero"

Veja também: Lesbianismo político 206-07 ▪ *O manifesto assexual* 218 ▪ Heterossexualidade compulsória 233 ▪ *Problemas de gênero*, de Butler 266-67

PROTESTO, ORGULHO E COALIZÃO **233**

HETEROSSEXUALIDADE É UMA INSTITUIÇÃO POLÍTICA
HETEROSSEXUALIDADE COMPULSÓRIA (1980)

EM CONTEXTO

FOCO
Liberdade feminina da heterossexualidade

ANTES
1970 A frase "Mulher identificada como mulher" é popularizada em um panfleto do Radicalesbians, um grupo ativista americano.

DEPOIS
1991 O teórico queer americano Michael Warner usa o termo "heteronormatividade" para descrever a ideia generalizada de que a heterossexualidade é a única orientação sexual "normal" ou "natural".

Século XXI
"Heterossexualidade compulsória", ou "comphet", é amplamente usado para descrever como as mulheres são ensinadas desde cedo a desejar os homens, tornando difícil para as lésbicas perceberem sua verdadeira orientação.

Em seu ensaio de 1980 "Compulsory Heterosexuality and Lesbian Existence", Adrienne Rich sugeriu uma ideia nova e importante sobre a sexualidade. Sua teoria procurava explicar como as mulheres são socializadas para participar de relacionamentos heterossexuais. Elas são, ainda que inconscientemente, forçadas pela heterossexualidade a uma posição de subordinação emocional, econômica e política aos homens.

Rich argumenta que a heterossexualidade é uma instituição que doutrina as mulheres desde a tenra idade, expostas a narrativas de sexo e romance que reforçam o poder masculino. Essa experiência faz com que as mulheres desejem relacionamentos com homens, embora eles não sejam capazes de proporcionar às mulheres a intimidade, o amor e a compreensão que as parceiras dão.

Orientação lésbica
Rich via a definição usual de lesbianidade em termos de vínculos eróticos como parte da rejeição patriarcal da experiência feminina e

... a escolha de mulheres como companheiras apaixonadas, parceiras de vida, colegas de trabalho, amantes, tribo, foi destruída...
"Compulsory Heterosexuality and Lesbian Existence"

propôs um "continuum lésbico". O carinho de mães, filhas, irmãs e amigas – assim como os atos de solidariedade política – eram motivados por um desejo que ela chamava de "lésbico". Sua visão da lesbianidade como potencial em todas as mulheres gerou debate entre "essencialistas", que acreditam que a sexualidade é inata, e entre as que a veem como socialmente construída, e também lésbicas que reivindicam o rótulo como sua identidade sexual duramente conquistada. ■

Veja também: Lesbianismo político 206-07 ▪ *O manifesto assexual* 218 ▪ "O pensamento hétero" 232 ▪ Heteronormatividade 270-71

FIZEMOS ISSO PELO UNDERGROUND
O NASCIMENTO DO PUNK QUEER (ANOS 1980)

EM CONTEXTO

FOCO
Queercore

ANTES
1698 A palavra "punk" é usada em Londres como sinônimo de "catamita": um menino que se envolve em relações sexuais com um homem mais velho.

1976 A letra de "53rd & 3rd" do Ramones leva os fãs a especularem que o letrista, Dee Dee Ramone, já havia se envolvido em trabalho sexual gay.

1978 The Tom Robinson Band, um grupo de new wave, lança "Glad to Be Gay", originalmente escrita para a Parada do Orgulho de Londres em 1976.

DEPOIS
2012 Laura Jane Grace, vocalista da banda americana Against Me, se assume como uma mulher trans; a banda lança seu álbum *Transgender Dysphoria Blues* em 2014.

O termo "punk" tem uma longa associação histórica com a homossexualidade. No século XVII, era usado nas ruas de Londres para se referir tanto a profissionais do sexo quanto a homens jovens que faziam sexo com homens mais velhos. Nos Estados Unidos do início do século XX, além de ser um termo geral para degenerados e criminosos, tornou-se a gíria da prisão, e servia para descrever um homem mais jovem em uma relação sexual com um presidiário mais velho, muitas vezes por coação. A associação do punk com a contracultura musical floresceu no final dos anos 1970, com alguns traçando o início desse gênero pela banda de rock britânica The Sex Pistols. Onde quer que tenha começado, o punk abominava a conformidade, o consumismo e a autoridade. Embora essa nova cena fosse dominada por homens brancos heterossexuais – e cheios de hipermasculinidade agressiva –, o apelo radical do punk logo levou à criação de um submovimento distintamente queer.

Homocore para queercore

O escritor americano Liam Warfield atribui o início da cena punk queer a Toronto, no Canadá, onde um pequeno grupo de músicos – liderados por G.B. Jones e Bruce LaBruce – o iniciaram com a criação do fanzine punk queer *J.D.s* em meados da década de 1980. O *J.D.s* cunhou o termo "homocore" como uma descrição irônica da nova cena, e o termo foi rapidamente adotado nos Estados Unidos como o nome de um zine punk da Bay Area criado por Tom Jennings e Deke Nihilson. Na década de 1990, o "homocore" havia se tornado

A cantora americana Jayne County, uma das primeiras cantoras de rock a se assumir como trans, influenciou músicos como os Ramones e o cantor e compositor britânico David Bowie.

PROTESTO, ORGULHO E COALIZÃO

Veja também: Filmes LGBTQIAPN+ 142-45 ▪ O Renascimento do Harlem e a Era do Jazz 148-51 ▪ Direitos das pessoas trans 196-203 ▪ Ativismo no combate à aids 244-45 ▪ Reivindicando o termo "queer" 256-57

> Uma das coisas não era necessariamente tornar a cultura queer mais aceitável, mas fazer com que as pessoas queer sentissem que poderiam fazer o que quisessem.
> **Joshua Ploeg**
> Músico punk americano e escritor

"queercore", um movimento que englobava não apenas música, mas fotografia, arte, zines e outras mídias. Outros zines importantes da época incluíam *Chainsaw* – publicado por Donna Dresch, que se tornaria a líder de uma das bandas lésbicas mais influentes do queercore, a Team Dresch – e *Fertile La Toyah Jackson*, um zine centrado em Los Angeles feito pela drag queen e artista negra americana Vaginal Davis.

As vozes mais altas no movimento queercore eram suas bandas, que ganharam destaque fazendo shows em locais pequenos e muitas vezes não convencionais, de prédios abandonados a porões suburbanos. Tanto os shows quanto os discos abraçaram o espírito do "faça você mesmo": eram fruto de esforços da comunidade, com baixa qualidade de produção e a mais barata possível. Entre os artistas pioneiros do queercore estavam bandas lésbicas como Team Dresch e Fifth Column (lideradas pela própria G.B. Jones do *J.D.s*); grupos masculinos gays como Pansy Division e Limp Wrist; o grupo de gênero misto God Is My Co-Pilot; e artistas andróginos e pessoas em não conformidade de gênero, como Jayne County e Phranc, vocalista do Nervous Gender.

Música com mensagem

O queer punk era tão ousado e irreverente quanto o próprio punk, com a mesma tendência de contar verdades cruas e não polidas. Para muitos, o punk era uma expressão de raiva da sociedade e das suas instituições, e suas canções criticavam as normas heterossexuais. A banda Tribe 8 de San Francisco, por exemplo, lançou "Lezbophobia" em 1995, sobre uma mulher hétero que presumiu que lésbicas queriam seduzi-la, enquanto "Dead Men Don't Rape" da banda 7 Year Bitch de Seattle foi um protesto explosivo contra a cultura do estupro. Outras canções, no entanto, simplesmente expressavam desejos queer, como "Fem in a Black Leather Jacket", de Pansy Division, de 1993, sobre querer levar um homem afeminado para passar a noite em casa.

Conforme o queercore se espalhava para além da América do Norte, mantinha seu espírito punk – de Sister George no Reino Unido a She-Devils na Argentina. O movimento queer punk continuou a crescer no século XXI. Desde 2000, novas bandas, incluindo Hunx and His Punx, PWR BTTM, Dog Park Dissidents e The Regrettes, continuaram a desafiar o status quo heteronormativo por meio da sua música. ▪

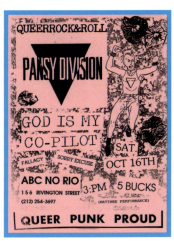

Um cartaz anunciando um espetáculo da Pansy Division de San Francisco, que fez sucesso quando excursionou com as estrelas do pop punk Green Day em 1994.

A convenção SPEW

Queercore não foi um, mas vários movimentos em cidades da América do Norte e depois Reino Unido, Europa e América do Sul. Os punks queer dessas cenas menores convergiram em 25 de maio de 1991 para a primeira convenção SPEW na Randolph Street Gallery em Chicago. Esta convenção de fanzines queer punk apresentou filmes queer punk (incluindo *No Skin Off My Ass*, de Bruce LaBruce); apresentações drag de artistas como Vaginal Davis e a imitadora feminina de Elvis, Elvis Herselvis; e leituras de novos romances queer, como *Frisk* (1991), de Dennis Cooper. A pós-festa do SPEW incluiu música de Fifth Column. A conferência SPEW estava ciente do clima político do início dos anos 1990, com estandes representando tanto o ACT UP Chicago quanto Queer Nation. Também terminou com uma nota amarga, quando o organizador Steve LaFreniere foi esfaqueado por homofóbicos. Ele sobreviveu e uma segunda convenção SPEW aconteceu em Los Angeles em 1992.

JUNTOS EU SOU TUDO O QUE SOU
GÊNERO E SEXUALIDADE MAORI (ANOS 1980)

> As histórias maori incluem a de **Tūtānekai** que se apaixona por Hinemoa e que também tem um **relacionamento "*takatāpui*"** com seu companheiro Tiki.

> O termo ***takatāpui*** é usado na sociedade maori tradicional para descrever **uma pessoa em um relacionamento íntimo entre pessoas do mesmo sexo**.

> ***Takatāpui* é reivindicado** por muitos **maori** LGBTQIAPN+ e se torna cada vez mais comum a partir da década de 1980.

EM CONTEXTO

FOCO
Takatāpui

ANTES
1840 É assinado o Tratado de Waitangi, consolidando um lugar para os cidadãos britânicos na recém-formada "Nova Zelândia", com o reconhecimento da soberania maori sobre o seu povo e terras.

1972 Os EUA recusam um visto para a ativista lésbica maori Ngahuia Te Awekotuku, o que desperta o movimento de liberação gay da Nova Zelândia.

DEPOIS
1986 Na Nova Zelândia, o Homosexual Law Reform Act torna legal o sexo entre homens.

2001 É fundado o Tiwhanawhana, um grupo *takatāpui*, pela dra. Elizabeth Kerekere, em Wellington, capital da Nova Zelândia.

2015 Protestos contra o tratamento de pessoas trans pela polícia interrompem a Parada do Orgulho de Auckland.

Maori são os povos indígenas de Aotearoa, Nova Zelândia, que traçam sua ancestralidade através de uma série de migrações pelo Oceano Pacífico. Em 1840, colonos britânicos anexaram a Nova Zelândia, e a tornaram colônia um ano depois. Em nome de seus valores cristãos, eles reformularam ou apagaram violentamente muitas das práticas que consideravam desagradáveis na cultura maori. Isso incluía a sua linguagem, práticas culturais e as diversas expressões de sexualidade e gênero dentro da cultura.

Identidade pré-colonial

Antes da colonização, os maori viam a sexualidade de uma forma menos rígida. O sexo era discutido abertamente em todas as esferas da vida cotidiana. Aparecia em histórias orais, canções e é retratado em *whakairo* (esculturas). No Museu Britânico há um *papa hou* (caixa de tesouro) que retrata uma variedade de atos sexuais, esculpidos por um artesão maori desconhecido no século XVIII.

Existem alguns relatos da diversidade de gênero maori nos primeiros registros coloniais. Em um

PROTESTO, ORGULHO E COALIZÃO 237

Veja também: Drag 112-17 ▪ No caminho da liberação gay 170-77 ▪ A descriminalização de atos homossexuais 184-85 ▪ Lesbianismo político 206-07 ▪ Pessoas "dois-espíritos" nativas norte-americanas 258-61

relato de 1871, um turista em Whakarewarewa escreve sobre seu desgosto ao saber que a "belle maori" com quem flertava era um "menino". Os papéis pré-colonização foram por vezes definidos com base no gênero, mas parece que havia uma maior flexibilidade na construção da identidade de gênero.

Recuperação

A palavra *takatāpui* significa "companheiro íntimo do mesmo sexo". O termo foi descoberto por volta do final da década de 1970 nos manuscritos do líder tribal e oficial do governo Wiremu Maihi Te Rangikāheke (c. 1815-96) pelos acadêmicos Ngahuia Te Awekotuku e Lee Smith, usado para descrever a relação entre dois ancestrais masculinos, Tūtānekai e Tiki. Tūtānekai é conhecido por seu relacionamento com o ancestral Hinemoa, mas a história de Te Rangikāheke pinta uma imagem da estranheza que pode ter existido entre os três. A palavra ficou popular a partir da década de 1980 para identificar qualquer pessoa de ascendência maori com diversas identidades de gênero, sexualidades ou características sexuais. Para *takatāpui* e para todos os maori, meados do século XX foi uma época de recuperação da colonização. Muitos *takatāpui* tinham vidas queer vibrantes, mesmo durante o período de proibição. Cidades como Auckland e Wellington se tornaram referências para *takatāpui* durante as migrações da década de 1960, quando os maori começaram a se mudar para as cidades.

Em Wellington, a trans maori ou *whakawahine* Carmen Rupe foi uma drag queen e ativista que definiu a cultura queer do centro e criou espaços para pessoas trans e LGBTQIAPN+ rejeitadas por comunidades héteros e cis. No final dos anos 1960, Rupe fundou o Carmen's International Coffee Lounge – que vendia café e facilitava o acesso às profissionais do sexo que trabalhavam no andar de cima – e uma boate chamada The Balcony.

Uma contemporânea de Rupe, Georgina Beyer, se tornou a primeira prefeita trans do mundo em 1995, em Carterton, e em 1999, a primeira parlamentar abertamente trans.

Takatāpui hoje

Mantendo legados e ideias ancestrais maori, os *takatāpui* hoje estão envolvidos na recuperação da língua maori e no trabalho de descolonizar e reindigenizar Aotearoa (Nova Zelândia). Eles também são influenciados pela cultura e pelas identidades queer globais, o que incentivou noites de boate QTBIPOC (sigla para para queer, trans, negro, pessoas indígenas não brancas) nos últimos anos para criar espaços seguros para identidades amplas e diferenciadas.

Seja em uma boate, em um evento de proteção da terra ou dentro de um *marae* (espaço comunal maori tradicional), a identidade *takatāpui* sempre esteve ligada aos ancestrais, e também a abrir novos caminhos. ▪

Obra impressionante da artista não binária maori Huriana Kopeke-Te Aho, que se identifica como *takatāpui* – se baseia em sua ancestralidade e nas tradições culturais maori.

UMA PRAGA QUE TEVE PERMISSÃO PARA ACONTECER
A EPIDEMIA DE AIDS (1981)

EM CONTEXTO

FOCO
Uma crise médica, social e política

ANTES
1959 Registro do primeiro caso conhecido de HIV no Congo Belga (atual República Democrática do Congo).

1964 O AZT é desenvolvido como um tratamento contra o câncer, mas se mostra ineficaz e é arquivado.

Fim dos anos 1960 O HIV viaja para as Américas, provavelmente por meio de haitianos que trabalhavam no Congo.

DEPOIS
2007 É relatado o primeiro caso de cura do HIV.

2012 Truvada é o primeiro remédio aprovado para prevenir a infecção pelo HIV pela FDA.

2016 A ONU se compromete a acabar com a epidemia de aids até 2030.

A aids (abreviação do inglês para immunodeficiency syndrome e síndrome da imunodeficiência adquirida em português), é uma condição crônica e potencialmente fatal causada pelo HIV (vírus da imunodeficiência humana). O HIV é uma infecção viral que é mais comumente transmitida através de sexo anal ou vaginal desprotegido. Também pode ser transmitida por sexo oral, contato com sangue infectado, compartilhamento de agulhas e de pais para filhos durante a gravidez, parto ou amamentação. Ele não pode ser transmitido por saliva, suor ou urina.

O HIV é um retrovírus, o que significa que pode entrar nas células e

PROTESTO, ORGULHO E COALIZÃO 239

Veja também: Ativismo no combate à aids 244-45 ▪ Seção 28 248-49 ▪ Os desafios LGBTQIAPN+ na África moderna 306-07 ▪ Suspensão das leis contra doação de sangue por gays e bissexuais 310-11

Progressão do vírus HIV

Alguém está infectado com HIV, mais comumente através de certos tipos de atividade sexual.

Duas a quatro semanas depois, a pessoa desenvolve uma doença semelhante à gripe, embora isso nem sempre seja perceptível.

Os sintomas podem desaparecer por um tempo. Com o tratamento de combate ao HIV, essa fase pode durar anos.

Os sintomas aparecem – como uma infecção leve, cansaço, febre e gânglios inchados no pescoço.

Pessoas não tratadas e um pequeno número de pessoas tratadas desenvolvem aids, com infecções mais graves ou câncer.

---

alterar sua função. Tem como alvo células imunológicas que combatem doenças, por isso enfraquece o sistema imunológico. Os infectados podem desenvolver uma doença semelhante à gripe duas a quatro semanas após a infecção, mas isso pode ser tão leve que não é notado. A maioria das pessoas não apresenta sinais do vírus por vários anos se tomar medicamentos contra o HIV. No entanto, à medida que o vírus continua a se multiplicar dentro do corpo, as pessoas desenvolvem infecções leves, cansaço excessivo, febre e gânglios inchados. Se forem tratadas, a maioria das infecções não progride além desse ponto. No entanto, caso não seja – e em um pequeno número de casos tratados –, uma infecção por HIV progride para aids. Isso normalmente leva de oito a dez anos. A aids se desenvolve quando o HIV danificou gravemente as células imunológicas do corpo, e enfraquece sua capacidade de combater infecções e doenças, incluindo alguns tipos de câncer. Isso pode ser fatal, mas os tratamentos médicos aprimorados nos últimos anos melhoraram a expectativa de vida dessas pessoas.

Uma epidemia global

Acredita-se que o HIV tenha se originado de macacos ou chimpanzés na África Central que tinham um vírus semelhante, o SIV. As pessoas caçavam os animais em busca de carne e entravam em contato com o sangue infectado, que espalhava o vírus para os humanos.

Na década de 1950, na África Equatorial, os médicos começaram a »

Angels in America – apresentada em Paris, na França, em janeiro de 2020 – também foi transformada em minissérie de TV nos Estados Unidos em 2003. A série ganhou onze prêmios Emmy no ano seguinte.

Angels in America

A epidemia de aids inspirou vários grandes trabalhos artísticos. *Angels in America*, uma peça em duas partes de Tony Kushner, foi encomendada por um teatro em São Francisco em 1991. Desde sua estreia na Broadway, em 1993, a peça foi apresentada em teatros de todo o mundo. A trama gira em torno de dois casais, um homossexual masculino e um heterossexual, cujas histórias se entrelaçam. Por meio de suas experiências e de familiares, amigos, fantasmas e anjos, a peça explora a vida, a morte, o amor, o sexo e a comunidade no contexto da crise da aids em 1985 de Nova York. Ganhou muitos prêmios, incluindo o Prêmio Pulitzer de Drama e o Prêmio Tony de Melhor Peça. No entanto, fora dos círculos literários, foi controversa. As produções em algumas cidades provocaram protestos por causa das representações francas de homossexualidade e uso de drogas na peça – os atores de uma produção na Carolina do Norte, nos Estados Unidos, foram até ameaçados de processo sob as leis de atentado ao pudor.

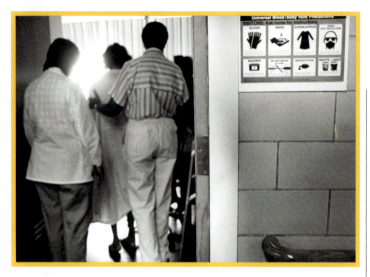

Enfermeiras conduzem um paciente até seu quarto no Shattuck Hospital, em Boston, em 1988. Uma placa na parede orienta sobre como evitar a troca de sangue e outros fluidos corporais com os pacientes.

encontrar um tipo raro de câncer, sarcoma de kaposi, na forma de manchas vermelhas ou roxas indolores na pele, e geralmente afeta pessoas com sistema imunológico enfraquecido, mas a causa dessa fraqueza era desconhecida. Nos EUA, surgiram casos de sarcoma de kaposi na década de 1970, às vezes com infecções incomuns em pessoas saudáveis, como infecções pulmonares fúngicas. Esses casos eram raros e recebiam pouca atenção.

No entanto, em julho de 1981, os Centros de Controle de Doenças (CDC) dos EUA publicaram um relatório sobre 26 homens gays com sarcoma de kaposi, seis dos quais também tinham pneumonia fúngica. Os casos foram identificados como uma única doença, originalmente chamada de GRID (sigla em inglês para "gay-related immunodeficiency", ou "imunodeficiência relacionada a gays"). Os números cresceram rapidamente e, no final do ano, 337 pessoas foram diagnosticadas com GRID e 130 morreram. Nem todas as pessoas afetadas eram gays. Alguns haviam estado em locais como o Haiti, outros eram usuários de drogas e outros ainda tinham hemofilia (distúrbio raro de coagulação do sangue) e receberam transfusões de sangue. Em setembro de 1982, o CDC começou a usar o termo aids para melhor descrever a doença.

Desafios médicos

Embora os cientistas tenham descoberto que os vírus podem causar câncer, não tinham certeza se os retrovírus (como o SIV e o HIV) poderiam infectar humanos. Muitas outras causas possíveis foram exploradas, incluindo produtos químicos, mas a pesquisa finalmente mudou para microrganismos. No entanto, no momento em que um indivíduo é reconhecido como portador da doença, geralmente apresenta várias infecções virais, bacterianas e fúngicas, dificultando a identificação de qual organismo específico é o culpado.

Apesar desses desafios, em 1983 e 1984, grupos de pesquisa diferentes na França e nos EUA declararam ter descoberto um novo retrovírus que afetava pacientes com aids. Cada grupo deu ao seu vírus um nome diferente e começou a provar que todas as pessoas com aids o tinham. Em 1986, chegou-se a um consenso de que os vírus descobertos por ambos os grupos eram o mesmo, e ele foi renomeado para HIV.

A maior parte dos medicamentos da época foi testada por oito a dez anos, mas a necessidade de tratamento para o HIV era urgente. O primeiro medicamento para tratar a aids, o AZT, foi testado em 1984 e aprovado para uso nos EUA em 1987. Alguns anunciaram isso como um avanço, mas o vírus logo desenvolveu resistência. Tornou-se evidente que nenhum medicamento era a solução para o HIV – ou seja, mais pesquisas eram necessárias.

Uma crise social e política

Junto com a crise médica, aconteceu também uma crise sociopolítica em consequência de mal-entendidos sobre o HIV e sua forma de transmissão. Havia a preocupação de que pudesse se alastrar pelo suor ou saliva, e as pessoas passaram a temer quem tinha HIV, o que levou à discriminação.

Tenho uma linda agenda de endereços que um amigo me deu em 1966. Literalmente não consigo abri-la de novo. Jamais. Ela está em uma prateleira com mais de cem nomes riscados.
Jerry Herman
Compositor americano (1931-2019)

PROTESTO, ORGULHO E COALIZÃO

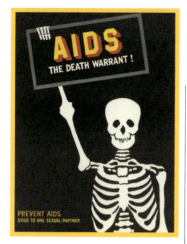

Um cartaz de prevenção da década de 1990 publicado pelo Central Health Education Bureau, na Índia. Passa uma mensagem dura e estimula as pessoas a "se aterem a um parceiro sexual".

O estigma permaneceu mesmo quando o HIV/aids passou a ser mais bem compreendido. A mídia descreveu a doença como uma "praga gay" e ela se tornou estereotipada como uma doença de homens homossexuais promíscuos, ou seja, homens gays e bissexuais e usuários de drogas e profissionais do sexo – por causa de seus estilos de vida supostamente "imorais". Esse estigma levou à reação atrasada e insuficiente dos governos. Só em 1985 o presidente Ronald Reagan fez uma declaração pública sobre o HIV/aids, apesar de ter tido mais de 3500 mortes relacionadas nos EUA até o final de 1984.

A epidemia de aids hoje

A aids devastou indivíduos, famílias e comunidades em todo o mundo. No entanto, há razões para esperança. Um avanço em 1996, que envolveu a combinação de três ou mais medicamentos, conhecido como HAART, se tornou o tratamento padrão em 1997. É tão eficaz que as mortes nos EUA diminuíram 47% entre 1996 e 1997. Mais drogas descobertas desde então, que funcionam de maneiras diferentes, levaram à TARV (terapia antirretroviral). Em 2020, o número de novas infecções em todo o mundo caiu pela metade desde o pico de 1996, e as mortes foram reduzidas em dois terços desde 2004. Algumas regiões, no entanto, ainda carregam uma pesada carga de HIV/aids, e dois terços de todos os casos estão na África, onde o acesso ao TARV é mais limitado.

Há mais a ser feito. Embora haja uma maior conscientização sobre o HIV/aids hoje, ainda há estigma e as pessoas com HIV são impedidas de entrar em alguns países. Algumas ainda têm pouco acesso aos tratamentos, e o custo é uma barreira comum. ∎

Colcha memorial da aids

O American Aids Memorial Quilt celebra a vida de pessoas que morreram de doenças relacionadas à aids. A colcha de retalhos reúne painéis (os quadrados que formam a colcha) de lembranças individuais enviados por membros da população, o que dá à família e aos amigos uma forma de lembrar de seus entes queridos. Quando o Memorial foi exibido pela primeira vez em 1987, em Washington, DC, meio milhão de pessoas foram vê-lo. Na época, a colcha tinha 1920 painéis. A publicidade levou o movimento a todo o mundo e a colcha cresceu. Em 2022, apresentava quase 50 mil painéis. A colcha se tornou um símbolo internacional da epidemia de aids e ilustra vividamente a escala de mortes. O projeto foi indicado ao Prêmio Nobel da Paz em 1989 e inspirou outros semelhantes. Hoje, a colcha é exibida no site do Memorial Nacional da Aids dos EUA na internet.

The Aids Memorial Quilt em The Mall, Washington, DC, em 1987. Foi concebido em 1985 pelo ativista Cleve Jones em San Francisco, para lembrar amigos que perderam suas vidas para a aids.

Em 2021, 84,2 milhões de pessoas em todo o mundo foram infectadas com HIV desde o início da epidemia e 40,1 milhões morreram de doenças relacionadas à aids. Em junho de 2021, 28,7 milhões de pessoas tinham acesso a terapias antirretrovirais (ART).

84,2 MILHÕES DE PESSOAS

40,1 MILHÕES DE PESSOAS

28,7 MILHÕES DE PESSOAS

SOLIDARIEDADE NA DIFICULDADE
LÉSBICAS E GAYS APOIAM OS MINEIROS (1984-85)

Mineiros em greve são marginalizados pelo governo do Reino Unido e entram em confronto com a polícia.

As comunidades LGBTQIAPN+ são marginalizadas e **discriminadas** pela polícia.

Há um sentimento de solidariedade entre os dois grupos marginalizados.

Eles decidem **se apoiar mutuamente** e descobrem que são **mais fortes juntos.**

EM CONTEXTO

FOCO
Movimentos solidários

ANTES
1970 É formada a Frente de Libertação Gay do Reino Unido, até 1973, gerando novos grupos.

1972 Mineiros britânicos fazem greve por 51 dias.

1974 O Reino Unido limita o uso comercial de eletricidade para conservar os estoques de carvão, enquanto os mineiros fazem greve por um pagamento justo.

1980 O grupo Somos se junta a uma manifestação em São Paulo para se opor à discriminação contra trabalhadores homossexuais.

1983 Margaret Thatcher nomeia Ian MacGregor para chefiar o National Coal Board e simplificar a mineração britânica.

DEPOIS
2014 O filme *Orgulho e esperança* é baseado na campanha Lésbicas e Gays Apoiam os Mineiros.

A greve dos mineiros britânicos de 1984-5 foi uma disputa acirrada desencadeada pela tentativa do governo britânico de fechar pelo menos vinte minas de carvão, o que foi mal recebido por muitos membros da União Nacional dos Mineiros (NUM). Durou muito mais do que as greves dos mineiros anteriores e causou imensas dificuldades financeiras para as comunidades mineiras em greve.

Na época, Margaret Thatcher, usou a polícia, os tribunais e a mídia em uma tentativa de interromper a greve e galvanizar a opinião pública contra os mineiros. Confrontos como o que aconteceu em Yorkshire, em junho de 1984, quando a polícia montada atacou cerca de cinco mil mineiros em greve, ganharam as manchetes internacionais. Pessoas LGBTQIAPN+ se destacaram entre os que apoiaram os grevistas.

Atendendo a uma necessidade

Nem todos os mineiros participaram da greve e não houve votação nacional da NUM. O Supremo Tribunal considerou a greve ilegal e ordenou a apreensão dos bens da NUM para pagar as multas aplicadas. Nesse ponto, a arrecadação de fundos para apoiar as famílias dos

PROTESTO, ORGULHO E COALIZÃO 243

Veja também: No caminho da liberação gay 170-77 ▪ A Revolta de Stonewall 190-95 ▪ Lesbianismo político 206-07 ▪ Ativismo no combate à aids 244-45

mineiros se tornou crítica, pois, de acordo com a Lei de Segurança Social de 1980, eles não podiam receber benefícios devidos à adversidades.

Durante a marcha do Orgulho de Londres de 1984, Mike Jackson e Mark Ashton divulgaram a causa dos mineiros e arrecadaram fundos. Eles formaram a aliança Lésbicas e Gays Apoiam os Mineiros (LGSM – Lesbian and Gays Support the Miners), que logo viu surgirem outros grupos. Só o grupo londrino arrecadou mais de 22 mil libras em coletas de rua, rifas, bazares e eventos como o show "Pits and Perverts". Mais apoio para os mineiros veio do LAPC – Lesbians Against Pit Closures, um grupo dissidente de mulheres que se sentiam intimidadas pelos gays no núcleo do LGSM e buscavam maior reconhecimento dos problemas e pontos fortes das mulheres. Elas arrecadaram dinheiro em pontos de encontro de mulheres em Londres e doaram para um grupo de ação de mulheres de uma vila que apoiava mineiros em Nottinghamshire.

Apoio mútuo

Conforme as dificuldades financeiras continuavam em 1985, a pobreza levou alguns grevistas de volta ao trabalho. Em março, a greve terminou – a única concessão do governo foi o adiamento do fechamento de cinco minas. Mas novos vínculos se formaram. Na marcha de 1985, o LGSM foi acompanhado pelos mineiros NUM e galeses. Pela primeira vez, o Congresso Sindical de 1985 e a Conferência do Partido Trabalhista aprovaram resoluções sobre os direitos de gays e lésbicas. Em 1992, após o anúncio de mais fechamentos de minas, o LGSM voltou a se formar, agora com a sigla Lésbicas e Gays Apoiam os Mineiros Novamente (LGSMA), e se encerrou em 2015. ▪

O filme *Orgulho e esperança* destacou a campanha do grupo LGSM de Londres e seus laços estreitos com a vila mineira de Onllwyn. Ganhou o prêmio Queer Palm no Festival Cannes de 2014.

Mark Ashton

Cofundador da LGSM, Mark Ashton nasceu em 1960 em Oldham, Reino Unido, cresceu na Irlanda do Norte e se mudou para Londres em 1978. Ele era um ativista dos direitos gays, apoiador da Campanha pelo Desarmamento Nuclear e membro da Partido Comunista da Grã-Bretanha. Em 1982, Ashton se ofereceu como voluntário para o serviço de atendimento telefônico, o London Lesbian and Gay Switchboard, que oferecia apoio à comunidade gay. Quando o trabalho do LGSM foi concluído no final da greve dos mineiros, Ashton trabalhou como secretário-geral da Young Communist League [Liga Comunista Jovem] de 1985 a 1986. Diagnosticado com HIV/aids, Ashton foi internado em 30 de janeiro de 1987 e morreu doze dias depois. O fundo Mark Ashton Trust foi criado para arrecadar dinheiro para indivíduos vivendo com HIV e, desde 2008, o Terrence Higgins Trust (THT) também incluiu o Mark Ashton Red Ribbon Fund. Seu nome aparece no Aids Memorial Quilt do Reino Unido e em uma placa na entrada da sede do THT em Londres.

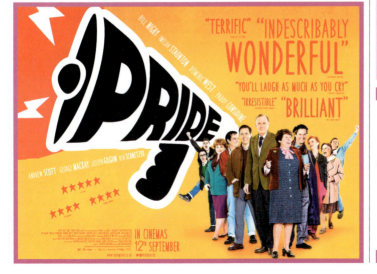

As comunidades mineiras estão sendo intimidadas como nós... Uma comunidade deve se solidarizar com a outra.
Mark Ashton

SILÊNCIO = MORTE
ATIVISMO NO COMBATE À AIDS (1987)

EM CONTEXTO

FOCO
Lutando contra as desigualdades no atendimento à saúde de pessoas LGBTQIAPN+

ANTES
1982 Ativistas pressionam os Centros de Controle de Doenças (CDC) dos EUA para mudar o nome GRID (Gay-Related Immune Deficiency) para aids.

1983 É realizado o primeiro memorial à luz de velas em homenagem às vítimas da aids.

DEPOIS
1988 Acontece em 1º de dezembro o primeiro Dia Mundial de Combate à Aids.

1991 Ativistas apresentam a fita vermelha como símbolo da conscientização sobre a aids.

2003 É lançado o Plano de Emergência do Presidente dos EUA para Alívio da Aids (PEPFAR), comprometido a gastar 15 bilhões de dólares em cinco anos.

2005 O número de vítimas fatais da aids atinge o pico de 2,3 milhões em todo o mundo.

No início da **epidemia de aids**, alguns indivíduos e pequenos grupos se mobilizam para conscientizar o povo e fazer lobby com as autoridades.

O alcance da **epidemia cresce**. O ativismo individual e de pequenos grupos não é mais suficiente.

Conforme a conscientização e o alcance da **epidemia aumentam**, são fundadas novas organizações e outras se expandem em **nível internacional**.

São criadas **organizações nacionais maiores de combate à aids**, principalmente no Reino Unido e nos Estados Unidos.

Desde o seu início, em 1981, a epidemia de aids afetou dezenas de milhões de pessoas em todo o mundo, ceifando até 42 milhões de vidas. Isso gerou uma série de desafios sociais e políticos, incluindo equívocos generalizados, homofobia desenfreada, discriminação contra pessoas infectadas, financiamento insuficiente para testes, tratamento e pesquisa, assim como gestão ineficaz por parte de governos e outras organizações. Foi necessária a ação pública para enfrentar esses problemas e gerar mudanças positivas.

No início da epidemia, pequenos grupos e indivíduos assumiram a missão. Um exemplo é o enfermeiro americano Bobbi Campbell. Ele foi um dos primeiros diagnosticados com sarcoma de kaposi relacionado à aids, um câncer raro que afeta pessoas com sistema imunológico enfraquecido e se apresenta como manchas vermelhas ou roxas na pele. Frustrado com a falta de educação em saúde pública e notícias da imprensa sobre casos como o dele, Campbell colocou fotos de suas lesões de câncer na vitrine de sua farmácia local, pedindo aos homens com lesões semelhantes que procurassem atendimento médico. Ao fazer isso, Campbell se tornou o

PROTESTO, ORGULHO E COALIZÃO

Veja também: No caminho da liberação gay 170-77 ▪ Movimentos LGBTQIAPN+ latino-americanos 178-79 ▪ A epidemia de aids 238-41 ▪ Ativismo LGBTQIAPN+ na Ásia 254-55 ▪ Suspensão das leis contra doação de sangue por gays e bissexuais 310-11

primeiro americano a assumir publicamente que tinha aids.

Organizações de combate a aids

Conforme crescia a dimensão da epidemia nos EUA e no Reino Unido, aumentava também a necessidade de ativismo. Quando essa necessidade ultrapassou a capacidade de ação de qualquer pequeno grupo ou indivíduo, foram formadas organizações maiores, que agiam em nível local, com a realização de memoriais e manifestações públicas, produção de cartazes ou distribuição de panfletos, arrecadação de fundos e lobby.

A ACT UP, formada em 1987 em Nova York, é a mais conhecida dessas organizações. Sua primeira manifestação aconteceu em um cruzamento movimentado de Wall Street. Cerca de 250 manifestantes bloquearam a via, se deitando na rua ou segurando cartazes e causando grande perturbação, o que resultou na detenção de 17 manifestantes por desobediência civil. Fizeram várias exigências, pedindo ao governo e às empresas farmacêuticas que liberassem medicamentos mais rapidamente e tornassem o tratamento acessível. Protestos mais audaciosos, como depositar as cinzas de vítimas no gramado da Casa Branca, aumentaram a conscientização pública e política e a influência do ACT UP se espalhou. Grupos posteriores, como o Black Aids Institute e a Latino Commission on Aids, se concentraram em setores específicos. O ACT UP inspirou a criação de grupos

Os **manifestantes do** ACT UP cercam a sede da FDA dos Estados Unidos em 1988 para exigir a liberação de medicamentos experimentais para pessoas vivendo com HIV e aids.

semelhantes na Europa. Surgiram filiais em muitas cidades britânicas – a sede londrina encenou "die-ins" (quando as pessoas se deitam nas ruas em protesto) no final dos anos 1980. Desde 1982, o Terrence Higgins Trust do Reino Unido, agora a maior instituição beneficente em prol da aids da Europa, também difundiu o combate ao HIV/aids e apoiou os portadores.

Um impacto positivo

O impacto global do ativismo no combate à aids foi imenso e mudou a forma de ver a doença – especialmente na África, onde ela tem sido muito mal compreendida. Embora o ativismo tenha aumentado a conscientização pública, reduzido o estigma, acelerado a pesquisa e melhorado o acesso ao tratamento, é preciso mais esforço para combater equívocos e injustiças, até que sejam erradicados. ■

Mulheres no ativismo no combate à aids

As mulheres são fundamentais em todos os aspectos do combate à aids, disseminando conhecimento sobre como se mobilizar efetivamente para criar mudanças. Sua intervenção foi fundamental na década de 1980 para combater o equívoco de que a aids não afetava as mulheres. Essa falácia as impediu de tomarem decisões informadas sobre o risco, excluiu-as de ensaios clínicos e desqualificou-as do apoio do governo. Nos EUA, em 1988, as mulheres pediram boicote à revista *Cosmopolitan* por espalhar informações falsas. Distribuíram folhetos informativos, fizeram campanha para que organizações médicas aceitassem que mulheres, incluindo lésbicas, poderiam contrair aids e abriram processos por discriminação de gênero. Seus atos receberam ampla atenção da mídia. Com isso, a definição de aids do CDC foi expandida para incluir mulheres, assim como a pesquisa sobre aids, e as mulheres afetadas passaram a receber apoio do governo.

AS ENCRUZILHADAS DO SER
BORDERLANDS, DE ANZALDÚA (1987)

EM CONTEXTO

FOCO
Teoria Borderlands

ANTES
1903 O sociólogo e ativista americano W.E.B. Du Bois usa o termo "consciência dupla" para descrever a dualidade de ser negro e americano.

DEPOIS
1991 Gloria Anzaldúa publica o ensaio "To(o) Queer the Writer – Loca, escritora y chicana". O texto critica o termo "lésbica" por ser branco, inglês e de classe média e por exigir que outros o assimilem.

2010 *Borderlands* é banido pelo Tucson Unified School System no Arizona por ensinar "estudos étnicos".

2020 Os teóricos queer publicam *Gender, Sexuality and Identities of the Borderlands: Queering the Margins*, uma coleção de ensaios que têm a teoria de Anzaldúa em seu núcleo.

Anzaldúa usa o termo "borderlands ou la frontera" ["fronteira"] para se referir à área ao redor da fronteira dos Estados Unidos com o México que não é considerada totalmente mexicana nem totalmente americana. Para Anzaldúa, essa fronteira é uma metáfora para outros tipos de fronteiras e dualidades, incluindo a estranheza.

Quando *Borderlands/La Frontera: La nueva mestiza* foi publicado em 1987, suas percepções foram inovadoras. O livro da feminista lésbica chicana (de origem americana e mexicana) Gloria Anzaldúa abrange muitos gêneros – política, autobiografia, poesia e múltiplas histórias indígenas – e se alterna habilmente entre os diferentes idiomas da fronteira Estados Unidos-México, incluindo várias formas de inglês e espanhol e dialetos locais.

Por mais que *Borderlands/La Frontera* seja uma obra feminista e anticolonial, também é uma peça fundamental da teoria queer. As fronteiras físicas dos Estados Unidos e do México são uma metáfora para as formas como as identidades se cruzam. Elas são o lugar onde a identidade dominante encontra os marginalizados: brancos e latinos, masculino e feminino, heterossexual e queer. Para Anzaldúa, crescer na fronteira criou uma identidade híbrida – a "mestiza" [mestiça]. Ela, por

PROTESTO, ORGULHO E COALIZÃO 247

Veja também: América Latina colonial 66-67 ▪ Movimentos LGBTQIAPN+ latino-americanos 178-79 ▪ Feminismo lésbico negro 210-13 ▪ Teoria queer da cor 297

exemplo, era tanto mexicana quanto americana, tanto chicana quanto lésbica, tanto homem quanto mulher.

Lesbianismo chicano

Anzaldúa pertencia a um movimento lésbico chicano mais amplo que inclui as escritoras Cherríe Moraga, Ana Castillo, Naomi Littlebear Moreno e Carla Trujillo. Grande parte do trabalho delas diz respeito ao conflito entre suas identidades como mulheres chicanas – influenciadas pelo catolicismo e papéis de gênero

Como lésbica, não tenho raça, meu próprio povo me nega; mas sou de todas as raças porque o queer existe em todas as raças.
Glória Anzaldúa

Um altar no bairro Mission, em San Francisco, o centro da cultura LGBTQIAPN+ e latina da cidade, exibe livros e lembranças em homenagem à vida e obra de Anzaldúa.

tradicionais astecas/mexicanos e americanos – e como lésbicas. *Borderlands/La Frontera* descreve o medo de ser rejeitada por sua cultura chicana por causa da sua identidade lésbica. Da mesma forma, Moraga, em *Loving in the War Years* (1983), descreve sua "anglicização" como resultado da heterossexualidade compulsória (o domínio e imposição da heterossexualidade dentro de uma sociedade patriarcal) na comunidade chicana.

Embora essas mulheres fossem ativas no movimento feminista chicano, elas se viram condenadas ao ostracismo por feministas chicanas heterossexuais no que a historiadora chicana Yvette Saavedra chamou de "cisma chicano". No entanto, ambos os grupos se valeram de sua herança asteca e mexicana em seus apelos por igualdade. Anzaldúa e Moraga evocam Aztlán (o lugar mito-histórico

Glória Anzaldúa

Nascida em 1942, Gloria Anzaldúa cresceu perto de Brownsville, no Texas. Seus pais eram agricultores migrantes até a família se mudar para Hargill, também no Texas, para que os filhos pudessem concluir seus estudos. Em 1977, após concluir um mestrado na Universidade do Texas, onde também havia ministrado aulas sobre *La Mujer Chicana* [A mulher chicana], Anzaldúa abandonou o doutorado para se mudar para a Califórnia. Ela se juntou a círculos ativistas e

Terei minha língua de serpente – minha voz de mulher, minha voz sexual, minha voz de poeta. Vou superar a tradição do silêncio.
Glória Anzaldúa

que os astecas deixaram para se estabelecer no que hoje é o México) como uma utopia que poderia ser reconstruída para acolher todas as sexualidades.

Borderlands/La Frontera inspirou teóricos queer além da América Central e tem sido usado para entender as interseções ao redor do mundo. Seu formato, combinando vários gêneros, também é um modelo para teóricos queer que misturam o pessoal e criativo com o político e histórico para criar textos acessíveis e antiacadêmicos. ∎

ensinou e publicou trabalhos sobre feminismo, sexualidade e as experiências de mulheres marginalizadas. Anzaldúa se relacionava com homens e mulheres e considerava sua lesbianidade uma escolha consciente. Ela morreu em 2004.

Obras principais

1981 *This Bridge Called My Back: Writings by Radical Women of Color*
1987 *Borderlands/La Frontera: The New Mestiza*
2002 *This Bridge We Call Home*

PRECONCEITO LEGALIZADO
SEÇÃO 28 (1988)

EM CONTEXTO

FOCO
Homofobia no sistema educacional

ANTES
1967 O sexo entre homens é legalizado na Inglaterra e no País de Gales, e na Irlanda do Norte em 1980 e 1982.

1987 No Reino Unido, o deputado David Wilshire propõe uma emenda legislativa que impediria autoridades locais de "promoverem" a homossexualidade.

DEPOIS
2013 Rússia proíbe "propaganda de relações sexuais não tradicionais" para crianças.

2019 O Arizona, um dos vários estados dos EUA a restringirem o ensino que pode "promover" temas LGBTQIAPN+, revoga sua lei.

2021 A Hungria proíbe o compartilhamento de material educacional com tema LGBTQIAPN+ com menores de 18 anos.

Durante a década de 1980, o Reino Unido, liderado pelo governo conservador de Margaret Thatcher, estava enfrentando a crise emergente do HIV/aids. Havia uma corrente de homofobia na sociedade britânica, e o British Attitudes Survey de 1987 relatou que 75% das pessoas pensavam que a homossexualidade era "sempre ou principalmente errada". Setores da mídia se referiam à crise como a "peste gay" ou "vírus gay", e os gays em particular eram demonizados pela disseminação do HIV. Essas atitudes homofóbicas chegaram ao auge no infame projeto de lei da Seção 28, que se tornou lei em 24 de maio de 1988.

Silenciamento e protesto

A Seção 28 declarava que uma autoridade local não deveria "promover intencionalmente" a homossexualidade ou a "aceitabilidade da homossexualidade como um pretenso relacionamento familiar". Isso basicamente proibia todas as escolas administradas pelo governo de ensinar sobre relacionamentos entre pessoas do mesmo sexo de qualquer maneira positiva. No fim, ninguém foi processado pela lei, em parte devido à falta de clareza jurídica em relação ao significado de "promover", mas seu impacto foi imenso. Com medo de ser alvo da emenda, as escolas recuaram em qualquer discussão em sala de aula

A Seção 28 **silencia as relações** LGBTQIAPN+ no sistema educacional do Reino Unido.

Isso **perpetua a homofobia** e encoraja a visão de que os relacionamentos LGBTQIAPN+ **não são genuínos ou legítimos**.

Em resposta, são formadas muitas **organizações de defesa dos direitos** LGBTQIAPN+, que se sentem instadas a protestar.

PROTESTO, ORGULHO E COALIZÃO 249

Veja também: A Revolta de Stonewall 190-95 ▪ Parentalidade LGBTQIAPN+ 228-31 ▪ Lésbicas e Gays apoiam os mineiros 242–43 ▪ "Não pergunte, não fale" 272-75 ▪ Igualdade matrimonial 288-93

Uma marcha em Manchester para protestar contra a Seção 28. O evento de fevereiro de 1988, com a presença de mais de 20 mil pessoas, também visava ao policiamento homofóbico.

sobre relacionamentos LGBTQIAPN+, silenciando a representação homossexual no sistema educacional até que a Seção 28 fosse revogada cerca de quinze anos depois.

A Seção 28 foi recebida com uma reação ardente de ativistas. Em 2 de fevereiro de 1988, imediatamente depois que a segunda câmara do Reino Unido votou a favor da lei, quatro ativistas lésbicas invadiram o salão de debates. Então, em 23 de maio, um dia antes da lei entrar em vigor, os manifestantes invadiram um estúdio da BBC durante o Six O'Clock News e interromperam a transmissão ao vivo. Um ano depois, um grupo de ativistas inaugurou a influente instituição beneficente Stonewall (abaixo).

Impacto duradouro

Embora o projeto de lei tenha sido anulado na Escócia em 2000 e no restante do Reino Unido em 2003, sua influência conteve a representação LGBTQIAPN+ por anos. Apenas recentemente as relações LGBTQIAPN+ passaram a ser discutidas nas escolas, principalmente por meio do No Outsiders!, iniciativa filantrópica que ensina crianças do ensino fundamental sobre tolerância, diversidade e inclusão.

Ainda há muito progresso a ser feito: O fundador do No Outsiders!, Andrew Moffat foi alvo de protestos e até de uma ameaça de morte em 2019, e a educação LGBTQIAPN+ continua sendo um tema preocupante em todo o mundo. Houve um ressurgimento de leis contra a comunidade LGBTQIAPN+ que regem a educação em vários estados dos EUA, e o projeto de lei dos direitos parentais na educação da Flórida de 2022 (o "Don't Say Gay", em português, "Não diga gay") proíbe os professores de debaterem "orientação sexual ou identidade de gênero" em aula de uma maneira que não seja "adequada à idade". O projeto de lei não descreve o que é "adequado à idade", mas mesmo assim os pais podem processar os distritos escolares se acharem que a lei foi violada. ∎

O slogan de Stonewall, "Algumas pessoas são gays. Aceite isso!", foi lançado em 2007 em uma campanha contra o bullying homofóbico nas escolas.

Stonewall

Fundada em 24 de maio de 1989 por um grupo de ativistas LGBTQIAPN+ – incluindo o ator Sir Ian McKellen e o ator Michael Cashman, de *EastEnders* – a Stonewall é a instituição beneficente LGBTQIAPN+ mais influente do Reino Unido. Ela recebeu esse nome após a Revolta de Stonewall de 1969, e foi criada em resposta direta à Seção 28. Stonewall faz lobby para mudanças governamentais e legais, que hoje incluem um foco intenso na igualdade no local de trabalho. A instituição foi bem-sucedida em muitas campanhas, que se concentraram em questões como as leis sobre adoção, equalização da idade de consentimento e revogação da proibição de lésbicas e gays nas forças armadas. Stonewall foi cercada por ativistas dos direitos trans em 2008, depois de dar um prêmio Stonewall a um jornalista que criticou a cirurgia de afirmação de gênero. Mais recentemente, a organização declarou apoio às pessoas trans, mas muitos ainda estão preocupados com a forma como a instituição apoia a comunidade trans.

ÀS CLA
1990—DIAS DE HOJE

RAS

252 INTRODUÇÃO

Publicação de *Problemas de gênero*, **de Judith Butler**, e *Epistemologia do armário*, de Eve Kosofsky Sedgwick

1990

"Não pergunte, não fale" é decretado pelos militares dos Estados Unidos para impedir que os membros LGBTQIAPN+ da força se assumam.

1993

O ensaio online de Zoe O'Reilly, "Minha vida de ameba", descreve sua experiência de assexualidade.

1997

O Brasil proíbe a terapia de conversão, se tornando a primeira nação do mundo a tomar essa atitude.

1999

1990

É cunhado o termo "dois-espíritos" em uma conferência na América do Norte para descrever pessoas indígenas em não conformidade de gênero.

1996

O Inner Circle é formado como um grupo de apoio e ativismo para muçulmanos LGBTQIAPN+ na África do Sul.

1998

Matthew Shepard é assassinado em Laramie, no estado americano do Wyoming – seu assassino culpa o "pânico gay" pelo crime.

2000

Na China, a artista e atriz Shitou é a primeira mulher a se assumir como *lala* (uma mulher que deseja mulheres) na grande mídia.

Hoje, as muitas letras do acrônimo LGBTQIAPN+ mostram uma consciência crescente de que as identidades são mais complexas do que um binário homossexual/heterossexual ou masculino/feminino. A bissexualidade, a pansexualidade e outras identidades multissexuais estão agora bem estabelecidas, e a consciência das identidades assexuais (ace) e arromânticas (aro) parece estar em ascensão. Identidades trans também recebem muita atenção da mídia no século XXI – e termos como "não binário", passam a ser mais amplamente conhecidos. O termo "queer", antes um insulto, foi reivindicado por muitos como motivo de orgulho e resistência, e agora é usado nas disciplinas acadêmicas da teoria e história queer, que desafiam o status quo heteronormativo.

Um mundo em expansão

A década de 1990 foi marcada pela inovação sísmica em tecnologia, pelo surgimento da internet abrindo um mundo de novas possibilidades de comunicação. Durante o século XXI, a internet se tornou um espaço essencial para a construção de identidade. Pessoas LGBTQIAPN+ isoladas conseguiram encontrar informações e apoio em fóruns dedicados e outras comunidades on-line.

A era da informação não apenas compartilhou o conhecimento, mas também o criou, pois as pessoas se reuniram para discutir e moldar uma nova terminologia para descrever suas experiências vividas. Identidades assexuadas e arromânticas, em particular, foram reconhecidas e definidas por grupos on-line como Aven e Aurea. A crescente popularidade de alguns dos novos termos criados foi facilitada pelas mídias sociais, onde as pessoas podem não apenas compartilhar ideias, mas também explorar essas identidades na segurança de um avatar, antes de levá-las ao mundo físico.

A fronteira queer representada pela internet não é a única a ver progresso. Com mais e mais nações descriminalizando a atividade homossexual no século XXI, novas comunidades começaram a florescer abertamente. Os avanços tecnológicos também foram acompanhados pelos científicos, levando ao refinamento das cirurgias de afirmação de gênero e à melhoria da saúde trans.

Esforços de sucesso

Vários dos principais projetos de ativismo LGBTQIAPN+ deram frutos no final do século XX e início do século XXI: em 1999, o Brasil se tornou a primeira

ÀS CLARAS 253

O casamento entre pessoas do mesmo sexo se torna legal na Holanda – o primeiro país a legalizar o casamento e não apenas as uniões civis.

2001

Crip Theory, de **Robert McRuer** é publicado e se torna um texto fundamental na teoria sobre queer e deficiência.

2006

O escritor queniano Binyavanga Wainaina reage à aprovação de novas leis homofóbicas na África com seu ensaio "Sou homossexual, mãe".

2014

Taiwan se torna o primeiro país asiático a legalizar o casamento entre pessoas do mesmo sexo.

2019

2001

A Rede de Visibilidade e Educação Assexual é formada por David Jay em São Francisco.

2008

Thomas Beatie surge nas manchetes em todo o mundo como um homem trans grávido depois de aparecer no *The Oprah Winfrey Show*.

2016

Quarenta e nove pessoas são mortas em um ataque a tiros na Pulse, uma boate LGBTQIAPN+ em Orlando, no estado americano da Flórida.

2021

As restrições de doação de sangue para homens que fazem sexo com homens são suspensas no Reino Unido e na Alemanha.

---

nação a proibir a terapia de conversão; e a igualdade matrimonial foi legalizada na Holanda em 2001, inspirando a adoção de uma legislação semelhante em grande parte do mundo. As leis que proíbem a doação de sangue para homens que fazem sexo com homens também começaram a ser levantadas, e o tempo de espera entre a relação sexual e a autorização para a doação foi encurtado ou erradicado – como foi o caso do Reino Unido e da Alemanha em 2021, e da França, Áustria, Malta, e Holanda em 2022. A crise de saúde criada pela pandemia de covid-19 sem dúvida foi importante no momento dessas mudanças legais.

Um dos sucessos mais visíveis do século XXI foi o aumento da natureza pública da vida LGBTQIAPN+ por meio da representação em filmes, livros, notícias e outras mídias. A cultura LGBTQIAPN+ agora tem um claro apelo na grande mídia – de programas de TV como *RuPaul's Drag Race* ao cult de seguir celebridades LGBTQIAPN+ nas mídias sociais, além de novas gerações de influenciadores em plataformas como Instagram, YouTube e TikTok.

Ainda há um caminho a percorrer

A Copa do Mundo de 2022 mostrou que, embora muitos direitos tenham sido garantidos, ainda há batalhas a serem travadas. A nação anfitriã, o Catar, foi premiada como sede do torneio, apesar de suas leis que criminalizam atos sexuais entre pessoas do mesmo sexo. O Catar é um dos vários países onde o comportamento homossexual é punível com a morte – outros incluem Iêmen, Sudão, Somália e Irã, onde as ativistas Zahra Sedighi-Hamadani e Elham Choubdar foram condenadas à morte em 2022. A vida LGBTQIAPN+ no Ocidente também tem seus perigos. Uma pesquisa do Ministério do Interior, de 2021, mostrou que os crimes de ódio contra pessoas trans estão aumentando no Reino Unido, em meio a campanhas de ativistas transfóbicos para restringir direitos trans, como assistência médica para cirurgias de afirmação de gênero. As pessoas LGBTQIAPN+ também foram vítimas de assassinatos que receberam ampla divulgação na mídia – como no caso de Matthew Shepard nos EUA em 1998 – e ataques terroristas, como o na boate americana Pulse, em 2016, um dos vários ataques a tiros que tiveram como alvo um bar gay.

Embora muitos desafios ainda aguardem a comunidade LGBTQIAPN+, os teóricos queer identificaram uma tendência em direção ao que chamam de "futuridade queer" – a crença em um futuro mais equitativo e afirmativo. ■

ESPERAMOS PELO DIA EM QUE VAMOS PODER ERGUER AS NUVENS
ATIVISMO LGBTQIAPN+ NA ÁSIA (ANOS 1990)

EM CONTEXTO

FOCO
Direitos LGBTQIAPN+

ANTES
1872 Influenciado pela cultura ocidental, o imperador Meiji do Japão, onde o "amor de meninos" floresceu durante séculos, criminaliza a sodomia.

1933 Stalin volta a criminalizar atos homossexuais na então União Soviética. Mais de trinta anos após sua queda em 1991, dois antigos Estados soviéticos na Ásia Central mantêm a lei.

DEPOIS
2016 A Administração Nacional de Rádio e TV da China proíbe qualquer representação de gays na televisão.

2019 Sob pressão internacional, Brunei suspende temporariamente sua proposta de pena de morte para atos homossexuais.

2021 Aumenta a violência contra a comunidade LGBTQIAPN+ após a retomada do Talibã no Afeganistão.

Durante a década de 1980, Taiwan evoluiu constantemente de um Estado repressivo de partido único para uma democracia. Seu presidente, Chiang Ching-kuo, acabou com a lei marcial em 1987, e a população taiwanesa começou a experimentar novas liberdades.

Taiwan nunca criminalizou atos homossexuais, mas era uma sociedade chinesa conservadora. No início da década de 1990, estudiosos que voltavam do Ocidente iniciaram ousadas discussões públicas sobre sexo e sexualidade. Em 1995, esse grupo de acadêmicos estabeleceu o Centro para o Estudo das Sexualidades na Universidade Central Nacional em Taoyuan. Seu ativismo abriria caminho para Taiwan legalizar o casamento homossexual em 2019 – a primeira nação asiática a fazê-lo.

Progresso lento na Ásia

Em toda a Ásia, o ativismo LGBTQIAPN+ se desenvolveu lentamente, em comparação com o mundo ocidental. Embora algumas regiões tenham longas histórias de identidades de gênero e práticas sexuais que poderiam ser vistas como queer pelos padrões contemporâneos, uma variedade de fatores impôs desafios ao avanço dos direitos LGBTQIAPN+. Nos países do Leste Asiático, como a

Desafios enfrentados pelo ativismo LGBTQIAPN+ nas regiões asiáticas

Interpretações homofóbicas de religiões como o islamismo e o cristianismo desvirtuam as políticas de algumas nações.

Governos autocráticos rejeitam os conceitos de orientação ou identidade não heterossexual.

O domínio colonial britânico anterior deixou algumas leis em vigor que suprimem sexualidades e gêneros não normativos.

ÀS CLARAS

Veja também: Hijras e o colonialismo britânico 108-09 ▪ Transgressão de gênero na China moderna 134-35 ▪ A descriminalização dos atos homossexuais 184-85 ▪ Kathoey na Tailândia 220-21 ▪ Comunidades chinesas *lala* 276-77 ▪ Muçulmanos LGBTQIAPN+ 278-79

Ativistas comemoram em Bengaluru, na Índia, em 2018, depois que a Suprema Corte derrubou o trecho da Seção 377 do Código Penal que criminalizava atos sexuais entre pessoas do mesmo sexo.

Coreia do Sul, uma combinação de influências confucianas e cristãs priorizou o casamento heterossexual – apenas um terço dos sul-coreanos apoia o casamento entre pessoas do mesmo sexo. A China, que criminalizou pela primeira vez atos homossexuais em 1740, removeu o vago crime "hooliganismo" – usado para denunciar à justiça atos homossexuais – da lei criminal em 1997, mas seus outros direitos LGBTQIAPN+ são mínimos.

Em nações predominantemente muçulmanas no Oriente Médio, leis rígidas contra atos sexuais entre pessoas do mesmo sexo e inconformismo de gênero contribuíram para um clima repressivo. No Turcomenistão e no Uzbequistão, na Ásia Central, esses atos ainda são ilegais. O Cazaquistão, o Quirguistão e o Tadjiquistão descriminalizaram atos homossexuais em 1998, mas, como na Rússia, onde as relações sexuais entre pessoas do mesmo sexo se tornaram legais em 1993, existem poucos direitos LGBTQIAPN+.

Novo milênio

Os movimentos LGBTQIAPN+ alcançaram alguns avanços. Na Índia, uma petição de 2001 recebeu uma decisão favorável em 2009, que anulou o texto antissodomia – resquício da Lei da Sodomia de 1533 da Inglaterra. Quando essa vitória judicial foi anulada por uma decisão de 2013, galvanizou ainda mais o ativismo LGBTQIAPN+ da Índia. Isso levou a um novo julgamento em 2018, que rescindiu por unanimidade o estatuto antissodomia original.

Versões do Código Penal britânico com sua controversa redação antissodomia foram herdadas por muitas outras ex-colônias britânicas na Ásia e no Pacífico, incluindo Brunei, Hong Kong, Bangladesh, Malásia, Fiji e Singapura. Em Hong Kong, o trecho que criminalizava atos homossexuais foi rescindido em 1991, e em 2010 em Fiji. Em Singapura em 2007, o primeiro-ministro Lee Hsien Loong reconheceu

Apoiadora do Pink Dot fotografa o comício de 2022 em Singapura. Realizados desde 2009, os eventos Pink Dot aumentam a conscientização LGBTQIAPN+.

que "os homossexuais fazem parte da nossa sociedade". Em 2022, ele anunciou o fim da disposição antissodomia – no entanto, também reafirmou sua contínua oposição ao casamento entre pessoas do mesmo sexo.

A luta continua

Em 2011, apenas doze nações asiáticas apoiaram a declaração da ONU para os direitos LGBTQIAPN+, e 24 se opuseram. Em 2022, atos sexuais entre pessoas do mesmo sexo ainda eram criminalizados em dez países asiáticos, com possível pena de morte em oito, incluindo Irã e Afeganistão. Na Ásia, apenas Chipre, Israel e Taiwan legalizaram as relações consensuais entre pessoas do mesmo sexo e alguns municípios do Japão estão nessa direção – a Tailândia também deu os primeiros passos em 2022.

No início de 2023, Taiwan ainda era a única nação da Ásia a legalizar o casamento entre pessoas do mesmo sexo. A ilha responde por apenas 0,5% dos 4,5 bilhões de habitantes do continente, mas continua a garantir seus mais amplos direitos LGBTQIAPN+. ∎

ESTAMOS AQUI! SOMOS QUEER! ACOSTUME-SE COM ISSO

REIVINDICANDO O TERMO "QUEER" (ANOS 1990)

Desde o final da Idade Média, "**queer**" é usado para significar "**incomum**" ou "**estranho**".

Embora ainda mantendo seu significado original, "queer" se espalha como uma **ofensa homofóbica** a partir do início do século XX.

No final do século XX, as pessoas LGBTQIAPN+ **adotam o termo "queer"** como um **marcador** positivo.

Acadêmicos LGBTQIAPN+ reivindicam o termo "queer" para os campos da **teoria queer** e dos estudos queer.

EM CONTEXTO

FOCO
Marcadores de identidade

ANTES
c.1500 O primeiro uso registrado de "queer", que significa "estranho", aparece no poema escocês "The Flyting of Dunbar and Kennedie".

1894 Na Grã-Bretanha, o marquês de Queensberry se refere a Oscar Wilde e outros homossexuais como "snob queers" ("bichas esnobes").

Anos 1900 A adoção de "queer" como um insulto chega aos EUA.

1976 *A história da sexualidade, vol. 1*, de Foucault apresenta ideias que inspiraram a teoria queer.

DEPOIS
Anos 2000 A teoria queer "de cor" e estudos sobre a deficiência queer emergem como assuntos acadêmicos.

2016 Nos EUA, a Gay and Lesbian Alliance Against Defamation (Glaad) recomenda adicionar "Q" à sigla "LGBT", usada até então.

As origens da palavra "queer" não são certas. Provavelmente deriva da palavra alemã *quer*, que significa "oblíquo" ou "através", embora também possa se relacionar com o irlandês antigo *cúar*, uma palavra usada para descrever um objeto que foi torcido ou dobrado. O termo sempre significou algo incomum ou estranho em inglês, como nas frases "a queer fellow" ["um camarada estranho"] ou "feeling queer" ["se sentindo meio estranho"]. O primeiro uso depreciativo de "queer" para significar homossexual apareceu em 1894 em uma carta do 9º marquês de Queensbury para seu filho, lorde Alfred Douglas. A partir dali, "queer" – usado particularmente como um insulto para homens gays e femininos – se espalhou da Grã-Bretanha para os Estados Unidos e persistiu durante grande parte do século XX.

No final dos anos 1980, no entanto, diante do aumento da homofobia gerada pela crise da aids, ativistas LGBTQIAPN+ começaram a usar "queer" para afirmar sua identidade e neutralizar ataques à sua comunidade.

Veja também: No caminho da liberação gay 170-77 ▪ *História da sexualidade*, de Foucault 222-23 ▪ *Problemas de gênero*, de Butler 266-67 ▪ *Epistemologia do armário*, de Sedgwick 268-69 ▪ Teoria queer "de cor" 297 ▪ Estudos sobre queer e deficiência 298-301

Sim, queer pode ser uma palavra grosseira, mas também é uma arma astuta e irônica que podemos roubar das mãos do homofóbico e usar contra ele.
Manifesto da Queer Nation

Em 1990, ativistas na luta contra a aids de Nova York formaram o grupo Queer Nation, que distribuía cópias de seu manifesto "QUEERS READ THIS!" [QUEERS LEIAM ISSO!] na Parada do Orgulho da cidade. No manifesto, o grupo declarava: "Nós escolhemos nos chamar de queer. Usar 'queer' é uma forma de lembrar a nós mesmos como somos vistos pelo resto do mundo". Os grupos Queer Nation logo se espalharam para Atlanta, Houston, San Francisco e outras cidades.

"Queer" entra na academia
No início dos anos 1990, a "teoria queer" e os "estudos queer" surgiram dos estudos de gênero e sexualidade para emergir como áreas de pesquisa dentro dos meios acadêmicos, particularmente nos EUA. O primeiro uso reconhecido do termo "teoria queer" foi em 1991 no artigo "Teoria Queer: Sexualidades Lésbicas e Gays", escrito por Teresa de Lauretis, uma acadêmica italiana residente nos EUA. De Lauretis sugeriu que era possível repensar completamente a forma como gênero e sexualidade são entendidos e que isso poderia ser colocado sob o termo genérico "teoria queer".

A base para a teoria está na obra *A história da sexualidade*, de Michel Foucault (1926-84). Ele argumentava que a sexualidade não é um aspecto inato da humanidade, mas sim uma força construída e controlada ao longo da história por meio do discurso e do "aparato estatal", como a mídia, a educação e as forças da lei e da ordem. Os teóricos queer desenvolveram as ideias de Foucault, questionaram as estruturas que definem a identidade sexual e de gênero e desafiaram os conceitos de "normas" sociais.

Ampliando a aceitação
Em 1999, o termo "queer" passou do ativismo para a grande mídia com o lançamento da série de televisão britânica *Queer as Folk* (uma brincadeira com o provérbio inglês que diz "não há nada tão queer quanto uma pessoa", e quer dizer "as pessoas podem ser muito estranhas"). O sucesso da série, que narra a vida de três gays, foi repetido em 2000 em uma versão americana de mesmo título.

Embora "queer" inicialmente se referisse a gays, lésbicas, pessoas bi ou trans, desde então expandiu seu uso para se tornar, para muitos, um termo abrangente para "não heterossexual" ou "em não conformidade de gênero", encapsulando a vida fora de um binarismo sexual ou de gênero. As pessoas agora se posicionam como queer tanto em orientação sexual quanto em gênero, como uma única palavra ou em combinações como "genderqueer" (gênero queer). O Q em LGBTQIAPN+ representa "queer", mas também pode significar "questionamento" – abrangendo aqueles que tentam determinar sua orientação sexual ou identidade de gênero.

Nem todas as pessoas LGBTQIAPN+ concordam com a reivindicação de "queer". Algumas – particularmente os membros mais velhos da comunidade, que cresceram ouvindo "queer" como um insulto – resistem ao termo, pois acreditam que a história da palavra ainda é dolorosa demais para ser superada. Alguns grupos também afirmam que o uso abrangente de "queer" dilui ou ignora categorias de identidade como "mulher" e "bissexual". ▪

Em Nova York, ativistas da Marcha de Liberação Queer de 2020 carregam modelos de marionetes de heróis LGBTQIAPN+, como os ativistas dos direitos dos gays negros Bayard Rustin e Sylvia Rivera.

O ESPÍRITO É O SEU GÊNERO

PESSOAS "DOIS-ESPÍRITOS" NATIVAS NORTE-AMERICANAS (1990)

EM CONTEXTO

FOCO
Identidade de gênero indígena

ANTES
1513 No Panamá, o espanhol Vasco Núñez de Balboa mata 40 cuevas com papéis femininos, por serem "sodomitas".

Século XVII O termo pejorativo *berdache* para pessoas indígenas não conformados com o gênero se consolida no discurso europeu.

Anos 1880 Ohchiish, um nativo *badé* (pessoa nascida homem não binária) do povo crow, é perseguido pelo agente E.P. Briscoe – o chefe Crow Pequena Águia defende Ohchiish e expulsa Briscoe.

DEPOIS
2012 É publicado o *Tribal Equity Toolkit*, com orientação aos legisladores tribais sobre pessoas "dois-espíritos".

"Dois-espíritos" é uma tradução das palavras *ojibwe niizh manitoag*, que significam uma pessoa com qualidades femininas e masculinas. Os ojibwe, uma das maiores populações indígenas nos Estados Unidos e no Canadá hoje, tradicionalmente criavam jovens que consideravam abençoados com espíritos masculinos e femininos. Quando adultos, essas pessoas especiais assumiam papéis que ajudavam a fortalecer os laços de parentesco dentro das comunidades.

Antes da invasão europeia da América do Norte em 1492, muitas nações indígenas ali tinham tradições de fluidez de gênero e/ou sexual. Por

ÀS CLARAS 259

Veja também: Direitos intersexuais 48-53 ▪ América Latina colonial 66-67 ▪ Direitos das pessoas trans 196-203 ▪ Kathoey na Tailândia 220–21 ▪ Gênero e sexualidade maori 236-37 ▪ A epidemia de aids 238-41

> Muitas nações indígenas norte-americanas **aceitam e valorizam** as pessoas que não se conformam com o gênero, atribuindo-lhes **espíritos masculinos e femininos**.

> Os colonizadores europeus impõem a monogamia heterossexual e **proíbem pessoas e comportamentos em não conformidade de gênero**.

> Pessoas indígenas em não conformidade de gênero são condenados ao **ostracismo** por suas próprias comunidades e **levados à clandestinidade**.

> As pessoas indígenas LGBTQIAPN+ modernas procuram reafirmar seu **status e poder tradicionais**, cunhando o termo **"dois-espíritos"** para se descrever.

exemplo, entre os Laguna, no Sudoeste, uma pessoa designada como homem ao nascer com identidade feminina era *kok'we'ma*; entre os Lakota, nas Planícies do Norte, eles eram *winyanktehca*. Entre o povo Diné (também conhecido como Navajo) no planalto do Colorado, *nadleehi* era uma pessoa "que muda" – designada mulher ou homem ao nascer. Nessas culturas, essas pessoas eram reverenciadas: desempenhavam funções que variavam de curandeiros e sacerdotes a professores e pacificadores.

Um novo nome

O nome "dois-espíritos" foi cunhado em 1990 na "Terceira Conferência Anual Intertribal Nativa Americana, das Primeiras Nações, de Gays e Lésbicas", nos arredores de Winnipeg, no Canadá, na interseção dos rios Red e Assiniboine. Por mais de 6 mil anos, povos indígenas dos grupos linguísticos nihi'wawin cree, dakota, ojibwe, oji-cree e diné se reuniram ali para fazer negócio e compartilhar conhecimento.

Desde a década de 1970, os indígenas norte-americanos têm trabalhado para se reconectar e reviver as ricas e diversas histórias, as culturas e idiomas que compõem as terras indígenas. Entre as pessoas LGBTQIAPN+ nessas comunidades, a questão do nome foi tema de debate por muitos anos. Estavam insatisfeitas com a forma como eram descritas por antropólogos, psicólogos e historiadores: por exemplo, os antropólogos europeus usaram o termo *berdache* – uma palavra derivada do árabe *bardaj*, um termo para "escravizado" ou "menino agregado" – que era visto como uma calúnia. Termos ocidentais como gay, lésbica ou transgênero não eram considerados ofensivos, mas não capturavam o significado histórico e cultural dos papéis e identidades que os representantes de Winnipeg sentiam ter herdado de seus ancestrais.

Na reunião de 1990, foi acordado o nome "dois-espíritos". Isso permitiu que os anciãos chamassem a atenção para as importantes contribuições que as pessoas com diferenças de gênero faziam e continuam a fazer nas comunidades indígenas – também garantiu um contexto para destacar as prioridades políticas e, acima de tudo, »

Acesso a assistência médica para HIV/aids

Quando a epidemia de HIV/aids explodiu nos anos 1980 e 1990, alguns líderes indígenas norte-americanos a descartaram como "doença do homem branco". Como as taxas de infecção dispararam, se tornou urgente abordar esse mito e melhorar o acesso a cuidados de saúde adequados. Em 1987, foi fundado o Centro de Prevenção Nacional Nativo Americano de Combate a aids (NNAAPC) por indígenas que trabalhavam na saúde pública. O ativista Choctaw Ron Rowell foi essencial nessa iniciativa. Ele deixou claro que a homofobia era uma realidade dolorosa em partes das comunidades indígenas e explicou: "Tentar aceitar nossa condição de indígena e nossa homossexualidade... significou tentar olhar para trás no nosso passado e... entender quem somos com base nas nossas próprias culturas tradicionais". O NNAAPC não apenas aumentou a conscientização sobre o HIV/aids nas comunidades indígenas, mas também contribuiu para um interesse renovado nas histórias indígenas de gênero e sexualidade.

promoveu sentimentos de comunidade e pertencimento. "Estamos em todos os lugares", disse orgulhosamente um emissário no encontro de Winnipeg a um repórter. Essa sensação de poder inspirou as pessoas "dois-espíritos" a reivindicarem tradições específicas de suas nações tribais.

Histórias profundas

Os estudiosos estimam que, antes da invasão dos europeus, entre 150 e 200 nações tribais – cerca de um terço do número reconhecido hoje nos EUA – tinham tradições de "dois-espíritos", essenciais para o significado de parentesco e para nutrir a comunidade. No Sudeste, as nações Chickasaw e Choctaw incluíam pessoas que não eram nem homens nem mulheres, mas ambos. A palavra *hatukiklanna* se referia a uma pessoa nascida homem que não apenas tinha o espírito como desempenhava os papéis de mulher, e as pessoas conhecidas como *hatukholba* eram nascidas mulheres,, mas tinham o espírito de um homem.

Dentro da nação Cree, que ocupava as Planícies do Norte, um homem que se vestia de mulher era um *napêw iskwêwisêhot*, enquanto *iskwêw ka napêwayat* se referia a uma mulher que usava roupas masculinas. *Înahpîkasoht* descrevia uma pessoa

O agente (Departamento de Assuntos Indígenas) prendeu *badés*, cortou seus cabelos, fez com que usassem roupas masculinas... e fizessem trabalhos braçais.
Joe Medicine Crow
Historiador (1913-2016)

que era nascida mulher, mas aceita como homem; e *ayahkwêw* era uma pessoa nascida homem que assumia papéis femininos e era aceita por seus parentes como mulher.

As comunidades blackfoot no oeste, que se estendiam até o que hoje é o Canadá, incluíam *aakíí'skassi*, pessoas nascidas homens que se comportavam como mulheres. Uma pessoa nascida mulher que assumia papéis masculinos era conhecida como *saahkómaapi'aakííkoan*.

A violência colonial infligida aos indígenas teve um efeito devastador nas culturas tradicionais. No entanto, os arquivos dos séculos XIX e XX mostram que dezenas de nações indígenas se empenharam em proteger as pessoas em não conformidade de gênero dos preconceitos dos colonos. Um exemplo famoso do final do século XIX é de uma pessoa idosa crow chamada Ohchiish, que era *badé* – "não homem, não mulher". Diante do assédio homofóbico e transfóbico de americanos brancos, Ohchiish contou com a defesa de seus parentes e do seu

We'Wha era uma Zuni lhamana (pessoa nascida homem que "se comporta como uma mulher"). Tecelã e ceramista, We'Wha foi levada para Washington, DC, em 1886, e tratada como mulher.

povo, porque tinha o amor e o respeito deles, e desempenhava papéis importantes nas cerimônias crow.

Resistência e recuperação

Cinco séculos de genocídio, desapropriação territorial e esforços do governo dos EUA para "reeducar" crianças indígenas em internatos resultaram na erosão da língua, das tradições e da sabedoria indígenas. Para proteger sua história e cultura, as nações indígenas muitas vezes levaram sua língua e tradições orais para a clandestinidade, o que também teve como efeito uma certa perda de conhecimento. Além disso, com a imposição do cristianismo pelos colonos europeus, os preconceitos cristãos em relação à identidade de gênero e sexualidade foram internalizados nas comunidades indígenas. A homofobia e a misoginia penetraram em suas culturas, e as pessoas "dois-espíritos" foram condenadas ao ostracismo.

A partir do final dos anos 1960, um novo foco de identidade política emergiu dentro das nações indígenas, como o movimento Red Power, uma organização juvenil que exigia a autodeterminação dos povos indígenas e defendia sua causa por meio do protesto social. Em 1975, nessa onda de mudança, um pequeno grupo de indígenas gays e lésbicas decidiu recuperar suas tradições fluidas de gênero: os ativistas Barbara May Cameron e Randy Burns formaram a organização de direitos gays Indígenas Gays Americanos (GAI –Gay American Indians) em São Francisco. Cameron, um membro dos Standing Rock Sioux, e Burns, um Paiute do Norte, saíram da reserva onde ficavam suas comunidades para prosseguir com seus estudos e carreiras em São Francisco. Uma geração de jovens indígenas fez movimentos semelhantes, mudando-se para cidades como Los Angeles, Chicago e

ÀS CLARAS

Dançarinos se apresentam no primeiro powwow "dois-espíritos" do Arizona em 2019. Nos tradicionais, as danças e competições são específicas de gênero; aqui, foram abertas a todos.

Minneapolis. Cameron e Burns inicialmente organizaram o GAI como um clube social, mas o intenso racismo dentro da comunidade gay, refletindo na população em geral, fez com que evoluísse para uma organização politicamente orientada. O GAI prestou assessoria jurídica e apoio social a jovens indígenas gays recém-chegados a San Francisco e trabalhou pela visibilidade de seus membros na política. Durante o auge da epidemia de HIV/aids no final dos anos 1980 e início dos anos 1990, o trabalho de conscientização se tornou uma questão de vida ou morte, porque os indígenas gays lutavam para ter acesso à assistência médica, especialmente cuidados sensíveis às suas tradições culturais.

Nos EUA e no Canadá, estimulados pela crise do HIV/aids, os indígenas LGBTQIAPN+ começaram a se mobilizar. Em Nova York, Curtis Harris e Leota Lone Dog formaram o We'Wha e BarCheeAmpe, nomeando seu grupo em homenagem a We'Wha – uma famosa *lhamana* da tribo Zuni, no que é hoje o Novo México – e BarCheeAmpe, uma guerreira crow do século XIX. Em Minneapolis, foi criado o Indígenas Gays e Lésbicas da América; em Toronto, o Gays e Lésbicas das Primeiras Nações; em Winnipeg, a Sociedade Nativa Gay Nichiwakan.

Futuro dos "dois-espíritos"

Hoje, as pessoas "dois-espíritos" continuam a reivindicar e debater seu lugar dentro da comunidade indígena. Para algumas, isso envolve pressionar os governos tribais a reconhecerem o casamento entre pessoas do mesmo sexo. Para outras, significa refletir sobre sua relação com o passado por meio da arte, da narrativa ou da dança. Outras se empenham em dissociar os conceitos indígenas de gênero e sexualidade das ideias ocidentais, ou em examinar as ligações entre a sabedoria das pessoas "dois-espíritos" e uma ampla gama de questões globais. De maneiras antigas e novas, as pessoas "dois-espíritos" estão contribuindo para a riqueza e complexidade da vida indígena. ∎

BAAITS

O grupo Indígenas Americanos "dois-espíritos" da Área da Baía (BAAITS – Bay Area American Indian Two Spirits) foi formado em San Francisco em 1998. Com base no trabalho do GAI e de outros grupos, sua missão é fornecer um ambiente seguro para que as pessoas "dois-espíritos" examinem seu patrimônio cultural, espiritual e artístico. O BAAITS ajuda a nutrir um senso de comunidade entre as pessoas "dois-espíritos", não apenas na baía de San Francisco, mas em toda a América do Norte. Em 2012, o BAAITS realizou o primeiro powwow (celebração cultural tradicional do povo indígena) "dois-espíritos", com o objetivo de "desgenerizar" as tradições artísticas indígenas. Esse evento anual reúne as pessoas ao redor de dança, música, percussão e oração. Esse não é o único powwow "dois-espíritos", mas é o maior. Sua proeminência é um indicativo da consciência renovada da história e cultura "dois-espíritos".

Participante do powwow BAAITS em 2020 segura uma bandeira do arco-íris e um cajado de águia. O cajado é erguido no início do evento.

UMA IDENTIDADE ÚNICA, FLUIDA

BISSEXUALIDADE (1990)

EM CONTEXTO

FOCO
Identidades sexuais

ANTES
1897 Havelock Ellis declara que todas as pessoas com "funcionamento sexual" são heterossexuais, homossexuais ou bissexuais.

1980-84 "Bicurioso" é popularizado como um termo para héteros que experimentam relações com pessoas do mesmo gênero.

DEPOIS
1999 Celebra-se o primeiro Dia da Visibilidade Bi. O evento agora acontece em todo o mundo em 23 de setembro.

2001 O guia *Bisexual Resource Guide* lista 352 organizações bissexuais e 2134 organizações bi-inclusivas em 68 países, incluindo Botswana, Colômbia, Fiji, Lituânia, Namíbia, Singapura, Coreia do Sul e Uruguai.

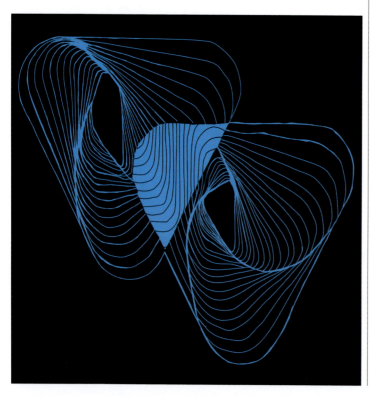

Por mais que muitas figuras históricas tenham tido relacionamentos com mais de um gênero, "bissexual" é um rótulo moderno. Hoje, a definição mais comum é sentir atração pelo próprio e por outros sexos ou gêneros, independentemente de quaisquer preferências.

A revista de São Francisco *Anything That Moves: Beyond the Myths of Bisexuality* publicou seu "Manifesto Bissexual" em 1990 – o primeiro documento de ativistas a conceituar a bissexualidade como a conhecemos. Consciente da diversidade de opiniões e experiências, o manifesto se recusou a oferecer uma única definição. Descreveu

ÀS CLARAS 263

Veja também: Direitos intersexuais 48-53 ▪ Definindo "homossexual" e "heterossexual" 106-07 ▪ Relatório Kinsey sobre sexologia 164-65 ▪ Pansexualidade 294-95

Essa capa divertida de uma edição de *Anything That Moves* mostra um triângulo amoroso entre Superman, Lois Lane e Mulher Maravilha.

principalmente a bissexualidade em oposição aos estereótipos bifóbicos que se estendem até hoje: não é binária, não sugere que existem apenas dois gêneros e não se presta à promiscuidade ou infidelidade mais do que qualquer outra identidade.

Sexologia e teoria

"Bissexual" já teve muitos significados. Sexólogos no fim do século XIX usavam amplamente a palavra para descrever o que hoje chamamos de "intersexo". Alguns citavam a teoria da bissexualidade primordial, que defende que nossos ancestrais tinham características sexuais masculinas e femininas. A atração por múltiplos sexos foi colocada como um retrocesso a esse estado primordial.

No início do século XX, os psicólogos começaram a usar "bissexual" para se referirem à psique em vez de a características físicas. Influenciado por seu amigo cirurgião Wilhelm Fliess, Sigmund Freud descreveu a "bissexualidade psíquica" como o estado natural de ter traços psicológicos masculinos e femininos e sugeriu que todas as pessoas nascem com uma multiplicidade de sentimentos sexuais. Em seus relatórios sobre desejo nas décadas de 1940 e 1950, o sexólogo americano Alfred Kinsey não usou o termo "bissexual" para descrever a sexualidade, mas hoje qualquer pessoa entre 2 e 5 em sua "escala Kinsey" pode se definir como tal. De fato, sua pesquisa mostrou a quantidade de americanos se sentiam atraídos por mais de um gênero.

Na década de 1970, a Escala Kinsey foi aprimorada pelo médico austríaco Fritz Klein, cuja Grade de Orientação Sexual Klein (KSOG – Klein Sexual Orientation Grid) inclui explicitamente "bissexual" como orientação. Klein se tornou uma figura importante no estudo científico da bissexualidade e fundou o Instituto Americano de Bissexualidade em 1998.

Identificação bissexual

Nas décadas de 1960 e 1970, as pessoas no Ocidente começaram a usar o termo "bissexual" como uma identidade e a procurar outras pessoas »

Percebi que deve haver bissexuais em todo o mundo vivendo isolados, sem nunca conhecerem outros bissexuais.
Gigi Raven Wilbur
Ativista americana e cofundadora do Dia da Celebração da Bissexualidade

Lani Ka'ahumanu

Nascida em Edmonton, Canadá, em 1943, Lani Ka'ahumanu se casou com o namorado do colégio aos dezenove anos e se tornou uma "dona de casa suburbana" assumida. Na década de 1960, ela se juntou a vários grupos de direitos civis e se dedicou à defesa de causas do ativismo antiguerra, antirracismo e feminismo. Ka'ahumanu se divorciou do marido em 1973, e se mudou para São Francisco, onde ajudou a fundar o Departamento de Mulheres da Universidade Estadual de São Francisco. Ela se assumiu lésbica em 1976 e se envolveu no movimento separatista lésbico, mas um relacionamento posterior com um homem a levou a se assumir bissexual em 1980. Ka'ahumanu se tornou uma figura importante na comunidade bissexual da cidade, como fundadora do grupo ativista BiPOL e membro da Bay Area Bisexual Network [Rede Bissexual da Área da Baía], que publicou *Anything That Moves*. Escritora e poeta por mérito próprio, Ka'ahumanu coeditou uma antologia inovadora, *Bi Any Other Name* (1991), com Loraine Hutchins. O ativismo de Ka'ahumanu se estendeu pelos Estados Unidos em 1990, quando ela coorganizou a Conferência Nacional Bissexual. Ela foi a única pessoa bissexual a falar na Marcha de 1993 em Washington, e mais tarde se tornou a primeira pessoa bissexual no conselho da Força-Tarefa Nacional de Gays e Lésbicas. Na década de 1990, Ka'ahumanu se tornou uma educadora sexual e ativista da positividade corporal. Ela ainda faz parte do conselho do *Journal of Bisexuality*.

BISSEXUALIDADE

que compartilhassem suas experiências. Em parte, devido ao fracasso de espaços LGBTQIAPN+ mais amplos em reconhecer a bissexualidade, os grupos ativistas proliferaram. Em 1972, um Grupo Nacional de Libertação Bissexual foi formado em Nova York. Em 1976, Maggi Rubenstein e Harriet Leve fundaram o Centro Bissexual de San Francisco como um local para se reunirem e receber apoio – depois que o centro fechou, em 1985, a Rede Bissexual da Área da Baía (BABN – Bay Area Bisexual Network) tomou seu lugar e se tornou um dos grupos ativistas bissexuais mais prolíficos dos EUA. San Francisco também foi o lar da BIPOL, a primeira organização política bissexual, formada em 1983 em resposta à crise da aids.

O BABN foi influenciado pela Rede Bissexual da Costa Leste (ECBN – East Coast Bisexual Network), que foi fundada em 1985 e mais tarde se tornou o Centro de Recursos Bissexuais. O grupo se destacou pela publicação de um Diretório Internacional de Grupos Bissexuais e do Guia de Recursos Bissexuais, ambos editados pela estudiosa bi Robyn Ochs, que também coeditou (com Sarah E. Rowley) a antologia *Getting Bi: Voices of Bisexuals Around the World*. Na década de 1980 também começaram a aparecer organizações bissexuais no Reino Unido. O primeiro foi o Grupo Bissexual de Londres (LBG – London Bisexual Group), que se formou em 1981 e organizou a Conferência Bissexual em 1984. O evento, agora conhecido como BiCon, continuou a acontecer anualmente e é o maior encontro político bissexual do Reino Unido. O LBG saiu de atividade em 2003, mas outros grupos permanecem, como o BiPhoria, de Manchester, formado em 1994, o mais antigo.

Durante a década de 1990, a bissexualidade se tornou mais visível. A primeira Conferência Internacional sobre Bissexualidade foi realizada em Amsterdã em 1991 e continuou a acontecer todos os anos até 2010. Em 1990, o BABN publicou a primeira edição de *Anything That Moves: Beyond the Myths of Bisexuality*. A revista, que funcionou até 2002, se apresentava como parte de um movimento em direção ao empoderamento bissexual. Os anos 1990 também viram a publicação do influente *Bi Any Other Name: Bisexual People Speak Out*, editado por Loraine Hutchins e Lani Ka'ahumanu (ver p. 263), que reconheceu a multiplicidade de experiências bissexuais por meio da ficção, da poesia e de ensaios.

Uma virada acadêmica

O crescimento de redes e organizações comunitárias coincidiu com o maior movimento de liberação gay, mas grupos bis tinham preocupações específicas, principalmente a ausência de narrativas bissexuais na academia.

O guarda-chuva bissexual

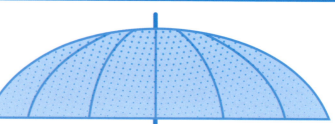

A expressão "guarda-chuva bissexual" abrange muitas pessoas não monossexuais diferentes (aquelas que sentem atração por mais de um gênero), que também podem se descrever como m-spec (no espectro multissexual) ou bi+.

Pessoas **bissexuais** são atraídas por gêneros próprios e diferentes, mas podem ter uma preferência.

Pessoas **pansexuais** sentem atração por todos os gêneros, sem preferência.

Pessoas **polissexuais** sentem atração por vários gêneros, mas não necessariamente por todos.

Pessoas **fluidas** podem se sentir atraídas por um ou mais gêneros em diferentes pontos, sem se identificar com um rótulo fixo.

Pessoas **queer** que se sentem atraídas por mais de um gênero se enquadram no guarda-chuva bissexual.

Pessoas **omnissexuais** sentem atração por todos os gêneros, mas podem ter uma preferência.

Apoiadores do grupo comunitário **amBi** marcham com uma bandeira bissexual no Orgulho LA em West Hollywood, em Los Angeles, em 2013.

Estudos anteriores, no final dos anos 1980 e 1990, com frequência provavam a existência e a amplitude das experiências bissexuais, enquanto trabalhos posteriores abordavam problemas-chave como a bifobia e o apagamento bissexual (box abaixo). Esse último foi explorado por Kenji Yoshino, que afirmou que homossexuais e héteros se unem em um "contrato epistêmico de apagamento bi" para proteger suas normas. Os estudiosos também observaram a natureza assimétrica da aceitação da bissexualidade – há menos estigma associado a ser uma mulher bi do que a ser um homem bi. Essas questões podem significar que os bissexuais têm medo de se assumir: em 2017, uma pesquisa sugeriu que apenas 19% nos EUA se assumiu para todas as pessoas importantes em suas vidas, ou para a maioria delas, em comparação com 75% dos homossexuais.

Não monossexuais e bi+

Um conceito-chave que surgiu no mundo acadêmico na década de 1990 foi a "monossexualidade": a sexualidade orientada para um gênero. O termo foi criticado, no entanto, por criar um novo binário que alinha gays, lésbicas e heterossexuais em contraste com os não monossexuais. "Não monossexual", por outro lado, é considerado por alguns estudiosos como útil para descrever todas as pessoas que são atraídas por mais de um gênero. Outros se referem a esse grupo como sendo "bi+", ou sob o "guarda-chuva bissexual", englobando identidades como pansexual e multissexual. O termo "mononormatividade", quando utilizado no contexto da bissexualidade, também deriva da ideia de monossexualidade e descreve um estado em que ela é considerada normal e a bissexualidade é diferente. Em 2010, Kate Caldwell usou o termo "monossexualidade compulsória" para descrever como as pessoas bissexuais são consideradas homossexuais ou heterossexuais a qualquer momento com base no gênero de seu parceiro, tornando sua bissexualidade invisível.

Bissexualidade hoje

Hoje, os estudos acadêmicos continuam, com uma nova onda de interesse vindo da Europa continental. *Bissexuality in Europe*, de Emiel Maliepaard e Renate Baumgartner, foi lançado em 2020, criando um contraponto ao domínio dos pesquisadores anglófonos. Enquanto isso, grupos bissexuais continuam a defender os direitos das pessoas bi+. Muitas organizações, como a Bay Area Bi+ & Pan Network, mudaram seus nomes para serem mais inclusivas em relação ao número crescente de pessoas com identidades não monossexuais.∎

Apagamento bissexual

A visibilidade é uma questão fundamental para as pessoas sob o guarda-chuva bissexual, que muitas vezes descobrem que sua identidade é invalidada ou não reconhecida por homossexuais e heterossexuais. "Apagamento bissexual" descreve a falha em tornar a bissexualidade visível ou em reconhecer que ela existe. Esse apagamento afeta áreas como a pesquisa, o direito e a linguagem. Em 2008, por exemplo, o grupo ativista Bialogue e o Instituto Americano de Bissexualidade argumentaram que a linguagem deveria mudar: falar sobre casamento "de pessoas do mesmo sexo" em vez de casamento "gay" reconhece que pessoas bissexuais também podem se envolver nessas uniões. Em 1999, aconteceram as primeiras comemorações do Dia Mundial da Visibilidade Bi na Conferência da Associação Internacional de Lésbicas e Gays, na África do Sul. O evento, que agora se estende por uma semana de comemorações em alguns países, reconhece as pessoas bissexuais e sua luta contra o apagamento.

NINGUÉM TEM UM GÊNERO DETERMINADO DESDE O INÍCIO
PROBLEMAS DE GÊNERO, DE BUTLER (1990)

A sociedade espera que as pessoas adotem **papéis distintos de gênero masculino ou feminino.**

As pessoas **desempenham esses papéis através de atos repetidos**: fala, linguagem corporal, aparência e comportamento.

Gênero não é **inato**; é algo que as pessoas inconscientemente **copiam** e **fazem**.

Ninguém tem um gênero determinado desde o início.

EM CONTEXTO

FOCO
Gênero como performatividade

ANTES
1966 Jacques Lacan publica *Écrits* – 27 artigos e palestras que influenciam Judith Butler ao escrever *Problemas de gênero*.

1988 Butler defende pela primeira vez que gênero é performativo no ensaio "Atos performativos e constituição de gênero".

DEPOIS
1995 A psicóloga americana Sandra Bem pede que os gêneros que estão fora do binário sejam mais visíveis.

2000 Em *Sexing the Body*, a sexóloga americana Anne Fausto-Sterling defende novas teorias que permitem maiores variações na biologia humana.

2018 Paul B. Preciado publica o *Manifesto Contrassexual*, desafiando ainda mais as ideias convencionais sobre gênero, sexualidade e desejo.

Em seu livro *Problemas de gênero*, de 1990, a filósofa americana Judith Butler reformulou a maneira como os acadêmicos conceituam e entendem sexo e gênero, e sua relação com a sexualidade. Butler começa questionando a categoria "mulher" em mulheres, gênero e estudos feministas, reconhecendo que é conceitualizada por outros fatores categóricos, como idade, classe, riqueza, raça, deficiência ou capacidade física.

Butler afirma que classificar esses fatores variados em uma categoria como "mulher", em oposição a outra como "homem" ou "o patriarcado", obscurece atos mais específicos de opressão de gênero em diferentes culturas e locais. Como resultado, as lutas individuais se tornam apenas uma luta política baseada nessas identidades singulares – e, portanto, redutivas e imprecisas.

Butler também se colocou contra a então visão feminista dominante de que o sexo é biológico e o gênero é social. Em vez disso, afirma que é impossível separar sexo de gênero dessa forma, já que ambos são socialmente construídos.

Gênero como performativo
O argumento mais influente de Butler é que o gênero é performativo e não há uma identidade inata que associe as ações de gênero. Em vez disso, argumenta que são as ações de gênero que criam o gênero. Atos tão arraigados culturalmente que

ÀS CLARAS **267**

Veja também: Direitos das pessoas trans 196-203 ▪ *A história da sexualidade*, de Foucault 222-23 ▪ "O pensamento hétero" 232 ▪ Heteronormatividade 270-71

passam despercebidos são atribuídos a gêneros específicos, criando a ilusão de que existe uma identidade inata de "homem" ou "mulher" que os influencia, quando na verdade os atos produzem a identidade de gênero. O indivíduo não "é" de um gênero específico – ele "performa", "faz" ou "materializa" gêneros. Se não houver uma identidade de gênero específica que influencie as ações, as pessoas podem "perturbar" (abalar) a ideia do que é gênero ao atuar de maneira diferente.

Butler menciona especificamente a performance drag como um exemplo – muito claro – de "problemas de gênero". Através do seu uso de paródia e exagero de estereótipos de gênero, a drag destaca o fato de que o próprio gênero é falso e socialmente roteirizado, e que não há identidade inata conectada a ações de gênero. Butler afirma que, ao se desestabilizar as normas de gênero e a presunção de identidade inata, um novo feminismo pode ser estabelecido – construído não na identidade percebida, mas em ideias políticas e colaboração.

David Bowie, cuja atitude expressava sua fluidez de gênero, posou como uma atriz de Hollywood dos anos 1930 na capa de seu álbum de 1971, *Hunky Dory*.

Não há identidade de gênero por trás das expressões do gênero; essa identidade é *performativamente* constituída pelas próprias 'expressões' tidas como seus resultados.
Judith Butler
Problemas de gênero

Butler levanta outras questões importantes no livro, como o conceito de "matriz heterossexual", a norma social aparentemente natural que define as pessoas como heterossexuais até que se prove o contrário. Ao definir a interação social por padrão, essa construção normaliza a heterossexualidade e a ideia de que todos existem dentro de um gênero estritamente "natural".

Gênero sob ataque

O trabalho de Butler influenciou teóricos como o filósofo espanhol e ativista trans Paul B. Preciado, grupos musicais como o coletivo feminista russo de protesto e arte performática Pussy Riot e artistas como a drag americana Sasha Velour.

Butler agora escreve textos políticos mais explícitos, mas ainda comenta e dá palestras sobre gênero. Em outubro de 2021, no jornal *The Guardian*, Butler lançou uma crítica poderosa aos muitos movimentos antigênero que agora surgem em todo o mundo – muitas vezes em países com governos cada vez mais autoritários, declarando que eles são "não apenas reacionários, mas têm tendências fascistas". ▪

Judith Butler

Nascida em Cleveland, Ohio, Estados Unidos, em 1956, Judith Butler foi criada em uma família judia. Depois de frequentar uma escola hebraica, Butler estudou filosofia na Universidade de Yale e foi influenciada pelas obras de figuras como os filósofos franceses Michael Foucault e Jacques Derrida, e pelas feministas francesas Simone de Beauvoir e Monique Wittig. Butler ocupou vários cargos de ensino universitário e atualmente é professora emérita na Escola de Pós-Graduação da Universidade da Califórnia, em Berkeley. Politicamente ativa, Butler comentou sobre movimentos como Occupy Wall Street e Black Lives Matter [Vidas Negras Importam], e se opôs às guerras no Iraque e no Afeganistão, ao feminismo radical transexcludente e à ocupação ilegal de terras palestinas por Israel. Os livros de Butler foram traduzidos para 27 idiomas. Ela mora com a parceira, a teórica política Wendy Brown.

Obras principais

1993 *Corpos que importam*
2004 *Vida precária*
2004 *Desfazendo Gênero*

SEXUALIDADE COMO UM SEGREDO
EPISTEMOLOGIA DO ARMÁRIO, DE SEDGWICK (1990)

EM CONTEXTO

FOCO
Identidade queer

ANTES
1869 Karl-Maria Kertbeny é o primeiro a usar o termo "homossexual".

1980 Michel Foucault analisa o silêncio como forma de discurso no primeiro volume de *A história da sexualidade*.

1986 O historiador americano David Halperin chama o período de 1892-1992 de "Cem anos de homossexualidade", e descreve a importância histórica da homossexualidade como uma nova forma de identidade sexual.

DEPOIS
2005 Em seu ensaio "Beyond the Closet as a Raceless Paradigm" ["Ir além do armário como paradigma desracializado"], o professor negro americano Marlon Ross argumenta que o paradigma do armário de Sedgwick não se aplica a grupos racialmente marginalizados.

Uma das metáforas mais difundidas na cultura LGBTQIAPN+ é a do armário. Enquanto "sair do armário" descreve uma pessoa LGBTQIAPN+ revelando sua orientação sexual ou identidade de gênero, estar "no armário" significa permitir que outros presumam que a pessoa é cisgênero e heterossexual.

O livro de 1990 da acadêmica americana Eve Kosofsky Sedgwick, *Epistemologia do armário*, explora a metáfora como uma forma de analisar como as ideias ocidentais de identidade criam heterossexuais, que vivem de forma aberta e normativa; e homossexuais, que são estigmatizados e forçados a viver em negociação constante com a fronteira instável entre a abertura e o sigilo. A epistemologia é o estudo do conhecimento e de como sabemos o que achamos que sabemos – nesse caso, o estudo de como achamos que sabemos coisas sobre a homossexualidade. Para Sedgwick, a fronteira entre "estar dentro" e "estar fora" do armário é basicamente instável e envolve um conflito entre silêncios socialmente impostos, segredos abertos e exigências de que a pessoa se assuma publicamente.

A natureza binária do pensamento sobre heterossexualidade e homossexualidade é fortemente criticada na obra de Sedgwick. Ela ressalta que as duas partes desse binário não são iguais: a homossexualidade é subordinada e, historicamente, relegada ao armário – levando em consideração que os homossexuais existem em um mundo construído em torno das normas heterossexuais, para atender a elas.

Veja também: *A história da sexualidade*, de Foucault 222-23 ▪ *Problemas de gênero*, de Butler 266-67 ▪ Heteronormatividade 270-71 ▪ "Não pergunte, não fale" 272-75

O próprio 'ato de estar no armário' em si é uma performance iniciada como tal pelo ato de fala de um silêncio.
Epistemologia do armário

Esses silêncios e suposições sobre pessoas queer tiveram efeitos negativos nessas vidas, particularmente em políticas como o decreto militar dos Estados Unidos de "Não pergunte, não fale".

A divisão homo-hetero
No cerne de *Epistemologia do armário* está a afirmação de Sedgwick de que o pensamento ocidental desde o final do século XX foi estruturado – e fraturado – pelo que ela chama de "crise endêmica de definição homo/heterossexual". Como resultado da escrita do século XIX sobre a homossexualidade, os indivíduos passaram a ser definidos por sua identidade como hétero ou homossexual. Antes que o conceito de homossexualidade entrasse no discurso público, o conceito de "heterossexual" também não existia.

Sedgwick argumenta que as abordagens binárias da sexualidade não são úteis e incentiva formas mais sutis de pensar. Também apresenta duas categorias principais de discurso que ressaltam os entendimentos contemporâneos da sexualidade. A primeira é o discurso minoritário, em que os homossexuais são dados como uma minoria distinta e oprimida; o segundo é o discurso universalizante, no qual todos os humanos são retratados como tendo potencial para o desejo queer. Ambos os discursos circulam simultaneamente, criando condições de incoerência pelas quais as pessoas queer se veem forçadas a navegar todos os dias.

A Introdução de *Epistemologia do armário* oferece seis axiomas que se mostraram extremamente produtivos para o pensamento queer. Desde a observação de que "as pessoas são diferentes umas das outras" até uma crítica ao que Sedgwick chama de "a grande mudança de paradigma" na história da homossexualidade, seus axiomas foram usados para desenvolver abordagens queer para questões éticas, métodos de análise textual e a maneira como a história é escrita. O livro também oferece interpretações da homossexualidade em vários textos literários do final do século XIX, incluindo *O retrato de Dorian Gray*, de Oscar Wilde, e *Billy Budd*, de Herman Melville. O livro de Sedgwick recebeu críticas principalmente dos que ficaram alarmados por suas leituras queer de autores amados. ■

... a elasticidade mortal da presunção heterossexista significa que... as pessoas encontram novos muros surgindo ao seu redor mesmo enquanto dormem...
Epistemologia do armário

Eve Kosofsky Sedgwick

Nascida em Ohio, em 1950, Eve Kosofsky se mostrou uma grande promessa intelectual desde jovem. A adolescente Kosofsky ajudava a mãe, uma professora de inglês, a corrigir as redações dos alunos e foi aceita na exclusiva Telluride House, da Universidade de Cornell, com uma bolsa de mérito acadêmico. Ela se casou com Hal Sedgwick em 1969 e, em 1971, iniciou seu doutorado em Yale. Como estudiosa, Sedgwick desempenhou um papel importante nos campos da literatura inglesa e da teoria queer. Em 1985, publicou *Between Men: English Literature and Male Homosocial Desire* [*Entre homens: literatura inglesa e desejo homossocial masculino*], uma das primeiras obras a explorar os laços sociais entre os homens. Sua *Epistemologia do armário* foi uma das obras mais influentes da teoria queer do século XX. Sedgwick morreu em 2009, de câncer.

Obras principais

1985 *Between Men: English Literature and Male Homosocial Desire*
1990 *Epistemology of the Closet*
1997 *Novel Gazing: Queer Readings in Fiction*

MEDO DE UM PLANETA QUEER
HETERONORMATIVIDADE (1991)

EM CONTEXTO

FOCO
Como a heteronormatividade molda nosso mundo

ANTES
1980 Em seu ensaio "Compulsory Heterosexuality and Lesbian Existence", a poeta americana Adrienne Rich defende que a heterossexualidade é presumida e imposta às pessoas.

1984 "Thinking sex", de Gayle Rubin, examina como certos atos sexuais são privilegiados em muitas sociedades.

DEPOIS
1997 Cathy J. Cohen propõe uma abordagem interseccional da heteronormatividade em "Punks, Bulldaggers e Welfare Queens".

1998 Lauren Berlant e Michael Warner desenvolvem ainda mais essas ideias em "Sex in Public", que analisa como as conversas sobre sexo são mediadas em espaços públicos.

A heteronormatividade é um conceito-chave na teoria queer. O termo foi cunhado em 1991 pelo acadêmico americano Michael Warner, cujo influente *Fear of a Queer Planet* explora "a heteronormatividade generalizada e muitas vezes invisível das sociedades modernas". A estudiosa americana Lauren Berlant, que colaborou com Warner, escreveu sobre "as instituições [e] estruturas de compreensão... que

A heteronormatividade privilegia alguns comportamentos e pune outros, ideia explorada pela antropóloga americana Gayle Rubin, que sugere que atos e comportamentos privilegiados formam um "círculo encantado".

PRIVILEGIADOS
- Pessoas heterossexuais
- Pessoas cisgênero
- Pessoas casadas ou em relacionamentos monogâmicos de longo prazo
- Pessoas com filhos
- Atos sexuais convencionais, ou "baunilha"

EM DESVANTAGEM
- Pessoas LGBTQIAPN+
- Pessoas solteiras
- Pessoas não monogâmicas
- Pessoas (especialmente mulheres) sem filhos
- Atos sexuais não normativos (como fetichistas ou anais)

ÀS CLARAS

Veja também: *A história da sexualidade*, de Foucault 222-23 ▪ Heterossexualidade compulsória 233 ▪ Reivindicando o termo "queer" 256-57 ▪ *Problemas de gênero*, de Butler 266-67 ▪ Teoria queer da cor 297 ▪ Estudos sobre queer e deficiência 298-301 ▪ Homonacionalismo 302-03

Tanto privilégio reside na capacidade exclusiva da cultura heterossexual de se interpretar como sociedade.
Michael Warner
Fear of a Queer Planet

Homonormatividade

O termo "homonormatividade" foi popularizado por teóricos LGBTQIAPN+ no início dos anos 2000. Refere-se à suposição de que as pessoas LGBTQIAPN+ devem se integrar às normas heterossexuais, com relacionamentos homossexuais se encaixando o mais próximo possível do modelo heterossexual e, assim, se tornando mais aceitos. Um casal gay masculino, por exemplo, pode ser interpretado como tendo papéis "masculinos" e "femininos", pode se casar e ter filhos por meio de barriga de aluguel ou de adoção. Algumas pessoas LGBTQIAPN+ se satisfazem com essas normas, mas outras argumentam que a homonormatividade é prejudicial porque sustenta estruturas opressivas e força as pessoas a aderirem a estruturas héteros. Em resposta, a teoria queer privilegiou uma postura de "antinormatividade", na qual as pessoas LGBTQIAPN+ são encorajadas a afirmar sua posição queer.

fazem a heterossexualidade parecer não apenas coerente – isto é, organizada como uma sexualidade – mas também privilegiada". Simplificando, a heteronormatividade é a ideia de que a sociedade favorece aqueles que existem dentro dos entendimentos "tradicionais" da vida heterossexual, e que a heterossexualidade é o padrão "correto", sendo qualquer desvio visto como menos normal. Isso é reforçado por leis de casamento, direitos de adoção e expectativas sociais em relação ao casal e à monogamia.

Identidade e expectativas

A heteronormatividade pressiona a todos e influencia muitas decisões cotidianas, embora muitas vezes de forma invisível ou subconsciente. Por exemplo, a pressão social pode ser aplicada a uma mulher cis para se casar com um homem cis, já que sua vida de solteira ameaça a expectativa heteronormativa de que deveria estar em um relacionamento "produtivo" – ou seja, que produz filhos.

A difusão e o poder da heteronormatividade implicam que a inclusão social de pessoas LGBTQIAPN+ não leva necessariamente à igualdade, já que a própria estrutura da sociedade favorece pessoas heterossexuais. A ideia de Judith Butler de uma "matriz heterossexual" afirma que a sociedade usa características identificáveis como gênero, sexo ou sexualidade como base para uma série de suposições heteronormativas. Por exemplo, presume-se que uma pessoa que se apresenta como homem ou mulher seja um indivíduo cis desse gênero ou sexo.

A heteronormatividade aplica pressão social não apenas aos relacionamentos, mas também às identidades de gênero. A sociedade presume um corpo cis e, portanto, os banheiros públicos são categorizados como masculinos ou femininos e supõe corpos de sexos específicos usando esses banheiros – isso exclui homens trans que menstruam e identidades não binárias. As identidades de gênero também são frequentemente atribuídas a aspectos específicos. As pessoas que aderem a essas características, como uma mulher que é visivelmente mãe, são recompensadas, enquanto aquelas que não o fazem, como uma mulher que não tem filhos, podem ser socialmente excluídas ou penalizadas de outra forma.

Para Warner, "mesmo quando aliada à tolerância das sexualidades minoritárias, a heteronormatividade só pode ser superada quando se imagina ativamente um mundo necessária e desejavelmente queer". Rejeitar a heteronormatividade permite que identidades marginalizadas existam à sua maneira e não sejam demonizadas por estarem fora das normas. No entanto, apesar das mudanças legais e sociais, há um longo caminho a percorrer antes que as estruturas heteronormativas não sejam mais a posição padrão para entender a interação social. ■

... nossos preconceitos contra o outro são fortalecidos menos por nossas suposições em relação às suas diferenças e mais por nossas suposições de nossa própria normalidade.
Jamie Arpin-Ricci
ativista LGBTQIAPN+ canadense

MENTIR PARA SERVIR

"NÃO PERGUNTE, NÃO FALE" (1993-2011)

EM CONTEXTO

FOCO
Exclusão LGBTQIAPN+

ANTES
1778 O tenente Frederick Gotthold Enslin é levado à corte marcial e dispensado do Exército por tentativa de fazer sexo com um homem.

1990 A OMS remove a homossexualidade da Classificação Internacional de Doenças.

DEPOIS
2012 Durante a campanha para as eleições presidenciais dos EUA, vários candidatos republicanos pedem a restauração do "Não pergunte, não fale" (DADT – Don't Ask, Don't Tell).

2014 O Centro de Estudos Estratégicos de Haia desenvolve o Índice Militar LGBT, que classifica mais de cem países na inclusão de militares LGBTQIAPN+.

Em 21 de dezembro de 1993, o Departamento de Defesa dos EUA emitiu uma nova política para membros não heterossexuais das Forças Armadas. A Diretiva 1304.26, conhecida como "Não pergunte, não fale" (DADT), permitia que homossexuais e bissexuais servissem às forças armadas desde que mantivessem sua orientação privada. Os militares não tinha permissão para questionar ou assediar uns aos outros com base em sua sexualidade. Indivíduos abertamente gays permaneciam impedidos de servir, e se uma pessoa "manifestasse" sua orientação por meio de conduta considerada "inaceitável", estaria sujeita a uma investigação, geralmente seguida de demissão.

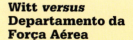

Veja também: Pessoas nascidas mulheres em combate 99 ▪ Direitos das pessoas trans 196-203 ▪ Remoção da homossexualidade dos DSM 219 ▪ O assassinato de Harvey Milk 226-27

Quase 13 mil militares foram dispensados do exército dos Estados Unidos entre 1994 e 2008 devido à política DADT.

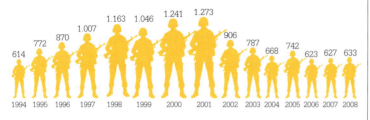

Witt *versus* Departamento da Força Aérea

Enquanto servia como major na Força Aérea dos EUA, Margaret Witt manteve sua orientação sexual em sigilo até que o ex-marido de sua parceira a expôs como lésbica em 2004. A investigação subsequente sobre sua homossexualidade sob o DADT deixou às claras as contradições que existiam na política e o que constituía "prova crível". Em 2006, Witt foi informada de seu processo de dispensa. Em resposta, alegou que o DADT violava o devido processo legal e que não havia evidências de que sua orientação tivesse causado problemas em sua conduta. O distrito rejeitou o caso e Witt foi dispensada em julho de 2007. Um ano depois, o Tribunal decidiu que suas reivindicações seriam restabelecidas, e que a Força Aérea deve garantir que as demissões relacionadas ao DADT sejam totalmente necessárias para defender "a boa ordem, a moral e a disciplina". Isso ficou conhecido como o "padrão Witt", um passo essencial para a revogação do DADT em 2010.

Essa política também estabeleceu padrões de como poderiam ocorrer as investigações sobre essa conduta para evitar uma "caça às bruxas", e às vezes era estendida para "Não pergunte, não fale, não persiga". Em teoria, um militar só seria investigado se houvesse "informação crível", e não poderia ser aberta uma investigação apenas para determinar a orientação sexual de alguém. Qual era exatamente o limite para essa evidência e quem era responsável por apresentá-la ou refutá-la permaneceu obscuro e controverso durante toda a vigência da política, até sua revogação em 2010.

Embora o DADT tentasse acabar com a discriminação com base na orientação sexual, ainda punia atos homossexuais. Isso a tornava diferente de qualquer outra política em relação às pessoas LGBTQIAPN+ nas forças armadas do mundo. O DADT foi introduzido pelo presidente Bill Clinton, resultado de um acordo que tentava agradar tanto aqueles que criticavam quanto os que apoiavam a proibição de homossexuais servirem nas forças armadas. O DADT resultou na dispensa de cerca de 13 mil pessoas das forças armadas.

Embora no papel o DADT possa ter representado um afrouxamento dos regulamentos existentes, na realidade serviu como a mais recente evolução em uma longa história de membros do serviço LGBTQIAPN+ sendo controlados e reprimidos em ambientes militares.

A exclusão toma forma

Até a Primeira Guerra Mundial, o tratamento dado às pessoas LGBTQIAPN+ nas forças armadas refletia amplamente as leis civis de um país. Atos homossexuais, definidos por muitos códigos penais como "sodomia", seriam motivo para corte marcial e demissão. O foco estava predominantemente em homens gays – outras identidades LGBTQIAPN+ ainda não haviam se articulado e, portanto, muitas vezes » eram ignoradas na formulação de políticas. Se um membro do serviço

Não foi o que eu fiz, ou o que eu disse, ou quanto era um bom cidadão, ou quantos prêmios eu ganhei. Como eu tinha um rótulo, isso não importava.
Margaret Witt

Margaret Witt ingressou na Força Aérea em 1987. Ela recebeu vários prêmios e medalhas durante seus vinte anos de carreira militar.

> Sou a prova viva de que a mera presença de uma pessoa abertamente gay... não prejudica nem a coesão nem o moral.
> **Zoe Dunning**
> **Comandante aposentada da Marinha dos Estados Unidos (1963-)**

LGBTQIAPN+ conseguia se sentir confortável ou não no serviço militar dependia, mas historicamente sua orientação era uma causa frequente de assédio e chantagem, e muitos tentavam manter sua sexualidade privada.

Aos poucos, o controle de quem poderia ingressar nas forças armadas se tornou mais institucionalizado. Em 1916, os militares dos EUA introduziram um novo meio para remover membros do serviço, conhecido como dispensa azul – que não era nem honrosa nem desonrosa, e permitia que se evitasse a situação impraticável de uma corte marcial exigindo prova de atos sexuais "inaceitáveis". Os comandantes usavam isso para remover aqueles que não queriam no serviço. É conhecido o fato de que homossexuais, mulheres e pessoas negras se viram sujeitos a essa prática, e a dispensa azul se tornou rapidamente motivo de estigma.

Na década de 1940, militares de todo o mundo responderam à patologização generalizada das

Milhares de bandeiras são exibidas em Washington, DC, para protestar contra o DADT no 13º aniversário de sua assinatura. Cada bandeira representa um soldado dispensado do serviço militar.

identidades LGBTQIAPN+, e muitos declararam que se tratava de doenças mentais incompatíveis com o serviço militar e um perigo para um exército eficaz. A presença de homens gays, especificamente nas forças armadas, era temida como uma distração, e também se reconhecia que eles estariam sujeitos à ridicularização e ao assédio, o que baixaria o moral. As lésbicas foram amplamente ignoradas até 1944, quando a homossexualidade se tornou motivo de desqualificação do Corpo Feminino do Exército. Embora a política de exclusão de não heterossexuais das forças armadas com base puramente na orientação sexual tenha surgido durante a Segunda Guerra Mundial, ela não foi rigorosamente aplicada até o final da guerra, quando a necessidade de soldados se tornou menos premente. E só em 1963 as pessoas trans foram oficialmente proibidas de ingressar no exército por serem mentalmente "inadequadas".

Interpretações e desafios

A desconexão entre os objetivos do DADT e a realidade de sua implementação teve sérias consequências. A primeira questão que surgiu era conhecida como "presunção refutável". Tratava-se do processo pelo qual a declaração de um membro do serviço de que era homo ou bi – ou sua exposição forçada por outra pessoa – criava automaticamente uma presunção refutável de que eles haviam se envolvido em atos homossexuais ou haviam tido a intenção de fazê-lo. Isso servia para minar a distinção que Clinton havia buscado entre orientação e atos, e a mera admissão de orientação era vista como uma admissão de conduta inaceitável que era muito difícil de se provar ou refutar.

A atitude "viva e deixe viver" da política também presumia um nível de tolerância em relação às pessoas LGBTQIAPN+ nas forças armadas que não existia antes. Em 1999, foi ordenada uma revisão na política depois que o soldado Barry Winchell, de 21 anos, foi assassinado após assédio persistente e descontrolado pelo fato de ele namorar a artista trans americana Calpernia Addams. O que começou como uma avaliação sobre o assassinato de Winchell logo se transformou em uma investigação sobre o que era uma atmosfera generalizada de assédio contra pessoas LGBTQIAPN+ nas forças

armadas, apesar do DADT. E foi revelado que muitos não haviam recebido treinamento sobre a política e, embora amplamente cientes dela, não a compreendiam em detalhes.

Legado de DADT

Após o 11 de setembro de 2001, durante a presidência de George Bush, as dispensas relacionadas ao DADT caíram drasticamente. Alguns especulam que isso se deveu à crescente aceitação de LGBTQIAPN+ nas forças armadas, mas também foi atribuído à relutância dos militares em perder membros capazes durante a subsequente Guerra do Iraque.

A presença do DADT era cada vez mais vista como antiquada quando comparada ao contexto global. Após o levantamento inicial das proibições na Holanda em 1972 e na Dinamarca em 1979, Austrália, Nova Zelândia e Canadá suspenderam as proibições em 1992, seguido por Israel em 1993. No Reino Unido, a proibição foi suspensa em 2000 depois que o Tribunal Europeu de Direitos Humanos tomou uma decisão histórica em 1999 de que a proibição do Ministério da Defesa aos homossexuais era ilegal.

No entanto, só em 2010, sob a presidência de Barack Obama, o DADT seria finalmente revogado – e permaneceu em vigor até setembro de 2011. O grupo de trabalho dentro do Departamento de Defesa que implementou a revogação declarou que "permitir que gays e lésbicas sirvam abertamente não prejudicará os militares". A ACLU (American Civil

... a identidade de gênero não deve ser uma barreira para o serviço militar e... a força da América é encontrada em sua diversidade.
Declaração da Casa Branca
Janeiro de 2021

Veteranos e ativistas LGBTQIAPN+ se algemam às grades da Casa Branca em 2010, pedindo a revogação da política DADT. Ela foi revogada em dezembro daquele ano.

Liberties Union) entrou com um pedido de indenização, que foi garantido para todos os dispensados desde novembro de 2004. No entanto, a sodomia, mesmo consensual, ainda é criminalizada pela lei militar, ao lado da bestialidade.

As pessoas trans permaneceram desqualificadas do serviço militar após a revogação do DADT, com uma instrução de 2012 listando a transexualidade como uma "condição psicossexual". No entanto, quando um estudo não encontrou evidências de qualquer impacto na "eficácia operacional" ao permitir que pessoas trans servissem, a proibição foi suspensa em 2016. Posteriormente, foi restabelecida por Donald Trump em 2017, mas revertida novamente assim que Joe Biden assumiu o cargo em 2021. Apesar de suas boas intenções, a política do DADT se tornou discriminatória. ■

MOLECAS E ESPOSAS
COMUNIDADES CHINESAS *LALA* (1994)

EM CONTEXTO

FOCO
Desejo homossexual na China

ANTES
Século XVII As relações lésbicas aparecem nos relatos literários do início da dinastia Qing sobre o casamento polígamo.

Século XIX No sul da China, *zishu nü* ("mulheres que prendem o próprio cabelo") resistem ao casamento e vivem juntas. Algumas vivem relacionamentos homossexuais e compartilham promessas em *nüshu* (escrita exclusiva de mulheres).

DEPOIS
1995 A Quarta Conferência Mundial sobre Mulheres da ONU, realizada em Pequim, tem sua primeira tenda lésbica.

2018 O gigante chinês de mídia social Sina Weibo é criticado por proibir o conteúdo LGBTQIAPN+ e reverte a política, mas a censura continua.

2020 O Congresso Nacional do Povo da China reconhece as petições de igualdade matrimonial.

Lala é uma gíria chinesa que inclui amplamente mulheres cis ou trans com desejo pelo mesmo sexo, como lésbicas e mulheres multissexuais. A palavra tem suas raízes em *lazi*, usada pela primeira vez pela escritora taiwanesa Qiu Miaojin em seu romance de 1994, *Notes of a Crocodile*.

Historicamente, as *lalas* têm sido menos sujeitas a escrutínio do que os seus homólogos masculinos, que foram criminalizados desde o século XVIII. *Lalas* foram ignoradas em grande parte porque eram vistas como uma ameaça menor para a família patrilinear. Esse apagamento às vezes é mal interpretado como tolerância. No entanto, até hoje, as *lalas* enfrentam estigma e discriminação. Na década de 1990, começaram a se formar comunidades *lala* em cidades como Pequim e Xangai, o que foi facilitado pela proliferação de bares *lala* e fóruns online. Esses importantes espaços semipúblicos, influenciados pela cultura LGBTQIAPN+ mais estabelecida do Ocidente, permitiram que as *lalas* explorassem suas identidades e buscassem relações românticas. No entanto, em sua vida familiar e no trabalho, com frequência se deparavam com negação e rejeição.

Novos papéis de gênero

À medida que a comunidade se tornou mais confiante, as *lalas* se envolveram em uma inconformidade mais aberta, desempenhando papéis de gênero criativos e transgressores e formando unidades familiares do mesmo sexo. O surgimento do emparelhamento masculino-feminino de T-P é central para essa mudança: os papéis de T (do inglês "tomboy", que quer dizer algo como "moleca") e P (*po* em chinês significa "esposa"), foram derivados da subcultura lésbica T-Po em Taiwan. Desde então, as relações T-P evoluíram para incluir variações como *niang T* (algo como "maricas T") e P dominante, e se transformaram em um elemento

Eu gostaria de me apaixonar por um homem, mas há uma quantidade grande demais de mulheres bonitas.
Qiu Miaojin
Notes of a Crocodile, 1994

ÀS CLARAS 277

Veja também: Butch e *femme* 152-55 ▪ Parentalidade LGBTQIAPN+ 228–31 ▪ Ativismo LGBTQIAPN+ na Ásia 254-55 ▪ Igualdade matrimonial 288-93

Um casal em um casamento em Pequim, em 2019. Os casamentos entre pessoas do mesmo sexo não são reconhecidos na China, mas isso não impediu que um número crescente de *lalas* se casassem.

fundamental da subcultura chinesa *lala*. Casais do mesmo sexo não podem se casar ou adotar filhos, e algumas *lalas* que não querem se assumir optam por casamentos cooperativos com homens gays, embora os críticos argumentem que isso pode comprometer ainda mais a independência das mulheres.

Ativismo e famílias

O ativismo *lala* foi inicialmente discreto, com um grupo informal, Beijing Sisters [Irmãs de Pequim], em 1998. Em 2005, três organizações *lala* se estabeleceram em Pequim (Common Language e revista comunitária *les+*) e Xangai (Shanghai Nvai). Esses grupos e a Lala Alliance ajudaram a comunidade a se organizar. Ativistas também trabalharam para levar o queer à esfera pública, com acadêmicos explorando a desigualdade de gênero na comunidade LGBTQIAPN+ e artistas produzindo trabalhos que projetam além da reprodução e das unidades familiares héteros. Esses avanços encontraram resistência. Xi Jinping se tornou presidente em 2013 e aumentou a vigilância e a censura de grupos de direitos humanos e ativistas com ligações internacionais.

Hoje, as ideias de T-P e casamento cooperativo estão sendo contestadas por uma nova geração. Com a disponibilidade da tecnologia de reprodução assistida, surgiram famílias arco-íris que consistem em duas parceiras *lala* e um bebê. No entanto, relacionamentos entre pessoas do mesmo sexo e estilos de vida *lala* permanecem estigmatizados aos olhos das autoridades e de muitos chineses mais velhos. ▪

Fora *lalas*

Em 2000, *Let's Talk it Out*, da Hunan Satellite Television, se tornou o primeiro programa de TV chinês a discutir a homossexualidade – uma de suas convidadas, a artista e atriz Shitou, se tornou a primeira mulher a se assumir como *lala* na grande mídia. O episódio foi um divisor de águas que atraiu atenção sem precedentes e gerou um grande debate público. Desde então, mais e mais indivíduos se assumiram como *lalas* na China. Uma das mais proeminentes é Li Ying, uma jogadora de futebol chinesa de alto nível, que anunciou seu noivado com a namorada Chen Leilei no Sina Weibo em 2021. Li se tornou a primeira esportista chinesa a se assumir publicamente, e sua postagem se tornou viral na rede antes de ela a excluir – uma ação possivelmente motivada pelos censores da China, que ainda desencorajam o conteúdo LGBTQIAPN+.

A jogadora de futebol Li Ying se assumiu como *lala* em 2021, o que a tornou uma das pessoas LGBTQIAPN+ de maior destaque na China. Li, que é atacante, jogou mais de cem vezes pela seleção da China.

Definições de *lalas*	
Lala	Uma mulher cisgênero ou transgênero que deseja o mesmo sexo (por exemplo, lésbica ou multissexual)
Tomboy/ Moleca (T)	Uma *lala* inclinada para o *butch*
Esposa (P)	Uma *lala* inclinada para *femme*
Bu fen (não identificado)	*Lala* que opta por sair do binário T-P

NÃO FOI DEUS QUE ME REJEITOU
MUÇULMANOS LGBTQIAPN+ (1996)

EM CONTEXTO

FOCO
Religião inclusiva

ANTES
Anos 1880 Leis anti-LGBTQIAPN+ são introduzidas em muitas nações islâmicas sob domínio britânico e francês.

1919 O Afeganistão se torna a primeira nação de maioria muçulmana a conquistar a independência do Império Britânico. Mas as penas discriminatórias permanecem.

DEPOIS
2014-17 Milícias islâmicas no Iraque e na Síria executam homens suspeitos de atos homossexuais.

2016 O Conselho de Direitos Humanos da ONU nomeia o primeiro investigador independente de violência contra pessoas LGBTQIAPN+, apesar dos protestos das nações da OIC.

2022 O drama trans paquistanês *Joyland* ganha o Queer Palm em Cannes.

Quase dois bilhões de pessoas em todo o mundo são muçulmanas e cerca de um em cada quatro países tem maioria muçulmana. As atitudes variam enormemente, mas muitos muçulmanos LGBTQIAPN+ enfrentam estigma social e barreiras legais ou perseguição de governos muitas vezes não simpatizantes.

A Organização de Colaboração Islâmica (OIC), que em 2022 contava com 57 nações como membros, mostrou uma frente amplamente unida na tentativa de bloquear a inclusão dos direitos LGBTQIAPN+ como direitos humanos nas Nações Unidas. Atos homossexuais são punidos com sentenças severas em muitos países e alguns, como o Egito, prendem e perseguem ativamente pessoas LGBTQIAPN+. Em outros, incluindo o Líbano e a Turquia, as relações sexuais entre pessoas do mesmo sexo são permitidas e as organizações LGBTQIAPN+ são legalmente reconhecidas. No entanto, essas organizações tendem a ser seculares e a trabalhar em questões cívicas, deixando uma escassez de órgãos específicos para muçulmanos, inclusive no Ocidente, onde a islamofobia e a homofobia geralmente precisam ser abordadas em conjunto.

Organizações comunitárias

Embora os grupos islâmicos LGBTQIAPN+ tenham sido raros durante grande parte do século XX, surgiram várias organizações influentes nas

O desenvolvimento do ativismo muçulmano LGBTQIAPN+

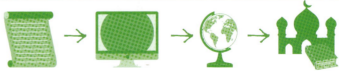

Leis restritivas em muitas nações islâmicas dificultam a organização da comunidade.

Em vez disso, os indivíduos começam a se corresponder por meio de grupos e listas de discussão on-line.

Os membros da lista de discussão se encontram offline e formam grupos em todo o mundo.

O ativismo LGBTQIAPN+ continua por meio de mesquitas, literatura, música, arte e filmes inclusivos.

ÀS CLARAS 279

Veja também: O Califado Abássida 46-47 ▪ Gênero e sexualidade otomanos 62-63 ▪ Transformando a sociedade otomana 104-05 ▪ Ativismo LGBTQIAPN+ na Ásia 254-55 ▪ Os desafios LGBTQIAPN+ na África moderna 306-07

O Islã nos dá espaço para pensar. Nunca podemos mudar o Alcorão, mas podemos mudar nossa interpretação dele.
Muhsin Hendricks

últimas décadas. À medida que o alcance da internet se ampliava na década de 1990, se formaram comunidades LGBTQIAPN+ on-line. Muitos muçulmanos passaram de reuniões digitais para reuniões presenciais, e alguns alavancaram doações filantrópicas para estabelecer organizações.

Em 1996, surgiu o Inner Circle [Círculo Interior] na Cidade do Cabo, a partir de uma série de círculos de estudos dirigidos pelo imã gay Muhsin Hendricks. Hoje, esse é o fórum mais antigo do mundo para o ativismo muçulmano LGBTQIAPN+. Em 1997, a Fundação Al-Fatiha surgiu de uma lista de mala direta para muçulmanos LGBTQIAPN+ em 25 países. Este grupo ativista baseado nos EUA organizou conferências e abriu escritórios no Reino Unido, Turquia, Espanha, Canadá e África do Sul, antes de se separar em 2011. Em 1999, apareceu em Londres, no Reino Unido, o grupo de apoio Imaan.

Espaços inclusivos

Como os muçulmanos LGBTQIAPN+ se encontravam mais na vida real, a necessidade de locais inclusivos para adoração e casamento deu origem a várias iniciativas. Em 2009, foi aberto em Toronto o El-Tawhid Juma Circle, um espaço de oração inclusivo e uma ramificação de Salaam. Ali, pessoas de todos os gêneros oram juntas, o que é particularmente útil para muçulmanos trans e não binários. Na França, o imã gay Ludovic-Mohamed Zahed, nascido na Argélia, abriu uma sala de oração inclusiva em Paris em 2012. Nesse mesmo ano, foi iniciada no Reino Unido a Iniciativa de Mesquita Inclusiva (IMI) feminista interseccional. Embora a IMI não tenha atualmente um espaço físico, os membros se reúnem virtualmente para orações e celebrações.

Nos EUA, o imã gay Daayiee Abdullah fundou o Instituto educacional MECCA em 2015 e começou a oficiar cerimônias de casamento entre pessoas do mesmo sexo. Na Alemanha, foi fundada uma mesquita inclusiva de tijolos e argamassa, a Mesquita Ibn Rushd-Goethe em Berlim, pela imã turca Seyran Ates, em 2017. O apoio também está crescendo na Austrália: em 2017, o imã gay nascido na Somália, Nur Warsame, começou a realizar reuniões regulares no Victoria Pride Centre, e foi fundado o Sydney Queer Muslims (SQM), que começou como um grupo clandestino de mídia social.

Ativismo e artes

A organização sem fins lucrativos não é a única forma de ativismo muçulmano LGBTQIAPN+. O século XXI viu um desabrochar do ativismo e da representação em bolsas de estudos, literatura, arte, cinema e música.

Os destaques incluem os estudos rigorosos de Junaid Jahangir e Hussein Abdullatif sobre Lei Islâmica e Uniões Muçulmanas do Mesmo Sexo (Estados Unidos/Canadá, 2018); *Are You This or Are You This?*, um livro de memórias de Madian Al Jazerah (2021); a exposição fotográfica de Samra Habib, *Just Me and Allah* (2014) e suas memórias *We Have Always Been Here* (2019); o documentário de Parvez Sharma, *A Jihad for Love* (2007), indiana que vive em Nova York; o longa *Breaking Fast* (2020) de Mike Mosallam; e as letras abertamente queer da banda indie libanesa Mashrou 'Leila. ▪

Muçulmanos participam das orações de sexta-feira na Mesquita Ibn Rushd-Goethe, um local de culto em Berlim que recebe muçulmanos LGBTQIAPN+.

NÃO SE TRATA DE UM QUEBRA-CABEÇA COM UMA PEÇA FALTANDO

O ESPECTRO ARROMÂNTICO E ASSEXUAL (1997)

EM CONTEXTO

FOCO
Ampliando identidades sexuais

ANTES
1896 O sexólogo alemão Magnus Hirschfeld chama as pessoas assexuadas de "anaesthesiasexual" em seu panfleto *Sappho und Sokrates*.

1977 É publicado pela sexóloga americana Myra T. Johnson um dos primeiros artigos sobre assexualidade – "Assexual and Autoerotic Women: Two Invisible Groups".

DEPOIS
2014 Acontece a primeira Semana Mundial de Conscientização Arromântica.

2019 Na revista *Qwear Fashion*, a modelo e ativista britânica Yasmin Benoit apresenta a hashtag #ThisIsWhatAsexualLooksLike em resposta, depois de ouvir que ela não parece assexual.

Antes da publicação do ensaio da blogueira Zoe O'Reilly, "Minha vida de ameba", em 1997, praticamente não havia espaços – reais ou online – para uma comunidade de pessoas assexuadas e arromânticas se reunirem. Psicólogos e sexólogos haviam atestado a existência de assexuais, que figuravam em ensaios científicos e modelos como a Escala Kinsey da década de 1940 e o Eixo de Sexualidade de Storms de 1980. Também havia sinais de que o rótulo estava sendo usado na vida cotidiana. Em uma carta para a coluna de conselhos da americana Abigail Van Buren, "Dear Abby", em 1981 – em que repreendia a colunista por sugerir que nenhum homem (ou mulher) poderia

Veja também: Primeiro reconhecimento da assexualidade 122-23 ▪ Sexologia e psicanálise 132-33 ▪ Relatório Kinsey sobre sexologia 164-65 ▪ *O manifesto assexual* 218

ser feliz e se abster de sexo –, o remetente falou em nome da "minoria esquecida" dos "genuinamente assexuais". Muitas pessoas assexuais, ou aquelas que questionam sua potencial assexualidade, trabalharam sua identidade sozinhas. Como disse a ativista americana Julie Sondra Decker, a assexualidade era uma "orientação invisível".

Construção comunitária

Os espaços online desempenharam um papel fundamental no desenvolvimento de um senso de comunidade assexual e se tornaram um fórum para discussões que ajudaram a moldar as concepções modernas de assexualidade e arromantismo. A seção de comentários do ensaio de Zoe O'Reilly foi um dos primeiros desses espaços. O uso do termo "ameba" refletia a visão de O'Reilly de que o mundo tendia a acreditar que organismos assexuados com mais de uma célula não existiam – amebas sendo organismos unicelulares que se reproduzem assexuadamente. A comparação com plantas e amebas se tornou uma metáfora comum em grupos assexuais, embora muitos na comunidade assexual agora a considerem ofensiva.

Em 2000, foi criado o primeiro grande fórum on-line assexuado – um grupo do Yahoo! chamado Refúgio das Amebas Humanas (HHA – Haven for the Human Amoeba). Os fundadores do HHA definiram assexual simplesmente como "uma pessoa que não é sexual", mas as discussões de seus membros revelaram uma falta de consenso sobre o que exatamente tornava uma pessoa assexual.

Um dos marcos mais significativos na história assexual foi a fundação em 2001 da Rede de Visibilidade e Educação Assexual (AVEN – Asexual Visibility and Education Network). Como forma de definir a assexualidade, o ativista americano David Jay, fundador da AVEN, propôs o "modelo de identidade coletiva", no qual qualquer pessoa que se identificava como assexual fazia parte da comunidade. Isso refletia a realidade de que todos os membros da comunidade tinham diferentes experiências de assexualidade e rejeitavam a necessidade de categorias específicas como "sem atração sexual" ou "sem interesse em sexo".

> A sexualidade é como qualquer outra atividade. Há pessoas para quem o paraquedismo, o bolo de chocolate e o futebol são o seu mundo. Mas algumas pessoas não gostam de paraquedismo, bolo de chocolate ou futebol.
> **David Jay**

Atitudes em relação ao sexo

As discussões nos fóruns online da AVEN e seus precursores criaram uma nova linguagem para as distinções entre assexuais. Eles poderiam, por exemplo, ser descritos como "sexo positivos" ou "favoráveis ao sexo" se fizessem e gostassem de sexo, apesar de não sentirem atração sexual. Também poderiam ter "repulsa ao sexo", o que significava uma forte aversão ao ato, assim como falta de atração sexual. Ou poderiam ainda ser "neutros em relação ao sexo", sem sentimentos fortes de um modo ou de outro. »

Tipo de atração	Descrição
Sexual	Desejo de ter relações sexuais com uma pessoa/pessoas
Romântica	Desejo de ter um relacionamento romântico com uma pessoa/pessoas
Sensual	Desejo de abraçar e de se envolver em outro contato físico (não sexual) com uma pessoa/pessoas
Estética	Desejo de olhar para uma pessoa/pessoas; gostar da aparência delas sem necessariamente querer interagir com elas
Platônica	Desejo platônico de fazer amizade com uma pessoa/pessoas
Emocional	Desejo de estabelecer uma conexão emocional com uma pessoa/pessoas

282 O ESPECTRO ARROMÂNTICO E ASSEXUAL

Os membros da AVEN achavam que sexo era bom – para outras pessoas. No entanto, alguns membros mantinham uma posição antissexual – oposta ao sexo como um todo – por várias razões, como preocupações com a superpopulação e o meio ambiente; por visões feministas sobre relações de poder desiguais; e por acreditarem que o sexo é um desejo básico e niilista.

De *ace* para *aro*

Muitos dos primeiros membros da AVEN eram assexuais (*ace*) e o que agora é chamado de arromânticos (*aro*) – ou seja, não experimentavam atração romântica. Os membros da AVEN inicialmente usaram o termo "assexual-assexual" para denotar essa dupla identidade. Uma pesquisa de 2003 no site da AVEN mostrou 302 pessoas (quase 17% dos entrevistados) identificadas como assexuais-assexuais – em oposição a "assexuais héteros", "assexuais gays", "bi-assexuais" ou "outros" –, e um dos primeiros usos da palavra "arromântico" no fórum da AVEN foi em um tópico respondendo à enquete. Em 2005, alguns questionaram o significado de assexual-assexual, e um comentarista sugeriu "assexual arromântico". A formação do arromantismo como identidade passou dos fóruns da AVEN para aqueles dedicados às pessoas arromânticas.

Em 2010, um grupo de estudantes universitários americanos fundou a Coalizão Nacional para Visibilidade Arromântica (NCAV – National Coalition for Aromantic Visibility). Seu objetivo era garantir um espaço para todos os arromânticos, e não apenas para os assexuais arromânticos que poderiam ler sobre o arromantismo nos fóruns da AVEN. Como a AVEN, a NCAV era tanto uma comunidade quanto um recurso educacional. Outros fóruns, incluindo o Aropocalypse e a União do Espectro Arromântico para Reconhecimento, Educação e Apoio (AUREA – Aromanticspectrum Union for Recognition, Education, and Advocacy), surgiram na década seguinte, e ajudaram a ampliar o debate e a estabelecer que assexualidade e arromantismo não

Identidades assexuadas e arromânticas

Muitas identidades se enquadram no espectro da assexualidade e do arromantismo. Abaixo está uma seleção de algumas das mais comuns, cada uma com a bandeira principal que adotou. Também existem bandeiras alternativas.

Identidades assexuadas

Assexual
Não sente atração sexual.

Demissexual
Experimenta atração sexual apenas quando é formado um vínculo emocional.

Fraysexual
A atração sexual desaparece depois de acabar de conhecer alguém.

Greysexual
Experimenta atração sexual raramente e/ou em circunstâncias extremamente específicas.

Litossexual
Também conhecido como akoissexual ou apossexual. Experimenta atração sexual, mas não quer que seja recíproca.

Identidades arromânticas

Arromântico
Experiências arromânticas sem atração romântica.

Demirromântico
Experimenta atração romântica apenas quando é formado um vínculo emocional.

Frayromântico
A atração romântica desaparece depois de acabar de conhecer alguém.

Greyromântico
Experimenta atração romântica raramente e/ou em circunstâncias extremamente específicas.

Litorromântico
Também conhecido como akoiromântico ou aporomântico. Experimenta atração romântica, mas não quer que seja recíproca.

Membros da AVEN participam das comemorações da Marcha do Orgulho de 2016. Em 2012, Londres sediou a primeira Conferência Mundial do Orgulho Assexual.

eram categorias monolíticas, mas espectros de diferentes graus de atração em vez de um binário assexual/alossexual (alossexual significa experimentar atração sexual com relativa frequência).

Pesquisas e desafios

Desde os anos 2000, pesquisadores de psicologia, sociologia e teoria queer desenvolveram novas formas de entender e discutir o tema. Muitas pesquisas se concentraram em como as sociedades afirmam a atração sexual e romântica. Em 2011, a estudiosa feminista. Ela Przybylo usou o termo sexosociedade para descrever uma sociedade que torna a sexualidade "obrigatória". Elizabeth Brake cunhou o termo amatonormatividade em 2012 para descrever a crença de que "todos estão melhor em um relacionamento exclusivo, romântico e de longo prazo", o que desvaloriza outros tipos de relacionamento que podem ser mais importantes para as pessoas ace e aro. Da mesma forma, Elizabeth Hanna Hanson usou erotonormatividade em 2014 para descrever a expectativa de que as pessoas experimentem atração sexual e tenham relações sexuais.

Estudos mais recentes se concentram em aspectos que se entrecruzam com a assexualidade, como a branquitude e o autismo. Estudiosos não brancos destacaram a branquitude dos espaços assexuais e a necessidade de amplificar as vozes negras, hispânicas e asiáticas. Pesquisadores também começaram a investigar a prevalência da assexualidade entre pessoas autistas, que estão super-representadas em amostras de pessoas assexuais em comparação com aquelas neurotípicas. Mesmo na comunidade LGBTQIAPN+, as pessoas ace e aro são condenadas ao ostracismo pelos que acreditam que essas identidades não são inerentemente queer. Alguns médicos ainda "tratam" a assexualidade como um problema físico, e outros equívocos persistem, como a ideia de que a assexualidade deve resultar de um trauma. No entanto, a representação de personagens e pessoas assexuais e arromânticas na mídia começou a combater tais equívocos, e ativistas aro-ace aumentam a conscientização em eventos anuais, como o Dia Internacional da Assexualidade. ∎

Participante da marcha do Orgulho LGBTQIAPN+ de Helsinki em 2016 protesta contra a invisibilidade das orientações sexuais ace e aro.

O modelo de atração dividido

Pessoas arromânticas não são necessariamente assexuais e vice-versa. A separação dos dois em identidades distintas é chamada de "modelo de atração dividida". O modelo separa os conceitos de atração romântica e sexual para que uma pessoa possa se autodenominar, por exemplo, assexual birromântica (se sente atraída romanticamente por gêneros próprios e diferentes, mas não sente atração sexual por eles) ou homossexual greyromântica (experimenta pouca atração romântica, mas se sente sexualmente atraída por pessoas de seu próprio gênero). Embora o modelo de atração dividido seja usado por pessoas nos espectros assexual e arromântico, também pode ser usado por qualquer pessoa cuja orientação inclua uma disparidade em termos de atração romântica e sexual. Alguns críticos do modelo acreditam que ele enfatiza muito a atração romântica e sexual como uma experiência separada e definível, e ignora as formas pelas quais podem se sobrepor.

SEU LEGADO NOS INSPIROU A APAGAR O ÓDIO
O ASSASSINATO DE MATTHEW SHEPARD (1998)

EM CONTEXTO

FOCO
Crime de ódio LGBTQIAPN+

ANTES
1976 Nasce Matthew Shepard, no estado americano de Wyoming.

DEPOIS
Dezembro de 1998 Judy e Dennis Shepard criam a Fundação Matthew Shepard em memória do filho e para combater a homofobia.

2002 Estreia no Sundance Film Festival uma adaptação cinematográfica de *O projeto Laramie* e é exibida na TV.

2016 Pela primeira vez nos EUA, é feita uma acusação criminal por se escolher uma vítima por sua identidade de gênero. Joshua Vallum é considerado culpado em 2017 de assassinato sob a Lei de Prevenção de Crimes de Ódio de Matthew Shepard e James Byrd Jr. de 2009.

2018 Os restos mortais de Shepard são enterrados na Catedral Nacional de Washington.

Em outubro de 1998, Matthew Shepard, um jovem estudante universitário gay, foi brutalmente atacado, torturado, amarrado a uma cerca e largado para morrer fora da cidade de Laramie, no estado americano de Wyoming. Um ciclista local encontrou Shepard amarrado à cerca um dia e meio depois – em coma, mas vivo. Shepard foi levado ao hospital em Fort Collins, no Colorado, sob o suporte vital de aparelhos, mas nunca recuperou a consciência. Aconteceram vigílias à luz de velas por todo o país, enquanto ele estava sob cuidados intensivos. Shepard morreu seis dias depois de ser atacado, devido aos graves ferimentos na cabeça que havia sofrido.

Shepard foi morto por Aaron McKinney e Russell Henderson, que o conheceram em um pub local e se

Um memorial iluminado por velas para Matthew Shepard em Nova York em 1998. A vigília também lembrou James Byrd Jr., vítima de um crime de ódio e que morreu quatro meses antes de Shepard.

ÀS CLARAS 285

Veja também: Perseguição durante o Holocausto 156-61 ▪ Direitos de pessoas transgênero 196-203 ▪ O assassinato de Harvey Milk 226-27 ▪ "Não pergunte, não fale" 272-75 ▪ O ataque a tiros na Pulse 308-09

Em 2020, 23,4% dos crimes de ódio nos Estados Unidos, com 11126 vítimas, foram motivados por um único preconceito contra orientação sexual, gênero ou identidade de gênero. (Outras 346 vítimas foram atacadas por causa de mais de um preconceito.) O legado de Matthew Shepard garantiu que eles fossem registrados como crimes de ódio.

Legenda
- Raça/etnia/ancestralidade
- Orientação sexual
- Religião
- Identidade de gênero
- Deficiência
- Gênero

0,7%
1,4%
2,7%
13,3%
20,0%
61,8%

oferecerem para lhe dar uma carona para casa. Os agressores foram acusados e condenados por assassinato em primeiro grau, e condenados a duas penas consecutivas de prisão perpétua. Em grande parte devido à natureza violenta do assassinato de Shepard, o caso levou a protestos nacionais e internacionais.

Crime de ódio
Durante o julgamento de McKinney, sua defesa argumentou que ele havia sido levado a um estado de insanidade temporária por avanços sexuais indesejados de Shepard. Isso é conhecido como "pânico gay", que deriva da ideia homofóbica de que investidas sexuais indesejadas entre pessoas do mesmo sexo são tão traumatizantes que o destinatário não pode ser responsabilizado por uma agressão como autodefesa.

A cultura de ódio subjacente ao assassinato de Shepard foi destacada quando seu funeral foi marcado por membros da Igreja Batista de Westboro, fortemente homofóbica. Sem se deixar abater, os pais de Matthew – Dennis e Judy Shepard – criaram a Fundação Matthew Shepard para combater a homofobia e fazer lobby para o fortalecimento da legislação federal de crimes de ódio. Em outubro de 2009, Barack Obama sancionou a Lei de Prevenção de Crimes de Ódio Matthew Shepard e James Byrd Jr., um negro americano assassinado por três homens brancos no Texas em junho de 1998.

Um crime de ódio é um crime em que a vítima é o alvo por pertencer a um determinado grupo social. Essa motivação é fundamental para a natureza do crime e é um fator levado em consideração na pena. A primeira lei de crimes de ódio nos EUA foi aprovada em 1871, para combater crimes de motivação racial após a Guerra Civil, durante um período conhecido como Reconstrução. A partir de 1968, a lei federal dos EUA passou a reconhecer crimes de ódio como motivados por preconceito com relação a raça, cor, religião ou origem nacional. Em 1990, o conceito foi ampliado, para fins de coleta de dados, para incluir a orientação sexual – com a ressalva de que recursos federais não deveriam ser usados para "incentivar a homossexualidade". Em 1994, a definição de crime de ódio foi ampliada para incluir preconceito contra pessoas com deficiência.

A legislação de 2009 expandiu a lei federal de crimes de ódio para incluir crimes motivados pelo gênero da vítima (real ou percebido), orientação sexual ou identidade de gênero. Também retirou a condição de que a vítima estivesse envolvida em uma "atividade protegida pelo governo federal", como votar.

O projeto Laramie
Em 2000, o legado de Matthew Shepard foi consagrado em *O projeto Laramie*, uma peça de Moisés Kaufman e membros do Tectonic Theatre Project de Nova York, criada a partir de entrevistas com moradores de Laramie sobre o assassinato. Assim como seu epílogo, *O projeto Laramie: dez anos depois*, a peça é produzida continuamente por grupos de teatro nos EUA; e foi transformada em filme, escrita e dirigida por Kaufman, em 2002.

A peça gerou polêmica em partes dos EUA, com manifestações de grupos de ódio. Em 2009, pais de alunos tentaram interromper uma produção em uma escola de ensino médio em Las Vegas, mas o pedido de liminar foi negado. ∎

Não precisa haver esse tipo de violência e ódio em nosso mundo.
Judy Shepard
The Meaning of Matthew, 2009

NÃO PRECISO DE CONSERTO
A TERAPIA DE CONVERSÃO É PROIBIDA (1999)

EM CONTEXTO

FOCO
Fim das "curas" abusivas

ANTES
1860 Os britânicos introduzem o Código Penal indiano, que penaliza "relações carnais contra a ordem da natureza", moldando as leis em todo o Império Britânico.

1899 Albert von Shrenck-Notzing é o primeiro a afirmar que a hipnose pode "curar" a homossexualidade.

1967 O Reino Unido legaliza atos homossexuais para homens na Inglaterra e no País de Gales – estendido à Escócia em 1980 e à Irlanda do Norte em 1982.

DEPOIS
2003 As relações entre sexos diferentes e entre pessoas do mesmo sexo é legalizada em todos os estados dos EUA.

2008 A primeira Declaração da ONU sobre Direitos Humanos, Orientação Sexual e Identidade de Gênero é apoiada por 66 nações.

Alguns médicos e psiquiatras do século XIX começam a acreditar que a homossexualidade é uma **"doença"** que **pode ser "curada"**.

Os **protestos** LGBTQIAPN+ enfatizam a **onipresença e normalidade** de diferentes sexualidades e identidades.

As nações ocidentais **proíbem cada vez mais a terapia de conversão**, mas essas atitudes radicais persistem em outros lugares.

A maioria das autoridades médicas **desclassifica as identidades** LGBTQIAPN+ como "distúrbios", mas as **terapias de conversão leigas persistem**.

Em 1999, o Brasil se tornou o primeiro país do mundo a proibir a terapia de conversão, o que a instituição LGBTQIAPN+ britânica Stonewall define como "qualquer intervenção que busque mudar a orientação sexual ou identidade de gênero de uma pessoa". Tais práticas começaram pelo menos um século antes e variam de castrações e lobotomias a terapia de aversão – infligindo traumas aos sujeitos.

As vítimas incluíram o matemático britânico Alan Turing, que acelerou o fim da Segunda Guerra Mundial ao decifrar códigos produzidos pela máquina alemã Enigma. Após sua condenação por "atentado violento ao pudor" em 1952, ele foi obrigado a se submeter à castração química e se suicidou em 1954, aos 41 anos.

Não é uma "doença", mas...

A partir do início dos anos 1970, em meio a crescentes protestos de ativistas LGBTQIAPN+, as autoridades médicas de muitos países que consideravam a homossexualidade uma "doença" passaram a reconhecer gradualmente sua normalidade. A Associação Psiquiátrica Americana removeu a "homossexualidade" de sua lista de doenças mentais em 1973, e a OMS seguiu o exemplo em 1992.

ÀS CLARAS 287

Veja também: A descriminalização de atos homossexuais 184-85 ▪ Direitos das pessoas trans 196-203 ▪ Remoção da homossexualidade dos DSM 219 ▪ Heteronormatividade 268-69

Ativistas trans realizam protestos em Londres e em outras grandes cidades, forçando o Reino Unido a repensar sua exclusão de pessoas trans de uma proposta de proibição de terapia de conversão.

Por mais que as intervenções médicas tenham diminuído, grupos religiosos e outros na Europa e nas Américas ainda praticam terapias de conversão agressivas que marcam as sexualidades LGBTQIAPN+ como "não naturais" e "pecaminosas". Grupos religiosos muitas vezes empregam orações humilhantes e sessões de "libertação". Em um tratamento "terapêutico" de longa data, os sujeitos são expostos a conteúdos homoeróticos – se mostrarem excitação, os terapeutas induzem náuseas, vômitos e choques elétricos na tentativa de suprimir os desejos. "Estupro corretivo" é um outro extremo em partes da África.

Em 2021, a House of Rainbow, uma organização negra religiosa LGBTQIAPN+ no Reino Unido, conduziu uma pesquisa sobre aqueles que passaram por terapia de conversão. O estudo descobriu que evitar tais tratamentos pode ser especialmente desafiador para membros LGBTQIAPN+ de minorias étnicas em comunidades cujas crenças religiosas estão enraizadas na rígida ortodoxia cristã colonial. Quando qualquer desvio da heterossexualidade é considerado "pecaminoso", é difícil resistir a essa influência. A pesquisa revela ainda que as minorias étnicas LGBTQIAPN+ enfrentam maiores obstáculos do que a população em geral ao buscar ajuda de lugares para aplicação da lei ou serviços sociais. A House of Rainbow estimulou o governo a abordar essas questões em legislação futura.

Grã-Bretanha fica para trás
Cerca de vinte países, incluindo o Canadá em 2021 e a França, Nova Zelândia, Noruega e Grécia em 2022, já introduziram leis que proíbem a terapia de conversão. Em meados de 2022, vinte estados dos Estados Unidos e cem municípios também haviam tomado medidas para bani-lo para menores de idade.

Na Grã-Bretanha, a legislação prometida em 2018 ainda não se concretizou. Em abril de 2022, a decisão do governo de excluir transgêneros de sua proposta de proibição da terapia de conversão foi recebida com indignação e protestos. Mais de cem grupos LGBTQIAPN+ e outras organizações se recusaram a participar da primeira conferência internacional de direitos LGBT do Reino Unido – "Safe To Be Me" ["É seguro ser eu"] – a ser realizada dois meses depois, em junho, forçando seu cancelamento. ▪

Ser LGBTQIAPN+ é lindo e não há lugar em nossa sociedade para as chamadas 'intervenções' que nos digam o contrário.
Nancy Kelley
Diretora-executiva da Stonewall

Jide Macaulay

Nascido em Londres, em 1965, filho de pais cristãos nigerianos, Jide Macaulay passou grande parte da juventude na Nigéria. Aos cinco anos, ele sabia que era gay, mas se esforçou muito para esconder e mudar sua sexualidade. Ele se casou com uma mulher em 1991, teve um filho em 1992, e também passou por terapia de conversão na forma de oração, exorcismo e até açoitamento – "tirar o gay na pancada". Em 1994, Macaulay se assumiu gay e quatro anos mais tarde se tornou ministro cristão. Na Nigéria, em 2006, ele fundou a House of Rainbow [Casa do Arco-Íris] como um encontro semanal para cristãos LGBTQIAPN+ – que logo foi descrita como "a primeira igreja gay da Nigéria", e em seguida surgiram ameaças de morte. Macaulay, também um ativista HIV positivo, voltou a Londres e ampliou a House of Rainbow como uma organização global para expandir o diálogo entre pessoas LGBTQIAPN+ e líderes religiosos. Hoje, há grupos irmãos em 22 países africanos e caribenhos. Em 2022, Macaulay também foi nomeado capelão da Casa de São Pedro na Universidade de Manchester, promovendo igualdade, diversidade e inclusão.

O AMOR VENCE

IGUALDADE MATRIMONIAL (2001)

IGUALDADE MATRIMONIAL

EM CONTEXTO

FOCO
Direitos LGBTQIAPN+

ANTES
1968 O reverendo Troy Perry realiza a primeira cerimônia de casamento entre pessoas do mesmo sexo nos EUA em uma igreja em Los Angeles.

1970 Como a cerimônia de 1968 é considerada ilegal, Perry entra com o primeiro processo para legalizar o casamento entre pessoas do mesmo sexo.

DEPOIS
2013 França, Uruguai e Nova Zelândia legalizam o casamento entre pessoas do mesmo sexo.

2015 O caso Obergefell *versus* Hodges legaliza a igualdade matrimonial nos EUA.

2020 Legalização na Irlanda do Norte, alinhado com o resto do Reino Unido.

2022 Uma lei criada para garantir proteção federal ao casamento entre pessoas do mesmo sexo passa no Senado dos EUA.

O casamento é historicamente visto como **a união de um homem e uma mulher** com o propósito de procriação e interesses econômicos compartilhados.

Conforme se avança **nos direitos e no reconhecimento** LGBTQIAPN+, cresce a pressão pela igualdade matrimonial – a princípio no Ocidente.

Alguns políticos e líderes religiosos **resistem à mudança**, alegando que a igualdade matrimonial **prejudicaria as famílias "tradicionais"**.

Até 2022, o casamento entre pessoas do mesmo sexo já se tornara **legal em 32 países**. O apoio aumenta em algumas outras nações, mas na maioria a **oposição permanece**.

Durante a maior parte da história humana, o casamento tem sido principalmente uma união socioeconômica – uma aliança entre famílias e uma questão de propriedade e produção de herdeiros. No entanto, como o amor e o afeto se tornaram componentes cada vez mais importantes a partir do final do século XVII, começou a ser colocada uma maior ênfase na capacidade de os indivíduos selecionarem seus próprios parceiros, o que levou a uma reavaliação de como entender a própria instituição. Notavelmente, como a prática homossexual foi cada vez mais descriminalizada e despatologizada na última parte do século XX, alguns defensores declararam que proibir uma parcela significativa da população de se casar com base no gênero era indefensável e potencialmente ilegal, e que o casamento – com todos os seus direitos legais – deve estar disponível para todos os casais, independentemente do gênero. Em 2001, a Holanda se tornou a primeira nação a legalizar o casamento entre pessoas do mesmo sexo.

Os opositores, no entanto, muitas vezes defendem, por motivos religiosos, que o casamento deve ser entre um homem e uma mulher, com ênfase na procriação e na educação dos filhos. Eles afirmam que o casamento entre casais do mesmo sexo corre o risco de desestabilizar uma instituição tradicional.

Primeiros passos positivos

Os países europeus foram os primeiros a buscar e aprovar ativamente as uniões entre pessoas do mesmo sexo. Em 1979, a Holanda reconheceu parceiros homossexuais que coabitavam para fins de lei de aluguel, e para imposto de herança dois anos depois. Em 1989, a Dinamarca se tornou o primeiro país a legalizar as uniões civis para casais do mesmo sexo. Esses foram como pontos intermediários entre o casamento

As lésbicas Helene Faasen e Anne-Marie Thus, junto com três casais masculinos, se tornaram as primeiras pessoas do mesmo sexo do mundo legalmente casadas, em 1º de abril de 2001, em Amsterdã.

ÀS CLARAS

Veja também: "Casamentos de Boston" 118-19 ▪ No caminho da liberação gay 170-77 ▪ A descriminalização de atos homossexuais 184-85 ▪ Direitos das pessoas trans 196-203 ▪ Parentalidade LGBTQIAPN+ 228-31 ▪ Comunidades chinesas *lala* 276-77 ▪ Homonacionalismo 302-03

Henk Krol

Nascido em 1950, na Holanda, Henricus Cornelis Maria "Henk" Krol se formou em psicologia pela Universidade Livre de Amsterdam, em 1971 e seguiu carreira como jornalista e editor. Em 1980, ele fundou a *Gay Krant*, uma revista mensal para a comunidade gay, e foi seu editor-chefe. A revista foi adquirida por outros grupos da mídia gay em 2013. De 1978 a 1985, Krol foi o principal porta-voz do Partido Popular pela Liberdade e Democracia na Câmara dos Deputados holandesa. Na década de 1980, Krol foi um dos pioneiros do casamento entre pessoas do mesmo sexo. Por causa de sua autoridade política e influência na mídia, sua voz foi ouvida, o que ajudou a tornar a Holanda o primeiro país a legalizar o casamento entre pessoas do mesmo sexo em 2001. De 2016 a 2020, Krol liderou o partido político 50Plus, que representa os interesses dos aposentados holandeses. Depois de se aposentar do cargo, Krol anunciou na NPO Radio 1 que se ajoelharia para pedir em casamento seu parceiro, o ex-jogador de futebol profissional Aldo Koning. Os dois se casaram em abril de 2021.

tradicional e uma categoria mais flexível de parcerias domésticas que existiam nos Estados Unidos. Eles foram pensados para espelhar casamentos formais em muitos aspectos, mas sem serem chamados de casamento. Vários países da Escandinávia e da Europa Ocidental logo copiaram o exemplo da Dinamarca, seguidos por outras nações e jurisdições ao redor do mundo.

No entanto, mesmo quando as uniões civis emergiam como uma alternativa popular ao casamento formal, muitos defensores as viam como um compromisso imperfeito, que não transmitia nem o respeito nem o investimento emocional do termo "casamento". Humanistas, unitaristas, quakers e grupos de direitos civis, junto com organizações LGBTQIAPN+ como Stonewall, estavam entre aqueles que pressionaram para que o casamento incluísse uniões entre pessoas do mesmo sexo.

Da Europa para os EUA

Em meados da década de 1980, o ativista holandês dos direitos dos homossexuais Henk Krol, chefe da revista Gay Krant, defendeu pela primeira vez a legalização do casamento entre pessoas do mesmo sexo. Em 1995, foi criada uma comissão na Holanda; um ano depois, concluiu-se que o casamento deveria ser estendido a casais do mesmo sexo. Em 2000, a Câmara dos Deputados holandesa aprovou o casamento entre pessoas do mesmo sexo por 109 votos contra 33. Aprovada também pelo Senado, a igualdade matrimonial se tornou lei na Holanda em 2001. A Bélgica aprovou o casamento entre pessoas do mesmo sexo em 2003, Canadá e Espanha em 2005, seguido pela África do Sul em 2006 e uma gama de nações ocidentais nos anos posteriores.

Em 1989, ano em que a Dinamarca legalizou as uniões civis, pesquisas americanas indicaram que cerca de 70% da população se opunha ao casamento entre pessoas do mesmo sexo e 75% acreditavam que casais do mesmo sexo não deveriam adotar crianças. Naquele ano, o escritor britânico-americano e ativista LGBTQIAPN+ Andrew Sullivan defendeu fortemente o casamento entre pessoas do mesmo sexo em um artigo na revista americana progressista *The New Republic*.

A defesa do caso

Sullivan observou que algumas cidades nos Estados Unidos tinham leis de parceria doméstica que permitiam que casais não casados obtivessem alguns dos benefícios legais de casados e que estes estavam potencialmente disponíveis para uma ampla gama de pessoas que coabitavam – de "uma mulher idosa e seu cuidador ou cuidadora residente" até "dois amigos de fraternidade estudantil". Uma categoria tão ampla, argumentou »

Os gays devem abrir suas janelas, abrir suas portas e mostrar a todos quem são e como estão vivendo.
Henk Krol

Tipos de parceria ou casamento

União civil (ou parceria civil)	Uma união civil garante aos casais do mesmo sexo muitos dos mesmos direitos legais do casamento. Alguns países europeus legalizaram uniões civis de gênero neutro. Uniões civis homossexuais são possíveis no Reino Unido, Canadá, Nova Zelândia, alguns estados dos Estados Unidos e alguns países europeus. Na Austrália, os casais que registram seu relacionamento desfrutam de direitos legais semelhantes.
Casamento entre pessoas do mesmo sexo	Agora legalizado em mais de trinta países, incluindo Austrália, Nova Zelândia e treze nações europeias, a partir de 2022, o casamento entre pessoas do mesmo sexo confere a maioria dos direitos do casamento entre pessoas do sexo oposto, embora muitas nações excluam os direitos de adoção.
Casamento homossexual não sexual	As mulheres em vários países africanos praticam essa forma de casamento. No Quênia, 5% a 10% das mulheres estão envolvidas, principalmente para garantir uma herança para famílias sem filhos. Esses casamentos também são permitidos entre as mulheres igbo na Nigéria.
Casamento de gênero queer	Os casamentos não binários, como os casamentos entre pessoas do mesmo sexo, são legais nos Estados Unidos desde 2015 e também na Austrália e na Nova Zelândia. No Reino Unido, pessoas trans podem se casar desde que tenham um certificado de reconhecimento de gênero. Na UE, as regras sobre o casamento de gênero queer variam de país para país.

Sullivan, estava aberta a abusos e corroía o prestígio dos relacionamentos tradicionais. Para um casal devotado do mesmo sexo, dizia ele, o compromisso do casamento era muito mais apropriado do que uma parceria doméstica.

A partir de 1990, ocorreu no Havaí uma série de batalhas judiciais relevantes para o argumento de Sullivan. Naquele ano, três casais do mesmo sexo solicitaram licenças de casamento, que foram negadas. Seu processo subsequente, Baehr *versus* Lewin, alegava que limitar o casamento a casais do sexo oposto era inconstitucional. Em 1993, o Havaí determinou que, de acordo com a cláusula de proteção igualitária, recusar uma licença de casamento a casais do mesmo sexo constituía discriminação.

O caso, no entanto, voltou ao tribunal de primeira instância, onde, em 1996, o juiz Kevin Chang decidiu pela primeira vez a favor do casamento entre pessoas do mesmo sexo, mas no dia seguinte reverteu sua decisão. Em 1998, os eleitores do Havaí aprovaram uma emenda que permitia que apenas casais do sexo oposto se casassem. Aos casais do mesmo sexo foi oferecido "registro de beneficiário recíproco", com direitos limitados.

Embora sem sucesso, essas batalhas bajudaram a lançar as bases para a legalização nos estados americanos – Massachusetts foi o primeiro em 2004. Mais onze anos se passaram até a aprovação em todo o país. De acordo com pesquisa de 2021, mais de 70% dos americanos agora apoiam o casamento entre pessoas do mesmo sexo – mais do que os 12% de quando Sullivan escreveu seu artigo em 1989.

Aprovação e oposição

O que era em grande parte um fenômeno ocidental se tornou mais difundido. Em 2022, Cuba e Chile, assim como a Eslovênia e a Suíça, se juntaram às outras 29 nações que legalizaram desde 2001, elevando o total global para 33 – e Andorra aprovou em 2023. Em Cuba, uma esmagadora maioria votou a favor em um referendo que recebeu apoio eloquente do presidente Miguel Díaz-Canel e também de Mariela Castro, filha do ex-primeiro secretário Raúl Castro e sobrinha de Fidel Castro, e defensora declarada da comunidade LGBTQIAPN+.

O casamento entre pessoas do mesmo sexo foi legalizado em países que representam um quinto da população global, mas a maioria dos países – especialmente na África e na Ásia – continua firmemente contra. Em 2022, a Igreja da Inglaterra ainda se recusava a realizar ou abençoar casamentos entre pessoas do mesmo sexo, e membros da União Europeia (UE), como Hungria, Polônia e Eslováquia, se opõem tanto às uniões civis quanto ao casamento, apesar de uma decisão da UE em 2018 de que os casamentos realizados em um país da UE deveriam ser reconhecidos em toda a UE.

Nos EUA, onde treze estados ainda criminalizavam a atividade homossexual

Esse casal de lésbicas foi autorizado a se casar na Índia, em 2011, embora o país não reconheça o casamento entre pessoas do mesmo sexo.

em 2003, trouxe à luz o cisma entre os pró-direitos LGBTQIAPN+ e um número significativo de conservadores – principalmente na América Central. Seus "valores tradicionais", incentivados pela direita religiosa e por políticos conservadores, como Donald Trump, correm o risco de se radicalizar.

Questionamento LGBTQIAPN+

Alguns acadêmicos também questionaram o casamento entre pessoas do mesmo sexo, e o consideram uma "instituição suspeita" sintomática de uma "ordem social corrupta e falida". Esses críticos vinculam o casamento ao homonacionalismo e são céticos em relação ao que dizem ser a crescente cumplicidade dos discursos LGBTQIAPN+ ocidentais – incluindo a defesa da igualdade matrimonial – com a política nacionalista e capitalista.

Outros acreditam que o casamento entre pessoas do mesmo sexo é uma categoria muito restrita e acham que sua legalização tem implicações importantes para indivíduos não binários. Se a sociedade descarta a suposição de que o matrimônio deve ser entre um homem e uma mulher, questionam, por que há necessidade de insistir que qualquer um dos parceiros deve se identificar como homem ou mulher? Lisa Duggan, "feminista queer, comunista e rosa", argumentou que a igualdade matrimonial é "uma solução muito estreita e totalmente inadequada" para os problemas que a maioria das pessoas queer enfrenta e não garante igualdade total e "formas de parentesco amplamente reimaginadas" que reflitam as vidas LGBTQIAPN+ reais. ∎

Ativistas realizam um desfile de moda extravagante em Bangkok, em tentativa de legalizar o casamento entre pessoas do mesmo sexo. Um voto parlamentar a favor, em junho de 2022, foi o primeiro passo.

Edith "Edie" Windsor

Nascida em 1929 na Filadélfia, Edie Windsor, nascida Schlain, fez mestrado em matemática pela Universidade de Nova York, em 1957. Ela trabalhou por dezesseis anos na IBM e se casou com Saul Windsor em 1963 – se divorciaram um ano depois. Em 1965, Edie começou a namorar Thea Spyer, psicóloga holandesa. Elas viveram juntas em Nova York e depois em Long Island. Edie estava ativamente envolvida com organizações LGBTQIAPN+. Em 2007, Edie e Thea se casaram em Toronto. Thea, que havia feito de Edie a executora e única beneficiária de seu patrimônio, morreu em 2009, e Edie reivindicou isenção de imposto federal sobre herança para os cônjuges sobreviventes. Quando foi recusada, ela entrou com uma ação alegando que a Lei de Defesa do Casamento de 1996 (DOMA – Defense of Marriage Act) discriminava casais homossexuais legalmente casados. Em 2013, o Supremo Tribunal decidiu a seu favor e a Seção 3 do DOMA foi declarada inconstitucional. Em 2016, um ano após a legalização do casamento entre pessoas do mesmo sexo nos EUA, Edie se casou novamente em Nova York. Ela morreu em 2017.

GOSTO DE VINHO, NÃO DO RÓTULO
PANSEXUALIDADE (2002)

EM CONTEXTO

FOCO
Identidades sexuais

ANTES
1914 Nos EUA, a palavra "pansexualismo" é usada em um artigo no *Journal of Abnormal Psychology* pelo médico J. Victor Haberman.

1974 Um artigo do *The New York Times* prevê que a pansexualidade se tornará uma nova tendência, seguindo a bissexualidade e a homossexualidade.

DEPOIS
2016 Um estudo da Universidade de Sydney descobriu que mulheres cis LGBTQIAPN+ e trans têm maior probabilidade de se identificarem como pansexuais do que homens cis LGBTQIAPN+.

2017 Quatro por cento dos 108.100 entrevistados na Pesquisa Nacional Britânica sobre LGBT se identificam como pansexuais.

Em 2002, o *Guardian* publicou um artigo de Rose Rouse sobre a chamada "revolução pansexual" entre os sexualmente liberados. O texto descrevia a pansexualidade como fluidez sexual – na qual as pessoas saem de seus rótulos presumidos ou autoproclamados. Um homem aparentemente gay pode namorar uma mulher, ou uma mulher supostamente hétero pode dormir com outra mulher. Rouse deu vários exemplos famosos, mas essas pessoas não se identificavam como pansexuais – ela simplesmente nomeou indivíduos que eram considerados monossexuais (atraídos apenas por um gênero) e não eram mais assim.

O termo "pansexual" não foi originalmente usado para descrever a orientação sexual. Uma das primeiras referências foi em 1914, quando "pansexualismo" foi usado para descrever a teoria de Sigmund Freud de que todo comportamento humano é motivado pelo sexo. Mais tarde, no século XX, "pansexual" também foi usado para descrever pessoas ativas na cena *kink* – ou abertas a atos sexuais não convencionais.

Abertura sexual

A partir da década de 1970, o termo passou a ser cada vez mais usado para descrever a abertura na orientação sexual. Em 1974, o cantor Alice Cooper definiu "pansexual" como alguém capaz de "se relacionar sexualmente com qualquer ser humano". Em 1982, Rita Mae Brown afirmou que foi expulsa da sua universidade nos anos 1960 por estar aberta a amar qualquer pessoa – algo que ela chamou de

A bandeira pansexual é utilizada desde 2010, quando foi criada e compartilhada no Tumblr pelo usuário britânico Jasper V, que é não binário.

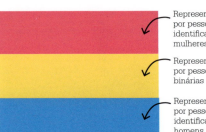

Representa atração por pessoas identificadas como mulheres

Representa atração por pessoas não binárias

Representa atração por pessoas identificadas como homens

ÀS CLARAS **295**

Veja também: Sexologia e psicanálise 132-133 ▪ Relatório Kinsey sobre sexologia 164-65 ▪ Direitos das pessoas trans 196-203 ▪ A criação da bandeira do Orgulho 224-25 ▪ Bissexualidade 262-65 ▪ Heteronormatividade 270-71 ▪ A terapia de conversão é proibida 286-87

pansexualidade. Mas a adoção do termo foi lenta: o livro *Bisexual Politics: Theories, Queries and Visions*, de Naomi Tucker, de 1995, observa que era um rótulo adotado por aqueles que buscavam a liberação sexual, mas não era amplamente utilizado.

Um novo século

A popularidade do termo disparou nos anos 2000 e 2010. Peter Boom abordou isso em seu ensaio de 2002, "Teoria da Pansexualidade", em que diz que a pansexualidade inclui todos os tipos de sexualidade que podem existir em um ser humano. A comunidade online "I Am Pansexual" foi criada no mesmo ano no site *Livejournal*, e seu primeiro post definia pansexualidade como aqueles que "amam pessoas de todos os gêneros". O post fundador também definia a pansexualidade em oposição à bissexualidade: afirmava que os pansexuais, "ao contrário dos bissexuais", também se sentiam atraídos por pessoas trans, de gênero fluido e andróginas. Isso, junto com muitas definições do início dos anos 2000 com foco na inclusão trans, contesta as definições de sexualidade de muitos bissexuais, que já abrangem pessoas de todos os gêneros – incluindo pessoas trans e não binárias. A maior parte das pessoas hoje concorda que, embora bi e pansexualidade se sobreponham amplamente, a principal diferença é que os bissexuais muitas vezes se sentem atraídos por pessoas do seu próprio gênero e outros, mas não necessariamente por todas as identidades – pansexuais, por outro lado, sim.

O número de pansexuais no mundo não é conhecido. Isso pode ser em parte devido à incapacidade de muitas pesquisas em incluir o pansexual como uma orientação possível. Por exemplo, a pesquisa Gallup de 2020 sobre identidade LGBTQIAPN+ nos EUA deu aos entrevistados a opção de se identificarem como heterossexuais, lésbicas, gays, bissexuais, trans e "outros". No entanto, sabemos que a pansexualidade está aumentando, à medida que mais pessoas a descobrem e se identificam – geralmente online. Em 2016, Christopher Belous e Melissa Bauman descobriram que as pesquisas na web por "pansexualidade"

> Seja como for que alguém se defina, seja 'elu', 'ele' ou 'ela', eu me apaixono pela pessoa – e pronto. Eu me sinto atraída pela pessoa.
> **Cara Delevingne**
> Modelo e atriz britânica

aumentaram em 2004 e 2012. O Google Trends também mostra que a popularidade do tópico aumentou desde 2019.

Em 2015, o personagem de Dan Levy, David, na comédia *Schitt's Creek*, usou o vinho como uma metáfora para atração – ele gosta de vinho tinto, branco, rosé e de "um merlot que costumava ser um chardonnay", aparentemente uma metáfora para pessoas trans. Sua conclusão, "Eu gosto do vinho, não do rótulo", ressoou em muitos espectadores pansexuais. ■

Layla Moran

Nascida em Londres, em 1982, Layla Moran se tornou a primeira Membro do Parlamento britânico descendente de palestinos quando foi eleita para representar Oxford West e Abingdon em 2017 pelos Liberais Democratas. Em 2020, ela inovou novamente como a primeira parlamentar da Grã-Bretanha pansexual. Em 2020, Moran anunciou seu relacionamento com Rosy Cobb em uma entrevista para a publicação LGBTQIAPN+ *PinkNews*, explicando sua sexualidade como atração "em relação à própria pessoa" e não por gênero. A entrevista despertou o interesse pela pansexualidade, e vários artigos sobre o tema apareceram na mídia britânica. Moran usou sua plataforma política para criticar a homofobia na Grã-Bretanha e descreveu o Parlamento como um "lugar estranho e retrógrado" para pessoas LGBTQIAPN+. Em 2021 e 2022, ela acusou o governo conservador de protelar os direitos LGBTQIAPN+, e defendeu a reforma da Lei de Reconhecimento de Gênero e a proibição da terapia de conversão para pessoas transexuais, excluídas da proibição proposta pelo governo.

UMA PSICOLOGIA QUEER DO AFETO
TEORIA DOS AFETOS (2003)

EM CONTEXTO

FOCO
Teoria queer

ANTES
1962 Silvan Tomkins apresenta sua teoria dos afetos em *Affect Imagery Consciousness*.

DEPOIS
2004 O livro *The Cultural Politics of Emotion*, de Sara Ahmed, argumenta que as emoções são práticas sociais.

2009 *Cruising Utopia: The Then and There of Queer Futurity*, de José Esteban Muñoz, explora o impulso de ver e sentir além do presente.

2009 O livro de Heather Love, *Feeling Backward: Loss and the Politics of Queer History*, enfoca os "sentimentos ruins" nas histórias queer.

2011 *Cruel Optimism*, da estudiosa americana Lauren Berlant examina as promessas do capitalismo e a teoria do trauma.

O riginada nos Estados Unidos, com o psicólogo Silvan Tomkins, a teoria dos afetos lida com sentimentos ("affects" em inglês). Tomkins identificou nove deles: prazer, interesse, raiva, medo, surpresa, nojo, vergonha, angústia e rejeição. São sentimentos psicológicos que têm um impacto físico e são induzidos por condições sociais e políticas.

Afeto na teoria queer
A partir da década de 1990, a escritora americana Eve Kosofsky Sedgwick, entre outras, levou o afeto para a teoria queer. Em *Touching Feeling: Affect, Pedagogy, Performativity* (2003), Sedgwick descreveu o papel da vergonha nas identidades queer. A sociedade introduz a ideia de vergonha aos bebês muito cedo, e ela é fundamental no desenvolvimento do comportamento e do senso de identidade.

Também em 2003, a historiadora e teórica queer americana Ann Cvetkovich publicou *An Archive of Feelings: Trauma, Sexuality, and Lesbian Public Culture*, que contava

Acho que relatos refinados de afeto são realmente importantes para abordar toda uma série de experiências não normativas e minoritárias, queer, trans ou outras.
Heather Love
Teórica queer estadunidense

histórias não documentadas anteriormente de ativistas lésbicas na cidade de Nova York. De acordo com Cvetkovich, o "trauma" deve ser entendido não apenas no sentido clínico, mas também como parte da experiência íntima e comum. As emoções decorrentes do trauma – perda, sofrimento e luto – são importantes e fortalecedoras e devem ser valorizadas em vez de evitadas. A história queer, diz Cvetkovich, deve recuperar uma história não apenas de eventos, mas também de sentimentos. ■

Veja também: Reivindicando o termo "queer" 256-57 ■ *Epistemologia do armário*, de Sedgwick 268-69

ÀS CLARAS

APRENDEMOS A SER QUARE, PRETOS E ORGULHOSOS
TEORIA QUEER "DE COR" (2004)

EM CONTEXTO

FOCO
Interseccionalidade

ANTES
1977 É publicada nos Estados Unidos a Declaração do Coletivo Combahee River, defendendo que as mulheres negras enfrentam uma síntese de opressões.

1989 A estudiosa americana de direitos civis Kimberlé Crenshaw formaliza a teoria da interseccionalidade, descrevendo os efeitos combinados de múltiplos fatores de identidade social.

2001 O sociólogo americano E. Patrick Johnson cunha o termo "quare" – vernáculo negro americano para "queer".

DEPOIS
2008 A Universidade de Chicago, Estados Unidos, realiza a primeira conferência anual "Raça, Sexo, Poder" sobre o tema da sexualidade negra e latina.

Em *Aberrations in Black*, de 2004, o sociólogo americano Roderick Ferguson formulou o que chamou de *Queer Theory of Color* (teoria queer "de cor"). O conceito, também conhecido como "crítica queer de cor", se baseia em teorias de interseccionalidade para argumentar que, para entender a vida de pessoas queer – particularmente pessoas queer não-brancas – não basta se concentrar apenas na sexualidade. Em vez disso, é preciso pensar na sexualidade como uma interseção com categorias como raça, classe, gênero e nacionalidade.

A crítica surgiu em parte como uma resistência ao racismo encontrado em comunidades queer brancas e ao heterossexismo encontrado em comunidades "de cor" e em estudos de etnia. Suas origens remontam à teoria feminista negra dos anos 1970, que articulou a ideia de que diferentes sistemas de opressão se cruzam, criando condições únicas para aqueles que vivem na sobreposição de identidades minoritárias. As ideias de Ferguson foram desenvolvidas por Chandan Reddy e Fatima El-Tayeb, e pelo professor e autor de estudos negros americanos George Lipsitz. A teoria queer "de cor" questiona as suposições que sustentam e distorcem os conceitos convencionais de identidade – especialmente a percepção da "branquitude" como neutra. Também se esforça para preencher a lacuna entre a teoria e a prática, apontando que a teoria só é útil se responder às diversas realidades de vida das pessoas. Ele questiona o quanto uma teoria é realmente "queer" se ela considera a sexualidade mais importante do que outros aspectos da individualidade. ∎

Temos que encorajar e desenvolver práticas pelas quais ser queer não seja uma rendição ao status quo de raça, classe, gênero e sexualidade.
Roderick Ferguson
Entrevista para o site *Truthout*, 2018

Veja também: Feminismo lésbico negro 210-13 ▪ A propagação da cultura ballroom 214-15 ▪ Reivindicando o termo "queer" 256-57 ▪ Heteronormatividade 270-71 ▪ Homonacionalismo 302-03

DEFICIÊNCIA É QUEER, MAIS QUEER DO QUE QUEER

ESTUDOS SOBRE QUEER E DEFICIÊNCIA (2006)

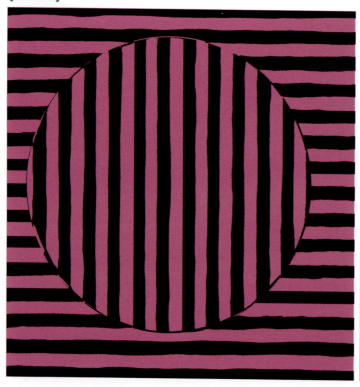

EM CONTEXTO

FOCO
Pessoas com deficiências e posicionamento queer

ANTES
Anos 1960 Pessoas com deficiência começam a recuperar a palavra "crip" (de "cripple" ou "aleijado").

Anos 1970 Estudos gays e lésbicos são oferecidos pela primeira vez em nível universitário.

1983 Mike Oliver cunha o termo "modelo social de deficiência".

DEPOIS
2020 Os teóricos da deficiência queer escrevem sobre a pandemia da covid-19 através de lentes "crip".

2021 É lançada a rede Estudos sobre Queer e Deficiência (QDS), um fórum online internacional para contribuições e comentários sobre QDS.

No século XX, os estudos sobre deficiência e os estudos queer eram vistos como campos acadêmicos não relacionados. Os estudos queer vieram primeiro, mas, à medida que surgiram novas teorias sociais da deficiência, também se tornou uma área fértil de interesse acadêmico, e os dois campos encontraram um terreno comum. A publicação da Teoria Crip do americano Robert McRuer em 2006 confirmou o nascimento dos estudos sobre queer e deficiência.

Do ativismo à academia

Deficiência e queer são posições marginais sujeitas a um profundo estigma. Em meados do século XX, tanto as comunidades de pessoas com

ÀS CLARAS 299

Veja também: Heterossexualidade compulsória 233 ▪ Reivindicando o termo "queer" 256-57 ▪ *Problemas de gênero*, de Butler 266-67 ▪ *Epistemologia do armário*, de Sedgwick 268-69 ▪ Teoria dos afetos 296

Minha primeira experiência como queer não se concentrou na sexualidade ou no gênero, mas na deficiência. Desde cedo, entendi que meu corpo era irrevogavelmente diferente do corpo dos meus... colegas de brincadeiras...
Eli Clare
Escritor e ativista americano (1963-)

deficiência quanto as LGBTQIAPN+ geraram movimentos sociais com o objetivo de promover seus respectivos direitos. No entanto, um grupo era frequentemente excluído do outro – em grande parte devido à discriminação, incluindo o medo de que o estigma associado a cada grupo pudesse impedir os esforços dos ativistas.

Conforme os movimentos LGBTQIAPN+ e pelos direitos das pessoas com deficiência ganhavam impulso, surgiram campos acadêmicos associados a cada um. Esses visam explorar a natureza de cada identidade. E buscam desestigmatizá-las desafiando mal-entendidos e examinando-as em áreas como história, política e artes, promovendo a posição da respectiva comunidade na academia. Ambas as disciplinas mantêm laços estreitos com o ativismo comunitário do qual emergiram, e muitas de suas ideias se originam em comunidades ativistas.

Nos estudos sobre deficiência, o modelo social de deficiência surgiu em 1983. Ele afirmava que as pessoas são deficientes por barreiras sociais, como atitudes discriminatórias e baixa acessibilidade, e não por deficiências físicas ou mentais. A ideia rapidamente ganhou força e se tornou proeminente na política, transformando a forma como a deficiência era compreendida. A teoria queer foi igualmente influente. Surgiu dos estudos sobre mulheres e estudos sobre gays e lésbicas no início dos anos 1990 como uma lente para desconstruir gênero e sexualidade e desafiar as hierarquias associadas. Sob sua influência, as pessoas passaram a se referir cada vez mais ao campo como "estudos queer", expandindo seu foco para além da homossexualidade.

Unindo forças
Os estudos sobre deficiência e os estudos queer são interdisciplinares, baseados em ideias de múltiplas disciplinas acadêmicas, e interseccionais – que examinam como múltiplos aspectos da identidade se sobrepõem para criar estruturas complexas de vantagens e desvantagens sociais. Assim, quando ambos os campos ganharam impulso no final dos anos 1990 e início dos anos 2000, estudiosos de cada disciplina começaram a examinar as ideias do outro, e surgiram os estudos queer sobre deficiência. A Queer Disability Conference [Conferência sobre Conferência sobre Deficiência Queer], na Califórnia em 2002, foi o primeiro encontro internacional de pessoas com deficiência que se identificam como LGBTQIAPN+.

Teoria crip
Para muitos, o termo "teoria crip" é sinônimo de estudos sobre queer e deficiência. Assim como a comunidade LGBTQIAPN+ recuperou o "queer" do seu »

Ativistas LGBTQIAPN+ e dos direitos das pessoas com deficiência na Parada do Orgulho de 2020 em Taiwan. Mais de 130 mil pessoas participaram.

ESTUDOS SOBRE QUEER E DEFICIÊNCIA

Estou ansiando por um outro lugar... em que a deficiência seja entendida... como política, valiosa, integral.
Alison Kafer
Feminista, queer, crip, 2013

status depreciativo, as pessoas com deficiência recuperaram o termo "crip" ["aleijado"] à medida que o movimento pelos direitos das pessoas com deficiência se tornava mais proeminente. O termo foi aplicado pela primeira vez em um contexto acadêmico por Carrie Sandahl em um artigo de 2003, intitulado "Queering the Crip or Cripping the Queer?", que explicava que os estudos sobre deficiência poderiam se basear em ideias teóricas emprestadas de outras fontes, como a teoria queer.

Enquanto estudiosos como Sandahl usavam pela primeira vez ideias queer para escrever sobre deficiência, foi a Teoria Crip de Robert McRuer de 2006 que confirmou o nascimento de estudos queer sobre deficiência. Foi a primeira exploração mais ampla de como algumas ideias teóricas poderiam ser usadas para influenciar os estudos sobre deficiência e como isso poderia moldar ideias mais amplas sobre corpos e identidades.

McRuer faz uso extensivo de uma ideia que Adrienne Rich delineou em seu ensaio de 1980, "Compulsory Heterosexuality and Lesbian Existence". Rich descreveu como a sociedade sugere que não há alternativa viável à heterossexualidade, e pressiona para que as pessoas se envolvam em relacionamentos heterossexuais. McRuer estabelece um conceito semelhante – a capacidade física compulsória – em que a capacidade física é considerada normal e natural, enquanto a deficiência é enquadrada como indesejável, anormal e desviante. McRuer explica que tanto a heterossexualidade compulsória quanto a plena capacidade física compulsória criam noções altamente idealizadas, com as quais as pessoas com deficiência e LGBTQIAPN+ não conseguem se identificar. Pessoas com deficiência podem ser entendidas como "queer" porque com frequência se presume que não têm comportamento sexual, de modo que qualquer exibição de sexualidade é considerada "inadequada". As pessoas queer também podem ser entendidas como "deficientes" por serem igualmente rotuladas como "defeituosas" e sujeitas a controle médico, com diagnósticos clínicos. Assim, a heterossexualidade compulsória e a capacidade física compulsória dependem uma da outra, ambas reforçando a "estranheza", o "queer" das pessoas deficientes e LGBTQIAPN+.

Além da Teoria Crip

Após a publicação da Teoria Crip, os estudos sobre queer e deficiência se expandiram. Entre várias obras-chave que desenvolveram ideias de teoria crip anteriores e introduziram novas, *Feminist, Queer, Crip* (2013), de Alison Kafer, foi especialmente influente. Kafer estende a ideia de capacidade física compulsória e também discute a capacidade mental compulsória, enfatizando como a deficiência cognitiva é enquadrada como anormal de maneira semelhante à deficiência física. Ela também considera a relação entre deficiência e tempo e explica como os entendimentos dominantes de tempo são baseados em mentes e corpos "capazes". As pessoas com deficiência vivenciam o tempo de maneira diferente. Para Kafer, é necessário um conceito de tempo mais flexível – "tempo crip" – .uma versão

Teoria Crip

Suposições rejeitadas	Entendimentos alternativos
A deficiência é **baseada em falhas** no corpo ou na mente das pessoas.	A deficiência é **socialmente construída**.
Uma vez estabelecida, a deficiência é **corrigida**.	A deficiência é **fluida**.
A deficiência e a não deficiência podem ser aplicadas como **categorias distintas**.	A deficiência e a não deficiência **não podem ser claramente distinguidas**.
A não deficiência é a identidade **normal, natural e ideal**.	**Não é possível** aplicar rótulos de **normalidade ou anormalidade** em torno da deficiência.

ÀS CLARAS

O casamento da YouTuber britânica deficiente Jessica Kellgren-Hayes (sentada) com a ex-dentista Claudia Fozard é capturado à beira-mar em Brighton, no Reino Unido, em 2016.

ajustada para atender às necessidades de deficientes.

Do trabalho de Sandahl, McRuer, Kafer e outros teóricos crip, surgiram alguns princípios-chave. Por exemplo, a teoria crip desafia a ideia de que a deficiência é baseada em falhas intrínsecas no corpo ou na mente de certas pessoas. Em vez disso, destaca como a sociedade molda nossa compreensão da deficiência, criando seu significado, estabelecendo seus limites e rotulando certos corpos e mentes como deficientes. As visões da deficiência variam em diferentes sociedades e também evoluem, pois as percepções da sociedade mudam continuamente. A própria deficiência também pode ser fluida, variar em natureza ou intensidade ao longo do tempo, mudar junto com essas variações contextuais. Esses limites móveis podem dificultar a distinção clara entre deficiência e não deficiência.

A teoria crip rejeita uma suposição adicional: a de que as pessoas com deficiência não são sexuais. Esse era um tópico que os estudos anteriores sobre deficiência tendiam a ignorar, pois a viam de uma perspectiva puramente clínica. A interpretação da teoria crip de tais aspectos da vida ressoou em toda a comunidade de deficientes, particularmente entre aqueles que sofrem de doenças crônicas, que contribuíram e adotaram ideias da teoria crip.

Continuando o debate

Reconhecer as interseções entre queer e deficiência tem sido um papel fundamental de estudos recentes e tem permitido que muitas pessoas entendam melhor sua identidade. No entanto, embora muitos tenham saudado o advento dos estudos sobre queer e deficiência, outros sugerem que isso pode ser prejudicial. O termo "crip" tem sido particularmente controverso, pois foi historicamente usado como um insulto altamente ofensivo – assim como "queer" – e às vezes ainda é. O rótulo também é associado a pessoas com deficiência física, então alguns também afirmam que seu uso na teoria crip sugere um foco na deficiência física em detrimento da cognitiva.

Alguns estudiosos são contra a ideia de ver a deficiência como uma construção social, pois acreditam que isso poderia enfraquecer as reivindicações por mais direitos, já que estes dependem da compreensão da deficiência como fixa e material. Eles apontam que embaçar os limites entre deficiência e não deficiência cria potencial para qualquer pessoa reivindicar uma identidade de deficiente e, assim, invalidar aqueles com deficiências "reais" ao universalizar e, consequentemente, banalizar conscientemente a deficiência.

Os estudiosos continuam a lidar com essas críticas à medida que os estudos sobre queer e deficiência se desenvolvem e se expandem, espalhando-se para centros acadêmicos em todo o mundo. ∎

Rosie Jones se apresenta ao vivo no Latitude Festival 2019 em Suffolk, no Reino Unido. A comediante popular tem paralisia cerebral atáxica e é gay.

Cultura queer da deficiência

Os primeiros anos do século XXI viram o surgimento da cultura queer da deficiência. Conhecida como cultura crip, informa espontaneamente os princípios da teoria crip e agora entra na cultura dominante, incluindo televisão, moda e arte. Suas estrelas incluem o modelo antiguano-americano trans deficiente Aaron Philip, a comediante britânica Rosie Jones e o escritor americano Ryan O'Connell, cuja série semiautobiográfica da Netflix, *Special*, explora a vida de um homem gay com paralisia cerebral.

No passado, essas pessoas estavam ausentes da cultura dominante, onde a heterossexualidade e a não deficiência predominavam. Em 2016, apenas 5% dos personagens com deficiência nos dez principais programas de TV americanos foram interpretados por atores com deficiência. Agora, enquanto os roteiristas buscam a autenticidade, os personagens deficientes e LGBTQIAPN+ são cada vez mais interpretados por artistas que realmente entendem esses papéis.

A VIOLÊNCIA DO LIBERALISMO
HOMONACIONALISMO (2007)

EM CONTEXTO

FOCO
Explorando os direitos

ANTES
Anos 1980 A epidemia de HIV/aids alimenta a homofobia.

1996 A Lei de Defesa do Casamento (DOMA) nega aos parceiros homossexuais nos EUA todos os direitos usufruídos por casais heterossexuais.

DEPOIS
2010 A lei de revogação do "Não pergunte, não fale" dos EUA permite que gays, lésbicas e bissexuais sirvam abertamente nas Forças Armadas. Em 2021, a proibição de trans é revogada.

2010 O QUIT (Queers Undermining Israel Terrorism) acusa Israel de "*pinkwashing*" — promover o liberalismo LGBTQIAPN+ para desviar a atenção de suas ações na Palestina.

2015 O caso Obergefell *versus* Hodges garante a igualdade total no casamento entre pessoas do mesmo sexo nos EUA.

Desde meados do século XX, muitos países aprovaram leis pró-igualdade de direitos LGBTQIAPN+. O homonacionalismo é um conceito complexo que explora os efeitos que a adoção desse novo "liberalismo" teve nas comunidades LGBTQIAPN+ e na política doméstica e mundial. Jasbir Puar introduziu o conceito em *Terrorist Assemblages: Homonationalism in Queer Times* (2007), principalmente com referência aos EUA, que ela acusa de usar como arma sua posição de "simpática aos gays" para promover o que alguns veem como objetivos imperialistas.

Direitos e racismo
Desde a década de 1950, vários movimentos nos EUA pedem direitos iguais para as pessoas LGBTQIAPN+ – esse ativismo criou raízes mais profundas a partir da década de 1980. A decisão de 2003 em Lawrence *versus* Texas garantiu que os atos homossexuais fossem finalmente descriminalizados – décadas depois de decisões semelhantes na Europa.

Puar descreve um aumento subsequente na representação de gays e lésbicas na cultura convencional, no *mainstream*, com programas de televisão como *Queer Eye for the Straight Guy* (2003) e *The L Word*

Discursos de direitos de gays e lésbicas podem correr o risco de cair em discursos islamofóbicos e racistas.
Jasbir Puar
The Guardian, 2010

(2004). Ela então examina isso diante da reação racial e da crescente islamofobia após os ataques terroristas em 11 de setembro de 2001. Puar também aborda como, durante a "Guerra ao Terror" pós-11 de setembro, o racismo antimuçulmano desempenhou um papel no abuso físico e sexual de prisioneiros pelas tropas americanas na prisão de Abu Ghraib, no Iraque, exposto pela mídia em 2004.

A alegação de Puar é que os EUA usaram seu novo multiculturalismo sexualmente progressista para alimentar o racismo e ajudar a justificar intervenções em nações muçulmanas pintadas como homofóbicas e "menos civilizadas" – propaganda que não deixa lugar para muçulmanos LGBTQIAPN+. Da mesma forma, sugere

Veja também: No caminho da liberação gay 170-77 ▪ Ativismo no combate à aids 244-45 ▪ Heteronormatividade 270-71 ▪ "Não pergunte, não fale" 272-75 ▪ Muçulmanos LGBTQIAPN+ 278-79 ▪ Igualdade matrimonial 288-93 ▪ Teoria queer da cor 297

Homonacionalismo na prática

Estados usam direitos LGBTQIAPN+ "progressistas" para destacar o "atraso" nos poderes inimigos que punem cidadãos não heterossexuais.

O reconhecimento de gênero nos passaportes permite que os estados nacionais reivindiquem excelência e tolerância liberal.

A adoção transnacional por casais homossexuais implica que as crianças podem ter uma vida melhor nas nações ocidentais do que em seu país de origem.

As economias emergentes avançam nos direitos LGBTQIAPN+ para promover e expandir as oportunidades econômicas com novos parceiros comerciais.

---

que a postura favorável aos gays de Israel estabelece paralelos e pratica *pinkwash* em seus abusos em relação aos palestinos.

Faceta do poder capitalista

Puar argumenta que o homonacionalismo não é uma questão de bom ou mau, mas um fenômeno moderno com um papel no jogo de poder capitalista. Nos EUA, ele foi alimentado pela demanda popular, um movimento deliberado de distanciamento da ideia de que a heterossexualidade é a opção "certa" e única e que as pessoas LGBTQIAPN+ deveriam ser punidas. No entanto, garantir direitos iguais é um benefício primordial para o Estado. Os direitos concedidos às pessoas LGBTQIAPN+ que optam por viver e trabalhar dentro da estrutura nacional podem desviar a atenção daqueles que são perdidos por não participarem dessa estrutura quando os Estados aumentam seu poder de investigar, deter e deportar indivíduos "indesejáveis" – um aumento nos direitos LGBTQIAPN+ pode, portanto, encobrir um viés para a direita nacionalista.

Em *Out of Time: The Queer Politics of Postcoloniality* (2020), Rahul Rao expandiu as ideias de Puar. Sua própria teoria do homocapitalismo, termo cunhado em 2015, explica que nações, instituições financeiras internacionais e ativistas de alto nível apoiam a assimilação e o progresso LGBTQIAPN+ porque ele é economicamente benéfico e promove a produtividade. No entanto, como Rao aponta, envolver indivíduos LGBTQIAPN+ em objetivos capitalistas corre o risco de criar uma divisão entre o "produtivo" e o "improdutivo", o que representa uma ameaça para os ativistas queer anticapitalistas.

O homonacionalismo permanece relevante, como uma força nos níveis nacional e internacional. ■

Um protesto contra o *pinkwash* em Israel, em sua Parada do Orgulho – a maior do Oriente Médio – destaca as políticas que segregam os palestinos.

Pinkwashing

Há uma tendência ligada ao homonacionalismo chamada *pinkwashing*. Ela se refere a como pessoas, organizações e nações promovem e abraçam a igualdade de direitos para a comunidade LGBTQIAPN+. Os governos costumam fazer isso para mascarar desigualdades sociais ou estabelecer superioridade moral sobre potências "menos civilizadas", enquanto as empresas podem dissimular seu interesse comercial e sua busca por lucros com demonstrações de inclusão. O *pinkwashing* surgiu como uma brincadeira com "greenwashing" – empresas que se tornam "amigas do meio ambiente" – para aumentar seu apelo, e foi usado pela primeira vez em 2010 por ativistas americanos para se referir às relações públicas a favor da comunidade LGBTQIAPN+ de Israel. Um ano depois, Sarah Schulman usou o termo em um editorial no *The New York Times* para definir o homonacionalismo israelense. Para outros, longe de ser uma mera ferramenta política, os direitos LGBTQIAPN+ de Israel são os mais progressistas do Oriente Médio.

EU ME VEJO COMO A MINHA PRÓPRIA BARRIGA DE ALUGUEL

GRAVIDEZ TRANS E SAÚDE REPRODUTIVA (2008)

EM CONTEXTO

FOCO
Direitos das pessoas trans e medicina

ANTES
1906 Karl M. Baer se torna o primeiro homem trans documentado a se submeter a uma cirurgia de afirmação de gênero, na Alemanha.

1930 Lili Elbe é a primeira mulher trans documentada a se submeter a uma cirurgia de afirmação de gênero.

DEPOIS
2014 Na Austrália, as estatísticas revelam que 54 bebês nasceram de homens trans no ano anterior.

2017 O Tribunal Europeu de Direitos Humanos determina que a exigência de esterilização para o reconhecimento legal de gênero é uma violação dos direitos humanos.

2019 A Suécia é o primeiro país europeu a reconhecer homens trans como pais e mulheres trans como mães.

Em 2008, Thomas Beatie ganhou as manchetes depois de aparecer no *The Oprah Winfrey Show* grávido do seu primeiro filho. Beatie sempre quis ter filhos e, como homem trans, optou por manter seus órgãos reprodutivos. Ele pôde, portanto, engravidar, carregar o bebê e dar à luz. Beatie é legalmente reconhecido como homem e se considera o pai da criança.

Ele falou sobre as dificuldades que enfrentou com o sistema de saúde nos EUA durante sua jornada de gravidez. Beatie foi rejeitado pelos médicos por suas crenças religiosas, tratado deliberadamente com os pronomes errados e levado a um psicólogo para verificar se estava mentalmente apto para criar um filho. Ele e sua então esposa Nancy passaram por nove profissionais de saúde diferentes antes de poderem acessar um banco de esperma. Para evitar mais obstáculos, optaram pela inseminação caseira.

A divulgação da mídia sobre a gravidez de Beatie teve como objetivo chocar. Alguns disseram que era uma farsa e alegaram que Beatie só fez a transição porque não podia ter um casamento homossexual com a esposa. Ele ficou conhecido como "o homem grávido" e entrou para o Guinness World Records como o "primeiro homem casado a dar à luz", mas estava longe de ser o primeiro homem trans a ter um filho. Matt Rice, que deu à luz em 1999, foi um dos primeiros homens trans a compartilhar sua gravidez publicamente. Rice fez a transição, mas manteve o útero e engravidou por meio de um doador de esperma.

Apesar do sensacionalismo, a história de Beatie foi imensamente significativa. Ele deu visibilidade à gravidez trans e não binária e ajudou a promover uma mudança positiva no discurso social sobre saúde reprodutiva.

Querer ter um filho biológico não é um desejo masculino nem feminino, mas um desejo humano.
Thomas Beatie
Labor of Love, 2008

Mais trabalho a fazer

As condições para gestações trans e

Veja também: Direitos intersexuais 48-53 ▪ As primeiras cirurgias de afirmação de gênero 136-41 ▪ Direitos das pessoas trans 196-203 ▪ Pronomes e neopronomes 216-17 ▪ Parentalidade LGBTQIAPN+ 228-31 ▪ A terapia de conversão é proibida 286-87 ▪ Igualdade matrimonial 288-93

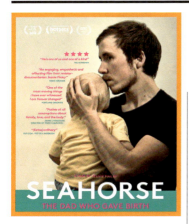

No filme *Seahorse* de 2019, Freddy McConnell documenta seu caminho para a paternidade, desde a preparação para conceber até o nascimento do seu primeiro filho.

indústria da menstruação excluiu pessoas trans e não binárias usando termos como "higiene feminina" e "cuidados femininos" e embalagens hiperfemininas. O blog e conta no X (ex-Twitter), "People Who Menstruate" ["Pessoas que Menstruam"], foi iniciado em 2020 para incluir homens trans, não binários e intersexo em discussões sobre saúde ginecológica.

Em 2019, uma nova campanha no X (ex-Twitter), #healthnothygiene, procurou renomear o Dia da Higiene Menstrual – plataforma que trabalha para melhorar o acesso a produtos menstruais – para Dia da Saúde Menstrual. A ideia por trás da campanha era afastar a noção de que a menstruação é anti-higiênica e suja, e ampliar a narrativa em torno da menstruação. Em 2020, foi lançada uma petição chamada #RenameDontShame (algo como #RenomeieNãoConstranja), pedindo

Eu me sentia isolado – tudo sobre a menstruação era feito sob medida para meninas, mas eu, um menino, estava passando por aquela situação e nada no mundo documentava aquilo.
Kenny Ethan Jones
Ativista britânico pelos direitos trans

aos supermercados da América do Norte e do Reino Unido que alterassem seus rótulos de "higiene feminina" ou "produtos sanitários" para "produtos menstruais", para serem mais inclusivos e desestigmatizar a menstruação como impura. Naquele ano, na Nova Zelândia, os supermercados Countdown foram os primeiros a renomear os produtos; e no final de 2021, a Asda foi elogiada por mudar o nome da seção para "produtos menstruais" no Reino Unido ▪

não binárias podem melhorar: por meio de opções reprodutivas, como barriga de aluguel gestacional ou congelamento de óvulos, e melhor acesso ao financiamento de cuidados reprodutivos e de fertilidade; pelo uso de linguagem inclusiva, como "família biológica" ou "amamentação no peito"; e realizando mais pesquisas sobre saúde reprodutiva transe e desafiando a desinformação, como alegações de que tomar testosterona causa infertilidade. Ampliar os esforços para tornar os cuidados de obstetrícia mais inclusivos para pais trans – o que aconteceu, por exemplo, em algumas partes do Reino Unido – seria outro passo positivo, assim como uma mudança na lei para permitir que pais e mães escolham o título parental registrado nas certidões de nascimento das crianças, como é o caso da Islândia, Suécia e Dinamarca.

Mudando o discurso

A experiência de Beatie destaca os problemas que os homens trans enfrentam no sistema de saúde. Por exemplo, nem todas as mulheres menstruam e nem todas as pessoas que menstruam são mulheres, mas a

Barreiras ao acesso à saúde

Beatie não estava sozinho em sua experiência com o sistema de saúde. Em 2015, o Centro Nacional para Igualdade Transgênero dos EUA divulgou os resultados de uma pesquisa, que apontou que 23% dos participantes não consultaram um médico quando necessário por medo de serem maltratados como pessoa trans; 33% dos entrevistados não consultaram o médico por motivos econômicos; esse percentual aumentava no caso de pessoas não-brancas, incluindo entrevistados multirraciais (42%), indígenas (41%), negros (40%) e latinos (37%), que provavelmente não procurariam atendimento médico devido à interseção de racismo e pressões econômicas. Para pessoas com deficiência, o percentual subia para 42%. Os resultados da pesquisa demonstram que o acesso à saúde para pessoas trans é afetado por vários fatores, incluindo raça, status de imigração e recursos econômicos, além do estigma transfóbico.

PRECISAMOS DO NOSSO OXIGÊNIO PARA RESPIRAR
OS DESAFIOS LGBTQIAPN+ NA ÁFRICA MODERNA (2014)

EM CONTEXTO

FOCO
Homofobia moderna na África

ANTES
1886 Portugal criminaliza atos homossexuais como "vícios contra a natureza" em cinco colônias africanas, incluindo Angola e Moçambique. Outras potências seguem o exemplo.

1957 Gana é o primeiro país africano a se tornar independente da Grã-Bretanha – e mantém suas leis que contra homossexuais.

2006 O casamento entre pessoas do mesmo sexo se torna legal sob a Lei da União Civil da África do Sul.

DEPOIS
2021 Angola descriminaliza as relações sexuais entre pessoas do mesmo sexo e impõe uma nova lei contra a discriminação por orientação sexual.

2022 Atos homossexuais são legais em 19 países africanos, mas ilegais em outros 35. Quatro impõem a pena de morte.

A África pré-colonial é **amplamente tolerante com diferentes sexualidades**, orientações e relações de gênero.

As potências coloniais ocidentais, apoiadas pela doutrina missionária cristã, **criminalizam as relações homossexuais**.

Na África pós-colonial, a **criminalização persiste** em muitas nações independentes.

Em 2014, o presidente da Gâmbia, Yahya Jammeh, denunciou os homossexuais como "vermes" a serem combatidos como mosquitos transmissores da malária. No mesmo ano, o presidente da Nigéria, Goodluck Jonathan, transformou em lei o Projeto do Casamento entre Pessoas do Mesmo Sexo (Proibição), levando a ataques de multidões contra pessoas LGBTQIAPN+. Na época, cerca de quarenta nações africanas tinham leis discriminatórias em relação à comunidade LGBTQIAPN+. Essas leis foram fortemente influenciadas pela doutrina cristã do século XIX e impostas pela primeira vez por meio das potências coloniais ocidentais para controlar qualquer comportamento sexual e expressões de gênero considerados "contra a natureza" – na verdade, que não eram heterossexuais.

Leis coloniais reforçadas

Antes de as potências europeias colonizarem a África, seus povos tinham poucas leis oficiais que criminalizavam as pessoas LGBTQIAPN+. Pesquisadores africanos mostraram que as expressões de gênero, sexo e sexualidade nos tempos pré-coloniais eram variadas e muitas vezes não estavam de acordo com a "norma" heterossexual do Ocidente.

No século XX, em vez de revogar os códigos penais opressivos, a maior parte das nações africanas recém-

ÀS CLARAS 307

Veja também: A criminalização da sodomia 68-71 ▪ Não conformidade de gênero e restrições coloniais na África 120-21 ▪ A descriminalização dos atos homossexuais 184-85 ▪ Muçulmanos LGBTQIAPN+ 278–79 ▪ Homonacionalismo 302-03

independentes os manteve e reforçou-os. Muitas vezes, pessoas LGBTQIAPN+ tiveram a cidadania negada e não conseguiram acesso à moradia, assistência médica ou emprego. Em alguns países, a pena máxima para atos homossexuais era – e ainda é – a morte.

Durante anos, Gana não criminalizou relações homossexuais, mas quando um centro LGBTQIAPN+ foi inaugurado na capital, Accra, em 2021, abusos e ameaças de muitos, incluindo líderes cristãos e muçulmanos, rapidamente forçaram seu fechamento, levando os políticos do país a discutirem leis que proibissem a defesa

Uma bandeira de arco-íris celebra a decisão de 2019 de Botswana de descriminalizar atos homossexuais – confirmada por um tribunal em 2021 que anulou uma contestação do governo.

LGBTQIAPN+. Em 2022, Sheila Adhiambo Lumumba, jovem lésbica não binária, foi estuprada e estrangulada no Quênia. A Comissão Nacional de Direitos Humanos de Gays e Lésbicas do Quênia diz que o assassinato faz parte de um padrão de violência em um país parcial no que se refere às suas leis oficiais de sodomia e indecência.

Reação

Embora os direitos LGBTQIAPN+ ainda enfrentem retrocessos na África, nove de seus 54 países nunca criminalizaram as relações homossexuais e dez – incluindo Angola, Botswana e Moçambique – revogaram a legislação discriminatória. Quando a África do Sul legalizou o casamento entre pessoas do mesmo sexo em 2006, foi apenas o quinto país do mundo a fazê-lo.

Organizações africanas, como a Iniciativa para Direitos Iguais na Nigéria e a Coalizão Gay e Lésbica do Quênia, fornecem acesso a casas seguras, assistência médica especializada para a comunidade LGBTQIAPN+ e representação legal, e lidam com os vários fatores que influenciam as leis em diferentes países. Embora ansiosos para promover a solidariedade transnacional, esses grupos também reconhecem que os padrões e a política de um Ocidente agora "liberal" não podem ser impostos aos africanos LGBTQIAPN+ – eles devem agir em seus próprios termos. ■

Os africanos LGBTQIAPN+ estão... desafiando a narrativa de demonização que as pessoas LGBTQIAPN+ sofrem atualmente nas representações da grande mídia.
Ani Kayode Somtochukwu
Escritor nigeriano (1999-)

Binyavanga Wainaina

Nascido em Nakuru, Quênia, em 1971, Kenneth Binyavanga Wainaina estudou comércio na África do Sul e escrita criativa na Universidade de East Anglia, no Reino Unido. Em 2002, ganhou o Prêmio Caine de Escrita Africana e usou o prêmio para fundar a revista literária *Kwani?*. Em um ensaio de amplo alcance em 2005, ele satirizou a visão ocidental de uma África primitiva e monolítica. Wainaina, que também trabalhou como escritor e palestrante nos EUA, escreveu um livro de memórias em 2011. Em 2014, em resposta às novas leis antigays aprovadas na África, ele escreveu "Eu sou homossexual, mãe", um ensaio anunciando que era gay – "Gay e muito feliz", declarou em um tweet. Naquele ano, a revista *Time* listou-o entre as "Pessoas Mais Influentes do Mundo". No Dia Mundial da aids de 2016, Wainaina revelou que tinha HIV. Wainaina morreu em Nairóbi em 2019.

Obras principais

2005 "How to write about Africa"
2011 *Um dia vou escrever sobre este lugar*

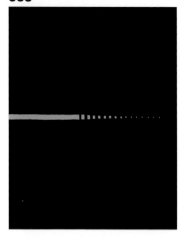

ONDE 49 VIDAS FORAM TIRADAS, 49 LEGADOS TIVERAM INÍCIO
O ATAQUE A TIROS NA PULSE (2016)

EM CONTEXTO

FOCO
Terrorismo homofóbico

ANTES
1973 Um incêndio criminoso no Upstairs Lounge, bar gay em Nova Orleans, mata 32 pessoas.

1999 Uma bomba de pregos explode em um ataque homofóbico no pub Admiral Duncan em Londres, matando três pessoas e ferindo outras 83.

2000 Um atirador mata uma pessoa e fere outras seis no bar gay Backstreet Cafe em Roanoke, na Virgínia.

DEPOIS
2020 Os números do Reino Unido revelam que os crimes homofóbicos relatados quase triplicaram desde 2015.

2021 O Congresso dos EUA designa o local da Pulse como um memorial nacional.

2022 Cinco pessoas são mortas e 25 ficam feridas em um ataque a tiros no Club Q, uma boate LGBTQIAPN+ no Colorado.

Na madrugada de 12 de junho de 2016, a Pulse, uma boate LGBTQIAPN+ popular em Orlando, Flórida, Estados Unidos, foi alvo de um ataque a tiros. Por volta das duas da manhã, Omar Mateen entrou no clube lotado, que realizava sua noite semanal com tema latino, e atirou e matou 49 pessoas, ferindo outras 53, algumas gravemente. A polícia reagiu rapidamente, mas o atirador recuou para dentro do clube e se barricou em um banheiro com um grupo de reféns.

Durante as chamadas para o número de emergência, o assassino alegou lealdade ao grupo terrorista Estado Islâmico. Ele afirmou que estava agindo em reação aos bombardeios da América no Iraque e na Síria, levando o FBI a classificar o ataque como terrorista. Pouco depois

As 49 vítimas do ataque a tiros na Pulse

Stanley Almodovar III • Amanda Lizzette Alvear • Oscar A. Aracena Montero •
Rodolfo Ayala Ayala • Antonio "Tony" Brown • Darryl Roman Burt II •
Angel Candelario-Padro • Juan Chavez Martinez • Luis D. Conde •
Cory James Connell • Tevin Eugene Crosby • Deonka "Dee Dee" Drayton •
Simón Adrian Carrillo Fernández • Leroy Valentin Fernandez •
Mercedez Marisol Flores • Peter Ommy Gonzalez Cruz • Juan Ramon Guerrero •
Paul Terrell Henry • Frank Hernandez • Miguel Angel Honorato •
Javier Jorge Reyes • Jason Benjamin Josaphat • Eddie Jamal Droy Justice •
Anthony Luis Laureano Disla • Christopher Andrew Leinonen •
Alejandro Barrios Martinez • Brenda Marquez McCool •
Gilberto R. Silva Menendez • Kimberly Jean Morris • Akyra Monet Murray •
Luis Omar Ocasio Capo • Gerardo A. Ortiz Jimenez • Eric Ivan Ortiz-Rivera •
Joel Rayon Paniagua • Jean C. Mendez Perez • Enrique L. Rios Jr. •
Jean Carlos Nieves Rodríguez • Xavier Emmanuel Serrano Rosado •
Christopher Joseph Sanfeliz • Yilmary Rodríguez Solivan • Eddie Sotomayor Jr. •
Shane Evan Tomlinson • Martin Benitez Torres • Jonathan A. Camuy Vega •
Juan Pablo Rivera Velázquez • Luis Sergio Vielma •
Franky Jimmy DeJesus Velázquez • Luis Daniel Wilson-Leon • Jerry Wright

Veja também: Perseguição durante o Holocausto 156-61 ▪ A Revolta de Stonewall 190-95 ▪ O assassinato de Harvey Milk 226-27 ▪ O assassinato de Matthew Shepard 284-85 ▪ Suspensão das leis contra doação de sangue por gays e bissexuais 310-11

das cinco da manhã, equipes da SWAT (armas e táticas especiais) entraram no clube e o atirador foi morto a tiros. Devido ao tema daquela noite no clube, mais de 90% de suas vítimas eram de origem latina. Foi o ataque terrorista mais mortal nos Estados Unidos desde 11 de setembro de 2001 e o mais letal até hoje à comunidade LGBTQIAPN+ do país.

Apoio e levantamento de fundos

O impacto do ataque a tiros foi amplo e instantâneo. Foram realizadas vigílias em todo o mundo em memória das vítimas, e muitas pessoas expressaram indignação com o ataque à comunidade LGBTQIAPN+. O presidente dos Estados Unidos, Barack Obama, chamou os ataques a tiros de "um ato de ódio", e membros do Conselho de Segurança das Nações Unidas denunciaram o ato por "atacar pessoas por causa de sua orientação sexual". Os dois hospitais de Orlando que trataram dos feridos abriram mão de todos os custos médicos, e a cidade ofereceu sepulturas e serviços funerários gratuitos para os 49 mortos. Foram arrecadados milhões de dólares para apoiar as vítimas e suas famílias por

organizações como a OneOrlando – fundada pelo prefeito de Orlando, Buddy Dyer – e a Equality Florida, o maior grupo de direitos LGBTQIAPN+ do estado. A NBCUniversal e a Walt Disney Company, que administram resorts nas proximidades, doaram 1 milhão de dólares cada uma para o fundo OneOrlando. Os lucros doados por *Love is Love*, uma antologia de quadrinhos que se tornou best-seller do *New York Times*, adicionaram mais de 165 mil dólares ao fundo.

O ataque a tiros também estimulou o apoio a medidas para derrubar políticas discriminatórias e contrárias à comunidade LGBTQIAPN+, como a proibição de doação de sangue para homens gays, já que muitos da comunidade afetada queriam doar sangue para ajudar as vítimas feridas. Em 2020, a Federal Drug Administration (FDA) modificou suas regras, permitindo doações de sangue após três meses de abstinência sexual, em vez de um ano.

Em memória

Logo após os ataques a tiros letais, foi criada a Fundação onePULSE, para lembrar aqueles que perderam suas vidas no ataque. Barbara Poma, dona da boate Pulse, foi uma das fundadoras. A fundação oferece

A boate Pulse logo teve um muro como memorial provisório e um jardim em homenagem às vítimas, erguido pela comunidade LGBTQIAPN+ de Orlando e seus apoiadores.

bolsas de estudos que refletem os interesses e as carreiras dos 49 que morreram, como arte e saúde. Também está sendo criado um jardim simbólico no terreno da Pulse, assim como um museu e um centro educacional. O projeto inclui um prédio em espiral, praças públicas, jardins verticais e um espelho d'água. Como mais uma homenagem, o dia 12 de junho passou a ser o "Orlando United Day – a day of love and kindness" [Dia de união de Orlando – um dia de amor e bondade]. ▪

Boates gays eram muitas vezes o único local de encontro seguro e esse ato horrível atinge diretamente nossa sensação de segurança.
Equality Florida
Organização americana de direitos civis LGBTQIAPN+

Superar o ódio é vencer amando.
Slogan da Fundação onePULSE

SEGURO, JUSTO E BASEADO NA CIÊNCIA
SUSPENSÃO DAS LEIS CONTRA DOAÇÃO DE SANGUE POR GAYS E BISSEXUAIS (2021)

EM CONTEXTO

FOCO
Medicina inclusiva

ANTES
Anos 1980 No Japão, milhares de pacientes hemofílicos contraem HIV devido a produtos com sangue, no que ficou conhecido como o "escândalo do sangue contaminado pelo HIV".

1985 É desenvolvido o primeiro exame de sangue para detectar o HIV, mas é lento e propenso a falsos negativos para triagem de produtos sanguíneos.

Anos 2000 A disponibilidade ampla do teste de ácido nucleico (NAT) permite detecção mais rápida e eficaz do HIV.

DEPOIS
2022 Uma carta aberta à FDA critica o adiamento de três meses de doações de HSH nos EUA, já que os suprimentos de sangue atingem uma baixa crítica.

2022 China e Índia, entre outros países, mantêm prorrogações indefinidas para doadores HSH.

A exclusão obrigatória de homens que fazem sexo com homens (HSH) de doarem sangue foi implementada em todo o mundo durante a crise do HIV/aids na década de 1980. Os governos justificaram essas proibições com base na prevalência precoce de casos de HIV entre homens gays e nas milhares de transmissões que ocorriam por transfusão de sangue devido à falta de testes confiáveis. Como era baseada apenas em gênero e sexualidade, e não levava em conta o risco individual, a proibição foi criticada como discriminatória. Muitos ativistas argumentavam que isso servia apenas para consolidar a ideia de que a aids era um problema apenas para as comunidades gays e que as relações sexuais entre homens carregavam um perigo inerente.

Hoje, todas as doações podem ser rastreadas para HIV, mas ainda há um "período de janela" após a transmissão recente, em que casos positivos podem ser perdidos. A existência desse risco fez com que proibições gerais de doações de HSH fossem mantidas em todo o mundo.

Origens da proibição de doação de sangue de HSH

Em 1983, epidemiologistas americanos encontraram evidências de que a transmissão do HIV ocorria devido à presença do vírus no sangue. A resposta global a esse perigo foi rápida. O que começou como diretrizes não obrigatórias do Serviço de Saúde Pública dos Estados Unidos em 1983 para aqueles "com maior risco de aids" foram revisadas para excluir especificamente as doações de sangue de HSH em 1986. Em 1992, a FDA emitiu diretrizes obrigatórias para um "adiamento vitalício", efetivamente uma proibição para doadores HSH. Isso se estendeu às mulheres trans, controversamente definidas como "homens que fazem sexo com homens".

Adiamentos vitalícios semelhantes

... simplesmente ser um homem que faz sexo com homens não é uma razão boa o bastante para excluir alguém de doar sangue.
Ethan Spibey
Fundador da campanha
FreedomToDonate

Veja também: No caminho da liberação gay 170-77 ▪ Direitos das pessoas trans 196-203 ▪ A epidemia de aids 238-41 ▪ Ativismo no combate à aids 244-45 ▪ Seção 28 250-51 ▪ Gravidez trans e atendimento à saúde reprodutiva 304-05

A lei de doação de sangue de 2021 do Reino Unido mudou de um adiamento geral da doação de sangue por HSH para uma avaliação de risco individualizada. Todos os doadores são questionados sobre os parceiros sexuais que tiveram nos últimos três meses. Qualquer pessoa que não tenha feito sexo anal com um novo parceiro nos três meses anteriores, ou exposição conhecida a alguma IST, pode doar.

Não fez sexo ou fez sexo com o mesmo parceiro nos últimos três meses.

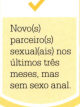
Novo(s) parceiro(s) sexual(ais) nos últimos três meses, mas sem sexo anal.

Nenhuma exposição recente conhecida a ISTs (infecções sexualmente transmissíveis).

Sexo anal com novo parceiro sexual nos últimos três meses.

Exposição recente conhecida a uma IST.

foram introduzidos em muitos países do mundo. Na China, todos os homossexuais foram proibidos de doar, independentemente da atividade sexual. Também é o caso do Irã, Tailândia, Malásia, Taiwan e Sri Lanka.

Diminuição do tempo de liberação para doar sangue

No novo milênio, as proibições de doações recebem críticas crescentes. Com testes eficazes para HIV e avanços legais na proteção de pessoas

LGBTQIAPN+ contra discriminação, as proibições passaram a ser vistas como antiquadas e discriminatórias. Grupos de campanha destacaram que se baseavam no estigma e no medo e não em evidências científicas. A resposta inicial dos governos foi a redução dos longos períodos de tempo de espera entre a relação sexual e a autorização. Desde a década de 2000, muitos países reduziram seu tempo de permissão para doação de sangue de HSH para doze, seis, então três meses. No entanto, qualquer período de abstinência obrigatória continua a ser discriminatório.

Alternativas mais justas

Em 2001, a Itália implementou um sistema de avaliações de risco individualizado, com identificação de "práticas sexuais de risco" sem suposições baseadas em sexualidade

Esse pôster, divulgado pelo NHS Blood and Transplant marca a mudança nas doações de sangue em junho de 2021. Os estoques caíram durante a pandemia de covid-19, estimulando mudanças.

ou gênero. Estudos subsequentes provaram a eficácia dessa abordagem na manutenção de um suprimento de sangue seguro. A Espanha seguiu o exemplo, introduzindo um sistema semelhante em 2005, e o México em 2012. Esse sistema é defendido como o substituto mais eficaz para as proibições. Em junho de 2021, o Reino Unido cancelou os adiamentos em favor de avaliações de risco individuais e a França fez o mesmo em março de 2022. Ambos os países marcaram uma mudança que viu as proibições de HSH não serem mais a norma global. ■

Estamos acabando com uma desigualdade que não era mais justificada.
Olivier Véran
Ministro da Saúde francês, 2022

OUTROS IMPORTA

NOMES
NTES

OUTROS NOMES IMPORTANTES

A história das pessoas e experiências LGBTQIAPN+ abrange uma variedade de indivíduos e movimentos corajosos, incluindo pioneiros que foram censurados ou esquecidos, mas depois redescobertos e reavaliados. Como não podem ser todos descritos nos principais textos deste livro, algumas outras figuras-chave estão listadas aqui. Elas variam desde pessoas em não conformidade de gênero e intersexuais documentadas muito tempo atrás até aquelas que foram mais recentemente sujeitas à especulação pública feroz, como o ator James Dean, e aquelas que continuam a lutar pelos direitos LGBTQIAPN+, como a ativista trans americana Miss Major. Esses exemplos demonstram as inúmeras vitórias pelos direitos LGBTQIAPN+ em todo o mundo, mas também as muitas batalhas por maior igualdade e reconhecimento que ainda precisam ser vencidas.

HYEGONG DE SILLA
758-80 d.C.

Filho único do rei Gyeongdeok e da rainha Gyeongsu, Hyegong ascendeu ao trono do reino coreano de Silla em 765 d.C. com apenas oito anos. Desde muito jovem, era bastante efeminado e optava por brincar com o que eram tradicionalmente considerados brinquedos de menina. Ele também disse ter tido relacionamentos com homens. A aparente fraqueza do rei levou a várias rebeliões, a última das quais, em 780, terminou com seu assassinato. Os historiadores sugerem que Hyegong era o que hoje seria conhecido como uma mulher trans.

Veja também: Favoritos da dinastia Han da China 28-29

JEAN II, BISPO DE ORLEANS
1096

A escandalosa nomeação de Jean II como bispo de Orleans na França em 1096, orquestrada por seu amante Raoul II, arcebispo de Tours, foi um dos primeiros exemplos públicos de atividade homossexual na hierarquia eclesiástica europeia. A consagração de Jean, apelidado de "Flora" em homenagem a uma prostituta romana por sua suposta promiscuidade sexual, imediatamente levou Ivo, bispo de Chartres, a reclamar com o Papa Urbano II. A denúncia mencionava a promiscuidade, mas a principal objeção era a juventude de Jean, pois ele ainda não tinha trinta anos, a idade mínima para um bispo exigida pela lei canônica. O papa não considerou isso digno de ação, e Jean II permaneceu bispo por quase trinta anos.

Veja também: Sodomia e a Igreja católica medieval 42-45

ELEANOR RYKENER
Século XIV

Uma profissional do sexo na Londres do século XIV, Eleanor Rykener – designada como homem ao nascer e também conhecida como John – foi um raro exemplo documentado de não conformidade de gênero no fim do período medieval na Inglaterra. Em 1394, após ser atraída para um trabalho sexual na Cheapside Road, Rykener foi presa e interrogada pela polícia. No tribunal, Rykener falou sobre ter sido instruída a se apresentar como mulher, fazer sexo com homens "à maneira de uma mulher" e trabalhar como mulher, mas também confessou ter tido relações sexuais com freiras como homem.

Veja também: A criminalização da sodomia 68-71

TIBIRA DO MARANHÃO
Fim do século XVI-1614

Um tupinambá natural do Maranhão, Tibira – nome que significa "homossexual" na língua tupi – foi a primeira pessoa a ser executada por homossexualidade no Brasil colonial. Condenado à morte pelo monge capuchinho Yves d'Evreux, Tibira foi batizado, então amarrado a um canhão que foi disparado, matando-o. Em 2014, o ativista Luis Mott lançou uma campanha para declarar Tibira santo e mártir queer. Em 2016, foi erguido no Maranhão um monumento em sua homenagem.

Veja também: A Inquisição espanhola 64-65 ▪ América Latina colonial 66-67 ▪ Movimentos LGBTQIAPN+ latino-americanos 178-79

FELIPA DE SOUZA
1556-1600

O primeiro relacionamento homossexual entre mulheres registrado no Brasil colonial envolveu a costureira portuguesa Felipa de Souza, que emigrou para a cidade de Salvador. Depois que as cartas de amor que ela enviou a outra mulher foram entregues à Inquisição católica, várias mulheres se apresentaram e testemunharam ter tido relações sexuais com Souza. Quando questionada, ela não se arrependeu, declarando orgulhosamente que todas as acusações eram verdadeiras. Em uma punição excepcionalmente severa, Souza foi açoitada publicamente, teve seus bens confiscados e foi exilada da cidade.
Veja também: A Inquisição espanhola 64-65 ▪ América Latina colonial 66-67

BENEDETTA CARLINI
1590-1661

Nascida na Itália, em um vilarejo remoto nos Apeninos, Benedetta Carlini era uma mística e freira católica. Em 1614, ela relatou suas visões sobrenaturais, que se tornaram cada vez mais vívidas e supostamente envolviam visitas de Cristo. Suas alegações acabaram atraindo a atenção das autoridades papais, que iniciaram várias investigações. Para apoiá-la em suas batalhas com o demônio, os superiores de Carlini haviam lhe designado uma companheira, Bartolomea Crivelli, que confessou ter tido relações sexuais com a freira, embora Carlini afirmasse que o fez sob a influência de uma entidade angelical chamada Splenditello. Carlini passou o resto da vida presa. Sua história foi tema do filme de 2021 *Benedetta*.
Veja também: Sodomia e a Igreja católica medieval 42-45 ▪ Início da lesbianidade moderna 74-79

CATHARINA/ANASTASIUS LINCK
1687-1721

A última execução registrada na Europa por "sodomia feminina" foi a da prussiana Catharina/Anastasius Linck, que foi designada como mulher ao nascer e apresentada alternadamente como mulher e como homem. Em 1717, apresentando-se como homem, Linck casou-se com Catharina Margaretha Mühlhahn, de dezoito anos. Linck usava uma prótese de couro durante o sexo e um chifre coberto de couro para urinar, que a mãe de Mühlhahn, desconfiada, acabou entregando às autoridades, denunciando Linck como uma mulher se passando por homem. Embora houvesse pouca orientação legal contemporânea sobre punições por sexo entre pessoas designadas como mulher ao nascer, Linck foi decapitado e Mühlhahn foi presa.
Veja também: Sodomia e a Igreja católica medieval 42-45 ▪ A criminalização da sodomia 68-71

PRINCESA ISABELLA DE PARMA
1741-63

Primeira filha de Filipe, Duque de Parma e Maria Luísa Isabel da França, Isabella de Parma foi casada com o arquiduque José da Áustria aos dezenove anos. Insatisfeita com o casamento e com a vida na Corte em geral, ela se tornou cada vez mais deprimida e solitária, mas encontrou algum consolo em um relacionamento com a nova cunhada, a arquiduquesa Maria Anna. Por um breve período, as duas foram vistas como inseparáveis, se entretendo juntas e trocando cartas constantemente. Isabella expressou abertamente seu amor por Maria Anna, e alguns no tribunal suspeitaram que elas estavam tendo um caso, embora os historiadores questionem até que ponto seu relacionamento era sexual. Isabella morreu de varíola, com apenas 21 anos.
Veja também: Início da lesbianidade moderna 74-79 ▪ Amizade erótica na América e na Europa 92-95

KARL DÜRRGE
1780-1835

Nasceu na cidade prussiana de Potsdam, na Alemanha, e foi designada como mulher ao nascer. Karl Dürrge – também conhecida como Maria Dorothea Derrier – foi internado no hospital em 1801 com uma doença de pele. Lá, os médicos descobriram que se tratava de uma pessoa intersexual. Dürrge escolheu se identificar como homem, optando por viver como uma espécie de médico itinerante, em troca de comida, hospedagem e dinheiro. Os estudos dos quais ele participou influenciaram o tratamento de pessoas intersexuais na Prússia, ajudando a estabelecer diretrizes médicas para determinar o sexo e a capacidade de pessoas intersexo adultas escolherem sua identidade de gênero.
Veja também: Direitos intersexuais 48-53 ▪ Definindo "homossexual" e "heterossexual" 106-07

LEVI SUYDAM
Século XIX

Uma pessoa intersexo, que viveu no século XIX em Connecticut, nos EUA, Levi Suydam foi objeto de um processo legal que demonstrou a importância da determinação do sexo. Em 1843, os proprietários só podiam votar se fossem do sexo masculino, e foi assim que Suydam se registrou. Por causa de sua aparência feminina, foi acusado de fraude. Suydam foi autorizado a votar, no entanto, apenas quando um exame médico subsequente declarou que seus

órgãos genitais eram "masculinos". Mais tarde descobriu-se que Suydam menstruava, mas não se sabe se essa descoberta anulou o voto já dado.
Veja também: Direitos intersexuais 48-53

WALT WHITMAN
1819-1892

Um dos poetas mais influentes da América, Walt Whitman é conhecido como o "pai do verso livre" por ser pioneiro em um estilo poético baseado na cadência da fala natural. A obra de Whitman, escrita antes da medicalização da sexualidade – em particular *Folhas de relva*, defendia uma fluidez de gênero e sexualidade que ele sentia ser reprimida pela sociedade. O homoerotismo percebido em *Folhas de relva* causou uma reação que levou as bibliotecas dos Estados Unidos a proibirem a obra. Embora Whitman negasse ter relacionamentos com homens, biógrafos e escritores, incluindo Oscar Wilde, sugeriram que ele era bissexual ou gay.
Veja também: Poesia de amor entre homens 80-81 ▪ O julgamento de Oscar Wilde 124-25

MARY EDWARDS WALKER
1832-1919

Nascida em Oswego, Nova York, Mary Walker se identificava como mulher, mas vestia roupas masculinas para trabalhar na fazenda da família e teve acesso à educação, assim como seus irmãos. Em 1855, se formou em medicina – única mulher da sua turma. Ela se ofereceu para servir no Exército da União na Guerra Civil Americana (1861 a 1865), trabalhando como cirurgiã de campo de guerra não remunerada. Walker se tornou a primeira e única mulher a receber a Medalha de Honra e começou a fazer campanha pela reforma do vestuário e pelo sufrágio feminino. Durante grande parte de sua vida, Walker preferiu calças a vestidos e, mais tarde, também usou cartola.
Veja também: Crossdressers e "maridos do sexo feminino" 82-83

PYOTR ILYICH TCHAIKOVSKY
1840-93

O compositor russo Pyotr Ilyich Tchaikovsky, conhecido mundialmente por suas obras musicais da era romântica, como os balés *O lago dos cisnes* e *O quebra-nozes*, ocultou sua sexualidade gay ao longo da vida, o que pode ter contribuído para seus surtos de depressão. Sua Sinfonia n$^{\underline{o}}$ 6 ("Pathétique"), concluída nove dias antes de sua morte, é vista por alguns como uma nota de suicídio. A sexualidade de Tchaikovsky só se tornou mais conhecida com a descoberta de cartas após sua morte. Muitas delas foram escondidas pelos censores soviéticos – algumas foram publicados pela primeira vez apenas na década de 2010.
Veja também: A criminalização da sodomia 68-71

ANITA AUGSPURG E LIDA GUSTAVA HEYMANN
1857-1943, 1868-1943

Ambas as principais figuras do movimento feminino alemão, Anita Augspurg e Gustava Heymann eram um casal de lésbicas que estavam entre as treze cofundadoras da *Verein für Frauenstimmrecht* [Sociedade para o sufrágio feminino]. Augspurg foi a primeira doutora em direito no Império Alemão, e Heymann usou sua herança para fundar um centro feminino e uma escola secundária mista. Em 1923, Augspurg e Heymann pediram que Adolf Hitler fosse expulso da Alemanha, e ambas se mudaram para a Suíça assim que ele chegou ao poder em 1933.
Veja também: Perseguição durante o Holocausto 156-61 ▪ Lesbianismo político 206-07

SELMA LAGERLÖF
1858-1940

A autora Selma Lagerlöf nasceu em Värmland, na Suécia, filha de um tenente do exército e da filha de um rico comerciante. Ela gostava de ler e escrever desde bem pequena e trabalhou como professora enquanto escrevia seus primeiros romances. Em 1909, Lägerlof se tornou a primeira mulher a receber o prêmio Nobel de Literatura e, em 1914, foi também a primeira mulher a receber o título de membro da Academia Sueca. Ela era lésbica, mas escondia sua sexualidade. Cartas que, de acordo com seu testamento, foram tornadas públicas apenas cinquenta anos após sua morte revelaram sua relação de longo tempo com a professora Valborg Olander.
Veja também: Amizade erótica na América e na Europa 92-95 ▪ Safismo 98

ETHEL SMYTH
1858-1944

Nascida em Sidcup, em Kent, a compositora britânica Ethel Smyth frequentou o Conservatório de Leipzig, na Alemanha, e mais tarde escreveu uma variedade de canções e obras de câmara, de orquestra e corais. Sua ópera *Der Wald* foi encenada na Metropolitan Opera, na cidade de Nova York em 1903 – a única ópera de uma compositora interpretada lá no século xx. Smyth também foi a primeira compositora a ser feita Dama do Império Britânico. Ela teve vários casos com mulheres e se apaixonou pela romancista Virginia Woolf e pela sufragista Emmeline Pankhurst. Militante ativa do sufrágio

feminino, Smyth cumpriu uma sentença de prisão de dois meses por atirar pedras na casa de um político.
Veja também: Amizade erótica na América e na Europa 92-95

MARCEL PROUST
1871-1922

Um dos autores mais influentes do século xx, Marcel Proust nasceu em Paris em uma família rica. Proust começou sua carreira escrevendo para revistas literárias antes de *Em busca do tempo perdido* – os sete volumes da obra foram publicados na França entre 1913 e 1927. Trata-se de uma reflexão sobre a infância e juventude do próprio autor na alta sociedade francesa, e é considerado um dos maiores romances da época. Proust não viveu abertamente como gay, mas suas obras costumam ser interpretadas como uma forma de aceitar sua sexualidade, e apresentam vários personagens gays e bissexuais.
Veja também: Belle Époque em Paris 110-11

ELEANOR ROOSEVELT
1884-1962

Figura política e ativista americana Anna Eleanor Roosevelt foi a primeira-dama dos eua a passar mais tempo ocupando a posição, durante a presidência do marido, Franklin D. Roosevelt, de 1933 a 1945. Ela desafiou as expectativas usuais de uma primeira-dama e fazia campanha pelos direitos das mulheres e igualdade racial, mesmo quando suas ações estavam em desacordo com as políticas do marido. Roosevelt não se identificava publicamente como lésbica ou bissexual, mas acredita-se que seu relacionamento próximo com a jornalista e lésbica Lorena Hickok tenha sido romântico e sexual. As duas trocaram muitas cartas, e a mais explícita delas Hickok queimou.
Veja também: Amizade erótica na América e na Europa 92-95 ▪ Bissexualidade 262-65

LUCY HICKS ANDERSON
1886-1954

Nascida em Kentucky, nos eua, Lucy Hicks Anderson era uma socialite e dona de uma pensão na Califórnia na época da Lei Seca. Designada homem ao nascer, Anderson se identificava e se apresentava como mulher desde muito jovem. Os médicos aconselharam os pais a permitirem que fizesse isso, tornando-a uma das primeiras pessoas transexuais negras americanas documentadas. Depois que casos de doenças venéreas foram vinculados ao seu estabelecimento, um exame físico revelou que Anderson era designado homem no nascimento.. Ela foi presa e condenada por perjúrio ao supostamente se passar por mulher em sua certidão de casamento, e também por fraude por receber pagamentos como esposa de um soldado.
Veja também: Direitos das pessoas trans 196-203

MARGARET ANDERSON E JANE HEAP
1886-1973, 1883-1964

Nascida em Indiana, nos eua, Margaret Anderson se mudou para Chicago, onde conheceu Jane Heap, que nasceu no Kansas e estudava no Art Institute de Chicago. Elas se tornaram parceiras nos negócios e no amor. Anderson fundou e Heap editou *The Little Review*, uma influente revista literária que se tornou famosa em 1918, quando começaram a publicar o romance *Ulisses*, do autor irlandês James Joyce, em capítulos. Os correios dos eua baniram o livro como obsceno em 1920, e Anderson e Heap foram condenadas por obscenidade um ano depois. Posteriormente, ambas passaram algum tempo com a comunidade expatriada de escritores e artistas em Paris, França, onde a última edição da revista foi publicada em 1929.
Veja também: *Butch* e *femme* 152-55

SYLVIA BEACH
1887-1962

A editora e livreira americana Sylvia Beach nasceu em Baltimore, nos eua, antes de se mudar para Paris, onde passou a maior parte da vida. Enquanto estava em Paris, ela conheceu a livreira Adrienne Monnier e as duas se tornaram amantes e parceiras de negócios, abrindo a livraria e biblioteca Shakespeare & Company. Elas ficaram famosas por publicar na França o polêmico romance *Ulisses* (1922), do autor irlandês James Joyce, depois que vários editores o rejeitaram como obsceno.
Veja também: O julgamento de Ismat Chughtai por obscenidade 162

DORA CARRINGTON
1893-1932

A artista britânica Dora Carrington nasceu em Hereford e estudou na Slade School of Fine Art em Londres, onde conheceu membros do boêmio Bloomsbury Group Carrington era conhecida por sua aparência andrógina e teve relacionamentos com homens e mulheres, principalmente com o escritor Lytton Strachey. Embora seu trabalho não tenha sido muito conhecido até sua morte, desde então foi reavaliado criticamente com grandes exposições retrospectivas no Reino Unido.
Veja também: Safismo 98

WILLEM ARONDEUS
1894-1943

O artista e autor holandês Willem Arondeus nasceu em Naarden, na Holanda. Ele trabalhava para um periódico clandestino, o que o levou a ingressar no movimento de resistência antinazista holandês, que explodiu o escritório de registros públicos de Amsterdã em uma tentativa de impedir que os nazistas identificassem judeus holandeses. O grupo foi preso e condenado à morte. Arondeus viveu abertamente como gay e, antes de sua execução, fez questão de declarar publicamente sua sexualidade e a de outros dois gays do grupo, para "dizer ao povo que homossexuais podem ser corajosos!".

Veja também: Perseguição durante o Holocausto 156-61

CLAUDE CAHUN
1894-1954

Nascida em Nantes, em uma proeminente família judia intelectual e progressista e inicialmente conhecida pelo nome de batismo, Claude Cahun, que adotou esse nome em 1914, foi um fotógrafo e escritor francês associado ao *Association des Écrivans et Artistes Révolutionnaires* e ao movimento surrealista. Cahun era designada mulher ao nascer e se identificava como pessoa de gênero neutro. Ele usou seu trabalho em autorretratos em que assumia uma variedade de personas que deliberadamente confundiam e brincavam com as distinções de gênero.

Veja também: Belle Époque em Paris 110-11 ▪ *Problemas de gênero*, de Butler 266-67

FEDERICO GARCÍA LORCA
1898-1936

O poeta, dramaturgo e diretor teatral espanhol Federico García Lorca ganhou destaque internacional como membro da geração de vanguarda de 1927. Ao longo de sua carreira, García Lorca lutou contra a incapacidade de viver publicamente como gay – sua depressão foi exacerbada pelo rompimento do relacionamento que tinha com o escultor Emilio Aladrén Perojo e pela rejeição de Salvador Dalí a seus avanços românticos. No início da Guerra Civil espanhola, García Lorca foi assassinado pelas forças nacionalistas e sua escrita foi proibida – provavelmente como resultado de seu socialismo e homossexualidade.

Veja também: Perseguição durante o Holocausto 156-61

TAMARA DE LEMPICKA
1898-1980

Nascida em Varsóvia, na Polônia, Tamara de Lempicka foi uma pintora conhecida por seus retratos e nus estilizados art déco, muitas vezes de ricos e famosos em que incorporava temas de erotismo e sedução. Sua descoberta artística aconteceu com a Exposição Internacional de Artes Decorativas e Industriais Modernas de 1925. Lempicka era bissexual e conhecida por ter vários casos. Quando Tamara e o marido se mudaram para Paris em 1918, ela se juntou à crescente cena lésbica da cidade, e também começou a assinar suas pinturas com uma forma masculina de seu nome – Lempitzki. Tamara de Lempicka se casou novamente e mais tarde morou nos Estados Unidos e no México.

Veja também: Belle Époque em Paris 110-11 ▪ Bissexualidade 262-65

MICHEL-MARIE POULAIN
1906-91

Pintora e artista performática francesa, Michel-Marie Poulain era uma mulher trans que usava roupas tradicionalmente femininas desde jovem. Entre a Primeira e a Segunda Guerras Mundiais, na qual serviu, Poulain trabalhou como artista de cabaré sob o nome de Micky. Na década de 1930, visitou o médico alemão e defensor da causa trans Magnus Hirschfeld, que lhe ofereceu uma cirurgia de afirmação de gênero. Ela inicialmente recusou, mas depois se submeteu a vários procedimentos e passou a viver mais publicamente como mulher, tornando-se modelo, enquanto continuava seu trabalho na dança e no cabaré.

Veja também: As primeiras cirurgias de afirmação de gênero 136-41 ▪ Direitos das pessoas trans 196-203

FRIDA KAHLO
1907-54

Nascida na periferia da Cidade do México, a artista Frida Kahlo teve poliomielite quando criança, o que a deixou com dores crônicas, e aos dezoito anos sofreu um grave acidente de ônibus que levou a inúmeras cirurgias. Frida aprendeu a pintar sozinha, enquanto se recuperava – seu trabalho frequentemente se baseava em suas próprias experiências de dor e incapacidade, assim como em seu relacionamento com sua identidade mexicana. Ela viveu abertamente como bissexual e, durante seu casamento com o artista plástico Diego Rivera, teve casos com homens e mulheres.

Veja também: Bissexualidade 262-65

PAULI MURRAY
1910-85

Nascida em Baltimore, EUA, Pauli Murray se tornou advogada de direitos civis depois de ser presa, junto com um amigo, por violar as leis de segregação nos ônibus. Primeira negra americana a receber o título de Doutora em Ciências Jurídicas pela Escola de Direito de Yale, em 1965, Murray foi pioneira no trabalho jurídico sobre discriminação de gênero – ela trabalhou na Comissão Presidencial sobre a Situação da Mulher e, em seguida, cofundou a Organização Nacional para Mulheres. Mais tarde, foi atraída para o trabalho religioso e se tornou a primeira pessoa negra americana designada mulher ao nascer a ser ordenada sacerdote episcopal em 1977. Murray se questionava com relação a própria identidade sexual e de gênero, e alguns biógrafos a descreveram retroativamente como pessoa trans.
Veja também: Lesbianismo político 206-07

TENNESSEE WILLIAMS
1911-83

Considerado um dos maiores dramaturgos americanos do século XX, Tennessee Williams nasceu no Mississippi, filho de um caixeiro-viajante. Ele obteve sucesso relativamente tarde na vida com uma série de peças, incluindo *À margem da vida* e os vencedores do prêmio Pulitzer *Um bonde chamado desejo* e *Gata em teto de zinco quente*. Seus trabalhos melodramáticos eram altamente pessoais e exploravam sua educação conturbada e depressão; as lutas da irmã, Rose, com a esquizofrenia; e sua própria dificuldade em aceitar ser um homem gay. Essas experiências, combinadas com uma má recepção de seus trabalhos posteriores, fizeram com que ele se voltasse cada vez mais para o álcool e para as drogas, o que acabou contribuindo para sua morte na cidade de Nova York em 1983.
Veja também: A descriminalização dos atos homossexuais 184-85

BAYARD RUSTIN
1912-87

Nascido na Pensilvânia, nos EUA, Bayard Rustin foi um ativista dos direitos civis e gays dos negros americanos. Sua prisão em 1942 por se recusar a mudar de lugar em um ônibus racialmente segregado o levou a ser mais aberto sobre o preconceito que também enfrentava por ser gay. Rustin se tornou conselheiro de Martin Luther King Jr., em 1956, e foi o principal organizador da Marcha sobre Washington, de 1963, uma manifestação de massas sem precedentes em apoio à legislação de direitos civis pendente no Congresso dos Estados Unidos. Em 2020, Rustin foi perdoado postumamente por sua condenação como criminoso sexual após fazer sexo com um homem em 1953.
Veja também: No caminho da liberação gay 170-77 ▪ A descriminalização dos atos homossexuais 184-85

ALAN TURING
1912-54

Nascido em Londres, no Reino Unido, Alan Turing era um talentoso matemático e cientista da computação. Durante a Segunda Guerra Mundial, trabalhou para a Escola de Códigos e Cifras do Governo em Bletchley Park, o centro de decifração de códigos da Grã-Bretanha. Lá, desempenhou um papel vital na quebra de códigos produzidos pela máquina alemã Enigma, ajudando os Aliados a derrotarem as potências do Eixo. Após a guerra, ele projetou os primeiros computadores, mas foi preso e processado em 1952 por sua homossexualidade. Em vez de uma sentença de prisão, Turing optou por tratamento hormonal. Dois anos depois, ele morreu de envenenamento por cianeto – presumivelmente por suicídio.
Veja também: A terapia de conversão é proibida 286-87

BENJAMIN BRITTEN
1913-76

Nascido em Suffolk, no Reino Unido, o compositor e maestro Benjamin Britten foi musicalmente prolífico quando criança, compondo cerca de oitocentas obras antes dos dezoito anos. Em 1934, conheceu o tenor Peter Pears, que se tornou seu muso e parceiro romântico. Pears estrelou muitas das obras de Britten, incluindo *Billy Budd*, que tem conotações homossexuais, e a última ópera de Britten, *Morte em Veneza*, que tem um tema homossexual mais aberto. Os dois homens viveram juntos de forma relativamente aberta e também foram enterrados juntos.

TOM OF FINLAND
1920-91

O artista finlandês Touko Laaksonen, mais conhecido por seu pseudônimo Tom of Finland, produziu imagens altamente estilizadas e homoeróticas. Concentrando-se em subculturas fetichizadas, como homens vestidos em couro, *beefcakes* (homens belos e musculosos) e soldados, sua representação da força e fisicalidade gay teve um impacto profundo em uma época em que a homossexualidade masculina era frequentemente retratada como passiva e efeminada. A princípio mais sugestivo do que explícito, seu trabalho se tornou mais erótico, comercialmente bem-sucedido e popular após o relaxamento das leis de censura na década de 1970 e, desde então, apareceu em muitos filmes,

exposições e coleções de moda. A Fundação Tom of Finland, criada em 1984, promove sua e outras obras de arte homoeróticas
Veja também: No caminho da liberação gay 170-77 ▪ A descriminalização dos atos homossexuais 184-85

JAMES MCHARRIS
1924-depois de 1955

Nascido no Mississippi, EUA, James McHarris foi designado como mulher ao nascer, mas viveu sua vida como homem desde muito jovem, trabalhando em uma variedade de empregos tradicionalmente masculinos no Meio Oeste americano. Em 1954, foi parado pela polícia por infração de trânsito, e uma revista corporal revelou seu gênero atribuído. Ele foi condenado a trinta dias de prisão e rejeitado pela comunidade, mas continuou a viver como homem. Naquele ano, sua história ganhou maior publicidade quando um relato foi publicado na revista *Ebony*, uma das revistas negras de maior sucesso nos Estados Unidos, mas os detalhes de sua vida posterior são desconhecidos.
Veja também: Direitos das pessoas trans 196-203

GORE VIDAL
1925-2012

Neto de um senador dos Estados Unidos, o prolífico romancista e ensaísta Gore Vidal nasceu no estado de Nova York. Seu terceiro romance – *A cidade e o pilar* (1948) – tem um protagonista gay e foi a primeira representação solidária e acrítica da homossexualidade no pós-guerra nos Estados Unidos. Ele ofendeu críticos de livros conservadores e chocou o público, mas se tornou uma sensação e foi reimpresso em brochura na década de 1950. Em seus ensaios, Vidal escreveu a favor da liberdade sexual e contra o preconceito. Em um romance best-seller posterior, *Myra Breckinridge* (1968), a personagem principal passa por uma cirurgia de afirmação de gênero. O próprio Vidal era conhecido por gostar de sexo com homens, mas rejeitou o rótulo de "gay" e se identificava como bissexual.
Veja também: O terror lavanda (Lavender Scare) 166-67 ▪ A descriminalização dos atos homossexuais 184-85

OVIDA DELECT
1926-96

Poeta comunista e membro da Resistência Francesa, Ovida Delect estabeleceu um pequeno grupo de resistência enquanto ainda frequentava a escola, o que levou à sua detenção e encarceramento pela Gestapo. Delect sobreviveu à guerra e, em 1952, conheceu sua futura esposa, Huguette. Designada como homem ao nascer, Delect revelou sua identidade como mulher trans para Huguette e para amigos íntimos. Aos 55 anos, começou a viver mais abertamente como uma mulher trans e adotou publicamente seu pseudônimo anterior, Ovida. Em 1986, Delect apareceu no documentário *Appelez-moi Madame*, um dos primeiros a divulgar as experiências das mulheres trans francesas para um público mais amplo.
Veja também: Perseguição durante o Holocausto 156-61 ▪ Direitos das pessoas trans 196-203

JACKIE FORSTER
1926-98

A atriz, repórter e ativista britânica Jackie Forster se apresentou no West End londrino e trabalhou como apresentadora de TV antes de se tornar uma ativista dos direitos das lésbicas. Forster se assumiu publicamente em 1969, quando se juntou à Campanha pela Igualdade Homossexual (CHE). Em 1971, participou da primeira Marcha do Orgulho Gay do Reino Unido e, em 1972, ajudou a fundar o clube social lésbico Sappho, que também foi responsável por uma das publicações lésbicas mais longevas do Reino Unido. Posteriormente, ela desempenhou um papel crucial na formação do Arquivo Lésbico na Biblioteca Feminina de Glasgow, na Escócia.
Veja também: No caminho da liberação gay 170-77

ANDY WARHOL
1928-87

Uma figura importante no movimento pop art dos anos 1950, Andy Warhol nasceu em Pittsburgh, filho de imigrantes Lemko do que hoje é a Eslováquia. Inicialmente perseguindo uma carreira em ilustração, ele rapidamente se tornou conhecido como artista visual, e seu estúdio, The Factory, era um importante local de cultura boêmia em Nova York. Warhol viveu abertamente como um homem gay antes do início do Movimento de Libertação Gay no final dos anos 1960, e se frustrou ao descobrir que o trabalho de artistas gays enrustidos conseguia mais aceitação do que o seu próprio. Suas primeiras obras foram rejeitadas pelas galerias de arte por serem homoeróticas demais, e seus filmes foram lançados em cinemas pornôs gays. Mas, desde então, suas obras se tornaram algumas das mais conhecidas e alcançam os preços mais altos em leilões.
Veja também: No caminho da liberação gay 170-77 ▪ A Revolta de Stonewall 190-95

JAMES DEAN
1931-55

Mais conhecido por seu papel no filme *Rebelde sem causa*, de 1955, o ator e ícone cultural americano James Dean nasceu no estado de Indiana, nos EUA. A atitude aparentemente ambivalente de Dean em relação à sexualidade e seu estilo de vida atrevido provocaram especulação pública durante sua vida e após sua morte, e muitos biógrafos concordaram desde então que ele era bissexual. Dean tinha esperança de desenvolver uma carreira a partir de seu hobby de automobilismo, mas morreu em um acidente de carro em 1955, com apenas 24 anos.

ANN BANNON
1932-

Nascida em Illinois, nos EUA, a autora americana Ann Weldy é mais conhecida por seu pseudônimo Ann Bannon. Inspirada por suas próprias experiências de juventude como lésbica, ela escreveu uma série de seis romances lésbicos de ficção pulp, *The Beebo Brinker Chronicles*. Eles desafiavam as representações típicas de lésbicas na época, e a personagem Beebo Brinker se tornou um importante ponto de referência para lésbicas *butch* e garantiu a Bannon o título de "Rainha da Pulp Fiction Lésbica".
Veja também: *Butch* e *femme* 152-55

DAVID HOCKNEY
1937-

Um dos artistas mais influentes de sua época, David Hockney nasceu em Bradford, em Yorkshire, no Reino Unido. Ele se assumiu gay aos 23 anos e celebrou sua sexualidade e a forma física masculina em obras como *Domestic Scene* (1963), que retrata dois homens tomando banho juntos, e *Peter Getting out of Nick's Pool* (1966), apresentando seu namorado, o artista americano Peter Schlesinger saindo nu de uma piscina pública em Los Angeles

– ambos criados quando o sexo entre homens ainda era ilegal no Reino Unido e nos Estados Unidos. Sua produção altamente versátil inclui retratos, paisagens, cenários e vídeos.
Veja também: No caminho da liberação gay 170-77 ▪ A descriminalização dos atos homossexuais 184-85

JUDY GRAHN
1940-

Nascida em Chicago, a poeta e escritora americana Judy Grahn ingressou na Força Aérea dos Estados Unidos, mas foi dispensada por ser lésbica. Suas experiências como vítima de lesbofobia por ser uma lésbica *butch* e o período que passou em coma devido a uma doença aos 25 anos influenciaram seu desejo de se tornar poeta. Grahn se tornou um membro central do movimento de poesia feminista da Costa Oeste na década de 1970 e do Gay Women's Liberation Group, usando sua poesia para explorar questões de sexismo, racismo, classismo e homofobia. Mais velha, ela entrou na vida acadêmica e continua a dar aulas.
Veja também: *Butch* e *femme* 152-55 ▪ No caminho da liberação gay 170-77 ▪ "Não pergunte, não fale" 272-75

MISS MAJOR
1940-

Mulher trans e ativista pelos direitos das pessoas trans, Miss Major Griffin Gracy, muitas vezes conhecida apenas como Miss Major, cresceu em Chicago, nos EUA, participou de bailes drag e se assumiu como mulher trans no final da adolescência. As críticas que recebeu dos colegas e a violência enfrentada por outras mulheres trans "de cor" alimentaram seu próprio ativismo, que começou com a participação na Revolta de Stonewall em 1969. Miss Major se

mudou para a área da baía de São Francisco, e se envolveu em esforços comunitários de base, trabalhando para o Tenderloin Aids Resource Center e o Transgender Gender Variant Intersex Justice Project. Em 2015, foi tema do documentário *Major!*
Veja também: A Revolta de Stonewall 190-95 ▪ Direitos das pessoas trans 196-203

DEREK JARMAN
1942-94

O artista, cineasta, figurinista e ativista britânico Derek Jarman estudou na Slade School of Fine Art, em Londres. Ele usou seu trabalho, principalmente no cinema, para defender os direitos dos homossexuais, fazendo campanha contra a Seção 28 (uma lei que restringe a suposta "promoção da homossexualidade") e aumentando a conscientização sobre a crise da aids. Jarman descobriu que era HIV positivo em 1986, o que o levou a se mudar para uma cabana remota à beira-mar em Dungeness, em Kent, onde continuou a trabalhar em filmes e a cultivar um jardim agora famoso. Seu trabalho final e mais conhecido, *Blue*, consiste em um cenário cor Azul Klein com narrações em áudio de sua vida e de sua experiência de viver com aids.
Veja também: Filmes LGBTQIAPN+ 142-45 ▪ A epidemia de aids 238-41 ▪ Ativismo no combate à aids 244-45 ▪ Seção 28 248-49

JÓHANNA SIGURÐARDÓTTIR
1942-

Nascida em Reykjavik, Jóhanna Sigurðardóttir, política da Aliança Social Democrata, foi a 24ª primeira-ministra da Islândia, entre 2009 e 2013. Antes de entrar na política, Sigurðardóttir trabalhou para a empresa aérea Icelandic

Airlines e foi ativa no movimento sindical. Durante seu mandato, o parlamento islandês aprovou uma lei de casamento entre pessoas do mesmo sexo, após a qual Sigurðardóttir e sua parceira Jóanína Leósdóttir transformaram sua união civil em casamento, o que fez delas um dos primeiros casais homossexuais do país a casar-se.
Veja também: Igualdade matrimonial 288-93

FREDDIE MERCURY
1946-91

Uma das maiores figuras do rock, Freddie Mercury nasceu Farrokh Bulsara em Zanzibar, na costa centro-leste da África, filho de pais indianos parsi, e passou a maior parte da infância na Índia. Depois que a família se mudou para o Reino Unido, formou a banda Queen com Roger Taylor e Brian May. Enquanto ele rapidamente se tornou conhecido por seu impressionante alcance vocal, personalidade extravagante e performances teatrais, Mercury não rotulava publicamente sua sexualidade, mas é considerado gay ou bissexual. Ele manteve um relacionamento de longo prazo com Mary Austin, que o deixou por causa das relações sexuais de Mercury com homens, embora ela continuasse sendo sua amiga mais próxima. Ele foi diagnosticado com aids em 1987, e tornou pública a doença apenas um dia antes de sua morte em 1991.
Veja também: *Camp* 180-81 ▪ A epidemia de aids 238-41 ▪ Ativismo no combate à aids 244-45

SALLY RIDE
1951-2012

A astronauta e física americana Sally Ride nasceu em Los Angeles e estudou física e literatura inglesa na Universidade de Stanford antes de ingressar na NASA, aos 27 anos. Em 1983, sua primeira missão a bordo do ônibus espacial Challenger a tornou a primeira mulher e a mais jovem astronauta americana a voar no espaço, bem como a primeira astronauta reconhecidamente lésbica.

KEITH HARING
1958-1990

Nascido na Pensilvânia, Keith Haring desde cedo se interessou por arte pop e imagens de desenhos animados, incentivado por seu pai, um engenheiro e cartunista amador. Haring se mudou para Nova York para estudar pintura, primeiro atraindo a atenção por seu grafite nos metrôs da cidade e, posteriormente, criando murais coloridos maiores. Haring logo alcançou fama internacional e procurou tornar seu trabalho mais acessível abrindo sua Pop Shop em 1986. Em 1988, Haring foi diagnosticado com aids e usou seu trabalho posterior para explorar temas políticos em torno do antiapartheid, sexo seguro, conscientização sobre a aids e direitos dos homossexuais até sua morte em 1990.
Veja também: A epidemia de aids 238-41 ▪ Ativismo no combate à aids 244-45

KIM JHO GWANG-SOO
1965-

Um dos poucos diretores de cinema abertamente gays da Coreia do Sul, Kim Jho Gwang-soo combina o cinema com seu trabalho como ativista e participou de vários projetos com temas LGBTQIAPN+. Gwang-soo e seu parceiro David Kim Seung-hwan realizaram uma cerimônia de casamento não legal em 2013, a primeira desse tipo na Coreia do Sul, onde os casamentos entre pessoas do mesmo sexo ainda não são legalmente reconhecidos.

Veja também: Filmes LGBTQIAPN+ 142-45 ▪ Ativismo LGBTQIAPN+ na Ásia 254-55 ▪ Igualdade matrimonial 288-93

KELLY HOLMES
1970-

Nascida no Reino Unido, Kelly Holmes venceu a corrida de 1500 metros das English Schools em 1983 e, aos dezoito anos, ingressou no Exército Britânico e se tornou instrutora de treinamento físico. Holmes passou a se dedicar ao atletismo em tempo integral em 1997, e ganhou medalhas de ouro nas corridas de 800 metros e de 1500 metros nos Jogos Olímpicos de Atenas em 2004. Desde que se aposentou do atletismo profissional, em 2005, Holmes fundou uma instituição de caridade para apoiar jovens atletas e jovens desfavorecidos e foi nomeada presidente dos Jogos da Commonwealth na Inglaterra. Ela se assumiu lésbica em uma entrevista a um jornal em 2022 e revelou durante um documentário para a televisão que sabia que era lésbica desde 1988, mas temia se assumir em uma época em que gays declarados não tinham permissão para servir no Exército britânico.
Veja também: Esportistas LGBTQIAPN+ se assumem 208-209 ▪ "Não pergunte, não fale" 272-75

SAGE
1978-

Com base no ímpeto do movimento mais amplo pelos direitos gays, foi fundada em 1978, na cidade de Nova York, a Senior Action in a Gay Environment (SAGE), com o objetivo específico de abordar as preocupações de pessoas LGBTQIAPN+ mais velhas e garantir grupos de defesa e apoio para os que vivem com HIV/aids. Agora conhecida como Services & Advocacy for LGBT Elders, ainda está em operação

como a maior e mais antiga organização sem fins lucrativos dos EUA dedicada exclusivamente às necessidades e preocupações das pessoas da comunidade LGBTQIAPN+ mais velhas.
Veja também: A epidemia de aids 238-41 ▪ Ativismo no combate à aids 244-45

MARIELLE FRANCO
1979-2018

Nascida na favela da Maré no Rio de Janeiro, Marielle Franco foi uma política e ativista de direitos humanos brasileira, eleita vereadora em 2016 em campanha pelos direitos das mulheres negras que vivem nas favelas. Ela se identificava como bissexual e, ao longo de sua carreira, também fez campanha pelos direitos LGBTQIAPN+. Ela era uma crítica feroz da brutalidade policial e, em março de 2018, foi baleada e morta por dois ex-policiais enquanto se deslocava de carro no Rio de Janeiro. Seu assassinato foi condenado no mundo todo e desencadeou protestos em todo o país.
Veja também: Movimentos LGBTQIAPN+ latino-americanos 178-79

ALEXYA SALVADOR
1980-

Nascida no Brasil, Alexya Salvador se tornou a primeira pastora trans da América Latina quando foi ordenada em 2019. Ela pedia para ser levada à igreja desde pequena e ingressou em um seminário, mas quando esbarrou com o preconceito contra a comunidade LGBTQIAPN+ em instituições católicas, optou por cortar seus laços. Salvador então descobriu a Igreja da Comunidade Metropolitana de São Paulo, que a acolheu e onde atuou pela primeira vez como pastora adjunta em 2015. Em 2016, Salvador também se tornou a primeira mulher trans a adotar uma criança no Brasil, quando ela e seu companheiro Roberto adotaram uma menina trans.
Veja também: Movimentos LGBTQIAPN+ latino-americanos 178-79 ▪ Direitos das pessoas trans 196-203

ARSHAM PARSI
1980-

Atualmente exilado no Canadá, Arsham Parsi é um ativista iraniano de direitos humanos LGBTQIAPN+ que fugiu do Irã em 2005. Gay, ele cresceu no Irã e se sentia solitário até que, adolescente, descobriu apoio na internet. Em 2001, Parsi fundou o grupo on-line Rainbow, mais tarde renomeado Persian Gay and Lesbian Organization (PGLO), para educar as pessoas sobre as questões enfrentadas pelas minorias sexuais no Irã – um amigo registrou o site na Noruega. Em 2006, Parsi fundou a Iranian Queer Organization em Toronto, no Canadá, e em 2008 a International Railroad for Queer Refugees. Sua autobiografia *Exiled for Love* foi publicada em 2015.
Veja também: No caminho da liberação gay 170-77 ▪ Ativismo LGBTQIAPN+ na Ásia 254-55 ▪ Muçulmanos LGBTQIAPN+ 278-79

MOHSIN ZAIDI
c. 1985-

Mohsin Zaidi é mais conhecido por seu livro de memórias de 2020, *A Dutiful Boy*, que descreve os desafios que ele enfrentou ao crescer gay em uma família de muçulmanos devotos. Relata, por exemplo, como Zaidi, um jovem graduado da Universidade de Oxford, silencia um feiticeiro levado à sua casa para "curá-lo" de sua homossexualidade. E também registra o racismo que enfrentou em sites de namoro gay que declaravam "asiáticos não". Zaidi ingressou no conselho da instituição de caridade LGBTQIAPN+ Stonewall em 2017, trabalhou como advogado na cidade de Nova York, como advogado criminal em Londres e se tornou consultor de gestão em 2021.
Veja também: Muçulmanos LGBTQIAPN+ 278-79

OUTRAGE!
1990-2011

Fundado em resposta ao assassinato homofóbico do ator gay Michael Boothe em 1990, OutRage! foi um grupo político britânico pró-direitos LGBTQIAPN+ por meio de ação direta não violenta e desobediência civil. Conhecido por suas formas teatrais, espirituosas e imaginativas de ação direta, o grupo encenou um "kiss-in" no Piccadilly Circus de Londres, em um protesto contra a prisão de gays por se beijarem em público. O OutRage! fez lobby a favor de que a idade de consentimento para sexo entre homens fosse alinhada com a idade para atos de sexos diferentes e chamou a atenção para o que considerava homofobia religiosa na Igreja da Inglaterra. O OutRage! foi dissolvido em 2011.
Veja também: No caminho da liberação gay 170-77 ▪ O assassinato de Matthew Shepard 284-285

SAMUEL LUIZ
1997-2021

Durante uma noite em A Coruña, Espanha, em 3 de julho de 2021, o auxiliar de enfermagem Samuel Luiz foi espancado até a morte em um ataque homofóbico. A morte de Luiz gerou protestos em todo o país e provocou debate sobre a segurança das pessoas LGBTQIAPN+. A revolta foi exacerbada pela relutância da polícia e dos políticos em rotular o ataque como homofóbico ou crime de ódio.
Veja também: O assassinato de Matthew Shepard 284-285

GLOSSÁRIO

Neste glossário, os termos definidos em outra entrada são identificados em *itálico*.

afirmação de gênero Um termo amplo para as ações que uma pessoa pode realizar ou para o apoio que pode acessar para viver de acordo com sua autêntica *identidade de gênero*.

agênero Descreve uma pessoa que não se *identifica* com nenhum *gênero* em particular.

aids Abreviação do inglês para *acquired immunodeficiency syndrome* (e síndrome da imunodeficiência adquirida em português), uma condição crônica e potencialmente fatal que pode ocorrer como resultado do *HIV*.

alorromântico Descreve alguém que experimenta atração romântica com mais frequência e/ou em circunstâncias menos específicas do que as pessoas que estão no espectro *arromântico*.

alossexual Descreve alguém que experimenta *atração sexual* com mais frequência e/ou em circunstâncias menos específicas do que as pessoas que estão no *espectro assexual*.

apagamento Ignorar ou descartar pessoas, *identidades*, histórias ou culturas *LGBTQIAPN+*.

apresentar (-se) Expressar uma *identidade de gênero*, normalmente por meio de roupas, cabelo, maquiagem, maneirismos e/ou comportamento.

armário (manter no) Forçar uma pessoa *LGBTQIAPN+* a esconder sua verdadeira *orientação sexual* ou *identidade de gênero*, para que outros presumam que é *heterossexual*, *cisgênero*, *alossexual* e/ou *alorromântico*.

armário (tirar do) Expor a *orientação sexual* ou *identidade de gênero LGBTQIAPN+* de alguém.

arromântico/aro Descreve alguém que não sente *atração romântica*.

assexual/ace Descreve alguém que não sente *atração sexual*.

atração romântica Desejo de ter um relacionamento romântico com outra(s) pessoa(s).

atração sexual Desejo de ter relações sexuais com outra pessoa/pessoas.

bicurioso Descreve pessoas *heterossexuais* que desejam ter experiências sexuais e/ou românticas com pessoas do seu próprio *gênero*.

bifobia Estigma, preconceito e discriminação contra a bissexualidade ou pessoas *bissexuais*.

bigênero Descreve alguém que tem mais de uma *identidade de gênero*, alguém que, por exemplo, se identifica como homem e mulher.

binário A classificação de uma característica em duas categorias distintas e opostas. Por exemplo, o binário de gênero classifica o *gênero* nas categorias distintas de masculino e feminino. Veja também *não binário*.

bissexual/bi Descreve alguém que sente atração por seu próprio *gênero* e pelo menos por um outro *gênero*, mas pode ter uma preferência.

butch Descreve uma pessoa *lésbica*, *bissexual*, não binária ou *homem trans* que exibe uma *identidade* masculina e/ou se *apresenta* de maneira masculina.

camp Um movimento estético e cultural, comumente associado a homens *gays*, que se caracteriza por exagero, teatralidade e feminilidade.

chicane Um *termo de gênero* neutro para descrever o povo americano-mexicano. A terminação "-e" deste termo reflete melhor as línguas hispânicas do que outros termos de gênero neutro, como "Chicanx". Veja também *latim*.

cisgênero/cis Descreve alguém que se *identifica* com o gênero que lhe foi atribuído ao nascer. Veja também *transgênero*.

colonialismo A política ou prática de obter controle político, social, econômico e/ou cultural sobre outro país, ocupando-o com colonizadores e explorando-o economicamente.

comunidade Um grupo de pessoas que vive na mesma área e/ou compartilha um interesse, característica, atitude e/ou *identidade* comum.

crossdressing Usar itens de vestuário que são comumente associados ao *gênero* oposto ao do usuário.

cultura ballroom Uma *subcultura LGBTQIAPN+* em que negros e *latinos* competem em eventos conhecidos como balls (baíles) e muitas vezes vivem juntos em grupos familiares.

DADT (acrônimo de "Don't Ask, Don't Tell" – "Não pergunte, não fale") política americana, que se estendeu de 1993 a 2011, e permitia que *gays* e *bissexuais* servissem nas forças armadas, desde que mantivessem sua *orientação sexual* em sigilo.

deadnaming Chamar uma pessoa *trans* pelo nome que ela recebeu no nascimento, em vez do nome escolhido (nome morto).

demirromântico Descreve alguém que só experimenta *atração romântica* depois que é formado um vínculo emocional.

demissexual Descreve alguém que só experimenta *atração sexual* depois que é formado um vínculo emocional.

disforia de gênero Um sentimento de mal-estar, desconforto ou angústia que uma pessoa pode sentir por causa de uma incompatibilidade entre sua designação no nascimento e seu gênero.

dois-espíritos (2S) Um termo abrangente para pessoas em *não conformidade* de gênero em *comunidades* indígenas americanas.

drag Demonstração performática que envolve se vestir e/ou se *apresentar* de uma forma que exagera, comenta e/ou subverte um *gênero* em particular – muitas vezes, mas nem sempre – diferente do gênero cotidiano da pessoa que faz a performance.

drag king Artista *drag*, geralmente do sexo feminino, que se veste de forma masculina e *se apresenta* como homem em performances.

drag queen Artista *drag*, geralmente do sexo masculino, que se veste de maneira feminina e se *apresenta* como uma mulher em performances.

eunuco Um termo histórica e culturalmente específico para uma pessoa *amab* que foi castrada. O termo "eunuco" não deve ser usado para se referir a *mulheres trans* dos dias de hoje que fizeram cirurgia de *afirmação de gênero*.

GLOSSÁRIO 325

expressão de gênero A maneira pela qual uma pessoa expressa ou *apresenta* sua *identidade de gênero*, geralmente por meio de roupas, cabelo, maquiagem, maneirismos e/ou comportamento.

feminismo Uma ampla gama de movimentos sociais e ideologias baseadas na crença de que as mulheres devem ter direitos e oportunidades iguais aos dos homens.

femme Descreve uma pessoa *lésbica*, *bissexual* ou *não binária* que exibe uma identidade feminina e/ou se *apresenta* de maneira feminina.

fish A contrapartida lésbica negra da identidade feminina. Algo próximo a gatinha.

fluidez de gênero Uma mudança ao longo do tempo ou uma abordagem flexível em relação à *identidade de gênero* de uma pessoa.

gay Termo comumente usado que significa *homossexual* ou uma pessoa *homossexual*, geralmente para se referir a homens ou *homossexualidade* masculina.

gênero Um estado ou *identidade* que é frequentemente expresso em termos de masculinidade e feminilidade; comportamentos, papéis e atividades socialmente construídos que estão conectados a essa identidade.

gênero neutro Não se refere a nenhum *gênero* em particular ou faz qualquer distinção entre os gêneros.

greyromântico Descreve alguém que experimenta *atração romântica* raramente e/ou em circunstâncias extremamente específicas.

greysexual Descreve alguém que experimenta *atração sexual* raramente e/ou em circunstâncias extremamente específicas.

hétero Veja *heterossexual*.

heteronormatividade Um conceito ou visão de mundo que promove a *heterossexualidade* como a *orientação sexual* padrão e privilegia aqueles que existem dentro dos entendimentos "tradicionais" da vida *heterossexual*, como pessoas casadas e com filhos.

heterossexual Sente atração apenas por pessoas de um gênero diferente do seu próprio. A heterossexualidade tem sido tradicionalmente definida em termos de *gênero binário*.

heterossexualidade compulsória A pressão que a sociedade exerce sobre as pessoas para que sintam desejo pelo sexo oposto e participem de relacionamentos *heterossexuais*.

hijra 1) Uma *comunidade* de pessoas em *não conformidade de gênero* concentrada principalmente no norte da Índia, mas também em outras partes da Índia, Paquistão e Bangladesh. 2) Uma pessoa da *comunidade* hijra.

HIV Abreviação da sigla em inglês para vírus da imunodeficiência humana, que pode causar *aids*.

homem trans Uma pessoa nascida mulher que se identifica como homem.

homófilo Defende e apoia os direitos e o bem-estar das pessoas *homossexuais*.

homofobia Estigmatiza, tem preconceito e discriminação contra a *homossexualidade* ou pessoas *homossexuais*.

homonacionalismo Um conceito que explora as ligações entre nações (principalmente) ocidentais que abraçam os direitos LGBTQIAPN+ e o que alguns veem como ideologias capitalistas, nacionalistas ou imperialistas desses países e o efeito nas *comunidades* LGBTQIAPN+.

homonormatividade A suposição de que as pessoas LGBTQIAPN+ devem se encaixar nas normas *heterossexuais* e que os relacionamentos entre pessoas do mesmo sexo devem estar o mais próximo possível do modelo de relacionamentos do *sexo* oposto.

homossexual Sente atração apenas por pessoas do mesmo *gênero*.

HSH A abreviação de homens que fazem sexo com homens.

identidade A noção de uma pessoa de quem ela realmente é; na *comunidade* LGBTQIAPN+, o termo costuma ser usado para se referir à *orientação sexual* ou *identidade de gênero* de uma pessoa.

identidade de gênero Noção pessoal de um indivíduo sobre seu próprio *gênero*.

igualdade matrimonial Uma situação em que os casais têm o direito de se casar independentemente do *gênero* de cada parceiro.

interseccionalidade Um conceito que explora como diferentes aspectos da *identidade* de um indivíduo – como raça, etnia, orientação sexual, gênero, identidade de gênero, idade e classe – criam sistemas de discriminação e opressão que se cruzam.

intersexo Descreve uma pessoa nascida com características *sexuais* – incluindo órgãos genitais, gônadas e padrões cromossômicos – que não se encaixa nas noções *binárias* de corpos "masculinos" e "femininos".

invertido Um termo do início do século XX para um espectro que abrange o que hoje chamaríamos de *identidades gays*, *lésbicas*, *bissexuais* e *trans*.

kathoey Uma *identidade* de gênero tailandesa que era historicamente aplicada a pessoas *intersexuais*, mas agora abrange qualquer pessoa *amab* que desafie as expectativas convencionais de gênero.

latine Um termo de *gênero neutro* para descrever pessoas latino-americanas. A terminação "-e" reflete melhor as línguas hispânicas do que outros termos de gênero neutro, como "Latinx". Veja também *chicane*.

lesbianismo político A ideia de que o *lesbianidade* é uma escolha política e que as mulheres devem rejeitar relacionamentos românticos e sexuais com homens como forma de resistir à opressão *patriarcal*.

lésbica Descreve uma mulher ou pessoa não binária que sente atração por mulheres.

lesbofobia Estigma, preconceito e discriminação contra lésbicas.

LGBTQIAPN+ Um acrônimo para *lésbicas*, *gays*, *bissexuais*, *trans travestis*, *queer*, *intersexuais*, *assexuais* e *arromânticos*, *pansexuais*, *não binário*, com o + representando outras identidades sexuais e de gênero não normativas.

molly Um termo do século XVIII para homens e pessoas *nascidas homens* de *gênero* diverso que fazem sexo com homens e/ou desejam homens.

Molly House O equivalente do século XVIII a um moderno bar *gay* ou clube de sexo e um espaço relativamente seguro para os *mollies* se encontrarem.

monossexual 1) Um termo do século XIX para descrever pessoas que não fazem sexo, apenas se masturbam. 2) Um termo cunhado na década de 1990 para descrever pessoas que só sentem atração por um *gênero*.

mulher trans Uma pessoa *designada como homem ao nascer* que se *identifica* como mulher.

não binário Um termo guarda-chuva para *identidades de gênero* que não são nem exclusivamente masculinas nem exclusivamente femininas. Veja também *binário*.

GLOSSÁRIO

não conformidade de gênero O estado de não conformidade com os papéis "normativos" de *gênero* masculino e feminino da sociedade. Veja também *binário*.

neopronome Um novo *pronome*, muitas vezes criado na tentativa de tornar a linguagem mais *neutra* em termos de gênero e *inclusiva*.

omnissexual Descreve alguém que sente atração por todos os *gêneros*, mas pode ter uma preferência.

orientação romântica A forma como uma pessoa experimenta ou não a *atração romântica*, incluindo o(s) *gênero*(s) pelo(s) qual(is) ela se sente ou não romanticamente atraída.

orientação sexual A forma pela qual uma pessoa sente ou não sente *atração sexual*, incluindo o(s) *gênero*(s) pelo(s) qual(is) ela se sente ou não sexualmente atraída.

outing Divulgar a *orientação sexual* LGBTQIAPN+ ou *identidade de gênero* de outra pessoa sem o seu consentimento.

pansexual Descreve alguém que sente atração por todos os *gêneros*, sem preferência.

passing **[passar-se por]** Ser percebido pelos outros como um gênero ou orientação sexual particular; o termo *passing* geralmente se refere a pessoas LGBTQIAPN+ sendo percebidas pela sociedade *heteronormativa* como *heterossexual* e/ou *cisgênero*.

patriarcado O sistema social no qual os homens – particularmente os *cisgêneros* e *heterossexuais* – têm a maior parte ou todo o poder, privilégio e valor, e as pessoas de outros *gêneros* são ampla ou completamente excluídas desse poder.

pederastia Na Grécia e na Roma antigas, a prática de uma relação sexual entre um homem mais velho e de barba (conhecido como o *erastes*, ou o amante), que é o parceiro ativo no relacionamento, e um homem mais jovem e imberbe (conhecido como o *eromenos*, ou o amado), que é o parceiro passivo.

pinkwashing O modo como pessoas, organizações e nações promovem os direitos LGBTQIAPN+ para indicar seu liberalismo progressista, mas com um motivo oculto.

platônico Descreve um relacionamento próximo que é afetuoso, mas não romântico ou sexual.

polissexual Descreve alguém que sente atração por vários *gêneros*, mas não necessariamente por todos.

pronome Uma palavra que substitui um substantivo. Pronomes pessoais, como "ele", "ela" e alternativas de *gênero neutro*, como "elu", fazem parte da *identidade de gênero* e da *expressão de gênero* de uma pessoa.

queer 1) Uma ofensa *homofóbica* que foi reivindicada por muitos na *comunidade* LGBTQIAPN+ como um *marcador de identidade*. 2) Um termo abrangente para pessoas LGBTQIAPN+ e a *comunidade* LGBTQIAPN+.

questionamento O processo de explorar e/ou determinar a *orientação sexual* e/ou *identidade de gênero* de alguém.

safismo Um termo dos séculos XVIII e XIX para relacionamentos entre mulheres do mesmo sexo.

safista Uma mulher que pratica *safismo*; um termo dos séculos XVIII e XIX para uma mulher que hoje seria conhecida como *lésbica*.

sexo A forma como uma determinada sociedade classifica as características físicas e corporais de uma pessoa – como órgãos reprodutivos, cromossomos e hormônios – que geralmente determinam o gênero atribuído no nascimento.

sexologia O estudo da sexualidade e do comportamento sexual humano.

sexualidade O modo como as pessoas experimentam ou expressam sentimentos, pensamentos, atração e/ou comportamento sexual.

sodomia No período medieval, qualquer forma de atividade sexual sem potencial de procriação dentro do casamento. No século XV, a sodomia era geralmente definida como atividade entre pessoas do mesmo *sexo*, normalmente entre homens.

stud A contrapartida lésbica negra da identidade butch. Algo como garanhão.

subcultura Um grupo de pessoas dentro de uma cultura dominante cujas crenças, valores, ideias, comportamento e/ou modo de vida difere daqueles da cultura dominante.

teoria queer Um campo acadêmico que explora como são compreendidos *gênero* e *sexualidade*. A teoria queer questiona, entre outras coisas, se as *identidades* são fixas e se gênero e sexualidade são *binários*.

terapia de conversão Uma intervenção, geralmente médica e/ou psicológica, que busca mudar a *orientação sexual* ou a *identidade de gênero* de uma pessoa.

TERF Do inglês. Acrônimo de feminista radical transexcludente, uma *feminista* que acredita que *mulheres trans* não são "mulheres de verdade".

transfobia Estigma, preconceito e discriminação contra pessoas trans.

transgênero/trans Descreve alguém que se identifica como um *gênero* diferente daquele que lhe foi atribuído no nascimento. Veja também *cisgênero*.

transicionamento A ação que uma pessoa *trans* pode tomar para viver com o gênero com o qual se identifica. Isso pode ou não envolver intervenções médicas, como terapia hormonal e cirurgia de *afirmação de gênero*. Também pode envolver se *assumir* como trans, se *apresentar* como o gênero identificado e alterar documentos de identidade.

transing Um termo usado para descrever comportamento – como *crossdressing* ou viver como um *gênero* diferente daquele atribuído no nascimento – que subverte as normas de gênero. O termo "transing" é particularmente útil para falar de pessoas do passado para quem o rótulo de transgênero seria a-histórico.

travestismo Um termo alternativo para *crossdressing*. Historicamente usado em diagnósticos médicos, o termo "travestismo" é considerado depreciativo e ultrapassado nas culturas ocidentais brancas.

tríbade Um termo do século XVII para uma mulher que deseja outras mulheres.

ÍNDICE

Números de página em negrito se referem às principais inserções

A

Abbéma, Louise 110
Abdullah, Daayiee 279
Abdullatif, Hussein 279
Abru (Najmuddin Shah Mubarak) 96
Abu Nuwas 17, 46
ACT UP 177, 245
Addams, Calpernia 274
adoção 179, 228, 229-30, 249, 271, 276, 291, 303
adultério 43, 44, 165
Aelred de Riveaulx 43, 45
 crossdressers 57, **82-3**
 na China 134
 no exército 89, **99**
Afeganistão 254, 255, 278
Affordable Care Act (EUA, 2010) 198
África
 atitudes sob o colonialismo 70, 71, 88
 casamento homossexual 292
 fluidez tradicional de gênero **120-1**
 homofobia na modernidade 185, 253, **306-7**
África do Sul 172, 175, 176, 252, 279
 casamento homossexual 120, 291, 306, 307
Africanus, Leo 57, 77, 78
Agathon 22
agênero 216
Agentes da Noite (Florença) 56, 59
Ahmed, Sara 296
Ai/Aidi, imperador de Han 16, 28-9
Aids Memorial Quilt (Colcha Memorial) **241**
aids ver HIV/aidsAkbarabadi, Nazir 97
Al Jazerah, Madian 279
Alcman 21
Alemanha 68, 71, 106-7, 122-3, 130, 139-41, 142-3, 145, 146-7, 158-61, 172, 173, 201, 231, 253, 279
Alexandre, O Grande 12, 16, **23**, 28
Alexandria, Biblioteca de 24
Alforde, John 44
Aliança Internacional de Lésbicas e Gays (ILGA) 176
al-Isfahani, Abu al-Faraj 47
al-Jaheth 47
 China 134
 Império Otomano 88, **105**
 Kathoey 188, **220-1**
 no esporte 208
amatonormatividade 283
amebas 281
América Latina colonial 56, **66-7,** 70-1
American Civil Liberties Union 275
amizades, femininas 93-5, 206
amor de menino 84, 85

amor entre mulheres 118-19
amor erótico, homossexual **96-7**
Anabitarte, Héctor 174-5, 178
Anandrynes 88-9, **101**
Anders als die Andern 130, **143**
Anderson, Lucy Hicks **317**
Anderson, Margaret **317**
Angels in America **239**
Anger, Philip 143
Angola 306, 307
anticlericalismo 72, 73
anticomunismo **166-7**
antigênero movimentos 202-3, 267
Antinous 17, 32, **33**
Anything That Moves 262, 263, 264
Anzaldúa, Gloria 188, 246, **247**
apagamento bissexual **265**
Aquiles 16, 18, 19, 20, 22, 23, 28, 58, 79
Arcadie 173
Aretino, Pietro 72, **73**, 76
Argentina 172, 174-5, 176, 178-9, 200, 201, 203
Ariosto, Ludovico 76
Aristófanes 22
Aristóteles 22, 33, 50, 51
armadilha 172, 278
Arnold, June 217
Arondeus, Willem 318
arqueologia 18-19
arromantismo 252, **280-3**
arte, desejos tabu na 59
Ashley, April 201
Ashton, Mark **243**
Ashurbanipal, King 18
Ásia
 ativismo LGBTQIAPN+ na **254-5**
 casamento homossexual 292
 direitos LGBTQIAPN + 189
assassinato 179, 198, 199
Assexual, Visibilidade e Educação Rede (Aven) 218, 219, 252, 253, 281-3
assexualidade 12, 89, 164, 165, 252, 253, **280-3**
 política **218**
 reconhecimento científico da **122-3**
assistência à saúde 307
Associação de Travestis e Liberados 178
Associação Gay da África do Sul (Gasa) 176
Associação Psiquiátrica Americana (APA) 189, 219, 286
astecas 247
Atatürk, Mustafa Kemal 104
Atayi, Nev'izade 104
atendimento à saúde reprodutiva **304-5**
atentado violento ao pudor 124
Ates, Seyran 279
ativo/passivo parceiros 17, 21, 22, 25, 32, 33, 58-9, 67, 71
atos sexuais consensuais 42, 44, 100, 105, 106, 124, 172, 184, 185, 255, 275
atração estética 281
atração romântica 131, 281, 282, 283

atração, tipos de **281**
Augspurg, Anita **316**
Augustine of Hippo 40, 50
Austrália 53, 176, 201, 231, 275, 279
 liberação gay na 204-5
Áustria 253
autismo 283
autoerotismo 280

B

Bacon-Evans, Whitney and Megan 231
Baer, Karl M. 138, 304
bairros gay **146-7**
Baker, Gilbert 224, **225**
Baker, Josephine **151**
Baldwin, James 148
Bambi 116
Bangladesh 108, 109, 255
Bannon, Ann **321**
barba 13, 67, 258, 259
Barbin, Herculine **51**
Barnes, Djuna 168
Barney, Natalie Clifford 98, 110, **111**
Barnfield, Richard 57, 80
Barrett, Alfred 127
barriga de aluguel 229, 271
Barrin, Jean 73
Barry, James 99
Bartholin, Thomas 78
Batalhão Sagrado de Tebas 23
Bates, Katharine Lee 119
Bauman, Melissa 295
Baumgartner, Renate 265
Bay Area American Indian Two Spirits – BAAITS (grupo Indígenas Americanos "dois-espíritos" da Área da Baía) **261**
Bayt al-Hikma (Casa da Sabedoria) (Bagdá) 46, 47
BDSM 223
Beach, Sylvia **317**
Beardsley, Aubrey 180
Beatie, Thomas 253, 304, 305
Beauvoir, Simone de 232
Beck, Max 53
Behn, Aphra 57, 76, 79
Beigong Bozi 29
Belcombe, Mariana 103
Bélgica 177, 291
Belous, Christopher 295
Bennett, Judith 12
Benoit, Yasmin 280
Benserade, Isaac de 98
Bentley, Gladys 126, 148, **149**, 151, 154
Berlant, Lauren 270-1, 296
Berlin, Weimar 115, 146-7
Bern, Sarah 266
Bernhardt, Sarah 110
Bernini, Gian Lorenzo 52

bestialidade 43, 44, 69
Bethel, Lorraine 212
Beyer, Georgina 237 bi+ 265
Bíblia 19, 38-41
Biccholes, Alexander 76
Bicuriosas, pessoas 262
Biden, Joe 275
bifobia 262, 265
bigênero 216
biopoder 222-3
BiPOL 263, 264
Birch, Juno 117
Bishop, Elizabeth 168
bissexualidade 37, 133, 135, 154, 165, 252, **262-5**, 295
bissexualidade primordial 263
bissexualidade psíquica 263
Black Aids Institute 245
Black Cat Tavern (Los Angeles) 192
Black Lives Matter (Vidas Negras Importam) 213
Black Power (movimento) 210, 212
Blackfoot nação 260
Blackstone, Sergeant Elliot 183
bloqueadores de puberdade 202
Bocco, Donato Piermaria 44
Bogaert, Anthony F. 122
Bogarde, Dirk 144
Bogoraz, Nikolaj 138
Bollywood 145
Boom, Peter 295
borderlands, teoria **246-7**
Bornstein, Kate 200
Botswana 262, 307
Botticelli, Sandro 58
Boulton, Ernest 114
Bourbon, Ray 115
Bowie, David 127
Bowser, Bianca 230
Boy George 77
Bradley, Katherine 168
Brake, Elizabeth 283
Brantôme, Pierre de Bourdeille, seigneur de 57, 61, 78
Brasil 130, 176, 178, 179, 200, 201, 231, 252
 Pajubá 131, **169**
Brazda, Rudolf 161
Brehony, Kathleen A. 118
Briscoe, E.P 258
British Attitudes Survey 248
Britten, Benjamin **319**
Brophy, Brigid 168
Brown, Addie 94, 95
Brown, Alexander 204
Brown, Rita Mae 27, 294-5
Brunei 254, 255
Bryan, Beverley 212
Buchenwald 160, 161
Buckingham, George Villiers, 1.º Duque de 81
Budismo 84, 85, 220, 221
bullying, nas escolas 249
Bundy, Samuel (nascido Sarah Paul) 83
Burke, Glenn 208, **209**

328 ÍNDICE

Burns, Randy 260, 261
Burou, Georges 201
Burrell. Arthur 103
Burrill, Mary P. 151
Burroughs, William S. 163
Bush, George W. 275
butch, lésbicas 130, **152-5**
Butler, Judith 222, 232, 252, **266-7**, 271
Butler, Lady Eleanor 94
Byrd, James Jr. 284, 285

C

Cahun, Claude **318**
calças, mulheres usando 110, 153
Caldwell, Kate 265
Califa al-Amin 16, 47
Califa al-Hadi 46
Califa al-Ma'mun 47
Califa Harun al-Rashid 17, 46
Califado Abássida 17, 46-7
Caligula, Imperador 34
Callisto 23, 77
Callo de Epidauro 50
Cameron, Barbara May 260, 261
camp 116, 131, **180-1**
Campaign Against Moral Persecution
    – CAMP (Campanha Contra a
    Perseguição Moral) 188, 204-5
Campbell, Bobbi 244-5
Campbell, Sean 225
campos de concentração 100, 130, 159-60, 161
Canadá 176, 185, 201, 230, 275, 279, 291
Candomblé 121, 169
Canler, Louis 101
capitalismo 176, 177, 211, 293, 296, 303
Cárdenas, Nancy 179
Carlini, Benedetta **315**
Carrington, Dora **317-18**
Cartão Aadhaar 108
Carter, Jimmy 225
Casa de LaBeija 188, 215
Casa dos Lordes 249
casamento
    heteronormatividade 271
    igualdade 253, **288-93**, 302
    ver também casamento homossexual
casamentos cooperativos 276, 277
Casamentos de Boston 12, **118-19**
    casamento homossexual não sexual 292
casas 214, 215
Cashier, Albert D.J. 99
Cashman, Michael 249
Casper, Johann Ludwig 106
Cass, Michael 204-5
Castillo, Ana 247
castração 17, 33, 58, 108, 160
    química 286
Castro, Mariela 292
Catar 253
Catulo 32, 33
Cavafy, C.P. 163
Cazaquistão 255
celibato 44, 122, 206, 218
censura 116, 142, 143, 144, 162, **162**, 276, 277

Centro de Cultura e Lazer (Holanda) 131, 172
certidões de nascimento 228
Certificado de Reconhecimento de Gênero 198
Céspedes, Elena (Eleno) de 56, 65
chaptinamas 89, 97
Cha-U-Kao 111 Chang, Kevin 292
Cheddar Gorgeous 117
Chen Duansheng 134
Chen Leilei 277
Chiang Ching-kuo 254
Chicano, movimento lésbico 188, 247
Chickasaw, nação 260
Chile 179, 201, 203, 292
China
    comunidade *lala* 252, **276-7**
    designação de gênero 50
    direitos LGBTQIAPN+ 189, 254, 255
    doações de sangue 310-11
    Han **28-9**
    transgressão de gênero na modernidade **134-5**
Choctaw, nação 260
Chorier, Nicolas 73
Choubdar, Elham 253
Christian, Marcel 214
Christina da Suécia 28
Christopher Street Day 194
Chughtai, Ismat 96, **162**
cidadania 307
cinema *ver* filme
cirurgia de afirmação de gênero 17, 50, 131, 134, 135, **136-41**, 198, 201, 202, 221, 252, 304
cirurgias de feminização 138
cirurgias de masculinização 138
cisgênero 13, 271, 276, 277
Cixi, imperatriz viúva 135
Clanvowe, Sir John 45
Claudius, imperador 33, 34
Cleland, John 72
Cleveland, Grover 115
Clinton, Bill 273
Coccinelle 115, 116
Código Penal Indiano 71, 286
Código Visigótico 64
Cohen, Cathy J. 270
Coke, Edward 52, 71
Coletivo Combahee River
Coletivo Combahee River (CRC) 188, 210, 211-12, 297
    Declaração **211**
Coletivo Feminista de Lésbicas Ayuquelen 179
Coletivo Furies **207**
Colette 111
Collins, Jason 208
Colômbia 179, 262
Colombo, Cristóvão 56
colonialismo
    América do Norte 71
    América Latina 56, 57, 65, **66-7**, 70-1
    atitudes de não conformidade de gênero 88, 236, 254, 255, 258, 259, 260
    atitudes em relação à homossexualidade 70-1, 286
    e hijras 89, **108-9**
    e não fluidez de gênero africana **120-1**
Coman, Katharine Ellis 119

Comissão de Igualdade e Direitos Humanos (EHRC) 202
Comitê Hoey 167
Comitê Internacional para a Igualdade Sexual (ICSE) 173-4, 177
Comitê Olímpico Internacional 203
commedia dell'arte 126
Compton's Bairro Cultural Transgênero (São Francisco) 182
Compton's Cafeteria Revolta 130, 131, 175, **182-3**, 192, 199
Compton-Burnett, Ivy 168
comunismo 130, 166-7
Conferência da Associação Internacional de Lésbicas e Gays 265
Conferência Internacional sobre Bissexualidade 264
Congresso Internacional para Igualdade Sexual 173
Conrad, Elsa 146-7, 161
construções sociais
    deficiência 300
    gênero e sexo como 233, 257, 266-7
controle social 222-3
Convenção Europeia de Direitos Humanos 184, 203
Cook, Blanche 119
Cooper Do-nuts, Revolta de 175, 182, 192
Cooper, Alice 294
Cooper, Dennis 235
Cooper, Edith 168
Cooper, John (Princesa Seraphina) 115
Copa do Mundo, FIFA 253
Corbett, Arthur 201
Core, Philip 181
Coreia do Sul 254-5, 262
Correa Netto, Francisco 65
cortes marciais 273
County, Jayne 234, 235
Cowdery, Mae 151
Crawford, Cindy 152
Crawford, Joan 181
Cree, nação 260
Crenshaw, Kimberlé 212, 297
crianças
    filmes para 142
    intersexo 50, 52-3
    procriação 23, 42, 43, 51, 71, 93, 271, 290
    crime de ódio 179, 198, 199, 202, 253, 284-5, 308-9
    criminalização 38, **68-71**, 80, 84, 97, 106, 107, 108-9, 120, 121, 124, **124-5**, 138, 139, 143, 158, 159, 161, 175, 184-5, 192, 195, 198, 203, 221, 253, 254-5, 276, 292, 306-7
Cristianismo
    e fluidez de gênero africana 120, 121, 306, 307
    atitude de não conformidade de gênero 17, 68, 69, 70, 71, 199, 254, 260, 287
    na América Latina colonial 66-7
    primeiras observações sobre relações homossexuais **38-41**
    e crise HIV/aids 179
    e pessoas intersexo 51
    sodomia e igreja medieval 38, **42-5**, 58, 59

crossdresser 12, 34-5, 61, 67, 82-83 90, 91, 98, 120, 126, 139-40, 143, 182, 203
    no teatro e no cinema **77**, 114, 142-3
Crow, nação 260
Ctesias 18
Cuba 12, 231, 292
Cullen, Countée 148, 149, 150
cultura ballroom **214-15**
cultural, degeneração 132
Cultuur en Ontspannings Centrum (COC) 172, 173, 176
Curry, John 208
Cushman, Charlotte 118
Cvetkovich, Ann 296
Cybele 34
Cyprus 255

D

DADT *ver* "Não pergunte, não fale"Dagaaba, povo 121
Damas of Llangollen **94**
Damian, Peter 43
dandismo 122, 125, 149
Daniélou, Alain 37
Daughters of Bilitis 155, 172, 173, 228-9
David, King 41
Davis, Vaginal 235
de Lauretis, Teresa 257
de Pues, Suzanne 177
de Souza, Felipa **315**
Dean, James 320-1
Decker, Julie Sondra 281
deficiência queer, estudos 298-301
dei Cavalieri, Tommaso 59
DeLarverie, Stormé 193, 194, 195
Delect, Ovida **320**
demimonde 110
demirromântico 282
demissexual 123, 282
Deng Tong 29
desafios de arquivo 12
descriminalização 58, 64, 68, 70, 71, 90, 100, 107, 109, 110, 127, 130, 131, 133, 178, **184-5**, 189, 205, 221, 236, 252, 255, 290, 302, 306
designada como mulher ao nascer 252
designado como homem ao nascer 252
desvantagem, pessoas em 270
Dia Internacional da Assexualidade 283
Dia Mundial da Visibilidade Bi 262
Diaz-Canel, Miguel 292
Dickinson, Emily 94, 168
Diderot, Denis 73
Dietrich, Marlene 126, 144, 146
Digital Queers 172
dildos 35, 37, 45, 65, 78
Dillon, Michael 198
Dinamarca 173, 200, 201, 275, 290–1, 305 Derrida, Jacques 267
Dinshaw, Carolyn 13
Dionísio 23
Diot, Jean 70, 100
Dirksen, Everett 166
Discriminação
    antigay 147, 166, 174
    assexual 122

butches 155
comunidade *lala* 276
DADT **272-5**
intersexo 53
Kathoey 221
  legal 192, 226, 227, 231, 248, 278, 306, 307
  transgênero 182, 198, 199, 200, 201, 203
disforia de gênero 158, 200
doação de óvulos 231
doações de sangue, HSH 253, 309, **310-11**
Doan, Petra 147
Dodds, Edward Charles 138
doença mental 132, 133, 166, 219, 286
dois-espíritos, pessoas 53, 67, 199, 252, **258-61**
Dong Xian 28-9
Donne, John 78-9
Donoghue, Emma 73
Douglas, Lorde Alfred 124, 125, 256
drag **112-17**, 142-3, 214
drag kings 116, 126
drag queens 116, 127, 181, 183, 193, 199, 267
drag shows 146
drag, bailes/festas 88, 91, 114-15, 154, 214
Dresch, Donna 235
drogas, terapias, aids 238, 240, 241
drogas, uso 238, 240
DSM (Manual Diagnóstico e Estatístico de Transtornos Mentais) 132, 166, 189, 201, **219**
dualidade 246-7
DuBois, W.E.B. 148, 150, 246
Dudgeon, Geoffrey **184**
Duggan, Lisa 293
Dunaway, Faye 181
Duncan, George 205
Dunning, Zoe 274
Dunye, Cheryl 145
Duprée, Paris 215
Dürrge, Karl **315**

E

Eduardo II da Inglaterra 28, 80
educação, em relação à homofobia 246, **248-9**
Egito, antigo 16, 18, 19, 20
Eichberg, Robert 176
Eisenhower, Dwight D. 130, 167, 226
Elagabalus, imperador 35
Elbe, Lili 135, 140-1, 304
Elizabeth I da Inglaterra 69, 70
Elizondo, Felicia **183**
Ellis, Havelock 92, 95, 132, 153, 164, 262
El-Tayeb, Fatima 297
Eltinge, Julian 115
Emmerich, Roland 195
Emocional, atração 281
emprego, and preconceito 307
endocrinologia 135
Enheduanna 19, 24
Enslin, tenente Frederick Gotthold 272
Éon, Chevalier d' 61, 100

Epistemologia do armário (Sedgwick) **268-9**
Epopeia de Gilgámesh 16, 18, 19, 20
Equador 67, 179
Erasmus 25
erastes e *eromenos* 21, 22
Erauso, Catalina/Antonio de **83**, 99
Errol, Bert 115
Escócia 68, 185, 231, 248, 249, 286ga
Eslováquia 292
Eslovênia 292
espaços seguros 146-7
Espanha 64-5, 66, 67, 68, 70, 71, 279, 291
esperma doação 230, 231
esperma, bancos de 229
esporte
  participação transgênero no 202-3
  visibilidade LGBTQIAPN+ **208-9**, 253
Ésquilo 22
Estados Unidos (EUA) 279
  assassinato de Harvey Milk 189, **226-7**
  ataque a tiros na Pulse 253, **308-9**
  ativismo no combate à aids 244-5
  cultura ballroom **214-15**
  casamento homossexual 290, 291-3
  crime de ódio 252, 253, **284-5**
  cultura drag 115-17
  descriminalização da homossexualidade 68, 286
  descriminalização de atos homossexuais 185
  doações de sangue 310
  documento de identidade 200-1
  feminismo lésbico negro **210-13**
  filme 116, 130, **142-5**
  forças armadas 272-5
  Geração Beat **163**
  homofobia no sistema de educação 246, 248, 249
  homossexualidade como doença mental nos 132, 189, 219
  homossexualidade retirada do DSM 219
  indústria cinematográfica 144-5
  liberação gay 172-7
  parentalidade LGBTQIAPN+ 228, 229, 230, 231
  Renascimento do Harlem e Era do Jazz **148-51**
  Revolta da Compton's Cafeteria Riot 131, 175, **182-3**
  Revolta de Stonewall 130, 175, 188, **190-5**
  teoria borderlands 246-7
  terror lavanda (Lavender Scare) 131, **166-7**
estereótipos, de gênero 267
esterilização 304
Estienne, Henri 78
estudos gays e lésbicos 298
estupro 39-40, 43, 69, 199, 235, 287
estupro corretivo 287
Ès, ù **121**
eunucos 29, 47, 108, 134, 135
Eurovision Song Contest 181
Everage, Dame Edna 116
exclusão **272-5**

F

Faderman, Lillian 118-19
faloplastia 138, 141
Family Equality Council 189, 229
Fani-Kayode, Rotimi 120
Fanny e Stella 124
Fashanu, Justin 208
Fausto-Sterling, Anne 266
Favorino 33
favoritos, homossexual imperial **28-29**
Federação internacional de natação 203
Feinberg, Leslie **155**, 200
Fellini, Federico 32
Feministas radicais transexcludentes (TERF) 206
Ferdinand II de Espanha 64
Ference, Andrew 167
Ferguson, Roderick 297
fertilização in vitro 229, 231
Field, Michael 168
Fielding, Henry 83, 102
Fields, Annie Adams **119**
Fiji 255, 262
Filipinas 172
Filon de Alexandria 34
Finlândia 16, 163, 231, 283
Flandres 70
Flawless Sabrina 116
Flégon de Trales 34, 35
Fliess, Wilhelm 263
Florença 56, 58, 59
fluidez de gênero 67, 216
  e *camp* 100
  na China moderna **134-5**
  tradicional africana **120-1**
Food and Drug Administration (FDA) 310
forças armadas 89, **99**, 130, 131, 155, 172, 249, **272-5**, 302
Forster, Jackie **320**
Foucault, Michel 51, 188, **222-3**, 256, 257, 267, 268
França 70, 71, 110-11, 184, 200, 253, 279, 290
  homoerotismo no Renascimento **60-1**, 78
  homossexualidade entre os revolucionários **100-1**, 172
  liberação gay 173, 176
Francisco I da França 61
Franco, Marielle **323**
Frankie Goes to Hollywood 176, 177
frayromântico 282
fraysexual 282
FreedomToDonate 310, 311
Frente da Libertação negra 212
Frente de Liberación Homosexual 179
Frente de Libertação Gay (GLF) 173, 174, 175, 176, 192, 193, 194, 242
Frente Homosexuel d'Action Révolutionnaire (FHAR) 17
Freud, Sigmund 130, 132-3, 222, 223, 263, 294
Friedan, Betty 206-7

G

Gabrielle, a Dançarina 111
Galeno 33-4, 50
galli 17, 34, 35
Gâmbia 306
Gana 121, 306, 307
Ganimedes 23, 59, 80, 81
Ganjavī, Nizāmī 62
Gaozu, Imperador 29
Garbo, Greta 144, 153
García Lorca, Federico **318**
Gaveston, Piers 28, 80
Gay Activist Alliance (GAA) 176, 194, 200
Gay American Indians (GAI) 260, 261
Gay and Lesbian Alliance Against Defamation (GLAAD) 256
Gay Fathers Coalition 189, 229
Gay Solidarity Group (Sydney) 205
gay, bares 146
gay, clubes 90, 146-7
genderqueer 25
gênero queer, casamento de 292
gênero, brincadeiras de, na corte francesa **60-1**
gênero, como performance **266-7**
gênero, espaços de 202
gênero, linguagem neutra 188, **216-17**
gênero, papéis 62, 93, 206, 266-7
gênero, transformações de, romanos 33-4
Gênesis, Livro do 38-40
genitália, intersexo 50, 51, 52, 53
genocídio 260
Geração beat **163**
Gestapo 130, 159
Getz, Barbara 218
ghazals 96
Gidlow, Elsa 98
Gilbert, Joshua Allen 138, 139
Gilbert, Susan Huntington 94
Gill, Frank Martin 229
Gillies, Harold 138
Ginsberg, Allen 163
Goldschmidt, Richard 50
Gómez, Antonio 71
González de Alba, Luis 179
Gordon, Tom 91 Gossart, Jan 52
governo, empregos no 166, 167, 226
Grace, Laura Jane 234
Grahn, Judy **321**
gravidez, transgênero 253, **304-5**
Grécia 200, 287
Gregório o Grande, papa 40-1
gregos, antigos 16, 17, 18, 19, **20-3**, 24-7, 32, 50, 57, 58, 59, 77, 80, 114
greyromântico 282
greysexual 282
GRID (Gay-related immune deficiency) 240
Grimké, Angelina Weld 151
Groszheim, Friedrich-Paul **von 161**
Grupo de Articulação Lésbica 179
Gu Junzhen 135
guarda-chuva bissexual **264**, 265
Guerra de Independência da Índia, Primeira 97
Guilherme III da Inglaterra 69

330 ÍNDICE

gulamlar 57, 62
Gülhane, Edito de 62

H

Haberman, J. Victor 294
Habib, Samra 279
Hadrian, Imperador 17, 32, 33
Hall, Radclyffe 27, 98, 102, 110, 130, 153
Hall, Thomas(ine) 51-2
Halperin, David 12, 268
Hamilton, Charles (née Mary) 83, 102
Han Fei 29
Han, dinastia 28-9
Handtwerpen, Maggiel van (Johannes van Ant) 88, 89, 99
Hanson, Elizabeth Hanna 283
Haring, Keith 322
Harlem, Renascimento do 148-51, 154, 163
Harlock, Caoimhe 126
Harris, Curtis 261
Hart, Alan L. 138-9, 141
Hastie, Nicki 206
Haven for the Human Amoeba (HHA – Refúgio das Amebas Humanas) 281
Hays, Matilda 118
Hays, Will H./Hays, código 116, 144
Heap, Jane 317
Hefésto 12, 16, 23, 28
Heger, Heinz *ver* Kohout, Joseph
Helms, Monica 200
Hemans, Felicia 27
hemofilia 240, 310
Henderson, Russell 284
Hendricks, Muhsin 279
Henrique III da França 61
Henrique IV da França 61
Henrique VIII da Inglaterra 42, 45, 56, 68, 69, 184
herança, direitos de 51, 290, 292, 293
hermafroditas 33, 44, 50, 51, 52, 53, 67, 77, 82, 135
hermafroditos 17, 22, 23
Heroides (Ovídio) 27
heteroerotismo 165
heteronormatividade 233, 252, 270-1
heteronormatividade 283
  influência do Ocidente 104-5
heterossexualidade
  contrato heterossexual 232
  divisão homo-hetero 269
  liberdade feminina da 233
  uso do termo 12, 106, 107, 269
Hetzeldorfer, Katharina 45
Heymann, Lida Gustava 316
Hijra, comunidades 89, 108-9, 199
Hikes, Amber 125
Hildegarda de Bingen 45
Himmler, Heinrich 159
Hincmar de Reims 17, 43
hindi 96, 97
Hindle, Charles (Annie) 126
hinduísmo 95-7
Hipócrates 50, 51
hipótese repressiva 222
Hirschfeld, Magnus 122, 130-1, 139, 140, 141, 143, 146, 147, 158, 164, 280
Hitchcock, Alfred 144
Hite, Shere 164
Hitler, Adolf 141, 147, 158
HIV/aids 66, 225, 243
  ativismo no combate à aids 177, 205, 244-5
  cuidado com povos indígenas 259, 261
  doações de sangue por HSH 310-11
  e homofobia 248
  epidemia de aids 177, 189, 238-41
  exames de sangue 310
  reação política a 264
Hockney, David 321
Holanda 131, 172, 173, 201, 253, 275, 290, 291
Hollywood 126, 142, 144, 145
Holmes, Kelly 322
Holmes, Morgan 53
Holocausto, perseguição LGBTQIAPN+ durante 156-61
Homero 18, 19, 20, 22, 58
homocore 234
homoerotismo 21, 46, 84, 165
  primeiras visões cristãs 38-41
  no Império Otomano 62-3, 104-5
  no Renascimento francês 60-1
homófilo, movimento 172-7
homofobia
  crime de ódio 284-5
  e anticomunismo 166-7
  e HIV/aids 244, 302
  muçulmano 278
  na África moderna 306-7
  na América Latina 178-9
  no sistema educacional 248-9
  terrorismo homofóbico 308-9
homonacionalismo 293, 302-3
homonormatividade 283
Homosexual Law Reform Act (Nova Zelândia, 1986) 236
Homosexual Law Reform Society 173, 185
homossexuais atos/desejos
  caráter inato dos 106, 107
  na Índia do passado **36-7**
  no Império Otomano **62-3**, **104-5**
  primeiras evidências 12
  primeiras visões cristãs dos **38-41**
  ver também bissexualidade; homosexualidade; lesbianidade
homossexuais casamentos/uniões 58, 102, 118, 120-1, 131, 172, 179, 204, 253, 265, 276, 277, **288-93**, 302, 306
  medieval 45
Homosexual, Frente de Libertação 179
Homossexualidade
  criminalização da 38, 56, 68-71, 80, 84, 97, 106, 107, 124-5, 158, 161, 175, 192, 221
  definindo 106-7 graus de 165
  descriminalização de 58, 68, 70, 109, 110, 120, 131, 178, 184-5, 236, 248, 252, 255
  desejos inconscientes 133
  divisão homo/hetero 269
  e a igreja medieval 42-5, 58
  e forças armadas 272-5
  e HIV/aids 340--1

e o islã 46-7
  medicalização da 107, 133, 166, 189, 219, 272, 286
  na França revolucionária 100-1
  no Japão Edo 84-5
  no Renascimento italiano 58-9, 58-9
  perseguição durante o Holocausto 158-61
  poesia de amor entre homens 80-1
  pornografia 72
  psicologia of 132
  retirada do DSM 132, 189, 219
  sob o nazismo 159-60
  terapia de conversão 107, 160, 189, 252, 253, 286-7
  uso do termo 12, 106, 107, 268
Hong Kong 255
Hooker, Evelyn 219
Hooverman, Roger 229
hormônio, tratamento 135, 141, 160, 201, 202, 203
hormônios, sintéticos 138, 141
House of Ninja 215
House of Rainbow 287
Howard, James (nascido Amy Poulter) 57, 82-3, 102
Hui, Imperador 29
Human Rights Watch 71, 220
Huncke, Herbert 163
Hungria 203, 231, 248, 292
Hunt, Arabella 57, 82-3, 102
Hunter, Alberta 151
Hurston, Zora Neale 150
Hutchins, Loraine 264
Hyegong de Silla 314

I

ibn Aktham, Yahya 47
ibn Hanbal, Ahmad 47 Islândia 200, 201, 217, 305
identidade LGBTQIAPN+, marcadores de 256-7
identidade, documentos de 200-1
identidades híbridas 246-7
Iêmen 253
Igbo, nação 120
Igreja católica 69, 70
  sodomia e medieval **42-5**, 56, 58, 59, 64, 184
Igreja da Inglaterra 292
Igualdade na Flórida 309
Iluminismo 88, 93, 100
imprensa 56
Inanna 17, 19, 24
Incas 19
incesto 43, 44
Índia 184, 189, 201, 255
  doações de sangue 310
  hijras 51, 88, 89, **108-9**
  julgamento de Ismat Chughtai por obscenidade **162**
  visão hindu sobre atos homossexuais 16-17, **36-7**
indígenas americanos 53, 71, 199, 252, 258-61
Indrapada, Yashodhara 36

Iniciativa Briggs 227
Iniciativa de Mesquita Inclusiva (IMI) 279
Inner Circle (Círculo Interior) 252, 279
Inquisição Espanhola 42, 56, **64-5**, 66
inseminação artificial 229
Insha Allah Khan 97
Institute for Sex Research (ISR) 164
Instituto de Pesquisa de Defesa Nacional 275
Instituto de Sexologia (Berlim) 164
Instituto para Ciência Sexual (Berlim) 130-1, 139, 143, 158, 159
Intermediação sexual, teoria 139
interseccionalidade **210-13**, **297**
intersexo 13, 16, 17, 23, 35, 44, 65, 77, 101, 108, 135, 138, 198, 220, 263
  direitos **48-52**
  divindades 121
  intervenções cirúrgicas, intersexo 50, 52-3
invertidos 92, 153
Iorubá, povo 120, 121
Iphis e Ianthe 43, 77, 98
Irã 20, 253, 255, 311
Iraque 278, 302, 308
Irlanda 127, 200, 204, 243
Irlanda do Norte 248, 286, 290
irmã-menina 204
irmão-menino 204
Isabel de Parma, princesa 315
Isabel I da Espanha 64
Isherwood, Christopher 146, 180
ISIL 308
Islã **46-7**, 51, 252, 254, 255, **278-9**
Israel 255, 302, 303
Itália 71, 173, 231
  Renascimento **58-9**, 60

J

Jackson, Julian 101
Jackson, Mike 243
Jäger, Gustav 106
Jahangir, Junaid 279
James I e VI 28, 81
James, Alice 118
James, Henry 89, 118
Jammeh, Yahya 306
Japão 189, 254, 310
  amor masculino no período Edo 57, **84-5**
Jarman, Derek 145, **321**
Jay, David 218, 253, 281, 283
Jazz, Era do 130, **150-1**
Jean II, Bispo de Orleans **314**
Jeffreys, Sheila 207
Jennings, Dale 173
Jennings, Tom 234
Jewett, Sarah Orne **119**
Joana d'Arc 82
Jogos Gay 189, 209
Jogos Olímpicos 208-9
John Chrysostom 40
John, Divine 40
Johns, Charlie 175
Johnson, E. Patrick 297
Johnson, Marsha P. **193**, 194-5, 199, 203
Johnson, Myra T. 280

Jonathan 41
Jonathan, Goodluck 306
Jones, Bill 228, 229
Jones, G.B. 234, 235
Jones, Rosie 301
Jorgensen, Christine 131, 135, **140**, 14
Jourdain, Margaret 168
judeus/judaísmo 40, 51, 158, 159, 160, 161
Jur'at, Qalandar Bakhsh 96, 97
Juvenal 34

K

Ka'ahumanu, Lani **263**
Kadish, Marcia 118
Kafer, Alison 300
Kahiu, Wanuri 145
Kahlo, Frida, **318**
Kama Sutra 16, 17, **36-7**
Kameny, Franklin 131, 166, 174
Kathoey 188, **220-1**
Kaufman, Moisés 285
Kauthar 47
Kerouac, Jack 163
Kertbeny, Karl Maria 89, 106, 107, 132, 268
Khambatta, Ann 210
Khnumhotep 16, 18, 19
Khusro, Amir 96
Kim Jho Gwang-soo **322**
King, Billie Jean 209
Kinsey, Alfred 122, 131, 133, 164, **165**, 166, 263
Kinsey, Escala 131, 164, 280
Kitchen Table: Women of Color Press 212
Klein Sexual Orientation Grid (ksog) 165, 263
Klein, Fritz 263
köçekler 88, **105**
Kohout, Joseph 160
Kopay, David 208
Kopeke-Te Aho, Huriana 237
Krafft-Ebing, Richard von 106, 122, 132, 152
Krol, Henk **291**
Kuiper, John 229
Kunpalin, Alisa Phanthusak 221
Kushner, Tony 239

L

La Freniere, Steve 235
La Rue, Danny 116
LaBeija, Crystal 215
Labouchere, Henry 124
LaBruce, Bruce 234, 235
Lacan, Jacques 266
Lady Bunny 117
ladyboys 220
Lagerlöf, Selma **316**
lala comunidade 252, **276-7**
Lamar, Kendrick 308
Lanfranco da Milano 50, 53

lang, k.d 152, 177
Langston Hughes, James Mercer 149, 163
latina, cultura 115, 116, 214-15, 246, 247, 297
Latino Commission on Aids 245
Lautrec, Toulouse 111
Lavender Menace 177
Le Fanu, Sheridan 72, 163
le Marcis, Marie (Marin) 52
Leão xi, Papa 68
Lee Hsien Loong 255
Lee, Vernon (Violet Page) 98
Leeds Revolutionary Feminist Group 207
legislação, discriminatória 108-9, 120, 121, 192, 226, 227, 231, 248, 278, 306-7
Lei da Sodomia (Inglaterra, 1533) 42, 45, 56, 68-9, 71, 80, 90, 106, 184
Lei das Tribos Criminosas (Índia, 1871) 108, 109
Lei de Adoção e Crianças (Reino Unido, 2005) 228
Lei de Defesa do Casamento (eua, 1996) 302
Lei de Emenda à Lei Criminal (Reino Unido, 1885) 102, 124
Lei de Igualdade (Reino Unido, 2010) 202
Lei de Igualdade de Gênero (Tailândia, 2015) 221
Lei de Não Discriminação de Orientação Sexual (Estado de Nova York, 2002) 12
Lei de Ofensas Sexuais (Reino Unido, 1967) 90, 185
Lei de Prevenção de Crimes de Ódio Matthew Shepard e James Byrd Jr. (eua, 2009) 284, 285
Lei de Reconhecimento de Gênero (Reino Unido, 2004) 198, 295
Lei dos direitos parentais na educação (Flórida) 249
Lempicka, Tamara de **318**
Lenoir, Bruno 70, 100
Leonardo da Vinci 58
Lesbianidade"
 ativismo 176-7
 Casamentos de Boston **118-19**
 Chicana 247
 comunidades *lala* 276-7
 críticas ao termo 246
 diários de Anne Lister **102-3** e
 e igreja medieval 43-4, 45
 e parentalidade 230
 em filmes 144
 feminismo lésbico **232**
 identidades lésbicas **152-5**
 liberdade feminina de heterossexualidade **233**
 na América e na Europa dos séculos 18 e 19 **92-5**
 na América Latina colonial 67
 na Belle Époque em Paris 110-11
 criminalização/punição do 71
 na literatura dos séculos 16 e 17 56-7, **74-9**
 na Roma antiga 35
 nas forças armadas 130, 155, 274
 no feminismo lésbico negro **210-13**

no *Kama Sutra* 37
origens do termo 24, 25
político 92, 95, 188, **206-7**, 218
pornografia 72-3
Safismo séculos 18 e 19 **98**
sob o regime nazista 159, 161
lesbianismo político 92, 95, 188, **206-7**, 218
Lesbians Against Pit Closures 243
Lésbicas e Gays Apoiam os Mineiros, Aliança 189, 243
lésbicas *femme* **152-5**
Lesbos 24, 25, 26
Lesoto 121
Leve, Harriet 264
Levítico, Livro de 40
lgbtqiapn+, direitos 131, **184-5**, 189, 226, 227
 ativismo na Ásia **254-5**
 homonacionalismo **302-3**
 igualdade matrimonial **288-93**
 no caminho da liberação gay **170-3**
lgbtqiapn+, história 12-13
lgbtqiapn+, movimentos (Décadas de 1960 e 1970) **178-9**
 travesti 203
Li Lianying 134
Li Shizhen 134
Li Ying 277
Líbano 114, 278
Lin, Jeremy Atherton 146
Linck, Catharina/Anastasius **315**
Ling de Wey, Duque 29
linguagem
 drag 116
 inclusiva **216-17**, 305
 mudanças de terminologia 13
 Pajubá **169**
 polari 127
Lipsitz, George 297
Lister, Anne 88, 89, 94, **102-3**, 127, 152
Lister, John 103
literatura
 censura lgbtqiapn+ **162**
 escritoras criativas **168**
 Geração Beat **163**
 lesbianidade" nos séculos xvi e xvii 56, **74-9**
 Renascimento do Harlem 150-1
 sáfica **98**
 ver também poesia
litorromântico 282
litossexual 282
Livingston, Jennie 215
Ló 38-9
lobotomias 286
Locke, Alain 148, 149-50, 163
London Pride (Orgulho de Londres) 243
Lone Dog, Leota 261
Longfellow, Henry Wadsworth 118
Lorde, Audre 212, **213**
Loring, Katharine Peabody 118
Love, Heather 13, 296
Lucian de Samosata 35
Lugbara, povo 121
Luis xiv da França 60
Luiz, Samuel **323**
Lumumba, Sheila Adhiambo 307
Luxemburgo 200
Lyon, Phyllis 172

M

Macaulay, Jide **287**
MacFarlane, Alex(ander) **53**
MacGregor, Ian 242
machi weye 67
Macmillan, Harold 185
Madonna 215
Maias 71
maioridade 90, 100, 161, 185, 249
Maitland, Mary 56, 57, 76, 79
Malásia 255
Maliepaard, Emiel 265
Malin, Jean 115
Malta 50, 201, 253
manifesto assexual, O 188, 218
Manion, Jen 82
maori 189, **236-7**
Marbodius de Rennes 72
Mardi Gras (Sydney) 204, **205**
maridos do sexo feminino **82-3**
Marie Antoinette 73, 98
Marinos, St. 82
Markopoulos, Gregory 144
Marlowe, Christopher 80-1
Martial 34, 35
Martin, Clyde 164
Martin, Del 172
Mary i da Inglaterra 69
Mary ii da Inglaterra 69
Mashrou' Leila 279
masnavi 96
Mason-John, Valerie 210
masquerades 114-15
masturbação 43, 69, 72, 123, 164, 165
Matthew Shepard, Fundação 284, 285
Mätzler, Anton 44
Mbundu, povo 120
Mbuti, povo 121
McCarthy, Joseph 167
McCloskey, Tanya 118
McConnell, Freddy 305
McCray, Natalie 225
McHarris, James **320**
McKay, Claude 150
McKellen, Sir Ian 249
McKinney, Aaron 284, 285
McLaren, Malcolm 215
McNamara, James 224
McQueen, Alexander 181
McRuer, Robert 253, 298, 300
medicina, inclusiva **310-11**
Mehta, Deepa 162
Meiji Restauração 84, 85
Meiji, Imperador 254
Melville, Herman 269
menstruação 271, 305
Mercury, Freddie **322**
Merrymount, comunidade 57, 71
mesquitas 278, 279
México 65, 66, 67, 71, 147, 179, 311
 teoria borderlands 188, 246-7
Meyer, Moe 181
Michelangelo 57, 58, 59, 80
mídia social 213, 252, 253, 276, 279
militares, discriminação entre os **272-5**
Milk, Harvey 189, 224, 225, **226-7**
Miller, Casey 217

ÍNDICE

mineiros, greve dos (Reino
    Unido,1984-85) **242-3**
Minus, Marian 150
Mir, Taqi Mir 88, 96
Miss All-America Camp Beauty Pageant
    116
Miss Major **321**
Miss Tiffany's Universe **221**
missionários 71, 199
mitos, gregos 23
Mizi Xia 29
Moçambique 306, 307
modelo de atração dividida **283**
modelo de identidade coletiva 281
Moffat, Andrew 249
Molly Houses 69, 88, **90-1**, 114, 146
mononormatividade 265
monossexualidade 265, 294
Montagu de Beaulieu, Lorde 184
monumentos funerários 45
Moonlight 142, 145
moradia 307
Moraga, Cherríe 247
Moran, Layla **295**
Morandini, James 294
Moreno, Naomi Littlebear 24
Morris, Olive 212
Morton, Thomas 71
Mosallam, Mike 279
Moscone, George 226, 227
movimento de liberação das mulheres
    210
movimento de liberação gay 131, **170-7**,
    182, **204-5**, 229, 236
Movimento de Reforma da Lei 175, 176
movimento feminista
    e lesbianismo chicano 247
    e pronomes de gênero neutro 217
    e Safo 27
    feminismo lésbico **232**
    feminismo lésbico negro **210-13**
    feministas radicais transexcludentes
        202
    lesbianismo político **206-7**
    muçulmanas e 279
movimento pelos direitos civis 174
muçulmanos, LGBTQIAPN+ 252, **278-9**,
    302-3
mulheres, no ativismo no combate à
    aids **245**
multissexual 264, 265
Muñoz, José Esteban 12, 293, 296
Murdoch, Iris 168
Müren, Zeki 104
Murray, Pauli **319**
música 176, 177
    blues **150-1**
    queer punk **234-5**
Mustafa Ali 104
muxhe 67

N

Nacional para Visibilidade Arromântica,
    Coalisão (NCAV) 282
Nações Unidas 177, 184, 255, 278, 286
Nahuas 57, 67
Namíbia 262

não binário 216, 225
não monossexual 264, 265
"Não pergunte, não fale" (DADT) 252,
    272-5, 302
Naomi **41**, 79
National Black Feminist Organization
    (NBFO – Organização Feminista
    Nacional Negra) 210, 211
National Coming Out Day 176
National Gay Task Force 176
National Organization for Women (NOW
    – Organização Nacional para
    Mulheres) 177, 206-7
National Transsexual Counseling Unit
    (NTCU – Unidade Nacional de
    Aconselhamento Transexual) 183
Navratilova, Martina 209
Naylor, Gloria 212
Nazimova, Alla 143
nazista, regime 100, 130, 133, 141, 143,
    147, **156-61**, 224
Negros americanos
    cultura ballroom **214-15**
    drag 115, 116
    feminismo negro lésbico **210-13**
    O Renascimento do Harlem e a Era do
        Jazz **148-51**
    teoria queer da COR 297
neoplatônica, filosofia 60
neopronomes **216-17**
Nero, Imperador 17, 34-5
Nestle, Joan 152
neuroses 133
Neville, Sir William 45
New York Radical Feminists' Asexual
    Caucus 188, 218
Newman, Lesléa 231
Nianhkhknum 16, 18, 19
Nicolau V, Papa 66
Nicolay, Nicolas de 77, 78
Nigéria 89, 120-1, 287, 306, 307
Nihilson, Deke 234
Ninja, Willi **215**
Nisbat, Ahmed Ali 97
Njinga Mbande 28, 120
Nkoli, Simon Tseko 176
Nnobi, povo 120
No Outsiders!, instituição beneficente
    249
Noite Branca, distúrbios da 226
Norcliffe, Isabella 103
North American Conference of
    Homophile Organizations (NACHO
    – Conferência Norte-Americana
    de Organizações Homófilas) 174
Norton, Caroline 24, 27
Noruega 172, 287
Nóssis 21
Nova Zelândia 275, 290
    gênero e sexualidade maori **236-9**
Nuestro Mundo 174-5, 178-9
Nugent, Richard Bruce 148, 150
Núñez de Balboa, Vasco 258

O

O'Connell, Ryan 301
O'Leary, Jean 176

O'Reilly, Zoe 252, 280, 281
Obama, Barack 226, 275, 285, 309
Obi, Liz 212
Ochs, Robyn 264
Ohchiish 258, 260
Ojibwe, povo 258, 259
Oliver, Mike 298
omnisexual 264
ONE 172-3
OneOrlando 309
Opoku-Gymiah, Phyllis 213
Ordem Executiva n.º 10450 (EUA) 226
Organização de Colaboração Islâmica
    (OIC – Organization of Islamic
    Collaboration) 278
Organização de Mulheres de
    Ascendência Africana e Asiática
    (OWAAD – Organisation of Women
    of African and Asian Descent)
    212-13
Organização Mundial da Saúde 202,
    219, 272, 286
Orgulho e esperança (filme) 242, 243
Orgulho, bandeira do 188, **224-5**
Orgulho, Paradas do 172, 175, 188, 192,
    194 **195**, 199, 200
Oriente Médio 253, 255, 303
Orlando, Lisa 218
Oswald, Richard 143
Otomano, Império 57, **62-3**, 77, 88,
    104-5
OutRage! 323
Ovídio 27, 43, 77
Oyo, povo 120

P

paixão da manga cortada 28-9
Pajubá 131, **169**
Palestina 302, 303
pansexualidade 252, 264, 265, **294-5**
Pansy Craze 115, 116
Pansy Division 235
Panteras Negras Britânicos (BBP) 212
pantomima, damas da 115, **181**
papal 43, 70
Paquistão 108, 109, 201, 278
Parágrafo 75 (Código Penal Alemão) 158,
    159, 161
parasparaparigraham 17, 37
Paré, Ambroise 52
parentalidade **304-5**
    LGBTQIAPN+ e igualdade de direitos
        228-31
Paris
    Belle Époque 89, **110-11**
    polícia 101
Paris boêmia 89, **110-11**
Park, Frederick 114
Parlour, Mary 83
Parsi, Arsham **323**
pashes 95
passaportes 303
Pátroclo 17, 18, 19, 20, 22, 23, 28, 58, 79
Pattanaik, Devdutt 109
Paulo, o apóstolo 17, 38, 40
Pausânias 22
pecados, naturais e não naturais 43

pederastia
    Grécia antiga 21, 32, 58, 59
    na China e no Japão 85
pena de morte 42, 44-5, 58, 69-70, 71, 90,
    100, 124, 204, 253, 307
penetração
    e poder/dominação 17, 22, 32-3, 58-9
    e relações homossexuais femininas 71
perdão póstumo 124
performance
    como forma subversiva de gênero
        (drag) **112-17**
    gênero como **266-7**
Performances masculinas 126
Perry, reverendo Troy 290
Persa, Império 20
perseguição 42-5, 59, 100, 156-61, 198
perversidade polimorfa 133
pêssego mordido **29**
pessoas críticas de gênero 202 pessoas
    escravizadas, relações sexuais
    com 21, 32, 33
pessoas fluidas 67, 264, 265, 294
pessoas privilegiadas 270, 271
peste bubônica 56, 70
Peter Cantor 44
Petronius 32
Peurifoy, John Emil 167
Phaon 26, 27
Philip, Aaron 301
Philippe I, Duque de Orleans 60 Philips,
    Katherine 24, 56, 76, **79** Phranc 235
Pidansat de Mairobert, Mathieu-
    François 101
Pilatos, Leôncio 58
pinkwashing **303**
Pizan, Christine de 27
Platão 22-3, 26, 50, 59
Platônica, atração 281
Plínio, o Velho 34, 35
poder, sexualidade e 58-9, 222–3
poesia
    árabe 46
    erótica romana 33
    linguagens e **97**
    otomana 62, 63
    poesia de amor entre homens 80-1
    urdu **96-7**
poesia de amor entre homens **80-1**
polari 88, 127, 181
polícia
    e relações LGBTQIAPN+ 130, 183
    em relação à homofobia 205, 249
    no orgulho **195**
polissexual 264
políticos, se assumindo **226-7**
Poll, Christabel 188, 204-5
Pollard, Samuel M. 82
Polônia 292
Poma, Barbara 309
Pomeroy, Wardell 164
Pompeia 33, 38, 72
Ponsonby, Sarah 94
pornografia **72-3**, 78, 223
Portugal 56, 64, 65, 66, 68, 70, 200, 306
Potter, Sally 145
Poulain, Michel-Marie **318**
povos indígenas
    identidade de gênero 252, **258-61**
    tratamento colonial dos 66-7, 67, 70-1,
        236-9

ÍNDICE

práticas sexuais arriscadas 311
Pratt, James 70, 124
Praunheim, Rosa von 144, **145**
Preciado, Paul B. 266
preocupações ambientais 282
Price, Mary 83, 102
Primeiras Nações 258-61
Primus, Rebecca 94, 95
procriação 23, 42, 43, 51, 71, 93, 271, 290
Programa de Eliminação da Perversão Sexual 166
Progress, bandeira 224, 225
Projeto de Lei para Pessoas Transgênero (Proteção de Direitos) (Índia, 2016) 109
Projeto Laramie, O 284, 285
pronomes 188, **216-17**, 232
Proust, Marcel **317**
Przybylo, Ela 283
psicologia **132-3**, 219
psicotrópicos 160
Pu Songling 134
Puar, Jasbir 302-3
Puller von Hohenburg, Richard 44–5
Pulse, ataque a tiros 215, **308-9**
punições, medievais 43-4
punk **234-5**
Puritanos 57, 71
Purple Pamphlet **175**

Q

Qing, dinastia 276
Qiu Miaojin 276
Quasar, Daniel 224, 225
Queensberry, John Douglas, Marquês de 125, 256
queer da cor, teoria 256, **297**
Queer Nation 257
queer punk **234-5**
queer sensibilidades **180-1**
queer, cinema **142-5**
queer, cultura boêmia **110-11**
queer, estudos da deficiência 256, **298-301**
queer, história 12, 13
queer, identidade 130, **268-9**, 271, 296
"queer", reivindicando o termo 252, **256-7**
queer, teoria 246, 247, 253, 256, 257, 270, 271, 293, 296-7, 299
queercore **234-5**
Quênia 307
Quirguistão 255
QUIT (Queers Undermining Israeli Terrorism) 302

R

racismo 183, 188, 210, 211, 213, 215, 261, 297, 302-3, 305
Radicalesbians 206, 233
Raine, Eliza 102, 103
Rainey, Ma 130, 150, 151, 154
Ramone, Dee Dee 234

Rangin Saadat Yarr Khan 97
Rao, Rahul 303
Raucourt, Françoise 100, 101
Reagan, Ronald 241
Red Power, movimento 260
Red Scare 166-7
Reddy, Chandan 297
Reich, Wilhelm 222
Reino Unido 244, 245
 ativismo no combate à aids 244, 245
 casamento homossexual 290, 292
 criminalização da homossexualidade 68-70, 102, 124-5
 cultura drag 115, 116
 descriminalização da homossexualidade 42, 68, 70, 131, 184-5, 286
 direitos transgênero 202-3
 feminismo lésbico negro **212-13**
 forças armadas 275
 homofobia no sistema educacional **248-9**
 lei de doação de sangue 253, 311
 liberação gay 172, 173, 176
 Molly Houses **90-1**
 parentalidade LGBTQIAPN+ 228, 231
 pena de morte para sodomia 45
 solidariedade com os mineiros **242-3**
 terrorismo homofóbico 308
 transicionamento nos séculos XVII e XVIII **82-3**
rekhti 96-7
relacionamentos homossexuais femininos **71**
religião
 e curas para a homossexualidade 287
 ver também budismo; cristianismo; hinduísmo; islã; judeus/judaísmo
Renascimento 27, 32, 80
 homoerotismo e brincadeiras de gênero na corte francesa **60-1**
 sexualidade masculina na Itália **58-9**
representação legal 307
República Democrática do Congo 121
Rétif de La Bretonne, Nicolas 72
retrovírus 238-41
Revathi, A. 108
revolta *ver* Compton's Cafeteria; Cooper Do-nuts; Stonewall Uprising
Revolução Francesa 60, 70, 88, 89, **100-1**
Revolução Industrial 88
Rice, Matt 304
Rich, Adrienne 233, 270, 300
Rich, B. Ruby 145
Richardson-Walsh, Kate e Helen 208
Richter, Dora 140
Ride, Sally **322**
Riksförbundet För Sexuellt Likaberättigande (RFSL) 172, 173, 176
Rivera, Sylvia 193, 194-5, 199, 200, 203
Robinson, Mary F. 76, 98
Robinson, Tom 234
Rochester, John Wilmot, Conde de 81
Rodríguez, Claudia 203
Rogers, James 216
Rohan, Anne de 56-7, 76, 79
Röhm, Ernst 158
romanos 16, 17, 19, 20, 24, 27, **30-5**, 38, 42, 57, 77, 80
Roosevelt, Eleanor **317**

Ross, Marlon 268
Rossetti, Christina 27
Roth, Rosley **179**
Rothblum, Esther D. 118
Rouse, Rose 294
Rowley, Sarah E 264
Rubenstein, Maggi 264
Rubin, Gayle 223, 270
Rumi, Jalal al-Din 62
RuPaul/*RuPaul's Drag Race* 114, 117, 215, 253
Rupe, Carmen 237
Rússia 248, 255
Rustin, Bayard **319**
Ruth **41**, 79
Rykener, Eleanor **314**

S

"Straight Mind, The" (Wittig) **232**
Sachsenhausen 160
safehouses (casas seguras) 90-1, 307
Safismo 13, 101, 110-11, 168
 séculos XVIII e XIX **98**
Safo de Lesbos 16, 21, 24-5, **26**, 27, 57, 76, 78-9, 88, 92
SAGE (Senior Action in a Gay Environment) **322**
Sahagún, Bernardino de 67
Saikaku, Ihara 84
Salaam Canada 279
Salvador, Alexya **323**
Samuel, Livro de 41
samurai 84, 85
San Francisco Society for Individual Rights 174
Sandahl, Carrie 300
sânscrito 97
sarcoma de Kaposi 239-40
Sarmad 96
Scatter, Area 120
Schlegel, Carl 123
Schöneberg (Berlim) 146
Schulman, Sarah 303
Seção 28 189, **248-9**
Sedgwick, Eve Kosofsky 222, 252, 268, **269**, 296, **297**
Sedighi-Hamadani, Zara 253
Segerblom, Lynn 224
Segunda Guerra Mundial 155, 158-61, 274
Sensual, atração 281
Seraphina, Princess **91**
Sex Pistols, The 234
sexo anal
 e doações de sangue, 311
 pena de morte para 68, 90
 um pecado antinatural 43
 ver também sodomia
sexo andrógino 50
sexo entre homens, e doações de sangue **310-11**
sexo oral 37, 64, 238
sexo, atitudes em reção ao 281-2
sexologia 88, 139
 bissexualidade 263
 e psicanálise 132-3, 153

relatório Kinsey **164-5**
sexologia médica 133
sexual, atração 281, 283
sexual, identidade **106-7**, 252
 bissexualidade **262-5**
 butch e *femme* 152-5
 espectro arromântico e assexual 218, 280-3
 esportistas 208
 lésbicas negras 211, 213
 na África colonial 121
 na China moderna 134-5
 na Grécia antiga 21-2, 25
 negros americanos 148–51
 no Japão Edo 85
 pansexualidade 294-5
sexual, violência 198
sexualmente, infecções transmitidas (STIS) 311
sexualidade
 abordagem binária 268-9
 como construção social 222, 223
 e poder 222-3
sexosociety 284
Shaka Zulu 88, 120
Shakespeare, William 57, 77, 81, 114
Sharma, Pandey Bechan 96
Sharma, Parvez 279
Sharp, Jane 77
Shepard, Matthew 252, 253, **284-5**
Shitou 317, 277
Shock, Suzy 203
Siculus, Dioudorus 50
Sigurðardóttir, Jóhanna **321-2**
Sima Qian 29
símbolos, comunidade LGBTQIAPN+ 224-5
Sina Weibo 276, 277
Singapura 255, 262
Sinnlichkeitslose 122, 123
Síria 278, 308
Sisters of Perpetual Indulgence 116-17
Sisters of Sanctification 206
Smajli, Tringe 99
Smith, Barbara 211, 212
Smith, Bessie 151
Smith, John 70, 124
Smith, Lee 237
Smyth, Ethel **316-17**
Snell, William E. Jr. 164
Sociedade de Direitos Humanos 173
Sociedade de Reforma Legal do Território da Capital Australiana (ACT) 204
Sociedade Mattachine 163, 172, **173**, 174, 175
Sociedade para a Reforma dos Costumes 69, 90
Society Five (Melbourne) 205
Sodoma e Gomorra 17, 38-40
sodomia
 e Igreja católica medieval 38, **42–5**, 58, 59, 184
 na América Latina colonial 66-7
 no Renascimento Italiano 58-9
 perseguição pela Inquisição Espanhola **64-5**
 pessoas intersexo 51, 52
 primeiras leis modernas contra 17, 56, **68-71**, 184, 204
solidariedade, movimentos de **242-3**
Somália 253

Somé, Malidoma 121
Somos 242
Sontag, Susan 131, 180, 181
Spender, Dale 216
Spenser, Edmund 80
SPEW, convenção **235**
Spibey, Ethan 310
Spivak, Michael 217
Spyer, Thea 293
Sri Lanka 311
Stalin, Joseph 254
Stein, Gertrude 111, 154
Stoake, Henry Barry, James 82
Stone Butch Blues (Feinberg) **155**
Stonewall **249**, 286, 287, 291
Stonewall, Revolta de 130, 174, 175, 182, 188, **190-5**, 199, 204, 205, 219, 226
Storms, Eixo da Sexualidade de 165, 280
Storms, Michael D. 165
Street Transvestite Action Revolutionaries (STAR) 176, 188, 193, 194-5, 199-200, 203
Stryker, Susan 182
subculturas, LGBTQIAPN+ 88, **90-1**, 110-11, 115, 120, 127, 151, 176, 178, 214, 276 Sudão 253
Suécia 172, 176, 305
Suetônio 33, 34-5
sufragistas 95
Suíça 71, 173, 292
suicídio 179
Sukkhapisit, Tanwarin 220
Sullivan, Andrew 291, 292
sumérios 16, 17, 18, 19, 20, 24
superpopulação 282
Suydam, Levi **315-16**
Swann, William Dorsey 88, 89, **114**, 115, 214
Swift, Kate 217
Swift, Thomas 124
Sydney Gay and Lesbian Mardi Gras 204, **205**
Symonds, John Addington 132

Tailândia
 direitos LGBTQIAPN+ 189
 Kathoey **220-1**
Taiwan 131, 134, 135, 253, 254, 255, 311
Tajiquistão 255
takatāpui 189, **236-7**
 Tamil 97
Tanzimat 62, 88, 104, 105
Tavernier, Jean-Baptiste 77
Tchaikovsky, Pyotr Ilyich **316**
Te Awekotuku, Ngahuia 236, 237
Te Rangikāheke, Wiremu Maihi 237
Teatro
 crossdressing no **77**, 134
 drag **112-17**
Teena, Brandon **199**
Tennyson, Alfred Lord 80
Teoria Crip 253, 298, 299-301
teoria do afeto 296
terapia de aversão 286, 287
terapia de conversão 107, 138, 189
 banimento da 252, 253, 286-7, 295

terceira natureza 36-7
terceiro gênero 13, 51, 85, 109, 153, 201, 220
Terrence Higgins Trust 243, 245
Terror lavanda (Lavender Scare) 131, **166-7**
terrorismo, homofóbico **308-9**
teste de ácido nucleico (NAT – Nucleic Acid Test) 310
Thatcher, Margaret 242, 248
Theodore of Canterbury 44
Thurman, Wallace 150
Tibira do Mananhão **314**
Tilden, Bill 208
Tilley, Vesta 115, 126
Tipton, Billy 199
Tiwi, ilhas 201
Toklas, Alice B. 111, 154
Tokugawa, xogunato 84
Tom of Finland **319**
Tomkins, Silvan 296
Touchet, Mervyn **69**
T-P, relações 276, 277
Tranimal 117
Trans Murder Monitoring Project 198
Transgender Alliance for Human Rights 220
Transgender Day of Remembrance 200
trans, pessoas 13, 65, 89, 236, 237, 249, 252
 bandeira do Orgulho 225
 cirurgias de afirmação de gênero **136-41**, 304
 comunidade *lala* 276, 277
 crimes de ódio contra 253
 criminalização das 203
 direitos 182-3, 196-203, 304-5
 e forças armadas 274, 275
 e igreja medieval 43, 45
 e terapia de conversão 287, 295
 gravidez e atendimento à saúde reprodutiva **304-5**
 Kathoey **220-1**
 medicalização das 201-2
 na China moderna 135
 na Roma antiga 35
 pajubá brasileiro 169
 parentalidade 230-1, 253, 304-5
 Revolta da Compton's Cafeteria 182-3
 séculos XVII e XVIII **82-3**
 transing (transar) **82-3**
 transtorno de identidade de gênero (GID) 219
transvestites 139-40, 147, 219
tratamentos de fertilidade 229, 231
travesti 169, 178, **203**
Trevor-Roper, Patrick 184
triângulos cor-de-rosa 159-60, 161
tríbades 13, 35
Tribal Equity Toolkit, The 258
Tribunal Europeu de Direitos Humanos 184, 198, 275, 304
Tripathi, Laxmi Narayan 109
Trosse, Emma 89, 122, **123**
Troubridge, Una 153
Trujillo, Carla 247
Truman, Harry S. 166
Trump, Donald 275, 293
Truth, Sojourner 210
Tubman, Harriet 210, 211
Tucker, Naomi 295

Turcomenistão 255
Turing, Alan 286, **319**
Turner, Catherine Scott 94
Turquia 62, 278, 279

U

Uganda 121
Ukiyo 84
Ulrichs, Karl Heinrich 89, 106, 107, 122-3
União Soviética 68, 254
uniões civis/parcerias 291, 292
Urbano VIII, papa 83
urdu, literatura **96-7**, 162
Ur-Nanshe 18
urning/Uranistas 13, 107, 122-3
Uruguai 179, 200, 262, 290
Uzbequistão 255

vacinas 160
Vallum, Joshua 284
Van Buren, Abigail 280
van Dykey, Spikey 116
Vatsyayana 37
Vecchietti, Valentino 224-5
Vega, Daniela 142
Velour, Sasha 267
Vidal, Gore **320**
Viegas, Manuel 65
Vietnam 189
Villette, Marquês de 101
Vingadoras Lésbicas 177
violência doméstica 198, 202
Virgílio 80
Visibilidade
 arromântica 282, 283
 assexual 218, 281, 283
 bissexual 265
 intersexo 50
 LGBTQIAPN+ 179, 208-9, 226
 Transgênero 198, 200
vodu 121
Voltaire 100

W

Waddell, Tom 189, 209
Wainaina, Kenneth Binyavanga 253, **307**
Waitangi, Tratado de 236
wakashudō 85
Walker, A'Lelia 151
Walker, Alice 212
Walker, Ann 103, 152
Walker, Mary Edwards **316**
Waller, Edmund 98
Wang Mang 29
Wang, imperatriz viúva 29
Ward, Edward 91
Ware, John 188, 204-5

Warfield, Liam 234
Warhol, Andy **320**
Warner, Michael 233, 270, 271
Warren, Taça 20, 33
Warsame, Nur 279
Washington, Booker T. 148
Waters, John 145
Watson, Lex **205**
Wei Zhongxiang 134
Weimar, República de 130, 143, 146-7, 158
Wen, Imperador 29
West, Dorothy 150
Wherry-Hill, Investigação 167
Whitbread, Helena 103
White, Dan 226
Whitman, Walt **316**
Wilamowitz-Moellendorf, Ulrich von 27
Wilbur, Gigi Raven 263
Wilchins, Riki Anne 200, **201**
Wilde, Oscar 41, 89, **124-5**, 142, 143, 180, 256, 269
Wildeblood, Peter 184
Wilkinson, Francis 204
Williams, Kenneth 127
Williams, Tennessee **319**
Wilshire, David 248
Winchell, Barry 274
Windsor, Edith "Edie" **293**
Winter, Carl 184
Winterson, Jeanette 27, 168
Witt, Margaret **273**
Wittig, Monique 189, 207, 232
Wolfenden, Comitê 70, 124, 184, 185
Wolfenden, John 184
Woolf, Virginia 98
World Rugby 203

xhochihua 57, 67
Xi Jinping 277
Xie Jianshun 131, 135
Xin, dinastia 29

yan dauda 89, 121
Yao Jinping 135
Yoshino, Kenji 265

Zahed, Ludovic-Mohamed 279
Zaidi, Mohsin **323**
Zanardelli, código penal 58
zapotecas 67
Zastrow, Karl Ernst von 106-7
Zeus 22, 23
Zhao Tan 29
Zishu nü 276
Zubaida 47
Zulu, povo 120, 121

CRÉDITOS DAS CITAÇÕES

PRIMEIRAS OBSERVAÇÕES

18 Susan Ackerman, autora americana
20 da *Ilíada*, poema épico atribuído ao poeta grego Homero
24 Safo de Lesbos, poeta grega
28 Descrição comum da história do imperador chinês Ai de Han e seu favorito, Dong Xian
30 Caio Escribônio Curiao, político romano, sobre a vida sexual do imperador Júlio César
36 O *Kama Sutra*, traduzido para o inglês por Ruth Vanita
38 Gênesis 19:24
42 Poema latino anônimo do século XII "Quam pravus est mos" ("Um costume perverso")
46 Abu Nuwas, poeta árabe clássico
48 Ruth, uma mulher intersexo, citada em um artigo de 2017 da organização de consciência intersexual interACT

RENASCIMENTO E RETALIAÇÃO

58 Michelangelo, artista e poeta italiano
60 Pierre de Bourdeille, seigneur de Brantôme, soldado e viajante francês
62 Enderunlu Fazil Bey, poeta otomano
64 Missionários e soldados da Inquisição espanhola, citados no artigo de 2010 "Extermination of the joyas" ["Extermínio dos joyas"] da escritora nativa americana Deborah A. Miranda
66 Sioduhi, estilista amazonense
68 Voltaire, escritor e filósofo francês
72 do filósofo francês Denis Diderot, no romance de 1683, *Venus in the Cloister*
74 Katherine Philips, poeta anglo-galês
80 William Shakespeare, escritor inglês
82 Comentário de um clérigo que casou John Smith (que pode ter sido afab) e Elizabeth Huthall, em 1737
84 Ihara Saikaku, escritor japonês

SUBCULTURAS E NOTORIEDADE

90 William Brown, britânico, falando do seu julgamento por sodomia em 1726
92 Lady Eleanor Butler, nobre irlandesa
96 Ju'rat, poeta da Índia
98 do romance de 1778 *Confession d'une jeune fille* [Confissão de uma jovem], do escritor francês Mathieu-François Pidansat de Mairobert
99 do livro holandês *Narinnen-spiegel* [Espelho de mulheres tolas], de 1718
100 Marquês de Sade, filósofo francês
102 Anne Lister, proprietária de terras e diarista francesa
104 do artigo de 2017 "Shifts in sexual desire: bans on dancing boys (köçeks) throughout Ottoman modernity (Anos 1800- anos 1920)", do acadêmico Mustafa Avci
106 Karl Heinrich Ulrichs, advogado alemão
108 Laxmi Narayan Tripathi, ativista da Índia
110 Guide des Plaisirs a Paris [Guia dos prazeres em Paris], século XIX
112 RuPaul Charles, drag queen americano
118 Helen Howe, autora americana
120 Emeka Joseph Nwankwo, escritor nigeriano
122 Emma Trosse, professora e poeta alemã
124 Oscar Wilde, escritor anglo-irlandês
126 Vesta Tilley, artista de café-concerto britânico
127 Frase comumente citada por um polari, que significa algo como "Bom ver seu bom e velho rosto"

SEXOLOGIA E IDENTIDADES SEXUAIS

132 Sigmund Freud, médico austríaco
134 Howard Chiang, acadêmico taiwanês
136 Christine Jorgensen, uma das primeiras mulheres trans americanas a se tornar amplamente conhecida por se submeter a uma cirurgia de afirmação de gênero
142 do filme de 1971 da diretora de cinema alemã Rosa von Praunheim, *Não é o homossexual que é perverso, mas a situação em que ele vive*
146 Alice Hutton, jornalista britânica
148 Henry Louis Gates Jr., historiador americano negro
152 Leslie Feinberg, autora americana
156 Heinz Heger, autor austríaco
162 Ismat Chughtai, romancista indiana
163 Harold Norse, autor americano
164 Alfred Kinsey, biólogo americano
166 Joan Cassidy, ex-oficial da marinha americana
168 Iris Murdoch, romancista anglo-irlandesa
169 Valéria Rodrigues, ativista brasileira trans
170 Frank Kameny, ativista americano LGBTQIAPN+
178 Comunidade homossexual argentina
180 Moe Meyer, escritor australiano
182 Susan Stryker, historiadora americana
184 Comitê Wolfenden

PROTESTO, ORGULHO E COALIZÃO

190 Marsha P. Johnson, drag queen americana
196 Juno Dawson, autora britânica
204 *Camp Ink*, newsletter do CAMP Australia
206 Ti-Grace Atkinson, feminista americana
208 Jessica Waddell Lewinstein, filha do atleta americano Tom Waddell
210 Audre Lorde, feminista e poeta americana, negra e lésbica
214 *Paris is Burning*, documentário de 1990
216 Casey Miller e Kate Swift, escritoras e editoras feministas americanas
218 *O manifesto assexual*, 1972
219 American National Library of Medicine, 2015
220 Do ensaio de 2012, "Kathoey: I'm Not a Boy, Not Yet a Woman?", de Fiona Ng
222 Michel Foucault, filósofo francês
224 Gilbert Baker, drag queen americana
226 Harvey Milk, político americano
228 Barrie Drewitt-Barlow, um dos primeiros homens gays a compartilhar publicamente sua jornada na paternidade no Reino Unido
232 Monique Wittig, filósofo francês
233 Adrienne Rich, feminista lésbica americana
234 Bruce LaBruce, cineasta canadense
236 Nathaniel, um homem trans maori citado em uma entrevista conduzida por Elizabeth Kerekere, estudiosa e ativista maori LGBTQIAPN+
238 Larry Kramer, dramaturgo americano e ativista LGBTQIAPN+
242 Mike Jackson, ativista britânico e membro do grupo Lésbicas e Gays Apoiam os Mineiros
244 Slogan da organização de combate à aids ACT UP
246 Carolina Núñez-Puente, acadêmica baseada na Espanha
248 Defesa dos direitos LGBTQIAPN+ na China
250 Lambeth Council Lesbian and Gay Working Party, Londres, Reino Unido

ÀS CLARAS

256 Slogan do grupo ativista LGBTQIAPN+ baseado nos EUA, Queer Nation
258 Jack Saddleback, ativista trans "dois-espíritos" da nação Cree
262 *O manifesto bissexual*, 1990
266 Judith Butler, filósofa americana
268 Eve Kosofsky Sedgwick, acadêmica americana
270 Michael Warner, autor americano
272 Barack Obama, 44° presidente dos EUA
276 Descrição comum dos papéis de gênero adotados pelas *lalas* chinesas
278 Muhsin Hendricks, imã e ativista
280 Angela Chen, escritora baseada nos EUA
284 Site da Matthew Shepard Foundation
286 Slogan do protesto contra a terapia de conversão
288 Slogan da Human Rights Campaign, organização americana LGBTQIAPN+ de direitos civis
294 da série de comédia *Schitt's Creek*, da TV canadense (2015-20)
296 Wen Liu, acadêmica taiwanesa
297 E. Patrick Johnson, acadêmico americano
298 Jane Gallop, acadêmica americana
302 Jasbir Puar, teórica queer e filósofa americana
304 Thomas Beatie, homem trans americano que compartilhou publicamente sua gravidez em 2008
306 Binyavanga Wainaina, escritor queniano
308 Site da onePULSE Foundation
310 Deborah Gold, CEO da National Aids Trust, do Reino Unido

AGRADECIMENTOS

A Dorling Kindersley gostaria de agradecer a Bonnie Macleod, Georgina Palffy e Elise Solberg pela assistência editorial; a Freddy McConnell pela leitura sensível; Steve Parker pela consultoria adicional; à professora Ruth Vanita pela permissão de uso de suas traduções de *Gender, Sex and the City* (2017); a Valentino Vecchietti pela permissão de apresentar a bandeira do orgulho intersexo e pelos conselhos sobre inclusão e precisão intersexuais; Martin Copeland pelo apoio à pesquisa de imagens; a Oliver Drake pela revisão; a Helen Peters pela indexação; a Gopika Gopakumar, pela assistência de design; a Yogesh Kumar pela assistência administrativa; e à equipe de Diversidade, Igualdade e Inclusão da DK e ao Grupo de Trabalho de Produto e Conteúdo por seu apoio e orientação.

CRÉDITOS DE IMAGEM

A editora gostaria de agradecer às seguintes pessoas pela gentileza de permitirem a reprodução de suas fotografias: (Símbolos: a-acima; b-abaixo; c-centro; d-direita; e-esquerda; t-topo)

19 Alamy Stock Photo: Allen Brown. **21 Dreamstime. com:** Migfoto (d, e). **22 Alamy Stock Photo:** Azoor Photo Collection (d); The Picture Art Collection (d). **23 Alamy Stock Photo:** charistoone-images. **26 Alamy Stock Photo:** Art Collection 2 (t); glueimages (b). **27 Alamy Stock Photo:** The Picture Art Collection. **29 Alamy Stock Photo:** NMUIM. **32 Bridgeman Images:** Photo © Gusman. **33 © The Trustees of the British Museum.** Todos os direitos reservados: (t). **Getty Images:** Universal History Archive (b). **34 Alamy Stock Photo:** Azoor Photo Collection. **35 Getty Images:** DEA / A. Dagli Orti. **36 Dreamstime.com:** Oleg Doroshenko. **37 Alamy Stock Photo:** Gordon Sinclair. **39 Alamy Stock Photo:** Granger – Historical Picture Archive. **40 National Library of France, Paris. 41 Alamy Stock Photo:** ARQUIVO (d). **Bridgeman Images:** Liverpool (be). **43 Cortesia de Robert Mills Stock Photo. 44 Alamy Stock Photo:** Art Collection 3. **45 Cortesia Anthony Bale. 46 Cattette. 47 Alamy Stock Photo:** The Picture Art Collection (t); **Bibliothque nationale de France, Paris:** (b). **50 Bridgeman Images:** Stefano Baldini. **51 Cortesia da National Gallery of Art, Washington:** Rosenwald Collection. **53 Getty Images:** Pedroza / Chicago Tribune / Tribune News Service. **58 Bridgeman Images:** Luisa Ricciarini. **59 Bridgeman Images:** Luisa Ricciarini. **61 Alamy Stock Photo:** Peter Horree (t); **Bridgeman Images:** Look and Learn / Peter Jackson Collection (b). **63 akg-images:** Roland e Sabrina Michaud (td); **The Walters Art Museum, Baltimore:** (b). **64 Wellcome Collection. 65 Alamy Stock Photo:** CPA Media Pte Ltd. **67 Alamy Stock Photo:** The Granger Collection. **69 Alamy Stock Photo:** Florilegius (b); natureza morta(t). **71 Getty Images:** Sajjad Hussain / AFP (t). **73 Alamy Stock Photo:** Heritage Image Partnership Ltd (be); **Bridgeman Images:** Tallandier (td). **76 Getty Images/iStock:** (te). **77 Alamy Stock Photo:** Artepics (b); **Bridgeman Images:** Giancarlo Costa (t). **78 Alamy Stock Photo:** Album. **79 Alamy Stock Photo:** Pictorial Press Ltd. **81 Alamy Stock Photo:** Granger – Historical Picture Archive (t); incamerastock (b). **83 Alamy Stock Photo:** Jimlop collection (b). Wellcome Collection: (t). **85 The Metropolitan Museum of Art:** Mary and Cheney Cowles Collection, Gift of Mary and Cheney Cowles, 2018 (b). Yoshida Hanbei, Kshoku kinmzui, c. 1664-1689: (t). **90 Yale Center For British Art, Connecticut:** Paul Mellon Collection, B1977.14.11245. **94 Private Collection, cortesia de Amherst College Archives & Special Collections:** (td); Llyfrgell Genedlaethol Cymru – The National Library of Wales: (e). **95 Wellcome Collection. 96 akg-images:** Roland e Sabrina Michaud.

97 Bridgeman Images: Brooklyn Museum of Art / Gift of Mrs. George Dupont Pratt. **98 Smithsonian Institution Archives:** #SIA2017-061362. **100 Alamy Stock Photo:** PWB Images. **101 Bibliothque nationale de France, Paris. 102 West Yorkshire Archive Service, Calderdale:** SH:7 / ML, RAM:78 (Phyllis Ramsden). **103 Alamy Stock Photo:** Album (t); IanDagnall Computing (b). **105 Bridgeman Images:** (b). British Library: (t). **107 Alamy Stock Photo:** Shim Harno (t); The Picture Art Collection (b). **108 Bridgeman Images:** © British Library Board. Todos os direitos reservados. **109 Alamy Stock Photo:** Dinodia Photos. **110 Getty Images:** Roger Violett Collection (t). **111 Shutterstock.com:** Cci (b); Kharbine-Tapabor (t). **114 Wellcome Collection. 115 Mary Evans Picture Library:** Jazz Age Club Collection (b); **TopPhoto:** (t). **116 Alamy Stock Photo:** ZUMA Press, Inc. **117 Alamy Stock Photo:** Reuters (t); **Shutterstock.com:** Bei (b). **118 Bridgeman Images:** Prismatic Pictures. **119 Alamy Stock Photo:** Album. **120 Bridgeman Images:** © Pitt Rivers Museum. **121 The Cleveland Museum of Art:** John L. Severance Fund 2018.34. **122 Getty Images:** Sepia Times / Universal Images Group. **124 Alamy Stock Photo:** Archivio GBB. **125 Getty Images:** Corbis. **126 Alamy Stock Photo:** Pictorial Press Ltd. **132 Alamy Stock Photo:** PureStock. **135 Getty Images:** Pictures from History/Universal Images Group. **139 Getty Images:** Abraham Pisarek/ ullstein bild. **140 Alamy Stock Photo:** VTR (t) Getty Images: Bettmann (b). **141 Alamy Stock Photo:** Reuters. **143 Getty Images:** ullstein bild (t); **Shutterstock.com:** Richard Oswald-Film / Kobal (b). **144 Alamy Stock Photo:** AJ Pics (b); Album (t). **145 Alamy Stock Photo:** Lifestyle pictures (t); **Getty Images:** Anita Bugge / WireImage (b). **146 Getty Images:** Herbert Hoffmann / ullstein bild. **147 Dreamstime.com:** Victor Lafuente Alonso. **149 Getty Images:** Michael Ochs Archives (td). Library of Congress, Washington, DC: Geography and Map Division (b). **150 Getty Images:** JP Jazz Archive / Redferns. **151 Getty Images:** Gaston Paris / Roger Viollet **153 Bridgeman Images:** The Stapleton Collection (d); **Getty Images:** Russell (e). **155 Leslie Feinberg:** (t); **Getty Images:** Per-Anders Pettersson (b). **158 Getty Images:** Photo12 / Universal Images Group (b). **TopPhoto:** Roger-Viollet (t). **159 Getty Images:** ullstein bild. **160 akg-images:** Fototeca Gilardi. **161 Alamy Stock Photo:** Vova Pomortzeff (e). **United States Holocaust Memorial Museum:** Cortesia de FriedrichPaul von Groszheim (d). **163 Getty Images:** Bettmann. **165 Getty Images:** Bettmann (b); Hulton Archive (t). **167 Alamy Stock Photo:** Everett Collection Inc (b); **U.S. Senate Historical Office:** (t). **169 Getty Images:** Mauro Pimentel/ AFP. **172 Cortesia da Gay, Lesbian, Bisexual, Transgender Historical Society:** Phyllis Lyon and Del Martin, Phyllis Lyon and Del Martin Papers (1993-13), 2388239. **174 Getty Images:** Bettmann. **175 Getty Images:** Porter Gifford / Liaison. **176 Shutterstock.com:** LJ Van Houten. **177 Alamy Stock Photo:** Richard Milnes (b). **U.S. Valcic (t). 179 Alamy Stock Photo:** Reuters. **181 Alamy Stock Photo:** Donald Cooper (b); **Getty Images:** Dimitrios Kambouris / Getty Images for The Met Museum / Vogue(t). **183 Getty Images:** Liz Hafalia / The San Francisco Chronicle. **185 Reuters:** Andrea de Silva (b). **193 Alamy Stock Photo:** Patsy Lynch (t). **Getty Images:** NY Daily News Archive (b). **194 Getty Images:** Stan Honda/ AFP. **195 Alamy Stock Photo:** Philip Reeve (b); Stefano Politi Markovina (t). **199 Getty Images:** Michael Ochs Archives (t). **Shutterstock.com:** AP (b). **200 Getty Images:** Fred W. McDarrah / MUUS Collection. **201 Alamy Stock Photo:** Pacific Press Media Production Corp. (e); **Getty Images:** Evening Standard / Hulton Archive(d). **203 Alamy Stock Photo:** Abaca Press (b); **Getty Images:** Erik McGregor / LightRocket (t). **205 Alamy Stock Photo:** dpa picture alliance (d); **Getty Images:** Fairfax Media (e). **207 Cortesia de** JD **Doyle:** Cortesia JD Doyle, houstonlgbthistory.com. **208 Shutterstock.com:** Colorsport.

209 Getty Images: Ned Dishman / NBAE (te); Ron Vesely (td). **212 Schlesinger Library, Radcliffe Institute, Harvard University. 213 Cortesia da Gay, Lesbian, Bisexual, Transgender Historical Society:** Onyx: Black Lesbian Newsletter, June / July 1983. Volume II, Number 3. Periodicals Collection. (t); **Getty Images:** Robert Alexander (b). **214 Getty Images:** Catherine McGann. **215 Alamy Stock Photo:** Everett Collection Inc (e); **Getty Images:** Paul Hawthorne (d). **220 Alamy Stock Photo:** Photo 12. **221 Alamy Stock Photo:** John Vincent (b); **Getty Images:** Paula Bronstein (t). **222 Shutterstock. com:** SIPA. **223 Duke University Press.** Todos os direitos reservados. Republicado com permissão da detentora do copyright, e da editora. www.dukeupress.edu.: Gayle S. Rubin, "Thinking Sex, in Deviations, pp. 137-181. Copyright 2012. **225 Getty Images:** Astrid Stawiarz (b). **227 Alamy Stock Photo:** Robert Clay (b); **Shutterstock.com:** Jim Palmer / AP (t). **229 Alamy Stock Photo:** Archive PL (t); **Getty Images:** Joe Raedle (b). **230 Alamy Stock Photo:** Media Drum World (b). **231 Getty Images:** Tim P. Whitby / Getty Images for DIVA (b). **Shutterstock.com:** Steven Senne/AP(t). **234 Getty Images:** Michael Ochs Archives. **235 Cortesia da Pansy Division. 237 Huriana Kopeke-Te Aho 239 Freepik:** brgfx (td); **Getty Images:** Raphael Gaillarde / Gamma-Rapho. **240 Getty Images:** Joanne Rathe/ The Boston Globe. **241 Freepik:** brgfx (be); **Getty Images:** Lee Snider / Photo Images (bd); **Wellcome Collection:** Central Health Education Bureau, New Delhi (t). **243 Alamy Stock Photo:** Everett Collection Inc. **245 Getty Images:** Peter Ansin. **246 Getty Images:** Liz Hafalia/ The San Francisco Chronicle. **249 Alamy Stock Photo:** Paul Brown (b); Trinity Mirror/ Mirrorpix (t). **255 Getty Images:** Arijit Sen/ Hindustan Times (t); Roslan Rahman/ AFP (b). **257 Alamy Stock Photo:** SOPA Images Limited. **260 Getty Images:** John K. Hillers/ Sepia Times/ Universal Images Group. **261 Alamy Stock Photo:** SvetlanaSF (b); **Getty Images:** Katherine Davis-Young for The Washington Post (t). **263 Cortesia da Gay, Lesbian, Bisexual, Transgender Historical Society:** Anything That Moves cover, n. 15, Fall 1997, Anything That Moves Collection. **265 Getty Images:** David McNew. **267 Alamy Stock Photo:** CBW (b); **Getty Images:** Target Presse Agentur Gmbh (t). **269 Fotografia de David Kosofsky:** (t). **273 Getty Images:** Michael N. Todaro / FilmMagic (b). **274 Getty Images:** Win McNamee. **275 Getty Images:** Alex Wong. **277 Alamy Stock Photo:** Reuters (t); **Getty Images:** Thananuwat Srirasant (b). **279 Getty Images:** Sean Gallup. **283 Alamy Stock Photo:** John Gomez (t); Jani-Markus Hs (b). **284 Getty Images:** Evan Agostini. **287 Getty Images:** Mike Kemp / In Pictures (e); **House of Rainbow:** (d). **290 Alamy Stock Photo:** Directphoto Collection. **291 Getty Images:** Robert Vos/ AFP. **293 Getty Images:** Bryan Bedder/ Logo TV (td); Pradeep Gaur / Mint (te); Atiwat Silpamethanont / NurPhoto (b). **295 Getty Images:** Dan Kitwood. **299 Getty Images:** Hsiuwen Liu/ SOPA Images/ LightRocket. **301 Alamy Stock Photo:** Sipa US (t). **Fotografia de Rachel Movitz:** Cortesia de Jessica Kellgren-Fozard e Claudia Fozard (t). **303 Getty Images:** Jack Guez/ AFP. **305 Alamy Stock Photo:** Everett Collection Inc. **307 Getty Images:** Simon Maina/ AFP (b); Tshekiso Tebalo/ AFP (t). **309 Alamy Stock Photo:** Anthony Constantine. **311 Dreamstime.com:** Arkadi Bojarinov (t); **NHS Blood and Transplant**

Imagens de capa: *Frente e Verso:* **bandeira do Orgulho** LGBTQIAPN+ **Intersexo-Inclusiva, 2021, criada por Valentino Vecchietti (ela/elu)**

Imagens de contracapa: *Frente e Verso:* **bandeira do Orgulho** LGBTQIAPN+ **Intersexo-Inclusiva, 2021, criada por Valentino Vecchietti (ela/elu)**

Todas as outras imagens © Dorling Kindersley.

Conheça todos os títulos da série:

 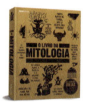  

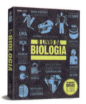